hänssler

Charles W. Colson

Der Berater

Hänssler-Hardcover
Bestell-Nr. 393.445
ISBN 3-7751-3445-X
4. überarbeitete Auflage 1999

Umschlaggestaltung: Stefanie Bunner
Titelfoto: Bildagentur Mauritius
Satz: Vaihinger Satz & Druck
Druck und Verarbeitung: Ebner ULM
Printed in Germany

Inhalt

*Meinem Vater, dessen Ideale ich in
meinem Leben – nicht immer mit Erfolg
– zu erfüllen suchte und dessen Kraft und
Unterstützung mich bis heute begleiten,
und Patty, deren Güte und Verstehen
mich trösten, wenn ich versage, die mich
im Erfolg zur Demut ruft und sich
selbst immer rückhaltlos gibt, in Liebe
zugeeignet.*

Zunächst einmal...

■   Die Entstehung dieses Buches geht zurück auf einen schwülen Spätsommertag im Jahre 1974. Präsident Nixon war gerade zurückgetreten. Die Regierung befand sich in einem Stadium der Verwirrung, und das ganze Land, von den Erschütterungen des Watergate-Skandals erschöpft, litt unter einem Schock. Ich schmachtete in einem Gefängnis in Alabama als ein Opfer der größten innenpolitischen Unruhe in der amerikanischen Geschichte.

In meinem Geist litt ich unsagbare Qualen. Wie hatte dies alles geschehen können? In Gedanken überflog ich die letzten zwei Jahrzehnte von den Tagen an, als ich noch Leutnant der Marine war, bis zu den Jahren, in denen ich an der Seite des Präsidenten der Vereinigten Staaten im Ovalen Amtszimmer gesessen hatte. Ich hatte meinen Dienst aus einem flammenden Idealismus im Blick auf mein Land getan.

Wie konnten wir, denen die Nation so viel Vertrauen entgegengebracht hatte, so weit abirren? Darin mussten Lektionen für mein Leben enthalten sein – auch für andere – auch für eine verängstigte Nation. Wie lautete jedoch die Antwort?

In der Trostlosigkeit jenes Gefängnisses lebten Hunderte von Männern, die ebenso sehr von den Umständen ihres Lebens wie von ihren Wärtern gefangen gehalten wurden. Auf ihren sorgenvollen, verlorenen Gesichtern standen zahllose Geschichten menschlicher Tragödie. Ich dachte an die Männer zurück, mit denen ich zusammengearbeitet hatte – Haldeman, Ehrlichman, Mitchell und Nixon. Auch sie waren in eine Falle geraten – in die Falle ihres eigenen Machtanspruchs, Opfer ihrer eigenen menschlichen Schwächen.

Als ich weiter über die tiefere Bedeutung dessen nachsann, was mit mir und so vielen anderen geschehen war, fing ich an, meine Gedanken schriftlich festzuhalten. Die Seiten füllten sich mit Einschätzungen der Männer und Ereignisse, Folgerungen schlossen sich an – ich suchte nach Korrektiven. Mein Hauptaugenmerk galt den Institutionen. Als ich immer wieder meine Notizen durchlas, schienen mir die Worte zwar schwergewichtig, aber – am Ziel vorbei.

Das Gebet war mir noch vollkommen neu. In meiner eigenen Unzulänglichkeit suchte ich die Hilfe Gottes. Sollte ich überhaupt ein Buch schreiben? Es gab Angebote – eines davon war sogar sehr attraktiv –, etwas über die Jahre mit Nixon zu schreiben. Aber je mehr ich nach Gott fragte und nachsann, umso klarer richteten sich meine Gedanken auf meine eigenen Erfahrungen. Was hatte ich in meinem eigenen Leben entdeckt?

Die Antworten kamen dann auf völlig unerwartete Weise. In meinen Briefen an meine neuen christlichen Freunde in Washington versuchte ich ihnen zu berichten, wie real doch Gott für einige im Gefängnis war. Irgendwie half mir der Herr, den Worten die richtige Ausdruckskraft zu verleihen. Die Schuldgefühle vertieften sich. Ja, ich sollte ein Buch schreiben – aber nur unter der Führung Gottes.

In welchem Rahmen sollte dies geschehen? Ich betete um Hilfe. Und abermals kam die Antwort durch Ereignisse. Während ich meine Erfahrungen im Gefängnis in Briefen an meine Freunde festhielt, fühlte ich die Hand Gottes auf meiner Schulter. »Lass zunächst die Theorien und Lebenserfahrungen anderer Menschen beiseite«, schien ich zu hören. »Erzähle nur eine Lebensgeschichte – deine!«

Aber wer war ich, um zu moralisieren, um anderen zu predigen? Ich steckte ja mitten drin, ich war einer von denen, die für Watergate verantwortlich waren und deshalb im Gefängnis saßen. Aber vielleicht konnten gerade diese Tatsache und einige ungewöhnliche Dinge, die mir begegnet waren, Einsichten vermitteln, die anderen eine Hilfestellung sein würden. Konnte ein tieferer Sinn hinter all dem liegen, was ich durchlitten hatte?

Und dann sah ich es. Die Nation befand sich unter einer dunklen Wolke. Zorn, Bitterkeit und Enttäuschung hatten sich im Lande verbreitet. Während ich noch über grandiose Reformen nachsann, schien mir Gott zu sagen, dass die geistliche Erneuerung eines Volkes mit jedem einzelnen Menschen beginnen muss – mit der Umwandlung des Einzelnen. *Wenn du wirklich etwas tun willst, dann übereigne dich Mir und Ich will dich führen.* Dies waren die Worte, die sich in meinem Denken festsetzten.

Übereigne dich selbst! Unsere Vorväter hatten auf diesem Prinzip, dass der fehlbare Mensch unter Absehung von Gott nichts ist, eine Nation aufgebaut. Als die Puritaner auf diesen Kontinent kamen, bildete sich eine echte Gemeinschaft der Gläubigen. Irgendwo auf hoher See, an Bord der *Arbella*, fasste John Winthrop seine Sicht der Dinge in folgende Worte: »Der Gott Israels ist bei uns ... Wir werden eine Stadt auf dem Berge sein.« Sie hatten ihr Ziel vor Augen. Nicht als politische Eroberer, sondern als Jünger von Jesus Christus.

»Im festen Vertrauen auf den Schutz der göttlichen Vorsehung ...«, sind die ernsten Worte der Unabhängigkeitserklärung. Und unser größter Präsident, Abraham Lincoln, gab demütig zu: »Ohne Gott muss ich versagen.«

Wie großartig hat Gott diesen Bund unserer Vorväter honoriert. Wie reich hat er unser Volk gesegnet. So tief unsere religiösen Wurzeln reichen, so weit sind wir aber auch abgeirrt.

Während ich schrieb, wurde mir klar, dass Watergate, richtig verstanden, eine gesunde und reinigende Wirkung für das ganze Volk haben könnte. Waren Richard Nixon und seine Leute schlechter als ihre Vorgänger? Dass sie für Watergate verantwortlich waren, ist eine Tatsache. Aber ist dies nicht lediglich ein Teil einer noch weitaus tiefer greifenden Wahrheit – dass nämlich alle Menschen die Fähigkeit haben, Gutes oder Böses zu tun, und dass die dunkle Seite im Menschen immer die Oberhand gewinnen kann? Wenn aber die Menschen glauben, dass die schlechten und negativen Zeiten endgültig vorbei seien, weil einige Gauner aus ihrem Amt entfernt wurden, dann ist die eigentliche Lektion dieser schlimmen Zeit nicht begriffen worden – und diese Täuschung könnte die allergrößte Tragödie sein.

Watergate hat viele Fragen aufgeworfen. Kann der Humanismus jemals die Antwort für unsere Gesellschaft sein? Es gibt die fast unantastbare Vorstellung, dass der Mensch nahezu alles erreichen kann, wenn er nur seinen Willen darauf konzentriert. Das war auch einmal mein Glaubensbekenntnis. Watergate hat mir gezeigt, wie verwundbar der Mensch sein kann, und seitdem glaube ich nicht mehr daran, dass ich der Architekt meines Schicksals bin. Ich brauche Gott. Ich brauche Freunde, mit denen ich mich aufrichtig über mein Versagen und meine Gefühle der Unzulänglichkeit austauschen kann.

Auf diesem Hintergrund schrieb ich dieses Buch – ein unerfahrener Autor und ein Baby im Blick auf meinen christlichen Glauben. Aber ich habe mich dem Allmächtigen unterstellt und dafür gebetet, dass andere durch meine Erfahrungen Hoffnung und Ermutigung finden würden. Auch die zusätzliche Hilfe von erfahrenen Verlagsleuten war eine Gebetserhörung.

Ich bat Gott hauptsächlich um Aufrichtigkeit im Blick auf meine schriftlichen Darlegungen. Nur zu gut wusste ich, dass ich immer in der Versuchung stehen würde, mich selbst in einem positiven Licht darzustellen. Durch wiederholtes Hinfallen und mühsames Wiederaufstehen in den vergangenen Jahren habe ich gelernt, wie Gott durch Zerbruch Neues schaffen kann. Und aus meinem Vertrauen in ihn erwuchs ein erstaunliches Bewusstsein von Freiheit – und eine Heiterkeit des Geistes.

In mir breitete sich ein ungeheurer Eifer aus, diese meine Erfahrungen anderen Menschen mitzuteilen. Wenn Sie nun mit mir durch die Seiten dieses Buches reisen, dann ist meine Hoffnung, dass Sie um die Hand Gottes in Ihrem Leben bitten werden. Und in dieser Zeit des Gerichtes ist es mein aufrichtiges und demütiges Gebet, dass der ermattete Geist meines Volkes erweckt wird zu neuem Leben. Dahin führt nur ein Weg: Wir müssen uns vor dem Allmächtigen beugen und uns von ihm aus der Dunkelheit in das Licht führen lassen.

Charles W. Colson, Oktober 1975

Kapitel 1

Etwas ist nicht
in Ordnung

■ Ich stand mit meiner Frau Patty und meinem
Sohn Wendell verwirrt da. Diese Nacht – die Wahlnacht 1972 – hätte eigentlich die stolzeste und glück-
lichste Nacht meines Lebens sein sollen. Wir hatten
allen Grund für eine Siegesfeier. Schließlich war
Richard Nixon mit einem »Erdrutsch«-Ergebnis als
Präsident der Vereinigten Staaten wieder gewählt
worden.

Die Umgebung war genau auf dieses Ereignis abgestimmt. Der hohe, stuckverzierte Ballsaal des
Shoreham-Hotels in Washington war mit prominenten Herren in eleganten Anzügen und Damen in
kostbaren Pelzen angefüllt. Und doch war das Bild
unscharf. Etwas war nicht in Ordnung.

Anders als bei allen Feiern, die ich in zwanzig Jahren politischer Arbeit mitgemacht hatte, kam hier keine Siegesatmosphäre auf. In den Gesichtern zeigte
sich kein Lächeln, es war sogar Enttäuschung und
Verärgerung darin zu lesen. An den großen Tafeln, auf
denen die rekordbrechenden Stimmzahlen für Nixon
erschienen, kam nur selten freudige Erregung auf.

Meine Gedanken gingen zurück zu einem vergleichbaren Ereignis vor vier Jahren im New Yorker Waldorf-Hotel. Welch ein Kontrast! Jene Siegesparty im Jahre 1968 war voller Leben gewesen, eine hoch dramatische Sache. Die Szene wurde wieder ganz lebendig – der Ballsaal des Waldorf war mit eifrigen jungen Menschen voll gestopft, die sich monatelang selbstaufopfernd eingesetzt hatten, um die Demokratische Partei zu schlagen. Als sie sich dann in jener Nacht ihrem Ziel immer näher kommen sahen, nahm die schon beinahe berstende Spannung zu, bis die Luft vom süßen Duft des Sieges erfüllt war. Immer höher stieg der Beifall in der Phonskala, wenn die Hochrechnungen auf den Anzeigentafeln erschienen. Man seufzte, lachte und schlug sich gegenseitig auf die Schultern.

Und wie war es heute Nacht?

Patty wandte sich zu mir. »Was ist mit dir los, Chuck? Du bist so seltsam still.«

»Ich weiß wirklich nicht, was los ist. Einfach erschöpft, glaube ich.« Mit einem Kopfnicken und einer Handbewegung deutete ich auf die vielen Menschen, die sich in vier Reihen um die Bar drängten. »Das Einzige, woran diese Leute interessiert sind, scheint das Freibier zu sein.«

»Wir wollen ein paar Runden drehen«, schlug Wendell vor. »Mal sehen, was die Leute so sagen.« In den zwei Wochen als freiwilliger Wahlhelfer hatte

Wendell viel gelernt. Er wollte aber noch weitere Zusammenhänge begreifen, um sie bei seinem Studium der politischen Wissenschaften in Princeton zu verwerten.

Auch mir ging es darum, Zusammenhänge zu koordinieren.

In der Ecke, wo die wichtigen Persönlichkeiten standen, wurden Beschwerden laut ... Wo war Nixon? Waren ihre hohen Wahlkampfspenden nicht wenigstens einen Händedruck in dieser Nacht wert? Dann wurden wir von Senator Bob Dole, dem Vorsitzenden der Republikaner, in eine Ecke getrieben. Zornig stieß er mit seinem Finger nach mir: »Der Präsident hat das Komitee nicht einmal in seiner Rede erwähnt!«

Danach umringte uns eine Gruppe grimmig blickender alter Parteimitglieder. »Wie ist das mit meinem Job?«, sagte ein alter Kämpfer und fasste mich hart und unerbittlich am Arm. Da sich sonst kein Mitarbeiter des Weißen Hauses in der Nähe befand, wurde ich bald mit solchen Fragen überschüttet.

Nein, diese miese Stimmung bildete ich mir nicht ein. Aber auch bei mir stimmte etwas nicht. Innerlich fühlte ich mich so abgestanden wie die Luft im Ballsaal und so müde wie der langsame Beat der Musik. Diese Stimmung ergab überhaupt keinen Sinn. Teilzuhaben an der Wahl des Präsidenten war der größte

Ehrgeiz meines Lebens gewesen. Drei Jahre lang hatte ich alles, was ich war und hatte, auch die letzte Unze Energie, in die Sache Richard Nixons investiert. Alles andere war bedeutungslos gewesen. Es gab kein Familienleben mehr, kein gesellschaftliches Leben, keine Ferien. Warum konnte ich mich nun in dieser Stunde des Sieges nicht freuen?

In dem Augenblick gab mein kleiner Radioempfänger, den ich immer dann bei mir trug, wenn ich nicht in unmittelbarer Nähe eines Telefons war, einen schrillen Ton von sich. Als ich den Hörer zum Ohr führte, ertönte der Befehl: »Colson, Colson, in der Zentrale des Weißen Hauses melden!«

Es war der Präsident. Er wollte mich sofort in seinem Amtszimmer sprechen. Eine Limousine raste mit Patty, Wendell und mir durch die Dunkelheit, am nahezu verlassenen Rock Creek Park vorbei in die City von Washington und schließlich durch die eisernen Tore in den Park des Weißen Hauses.

Ein Offizier in blauer Uniform, dessen Orden im Flutlicht glitzerten, salutierte und teilte mir mit, dass sich Nixon in seinem Arbeitszimmer im *Executive Office Building* (E. O. B.) befinde. Nixon benutzte das traditionelle Ovale Amtszimmer im Westflügel des Weißen Hauses hauptsächlich für formale Angelegenheiten und arbeitete lieber in der stillen, persönlichen Atmosphäre des Büros im E. O. B. auf der anderen Seite der Allee. Dieses riesige, graue viktorianische Gebäude mit seinen efeuumrankten Torbogen und Türmchen hatte einmal das gesamte Außenministerium und Verteidigungsministerium beherbergt. Jetzt hatten die Mitarbeiter des Weißen Hauses ihre Büros dort.

Als wir dort ankamen, befand sich nur ein Geheimagent in der mit Marmor ausgelegten Halle. Er winkte uns zu und beobachtete, wie ich Patty und Wendell in mein Büro neben dem des Präsidenten brachte. »Es wird nur ein paar Minuten dauern«, sagte ich ihnen. »Dann gehen wir nach Hause.«

In der Halle sprach mich der Geheimagent leise an: »Er wartet auf Sie, Mr. Colson.« Ich stieß die drei Meter hohe Tür auf und sah Richard Nixon zurückgelehnt in seinem Lieblingssessel sitzen. Er lächelte und paffte zufrieden an seiner Pfeife. Der Präsident trug sein Sportjackett, das er immer in der privaten Atmosphäre seines Arbeitszimmers trug, und ich blinzelte ein wenig, weil mich die Kombination von den hellblauen Karos des Jacketts und den dunkelblauen Nadelstreifen seiner Hose irritierte.

Einige Meter von ihm entfernt saß Bob Haldeman, der Chef des gesamten Mitarbeiterstabes, an einem kleinen antiken Tisch und beschäftigte sich mit den Wahlergebnissen. Er saß mit dem Rücken zur Tür und sah nicht auf, als ich hereinkam.

Der Präsident begrüßte mich mit einem breiten Grinsen und sagte: »Exzellente Arbeit, Junge, exzellente Arbeit.« Haldeman sah noch immer nicht auf.

»Setzen Sie sich, Chuck, wir wollen miteinander anstoßen«, sagte er. Der Präsident klingelte und Manola, sein kubanischer Diener, brachte zwei Scotch und Soda herein.

Haldeman trank niemals, deshalb konnte ich mir vorstellen, dass Nixon ungeduldig auf meine Ankunft gewartet hatte. »Auf Ihr Wohl, Chuck. Das sind Ihre Stimmen, die jetzt hereinkommen, die Katholiken, die Gewerkschaftler, die Arbeiter, *Ihre* Stimmen, mein Junge. Es war Ihre Strategie, und wir haben einen explosionsartigen Erfolg!« Nixon hob mir sein Glas entgegen und trank es dann mit einem einzigen Schluck fast zur Hälfte aus.

»Wenn das so weitergeht, werden Sie noch über 61 % kommen, Herr Präsident. Das ist ein Rekord«, sagte ich und erinnerte ihn dann an eine bescheidene Wette, die wir vor einigen Tagen eingegangen waren.

Haldeman war immer noch damit beschäftigt, Zahlen zu addieren, und riss dazwischen nur einmal das Telefon neben sich hoch, um seinen jungen Assistenten Larry Higby anzufahren, der ihm nicht schnell genug die letzten Ergebnisse durchgegeben hatte. Als ich in Bobs Gesicht sah, konnte ich den gleichen Ausdruck, der auf den Gesichtern im Shoreham-Hotel lag, feststellen. Aus Bobs Verhalten hätte man schließen können, dass wir die Wahl verloren hatten.

»Bob und ich haben uns gerade unterhalten, ehe Sie hereinkamen, Chuck«, fuhr der Präsident fort. »Vor fast genau zehn Jahren hatten sie uns abgeschrieben. Wir waren ›tot‹ in Kalifornien, ganz und gar aus dem Spiel. Schau uns jetzt an: ganz oben – größte Mehrheit, die es je gegeben hat«, lachte er. »Ich glaube, wir haben es ihnen gezeigt, oder?« Er schlug sich mit der Faust in die ausgestreckte offene Hand.

Nixon trank wieder, leerte sein Glas und ging dann zu dem großen Waschbecken am anderen Ende des Zimmers. Ich wandte mich dem verbissenen Haldeman zu. »Was beschäftigt Sie so entsetzlich?«

Bobs blaue, stahlkalte Augen begegneten zum ersten Mal meinem Blick. Ärgerliche Falten standen auf seiner Stirn. Selbst seine kurz geschnittenen Haare schienen sich zu sträuben. »Ich versuche die wirklichen Zahlen zu ermitteln – hör endlich auf, dem Präsidenten deine allgemeinen Erwartungen und Schätzungen mitzuteilen«, erwiderte er schnippisch.

Haldeman war müde, nahm ich an. Vielleicht ging es ihm auch gegen den Strich, dass ich an diesem Augenblick des Sieges teilhatte. Natürlich gab es immer wieder kleinliche Eifersüchteleien im Weißen Haus.

»Was ist los, Chuck? Warum lächeln und feiern Sie nicht?«, fragte Nixon, als er zu seinem Sessel zurückkehrte.

»Vielleicht bin ich immer noch ein wenig benommen, Sir.«

»Dies ist eine denkwürdige Nacht. Nehmen Sie noch einen Drink. Wir wollen uns freuen.« Ich war immer den Anweisungen Nixons nachgekommen. Aber man kann sich nicht auf Befehl freuen.

Dann entwarf der Präsident ein Telegramm nach dem anderen, das er an seinen besiegten Rivalen, Senator George McGovern, schicken wollte. Es war beinahe zwei Uhr. McGovern hatte schon vor Stunden aufgegeben. Nach den allgemeinen Spielregeln hätte sich Nixon längst an ihn wenden müssen. Aber so schnell ihm die Worte über die Lippen kamen, so schnell verwarf er sie auch wieder. »Wie kann ich ihm etwas Freundliches sagen, nachdem er mich doch mit Hitler verglichen hat?«

Haldeman händigte ihm den Entwurf eines anderen Mitarbeiters aus. Nixon überflog ihn. »Nein, das werde ich nicht sagen.« Er warf den Zettel auf einen kleinen Tisch zwischen Haldeman und mir.

Dass er in dieser Stunde seines größten Triumphes keine Freundlichkeit aufbringen konnte, war ein zusätzliches Mosaiksteinchen in der Widersprüchlichkeit Nixons. Im Jahre 1960 deutete alles darauf hin, dass der äußerst knappe Wahlausgang für seinen Gegner nicht ganz eindeutig war. »Wir fordern eine neue Auszählung«, drängten seine Mitarbeiter. Aber Nixon hatte abgelehnt. Es würde nur

Unsicherheit schaffen, schlecht für das Land sein. Jetzt war es seine Aufgabe, den Mann zu unterstützen, der ihn geschlagen hatte. Diese edle Einstellung in der Niederlage verkehrte sich in der Stunde des Sieges ins Gegenteil.

Immer wieder hatte ich beobachtet, dass der Präsident außergewöhnlichen Mut zeigte, wenn andere um ihn her von Furcht ergriffen waren. Das hatte ihm meine tiefste Zuneigung eingebracht. Ich respektierte den Präsidenten dafür, was er in seinen besten Augenblicken war. Und so akzeptierte ich ihn auch mit seinen negativen Seiten. Vielleicht sieht die Loyalität – ähnlich wie die Liebe – ausschließlich das im Gegenüber, was sie sehen will.

Wenn uns in jener Nacht jemand hätte beobachten können, dort im Amtszimmer des Präsidenten, hätte sich ihm ein eigenartiger, völlig erwartungswidriger Anblick geboten: ein siegreicher Präsident, der sich mühsam ein paar Worte an seinen besiegten Gegner abrang, der Chef seines Mitarbeiterstabes, zornig und giftig, und der Architekt seiner politischen Strategie, der benommen in einem Sessel hing. Ja, das Bild war unscharf geworden. Wenn dies der Sieg war, wie hätten sich diese drei Männer dann bei einer Niederlage verhalten?

Nixon bat Manola, etwas Gutes aufzutischen. Das bedeutete, dass einige Bedienstete des Weißen Hauses aufgeweckt werden mussten. Kurz vor drei Uhr erschienen sie dann und brachten, noch ganz verschlafen, drei Teller mit Schinken und Eiern. Ich wünschte, sie hätten auch Patty und Wendell nebenan etwas zu essen gebracht, wollte dann aber die müden Leute nicht länger belästigen. Der Präsident sprach weiter über die verschiedenen Senatswahlen. Ein Ende war nicht abzusehen. Wie konnte ich nur Patty und Wendell erlösen?

Die Antwort brachte eine Information von Haldemans Assistenten. Die beiden großen Nachrichtensender waren für diese Nacht ausgeblendet. Bis zum Morgen würde es keine weiteren Ergebnisse mehr geben. Diese willkommene Nachricht und meine schweren Augenlider mussten den Präsidenten überzeugt haben, dass es nun genug war.

Als wir gingen, zögerte der Präsident oben auf der langen Betontreppe, die zum Fahrweg führt. Vor uns erhob sich majestätisch das kalkweiße Gebäude in der Dunkelheit. »Chuck«, sagte er, »Sie sollen es wissen – ich werde immer ...«

Ich wusste, dass es ihm schwer fiel, Gefühle zu zeigen. Darum unterbrach ich ihn: »Vielen Dank, Herr Präsident. Morgen wird es bestimmt einen guten Tag geben.«

Damit drehte er sich um und ging die Treppe hinunter. Der Geheimagent ging vor ihm und schaute automatisch nach allen Seiten. Ich stand einen Augenblick still und beobachtete den 37. Präsidenten der Vereinigten Staaten, dem nun das größte Regierungsmandat der Geschichte übertragen war. Langsam ging er vor meinen Augen die Treppe hinunter. Das Licht, das aus einigen immer noch erleuchteten Zimmern fiel, warf einen orangefarbenen Schimmer über die grünen Sträucher und den samtenen Rasen. Die Nachtluft war klar. Im Hintergrund erhob sich das Washington-Denkmal, groß und stolz, ein Anblick, der mich immer von neuem begeisterte. Aber heute Nacht konnte nicht einmal mehr dies meine abgestorbenen Empfindungen durchdringen ...

Der schrille Ton gellte in meinen Ohren. Ich stieß die Decke von mir, rieb meine Augen und starrte auf die Uhr – 8.00 Uhr. Das Klingeln kam vom Telefon des Weißen Hauses direkt neben meinem Bett. Verschlafen griff ich nach dem Hörer und warf dabei das Telefon beinahe um.

»Chuck, es tut mir Leid, aber *er* will Sie sofort in seinem Amtszimmer haben.« Es war Steve Bull, der Mann, der für den Terminplan des Präsidenten verantwortlich war.

»Machen Sie 's halblang, Steve. Ich habe nur vier Stunden geschlafen. Die Wahl ist vorbei und mir fällt fast der Kopf runter.«

»Tut mir Leid, aber der Präsident lässt Sie rufen.«

Ein paar Rasierbewegungen, zwei Tassen Kaffee –

und ich war bereits unterwegs. Mein Blick war noch verschwommen und mein Kopf hämmerte. Als ich im Weißen Haus ankam, waren die leitenden Mitarbeiter bereits im *Roosevelt-Room* zu einer Besprechung mit dem Präsidenten versammelt. *Wenn sich der Präsident bei uns bedanken will*, so dachte ich bei mir selbst, *warum tut er es dann nicht, indem er uns ausschlafen lässt?* Er sollte eigentlich im siebten Himmel sein; die Endauszählung hatte unsere optimistischsten Vorausberechnungen bestätigt: 49 Staaten hatten für Nixon gestimmt, 61 % aller Stimmen.

Alle Mitarbeiter, die meisten mit geröteten Augen wie ich, erhoben sich und applaudierten begeistert, als der Präsident den Raum betrat. Nixon lächelte und deutete mit einer Handbewegung an, dass wir uns setzen sollten. Der Beifall ließ nicht nach und der Chef senkte für einen Augenblick seine Augen und fasste nach der Stuhllehne am Ende des langen Konferenztisches. Richard Nixon sah ausgeruht aus, er machte in der Tat einen erstaunlich frischen Eindruck. Er war konzentriert und sehr präzise.

»Ich glaube, dass sich alle Männer im Regierungsgeschäft verzehren, ohne es eigentlich zu merken«, begann er. Dann wandte er sich einer beliebten Periode der Geschichte zu, nämlich England in der Mitte des 19. Jahrhunderts. Nixon erinnerte uns daran, dass Disraeli Gladstone besiegte, und zwar unmittelbar nach dessen großer Reform der britischen

Regierung. Gladstone war »ein ausgebrannter Vulkan«, hatte Disraeli behauptet. Die Parallele, die Nixon andeutete, lag auf der Hand: Wir hatten unser Bestes gegeben – aber waren wir nun auch ausgebrannte Vulkane, die kein Feuer mehr für die kommenden Kämpfe hatten?

Der Präsident wandte sich an Bob Haldeman, der die anderen Mitarbeiter finster anstarrte. »Bob wird jetzt unsere Strategie vortragen. Wir brauchen neues Blut, frische Ideen. Eine Veränderung ist wichtig.«

Warum tut er das?, fragte ich mich verwundert und meine Augen glitten über die reglosen Gestalten um den Tisch.

»Sie sind mein erstes Team«, fuhr er fort, »aber heute machen wir einen neuen Anfang für die nächsten vier Jahre. Es gilt große Ziele für unser Land zu erreichen, und wir dürfen keinen Tag verlieren. Bob, fahren Sie jetzt fort.« Mit einem Lächeln ging Nixon auf die Tür zu. Erst nach einem langen, schmerzlichen Augenblick begriffen wir, dass der Präsident fertig war – er hatte nur genau zwölf Minuten gebraucht –, und der Applaus, jetzt eher unterdrückt, hatte kaum begonnen, als er bereits wieder verschwunden war.

Haldeman war von brutaler Offenheit: »Ich erwarte den Rücktritt aller Mitarbeiter bis Freitagmittag, von Ihnen allen und allen Leuten, die für Sie arbeiten. Geben Sie gleichzeitig Ihre Wünsche für neue Aufgaben an.« Er räusperte sich, machte eine Pause und fügte hinzu: »Sie verstehen, das ist natürlich eine übliche Höflichkeit gegenüber dem Präsidenten am Beginn einer jeden neuen Legislaturperiode.« Dann teilte er Umschläge mit detaillierten Instruktionen und Formularen aus.

Sein letzter Satz hatte den bitteren Geschmack nicht ganz wegnehmen können. *O. K., Bob,* dachte ich, *jeder, der von einem Präsidenten ernannt wird, steht ihm ganz zur Verfügung. Aber warum jetzt dies? Warum so bald und auf so grausame Weise?* Ich hatte allen meinen Mitarbeitern im Wahljahr den Urlaub gestrichen und ihnen stattdessen eine großartige Feier versprochen, dazu einen ordentlichen Urlaub und meine Hilfe bei der Suche nach besseren Positionen, falls wir gewinnen würden. Und jetzt sollte ich alle dreißig Männer und Frauen in meinem Büro zusammenrufen, um ihnen mitzuteilen, dass sie sich nach neuen Arbeitsstellen umzuschen hätten.

Ich redete mir ein, dass es mir eigentlich gleichgültig sei. Ich hatte dem Präsidenten bereits im Juli mitgeteilt, dass ich nach der Wahl in meine Anwaltspraxis zurückkehren würde. Trotzdem fühlte ich mich im Stich gelassen. Vielleicht hatte ich gehofft, dass sich an diesem Morgen das verschwommene Bild der vergangenen Nacht aufklären würde. Nun kam es wie ein Schock, die gleiche Situation in diesem Raum vorzufinden.

Die Männer starrten sich ungläubig an. Sie waren von dieser unverhofften Mitteilung wie betäubt. Dann begannen sie zu murren. Zunächst war es nur ein erstauntes Murmeln, aber schon bald redeten alle gleichzeitig und der Zorn machte dem Unglauben Platz. Herb Klein, der langjährige, loyale Pressemann, der Nixon 25 Jahre lang begleitet hatte, verließ still den Raum. Sein Kopf war gebeugt und der Schwung war aus seinen kurzen, schnellen Schritten verschwunden.

Als das Stimmengewirr einen Höhepunkt erreichte, rief mich Steve Bull zum Präsidenten in das Ovale Amtszimmer. Der Präsident fühlte sich nicht ganz wohl in seiner Haut und erklärte, diese Anweisungen hätten für mich keine Gültigkeit. Ehe er an diesem Tag nach Key Biscayne flog, bat er mich noch einmal, meinen Rücktritt zu überdenken.

Ich versammelte meine Mitarbeiter und versicherte ihnen, dass ich jedem behilflich sein würde, die richtige Position in der neuen Administration zu finden, und schlug ihnen dann vor, erst einmal Urlaub zu machen.

Aber die Stimmung war gedrückt. Der Sieg nach so vielen Monaten harter Arbeit hatte seinen Reiz verloren.

Ich verabschiedete Nixon an jenem Nachmittag und beobachtete *Marine One*, den Hubschrauber des Präsidenten, der sich elegant in die Luft erhob. Dann machte ich mich auf den Weg zu meinem Büro und ging langsam durch den Westflügel. Es war immer ruhig, wenn der Präsident auf Reisen war, denn die Hälfte der Mitarbeiter begleitete ihn. Normalerweise blieben ein paar Sekretärinnen zurück, einige Arbeiter, die Lampen reparierten und einige Mitarbeiter, die umherstanden und sich unterhielten. Aber an diesem Nachmittag stand nur ein einsamer, uniformierter Polizeibeamter vor der offenen Tür des Ovalen Amtszimmers. Die Leere war so unwirklich, die Stille fast geisterhaft, als ob eine tödliche Plage über uns hinweggefegt wäre ... Ich konnte fast den gedämpften Kanonendonner einer entfernten Artillerie hören.

Der Präsident hatte von großen Zielen gesprochen und endlich schienen sie in erreichbare Nähe gerückt zu sein. Zum ersten Mal seit Jahren konnte man von Stabilität im Lande sprechen. Der Krieg in Vietnam war fast vorbei und eine überwältigende Mehrheit des Volkes hatte uns ihr Vertrauen ausgesprochen. Was beunruhigte uns jetzt noch? Was schlich sich da bei uns, im eigentlichen Herzen der Regierungsmacht, ein?

Um noch direkter zu fragen: Was nagte in meinem Innersten? War es nur Müdigkeit? Oder war wirklich etwas nicht mehr in Ordnung?

Kapitel 2

»Gut genug«

■ Die Nachmittagszeitungen brachten große Schlagzeilen über den Sieg Nixons und enthielten bereits Spekulationen über eventuelle personelle Veränderungen. Ich dachte kurz über meine eigene Entscheidung nach. In der Vergangenheit wollte ich immer neue Höhen erklimmen, die dem Leben Bedeutung gaben. Aber was geschah, als keine Berge mehr zu ersteigen waren? Ich war erst 41 Jahre alt. Es musste doch noch Herausforderungen geben. Aber welche? Was konnte ich Größeres tun, als einem Präsidenten zur Wahl zu verhelfen, zu einer kleinen Gruppe von Männern zu gehören, die jeden Tag Entscheidungen trafen, die die Zukunft einer Nation formten?

Aber ich wusste, dass es galt, vorwärts zu gehen. Ich war einer der »ausgebrannten Vulkane«, die der Präsident in seiner eigenartigen Rede erwähnt hatte. Sollte ich zu meiner Anwaltspraxis zurückkehren? Das lag eigentlich auf der Hand und war auch für meine Familie das Richtige. Auf diese Weise konnte ich mein Bankkonto wieder in Ordnung bringen, das während meiner Regierungsanstellung merklich geschrumpft war. Aber Geld – ist das wirklich ein Ziel im Leben?

Nein! Je mehr ich darüber nachdachte, umso klarer kristallisierte sich ein Wort heraus, das zusammenfasste, was mir wirklich wichtig war: *Stolz*. Richard Nixons tief verwurzelter Stolz auf sein Amt war die Qualität in ihm, die ich am meisten bewunderte. Tatsächlich war der Stolz das Herzstück von Nixons Präsidentschaft und seinem Wunsch nach historischer Bedeutsamkeit und Größe. Und Stolz war auch der Mittelpunkt meines eigenen Lebens, solange ich zurückdenken kann ...

Es war ein sonniger Tag im Juni 1949. Alle Vorbereitungen zur Schulabschlussfeier einer kleinen privaten Schule in Cambridge waren getroffen. Die Reihen hölzerner Stühle erstreckten sich über den Fußballplatz am Ufer des sanft fließenden Charles-River. Nur etwa einen Kilometer entfernt befanden sich die efeubedeckten Kolonialbauten des Harvard-Campus. Als Herausgeber der Schulzeitung und mit einem »Sehr gut« als Notendurchschnitt war ich ausgewählt worden, die Ansprache für die Abiturientenklasse zu halten. Hinter mir auf einer erhöhten Tribüne saßen meine 40 Klassenkameraden, von denen über die Hälfte sich im Herbst in Harvard einschreiben würde.

Stolz war der Tenor meiner Rede. »Wir sind stolz, sehr stolz, auf die Lektionen über die Demokratie – auf unsere Schule – auf unsere Klasse.« Als ich die langen Reihen ehrenwerter Bostoner Bürger überblickte, sah ich kein Gesicht, in dem mehr Stolz aufleuchtete als in den Gesichtern meiner Eltern, die mich unter großen Opfern auf diese Schule geschickt hatten, die weder unseren Mitteln noch unserer sozialen Stellung entsprach.

Das Beispiel meiner Eltern formte mein junges Leben. Mein Vater hatte die Oberschule verlassen müssen, um nach dem Tod seines Vaters seine Mutter und Schwester zu unterstützen. Dann heiratete er meine Mutter und bildete sich zwölf Jahre lang auf Abendschulen weiter. Zuerst studierte er Betriebswirtschaft, dann Jura. Während all dieser Jahre behielt er seinen 32-Dollar-pro-Woche-Job als Buchhalter in einer Fleischverpackungsfabrik bei. Wie hatte es mich beeindruckt, als ich mit 8 Jahren der Feier beiwohnte, in der meinem Vater sein Juradiplom überreicht wurde.

Wenn mein Vater nicht lernte, vielleicht an einem Sonntagnachmittag, dann unterhielten wir uns oft. »Arbeite unerbittlich, studiere fleißig; nichts fällt einem im Leben zu«, sagte er oft. »Es gibt keine Abkürzungen. Wie gering deine Arbeit auch immer sein mag, du musst sie gut tun.« Das war seine vom Puritanismus hergeleitete Ethik. Und dann fügte er immer hinzu: »Bleib bei der Wahrheit – unter allen Umständen – Lügen zerstören dich.« Das habe ich auch versucht und im Umgang mit meinem Vater habe ich es immer so gehalten.

Wir wohnten in einer kleinen Mietwohnung in Winthrop, einer kleinen Mittelklassestadt nördlich vom Bostoner Hafen. Trotz Wirtschaftskrise ging es uns eigentlich bestens. Dafür sorgte meine Mutter, die immer etwas mehr ausgab, als mein Vater verdiente. So ging es uns recht gut – wir waren aber auch recht verschuldet. Wenn sich die Rechnungen häuften, verkaufte Mutter unsere Möbel und andere Besitztümer. Ich erinnere mich noch, wie erschrocken ich war, als eines Tages völlig fremde Menschen die Stühle aus unserem Wohnzimmer trugen. Diese Unsicherheit, woher die Miete für den nächsten Monat kommen würde, vereint mit den Ermahnungen meines Vaters, lösten zweifellos meinen Ehrgeiz aus, es zu etwas zu bringen.

Mit seinem Juradiplom machte mein Vater zwar berufliche Fortschritte, wurde aber bald durch seine schlechte Gesundheit wieder behindert. Schließlich musste er seine Arbeit ganz aufgeben. Zur Zeit meines Abiturs brachte uns Vater schlecht und recht mit seiner Anwaltspraxis durch. Das war in einer Stadt, die in fast allen Bereichen von Harvard-Männern kontrolliert wurde, ein schweres Unterfangen. Nur durch einen Glücksfall wurde meinem Vater im

Frühjahr 1949 ein Rechtsstreit übertragen, der ihn in die Lage versetzte, mein letztes Schulgeld zu bezahlen. Sonst hätte ich die Schule nicht abschließen können. Obwohl meine Brust von Stolz so geschwellt war, dass mein neuer zweireihiger, blauer Anzug fast aus den Nähten platzte, war ich doch auch im Blick auf das Studiengeld mit Unsicherheit erfüllt. Seit meinem elften Lebensjahr hatte ich jeden Sommer gearbeitet, um das Schulgeld mit zu verdienen. Aber das College würde mehr als das Doppelte kosten. Auch in jenem Sommer nahm ich eine gut bezahlte Arbeit an und wartete ungeduldig auf die Antworten von Harvard und der Brown-Universität, wo ich Stipendien beantragt hatte. Zuerst hörte ich von Brown – mir wurde ein volles Marinestipendium plus 50 Dollar Lebenshaltungskosten zugebilligt. Bald danach wurde ich vom Leiter der Zulassungsstelle zu einem Gespräch nach Harvard eingeladen.

Ich erschien pünktlich und wurde in ein schönes Eckbüro in dem 200 Jahre alten Verwaltungsgebäude geführt, das einen Ausblick auf den stillen Harvard-Campus und an der anderen Seite auf den geschäftigen Harvard-Platz bot. Das Büro roch etwas muffig, die antiken Bronzefiguren hatten Patina angesetzt und die alten, unterschiedlich breiten Fußbodenbretter glänzten. Ein eleganter alter Schreibtisch im Kolonialstil stand zwischen schweren Bücherregalen, die mit Memorabilia von Harvard angefüllt waren.

Der Dekan passte in diese Umgebung. Er trug eine ausgebeulte Tweedjacke, sein drahtiges graues Haar war kurz geschnitten und er verbreitete um sich das besondere Fluidum guter Herkunft, das so wichtig war für die Harvard-Männer jener Jahre.

»Ich freue mich, Mr. Colson, dass ich Ihnen zu Ihrem Glück gratulieren kann. Ihnen wurde ein volles Stipendium für Harvard zugebilligt.« Er machte eine Pause, um mir Gelegenheit zu geben, mein Hochgefühl zum Ausdruck zu bringen.

Dieses Hochgefühl war auch da, aber tief in meinem Inneren gab es noch eine andere Reaktion. Da spürte ich den seit Jahren angestauten Groll auf die Überheblichkeit des ganzen akademischen Establishments von Harvard, die herablassende Haltung der Aristokraten gegenüber denen, die aus weniger glücklichen Verhältnissen kamen. So dankte ich dem Dekan freundlich und wartete.

Es gab eine Pause. Er zündete seine Pfeife an und paffte genüsslich. »Nun, ich nehme an, dass Sie viele Fragen haben – das Haus, in dem Sie wohnen werden, und natürlich die zu belegenden Fächer«, sagte er.

»Aber, Herr Dekan, ich habe mich noch gar nicht entschieden, ob ich nach Harvard kommen werde oder nicht«, antwortete ich.

Er starrte mich einen Augenblick verwirrt an. »Ich kann mir nicht vorstellen, dass irgendjemand ein Harvard-Stipendium ablehnt«, sagte er dann.

Stolz. Als Junge hatte ich oft am Strand gestanden und über das graugrüne Wasser des Hafens auf die Stadt geblickt, in der es Leute gab, die ihren Stammbaum bis zur *Mayflower* zurückverfolgen konnten. Aber wir gehörten weder zu den Neuankömmlingen wie die Italiener und irischen Katholiken, die gerade anfingen, politische Macht in den Arbeitervierteln auszuüben, noch gehörten wir zu den Alteingesessenen. »Swamp Yankees« nannten sie uns. Wir wurden nicht anerkannt – und gerade danach verlangten wir so sehr. Und in diesem einen Augenblick wurde mir das alles geboten – Zugang zur Elite. Und in meinem Stolz glaubte ich, noch etwas Besseres zu haben, nämlich die Möglichkeit dies abzulehnen. Das war ohne Zweifel verletzter Stolz, aber der Widerstand gegen den Intellektualismus der Ostküste blieb bei mir haften und wirkte sich auch in tumultartigen Geschehnissen meines späteren Lebens aus.

Und so machte ich mich im September mit 20 Dollar in der Tasche auf den Weg zur Brown-Universität, auf die man in Harvard als eine »arme Kusine« herabsah.

Stolz und tief verwurzelter Patriotismus, den ich seit meiner Kindheit empfunden hatte, ließen mich auch den Entschluss fassen, zur Marine zu gehen. Während meines vierten Semesters erreichte der Koreakrieg seinen Höhepunkt. Die Marine brauchte

Freiwillige und auf unserem Campus wurden Soldaten rekrutiert. Ein älterer Student in meiner Verbindung, den ich sehr bewunderte, entschloss sich, zur Marine zu gehen. Bill Maloney sprach mit solchem Stolz von der Marine, dass ich bereits eine Woche später vor dem Offizier im Rekrutierungsbüro stand, einem hoch gewachsenen Leutnant namens Cosgrove.

»Mein Name ist Colson, Sir«, sagte ich. »Ich möchte mich über die Marine informieren.«

Cosgrove, der die Marineakademie durchlaufen hatte, zog die Stirn in Falten, sah mich von oben bis unten an und schnappte: »Sie sind ein bisschen vorschnell und frühreif, Colson. Zunächst müssen wir einmal sehen, ob Sie für die Marine *gut genug* sind.«

Ich stand vor seinem Schreibtisch und war einen Augenblick lang sprachlos. Was sollte das heißen – »gut genug«? Im Blick auf militärische Anforderungen übertraf ich alle meine Mitstudenten. Zwei Monate lang litt ich unter Cosgroves Herabsetzung. An einem Tag in der Woche trugen die Studenten mit einem Marinestipendium ihre Uniformen auch in den Vorlesungen und dann nachmittags zu den militärischen Übungen. Von dem Tag an polierte ich bereits einen Abend vorher meine Schuhe und die Metallteile der Uniform und studierte alle Einzelheiten der Übungen des nächsten Tages. Ich versuchte genau wie Cosgrove zu gehen, mit durchgedrücktem

Rücken und eingezogenem Kinn. Ich bemerkte, wie mich Cosgrove jedes Mal beobachtete.

Eines Tages im Frühling fand ich eine maschinengeschriebene Mitteilung am schwarzen Brett: »Colson, bei Leutnant Cosgrove melden.« Mein Herz setzte fast für einen Augenblick aus; ich hatte mich niemals wirklich entschieden, zur Marine zu gehen; aber ich wollte unbedingt »gut genug« sein.

Als ich in Habt-Acht-Stellung vor Cosgroves Schreibtisch stand, lehnte er sich auf seinem alten hölzernen Drehstuhl zurück und spielte mit einem vor ihm liegenden Bleistift. Schließlich setzte er sich gerade auf, machte ein finsteres Gesicht und sagte: »Colson, wir glauben, dass Sie gut genug sind.«

Ehe er fortfahren konnte, unterbrach ich ihn bereits: »Wo muss ich mich melden, Sir?« Später erfuhr ich dann, dass die Marine sehr dringlich Leute brauchte.

Wie ganz anders sah doch die Welt aus, die ich jetzt aus meiner marinegrünen Uniform heraus betrachtete, mit Weltkugel und Anker auf meiner Mütze. Ich wurde als junger Gruppenführer der Division General »Chesty« Pullers zugeteilt, einem alten, gestandenen Kämpfer, dessen Unternehmungen ihn zum einzigen Mann der Geschichte mit 5 Marinekreuzen gemacht hatten. Der kurz angebundene Puller war ein echter Marineoffizier. Obwohl er Männer in den Tod führte, liebten sie ihn doch. Wie Tausende meiner Kameraden wäre ich von einer Felsenklippe in die Tiefe gesprungen, wenn er es befohlen hätte. Tatsächlich war das eines Tages beinahe der Fall.

Bei einer Übung in der Karibischen See (der Koreakrieg war beendet) landete meine Gruppe auf einem schmalen Küstenstreifen einer kleinen, gebirgigen Insel. Zwei Wege führten zu unserem Ziel: ein langer, gewundener Weg über relativ ebenes Terrain und der andere über die Klippen, die sich 20 Meter hoch vor uns auftürmten. Dann kam der Befehl: »Die Klippen hoch!«

Einen Augenblick lang konnte ich es nicht fassen. Es handelte sich ja lediglich um eine Übung. Und als ich die heimtückische Vulkanasche anstarrte, hielt ich dieses Unternehmen nicht nur für töricht, sondern für unmöglich. *Vielleicht würde jemand dabei umkommen. Aber für Marinesoldaten ist nichts unmöglich*, rief ich mir ins Bewusstsein und führte meine 42 Männer die Klippe hinauf. Mit Pickel, Seilen und bloßen Händen arbeiteten wir uns Zentimeter um Zentimeter vorwärts. Als wir oben ankamen, sah ich auf den Strand hinunter, blickte über das weite Meer und begriff in dem Augenblick, dass Puller Recht hatte: wenn ein Mann sich ganz einsetzt, kann er das Unmögliche vollbringen.

Es war im gleichen Sommer, im Jahre 1954, als mich der Befehl erreichte: »Sofort in voller Ausrüstung melden, ein dringender Fall.« Stunden später befand sich mein Bataillon bereits an Bord eines alten »verrosteten Eimers« aus dem Zweiten Weltkrieg, der U. S. S. *Mellette*. Mit mehreren Tonnen Munition an Bord machten wir uns auf den Weg nach Guatemala, das sich damals mitten in einem kommunistischen Aufstand befand. Offiziell war es unsere Aufgabe das Leben amerikanischer Bürger zu beschützen. Vor der felsigen Küste der winzigen lateinamerikanischen Republik wurde die scharfe Munition an die Truppen verteilt und wir Gruppenführer wurden in die Landungspläne eingeweiht. Der entscheidende Befehl wurde von Washington erwartet.

Das Meer war in jener Nacht wie aus Glas, die Luft schwer und heiß. Ich stand an Deck. Tiefe Dunkelheit umgab mich. Nur die roten und grünen Blinklichter der anderen Schiffe unserer Einheit und Tausende von flimmernden Sternen waren zu sehen. Niemals zuvor hatte ich so viele Sterne gesehen, ein Feuerwerk winziger Lichtpunkte, fast wie am 4. Juli, wenn überall in Amerika die Unabhängigkeit gefeiert wird.

Es war fast Mitternacht und ich dachte mit Beklemmung an das, was auf uns zukommen könnte, fragte mich, wie ich selbst reagieren würde, und erkannte, dass ich für 42 Männer Verantwortung trug. Als ich in das Universum hinausblickte, empfand ich meine Winzigkeit und wusste, dass ich nur ein winziger Punkt war, der auf einem nur etwas größeren Punkt stand, auf dem Meer treibend, das mir unendlich groß erschien, aber doch wieder nur ein kleiner Punkt war verglichen mit der Größe, die mich umgab. *Wo ist nur das Ende?*, fragte ich mich.

Meine Eltern hatten mich zur Sonntagsschule der anglikanischen Kirche geschickt, aber das hatte mich nie sehr beeindruckt. Doch in jener Nacht wurde es mir plötzlich zur unumstößlichen Gewissheit, dass irgendwo dort draußen, jenseits der sternefunkelnden Diesseitigkeit ein Gott sein musste. Ich war überzeugt, dass er das Universum regierte, dass es für ihn keine Geheimnisse gab und dass er irgendwie alles in einen wunderbaren Zusammenhang brachte. So gut ich konnte, betete ich damals, denn ich wusste, dass Gott da war. Ich fragte mich nur, ob er auch Zeit hätte, mich zu hören.

Später in jener Nacht wurde der Alarmzustand aufgehoben. Das westlich orientierte Regime hatte die Kommunisten ohne unsere Hilfe zurückgeschlagen. Aber wir blieben trotzdem noch sechs Wochen dort, um ganz sicher zu gehen. Und das Bewusstsein Gottes in mir verblasste, sobald persönliche Interessen wieder in den Vordergrund rückten.

Nachdem ich mir nun selbst bewiesen hatte, dass ich gut genug war für die Marine, sehnte ich mich nach neuen Herausforderungen, trat aus und ließ mich als Reservist eintragen. Das Jurastudium reizte mich. Auch die Politik. Eine Arbeitsstelle im Zusammenhang mit einem Managementprogramm im Verteidigungsministerium in Washington machte es mir möglich, tagsüber zu arbeiten und abends dem Jurastudium an der George-Washington-Universität nachzugehen.

Während meines ersten Jahres in Washington lernte ich den Seniorsenator von Massachusetts, Leverett Saltonstall, eine ehrwürdige, vornehme Patriziergestalt, kennen, der mir einen Job in seinem Büro anbot und mich zwei Jahre später trotz meiner jungen Jahre und Unerfahrenheit zu seinem leitenden Assistenten machte.

Saltonstall war ein überragender und angesehener Mann im Senat, aber er hatte die politische Basis in seinem Heimatstaat vernachlässigt, wo sich die Szene schnell veränderte, weil Italiener und Iren die alte Garde verdrängten. John F. Kennedy, der Juniorsenator, war der aufgehende Stern und der führende Kandidat der Demokratischen Partei für die Nominierung zur Präsidentschaft.

Meine politischen Erfahrungen gingen zurück auf das Jahr 1948. Damals hatte ich als freiwilliger Helfer den Gouverneur von Massachusetts, Bradford, in seinem aussichtslosen Kampf unterstützt. Ich wusste um den Boston-Stil in der Politik. Ich lernte alle Tricks – manche überschritten haarscharf die legalen Grenzen. Manipulierte Postsendungen, das

Zerstören von Wahlplakaten des politischen Gegners, irreführende Artikel in der Presse und das Ausspionieren der anderen Seite gehörten zum täglichen Geschäft.

Als dann die Wahlen im Jahre 1960 anstanden, beauftragte mich Saltonstall, seinen Wahlkampf zu leiten. Die Umfragen zeigten, dass Saltonstall hinter Foster Furcolo, dem ersten Italo-Amerikaner, der sich um dieses Amt bewarb, zurückblieb. Es sah ganz nach einem hoffnungslosen Kampf aus, besonders weil Kennedy die Liste der anderen Seite anführte. Die Herausforderung reizte mich.

Wir ermutigten Tom O'Connor, den jungen, unbekannten Bürgermeister von Springfield, sich als Kandidat der Demokratischen Partei für die Vorwahlen gegen Furcolo aufstellen zu lassen. Er schlug sich so gut, dass es sogar den Gouverneur beunruhigte, und zu unserem Entsetzen zeigten die Umfragen, dass er eine noch größere Gefahr für uns war als Furcolo.

Wir zogen alle Register. Wenn ein Kandidat die Integrität und das Ansehen eines Saltonstall besitzt, dann wird ein geschickter Wahlkampfmanager darauf bedacht sein, ihn aus dem Kampf der täglichen politischen Geschäfte herauszuhalten. Nachdem wir mehrere falsche Postsendungen und einen Steuerzahleraufstand in O'Connors Heimatstadt ausgelöst hatten, konnten wir mit dem Gegner gleichziehen.

Eine Umfrage Ende September zeigte, dass wir bei dem Wählerblock der Iren, der den Schlüssel zur Wahl bedeutete, an Boden gewannen. Diese Information löste eine besondere Taktik aus. Heimlich mietete ich ein paar Zimmer in einem drittklassigen Hotel in Boston, brachte neue Schlösser an den Türen an und stopfte die Zimmer mit jungen freiwilligen Helfern voll, die neutrale Briefumschläge mit den Namen und Adressen aller irisch klingenden Familien versahen, die sie im Telefonbuch finden konnten. Es waren über 300 000 Familien. Dann überredeten wir sechs prominente Iren, die der Demokratischen Partei angehörten, einen Brief zu unterschreiben, in dem sie sich für Kennedy als Präsidenten (gegen Nixon) und für Saltonstall als Senator aussprachen. Obwohl die beiden Senatoren verschiedenen Parteien angehörten, hatten sie doch so oft an gemeinsamen Projekten für ihren Staat gearbeitet, dass beide Namen für politische Erfolge in Massachusetts standen. Der Brief war weiter nichts als der Versuch, Saltonstall auf der Kennedy-Welle zum Erfolg zu führen. Saltonstall selbst wusste nichts von diesem Schachzug. In seinen Wahlreden stellte er sich natürlich weiterhin hinter Nixon.

Am Freitagabend vor der Wahl besuchte ich die heimlich gemieteten Hotelzimmer. Fast 20 erschöpfte Freiwillige kuvertierten von Hand die Berge von Briefen. Für Mitternacht hatten wir zwei Lieferwagen zum Hintereingang bestellt. Die jungen Leute würden die vielen Kisten einladen, sie zu einem entfernten Postamt bringen und von einem uns freundlich gesinnten Posthalter abfertigen lassen.

Da war nur ein Haken. Ein junger Student namens Tom, der das geheime Projekt leitete, wollte mit mir alleine darüber sprechen. Wir gingen aus dem Zimmer und den dunklen Korridor hinunter. »Chuck«, sagte er, »ich mache mir Sorgen um eins unserer Mädchen. Ihr Vater ist ein leidenschaftlicher Parteigänger und sie glaubt, dass wir unfair gegenüber Nixon handeln. Ich habe gehört, dass sie zum Hauptquartier der Republikaner gehen und dem Vorsitzenden erzählen will, was hier vorgeht.«

»Nur das nicht«, stöhnte ich. »Dann wären wir völlig vom Fenster weg. Wenn sich diese Sache rumspricht, wird sie zu einem Bumerang. Nixon hat in diesem Staat keine Chance und ich habe seinen Leuten erzählt, was wir machen. Wir wollen einen Senator der Republikanischen Partei retten, das ist alles.«

Ich starrte auf den fleckigen Teppich und hatte ein flaues Gefühl im Magen. Niemand durfte erfahren, dass Saltonstalls Komitee hinter dieser Postsendung stand. Es musste nach einer unabhängigen Initiative aussehen, wie ein echter Brief von Kennedy-Anhängern. Der Ausgang der Wahl konnte durch diese Aktion in letzter Minute entscheidend beeinflusst werden, denn der politische Gegner konnte nichts mehr dagegen unternehmen.

»Weißt du was, Tom«, ich sah in seine müden Augen. »Nimm dies hier.« Ich gab ihm zehn neue Zehn-Dollar-Noten, alles, was ich bei mir hatte. »Geh mit diesem Mädchen aus und sorge dafür, dass sie bis zum Wahltag nicht wieder zu sich kommt. Lenke sie ab, ganz gleich, was du tun musst.«

Tom, ein Frauenheld, kam diesem Befehl gerne nach. Die Briefe erreichten am folgenden Montag 300 000 irische Familien im ganzen Staat. Saltonstall, im sicheren Gefolge Kennedys, wurde mit einer beachtlichen Mehrheit wieder gewählt.

Berauscht von meinem Erfolg als Wahlkampfmanager lehnte ich das Angebot des Senators, sein Assistent zu bleiben und einen sicheren, gut bezahlten Arbeitsplatz für die nächsten sechs Jahre zu haben, ab. Auch die Angebote einiger Anwaltspraxen in Boston schlug ich aus. Stattdessen tat ich mich mit 5000 Dollar, meinen gesamten Ersparnissen, mit Charles Morin, einem begabten jungen Anwalt, zusammen, den ich auf meinen politischen Reisen kennen gelernt hatte und der bald mein engster persönlicher Freund wurde. Obwohl Charlie eine Harvard-Erziehung genossen hatte, war er, ein Katholik kanadischer und irischer Abstammung, wie auch ich ein Außenseiter des Establishments, der es zu etwas bringen wollte. Wir eröffneten eine Anwaltspraxis in Boston und Washington. Ich übernahm ein Zwei-

Zimmer-Büro in Washington, Morin eine Drei-Zimmer-Suite in Boston.

Glücklicherweise kamen die ersten Klienten, ehe der letzte von meinen 5000 Dollar ausgegeben war. Mitte des Jahres konnten wir sogar einen weiteren Rechtsanwalt einstellen, einen talentierten jungen Mann namens Joe Mitchell, den uns unser Freund Elliot Richardson, damals Generalbundesanwalt, empfohlen hatte. Joe hatte außergewöhnliche Qualifikationen. Jede Anwaltskanzlei hätte ihn sofort weggeschnappt – wenn die Sache nicht einen kleinen Schönheitsfehler gehabt hätte: er war Schwarzer. Zwei Monate nachdem wir ihn eingestellt hatten und es offenkundig war, dass er uns in keiner Weise »geschadet« hatte, bemühten sich verschiedene Bostoner Anwaltsfirmen um ihn. So hatten wir nicht nur einen erstklassigen Mitarbeiter gefunden, sondern auch die rassischen Vorurteile der Bostoner Anwaltskammer durchbrochen.

Unsere Firma wuchs schnell, aber es ging nicht ohne kritische Phasen ab. Kurz vor Weihnachten 1962 saßen Charlie und ich einen Abend lang in unserem Büro in Boston und hatten die Hauptbücher unserer Firma auf einem großen Konferenztisch vor uns ausgebreitet. Nach Mitternacht fasste Morin die Situation mit Sorgenfalten auf seiner Stirn zusammen: »Wir müssen noch 10 000 Dollar für unsere Möbel bezahlen, 20 000 Dollar sind monatlich für

Gehälter fällig, weil wir zu viele Leute einstellen, die großen Firmen machen uns Schwierigkeiten und ich sehe keine Möglichkeit, wie wir uns noch viel länger halten können.«

Dagegen gab es keine Argumente. Wir waren sehr schnell vorwärts geschritten – vielleicht zu schnell. Am nächsten Tag flog ich zurück nach Washington und starrte aus der DC 6 auf die schneebedeckte Landschaft unter mir. Aber ich sah nicht die schläfrigen Städtchen von Neu-England, sondern das tiefe Blau der Karibischen See, den endlosen weiten Strand und die steilen Klippen, die ich acht Jahre zuvor erklommen hatte. In mir sammelten sich alle zugeschütteten Kräfte wieder, und ich schrieb einen langen handschriftlichen Brief an Charlie.

»In der nächsten Woche werde ich meinen Freund bei den Grumman-Flugzeugwerken besuchen. Ich bin ganz sicher, dass er uns helfen wird. Auf dieser Reise nach Kalifornien werde ich zwei Firmen aufsuchen ...« So ging es weiter über mehrere Seiten und ich entwickelte neue geschäftliche Möglichkeiten, die wir verwirklichen konnten – wenn wir alles auf eine Karte setzten. Charlie hat diesen Brief jahrelang aufgehoben. Wir konnten jene Pläne in allen Punkten durchziehen.

Wenn ich es auch nicht zugeben wollte, so litt doch mein persönliches Leben unter den politischen und geschäftlichen Verpflichtungen. Nancy Billings, das reizende, in Boston erzogene Mädchen, das ich am Tage nach meinen Examina geheiratet hatte, mied die Aufregungen des politischen Lebens, die mir so viel bedeuteten, und investierte ihre ganze Zeit in unsere drei kleinen Kinder: Wendell, der 1954 geboren wurde, Christian und Emily, die mit je zwei Jahren Abstand folgten. Mit den Jahren hatten wir immer weniger gemeinsame Interessen. Das vornehme Haus ihrer Eltern, ihr sozialer Status und die standesgemäße Hochzeit waren mir doch, wenn vielleicht auch unbewusst, im Blick auf meine Anerkennung von großer Bedeutung gewesen. Aber die Unsicherheit der Studententage hatte längst einem starken Selbstvertrauen Platz gemacht, der Gewissheit, dass ich mir selbst völlig genügte. Nachdem wir einige Jahre getrennt gelebt hatten, kam im Januar 1964 die Scheidung.

Noch im gleichen Jahr heiratete ich Patty Hughes, ein fröhliches und warmherziges Mädchen aus Springfield, Vermont. Ihr strahlendes Lächeln und gewinnendes Wesen machten sie zu einer der beliebtesten Sekretärinnen auf *Capitol Hill*. Ihre Lebensfreude und Leidenschaft für die Politik entsprachen ganz meiner Art. Da sie von katholischen Einwanderern aus Irland abstammte, warfen ihre religiösen Bindungen das einzige Problem auf. Patty, einst gefeierte Schönheitskönigin mit ungezählten Freunden, musste auf eine formale Hochzeit verzichten.

Wir wurden bei einer schlichten Feier in einer Standortkapelle nahe bei dem berühmten Friedhof Arlington getraut. Eine Zeit lang beschäftigte ich mich mit dem Katholizismus, aber meine Scheidung schien ein unüberwindbares Hindernis für den Segen ihrer Kirche zu sein und schließlich gab ich es auf.

Als wir nach einigen Jahren immer noch keine eigenen Kinder hatten, bemühten wir uns darum, ein Kind zu adoptieren. Die gestrenge Dame der zuständigen Behörde durchleuchtete alle Bereiche unseres Lebens. »Mr. Colson, Sie scheinen ein sehr erfolgreicher Mann zu sein. Warum wollen Sie noch mehr Kinder haben?«

Nach einigem Hin und Her begriff ich, dass sie mich für zu beschäftigt hielt, um noch ein guter Vater zu sein. Sie war offenbar der Meinung, dass ich schon bei meinen ersten drei Kindern versagt hatte. Ich erklärte ihr, wie sehr ich Wendell, Christian und Emily liebte, dass wir jede freie Minute zusammen verbrachten, dass aber Patty und ich auch selbst Kinder haben wollten.

»Sie haben exakte Vorstellungen von dem, was Sie wollen, nicht wahr? Sie sind wohl der Meinung, noch nie in Ihrem Leben etwas falsch gemacht zu haben«, sagte sie.

»Das ist richtig«, antwortete ich selbstbewusst.

»Glauben Sie nicht, dass Ihre Scheidung ein Fehler war?«, bohrte sie weiter.

Diese Frage traf mich. In meinem Inneren wusste ich wohl, dass ich versagt hatte, wollte es aber weder mir noch anderen gegenüber zugeben. Die Absage der Adoptionsstelle hätte ein wertvoller Prüfstein für mich sein können, eine Chance, meine eigene Entwicklung kritisch zu durchleuchten. Aber ich machte den Kindermangel, die Pille und die liberalisierten Abtreibungsgesetze für die Absage verantwortlich. Die harte Schale, die ich mir in all den Jahren der Erfolge und des Vorwärtskommens zugelegt hatte, war undurchdringlich geworden.

Meine erste Begegnung mit Richard Nixon fiel in die Zeit seiner Vizepräsidentschaft unter Eisenhower. Meine Auseinandersetzungen mit ihm in jenen Jahren beeindruckten mich tief. Hier war ein Mann mit einem ungewöhnlichen Intellekt und großen Möglichkeiten, mit einer Zukunftsschau für sein Land und seine Partei, die ich begeistert teilte. Im Spätfrühjahr 1964 saßen wir beide in seinem streng möblierten Eckbüro im 24. Stockwerk von *Twenty Broad Street* in New York. Ich versuchte Mr. Nixon davon zu überzeugen, dass nur er die Republikanische Partei von dem Debakel erlösen könne, das ohne Zweifel auf eine Nominierung Goldwaters folgen würde.

»O. K., Sie haben grünes Licht«, sagte er. »Telefonieren Sie und stellen Sie fest, mit wie vielen Delegierten wir rechnen können.«

Obwohl er sich gelassen gab, leuchteten doch seine Augen im Gedanken an den Wahlkampf auf. »Johnson wird sich einer Diskussion mit mir stellen müssen, nicht wahr, Chuck? Schließlich bin ich auch einer Diskussion mit Kennedy nicht ausgewichen.« Er drehte sich um und starrte gedankenverloren aus dem Fenster über die Skyline seiner neuen Wahlheimat.

Wir verstanden uns – der junge, ehrgeizige politische Königsmacher und der ältere Thronanwärter. Wir kamen beide aus der unteren Mittelschicht, hatten unser ganzes Leben lang schwer gearbeitet, waren beide stolze Männer, deren höchstes Ziel darin bestand, die Anerkennung und den Respekt derer zu gewinnen, die uns gerade diese Anerkennung versagt hatten.

»Aber es wird schwer werden in diesem Jahr«, sinnierte Nixon. »Das ganze Establishment ist gegen uns. Wenn wir es diesmal nicht schaffen, nun, dann können wir immer noch ...« Seine Worte verloren sich. Natürlich war es unmöglich, die Nominierung Goldwaters und das darauf folgende Desaster für die Republikanische Partei zu verhindern. Aber für Richard Nixon und mich blieb der Traum sehr lebendig.

Wie vorauszusehen befand ich mich dann mitten in Nixons Wahlkampf im Jahre 1968. Meine Klienten und Partner waren davon nicht so sehr erbaut, denn ich musste mich vier Monate lang beurlauben lassen. »Dieser Wahlkampf ist zu wichtig für das Land. Unser Land braucht jetzt Nixon. Nach der Wahl werde ich wiederkommen«, versprach ich meinen Partnern und wusste doch tief in meinem Herzen, wo meine eigentlichen Interessen lagen.

Ganz zu Beginn der Amtszeit Nixons bat mich mein alter Freund John Volpe, der ehemalige Gouverneur von Massachusetts und nun Verkehrsminister, eine Aufgabe in seinem Ministerium zu übernehmen. Der Staatssekretär des Auswärtigen Amtes, Elliot Richardson, bot mir die Position eines stellvertretenden Staatssekretärs an. Ich zögerte. Ich wartete auf einen besonderen Ruf, nämlich darauf, dass der *Präsident* mich brauchte.

Im Herbst 1969 war es dann so weit – es erreichte mich der Ruf aus dem Weißen Haus.

»Folgen Sie mir bitte, Mr. Colson.« Ein stocksteifer, hoch gewachsener Marineoffizier führte mich zu einer Wand im Büro eines Sekretärs des Präsidenten, der für seine Termine verantwortlich war. Zunächst sah ich nur die weiße Wand, entdeckte dann aber die kaum sichtbaren Umrisse einer kleinen Tür, die ein Stück der Wand selbst bildete und einen Privateingang zum Ovalen Amtszimmer des Präsidenten darstellte, der nur von den Mitarbeitern benutzt wurde.

Als ich zum ersten Mal in das sonnendurchflutete, glänzend weiße Zimmer mit seinen geschwungenen Wänden trat, klopfte mein Herz so stark, dass ich mich fragte, ob man es wohl hören könnte. Ich ging über einen riesigen, blau-goldenen, ovalen Teppich, in dessen Mitte das Große Siegel der Vereinigten Staaten kunstvoll eingearbeitet war, direkt unter einem entsprechenden Siegel in Stuckarbeit unter der Decke. Vor den Fenstern, die sich vom Fußboden bis zur Decke erhoben und die einen Blick auf den Südpark freigaben, saß der Präsident an einem großen Mahagonitisch.

Er saß dort, in seinen Sessel zurückgelehnt, die Sonne fiel über seine Schultern und ließ die ersten grauen Andeutungen in seinen Haaren erkennen. Er war in die Seiten einer großen braunen Ledermappe vertieft, die auf seinen Knien lag. Er schaute auf und sah über seine Lesebrille hinweg, die ich noch nie gesehen hatte, und ließ ein breites, schnelles Lächeln erkennen. »Setzen Sie sich, mein Junge. Es tut gut, Sie wieder zu sehen. Ich bin gleich so weit.« Damit wandte er seine Aufmerksamkeit wieder der Ledermappe zu, auf der ich in goldenen Buchstaben lesen konnte: TÄGLICHER BERICHT DER ABWEHR und darunter schlicht: DER PRÄSIDENT.

Der Präsident. Dies war nicht mehr der Mann, den ich so lange Jahre gekannt hatte, sondern *der* Präsident – und zwar in diesem Zimmer, das während der Amtszeit Theodore Roosevelts gebaut wurde, in dem so manche hoch dramatischen Entscheidungen im zwanzigsten Jahrhundert gefällt worden waren. Nur in diesem Zimmer zu sein war aufregend genug, aber jetzt war ich ganz allein mit dem Präsidenten hier, mit dem wichtigsten Mann der Welt, als einer seiner Mitarbeiter. Mein Leben, die ganzen 38 Jahre meines Lebens, gingen auf ihren Höhepunkt zu.

Kapitel 3

»Das ganze Porzellan – zerschlagen«

■ Die meisten Mitarbeiter des Weißen Hauses betrachteten mich von Anfang an mit Argwohn. Schließlich hatte ich an einer der *Ivy League*-Universitäten studiert und kam aus Boston, der Hochburg des Liberalismus. Schlimmer noch, ich hatte mich sehr für Ed Brooke, den damals einzigen schwarzen Senator, eingesetzt. Die Konservativen aus Orange County, Kalifornien, an der Seite von Bob Haldeman betrachteten mich darum lediglich als »einen von diesen Liberalen der Ostküste«. Ein frühes Interview mit einem jungen Reporter vom *Boston Globe* verbesserte auch nicht gerade meinen Ruf. Eine der Fragen, die mir gestellt wurden, betrafen den Generalbundesanwalt John Mitchell und seine Südstaaten-Strategie für die Wahl der Richter des *Supreme Court*. Da ich im 68er Wahlkampf einmal mit Mitchell zusammengeraten und im Blick auf sein Urteilsvermögen unsicher war, beschränkte ich mich darauf, Nixon ausgiebig zu loben, und bemerkte zu Mitchell: »Kein Kommentar«.

Die daraus konstruierte Schlagzeile war ein mittleres Unglück: *Mitchell kein Held – sagt Colson.* Noch Monate nach dieser Meldung lehnte es der Generalbundesanwalt ab, meine Telefongespräche anzunehmen. Niemand wagte es in jenen Tagen, Mitchell auch nur privat herauszufordern, ganz zu schweigen von einer öffentlichen Auseinandersetzung. Ein Wort von Mitchell genügte, um ganze Mitarbeiterstäbe zu entlassen. Vielleicht war Mitchell so erstaunt über meine Burschikosität, von der er nicht wusste, dass sie unbeabsichtigt war, dass er es einfach versäumte, Nixon anzurufen und mich ohne Umstände wieder auf die Straße setzen zu lassen. Als er es schließlich versuchte – ein Jahr später, im Herbst 1970 –, saß ich bereits fest im Sattel. Noch Jahre danach genügte die Erwähnung meines Namens, um Mitchell grollend und wütend an seiner Pfeife paffen zu lassen, bis der Pfeifenkopf rot glühend wurde.

Bei meiner Arbeit tat ich genau das, was ich immer getan hatte – ich sprang mitten in die Situation hinein. Zuerst ging es um den Reformplan der Post, der vom Kongress blockiert wurde, später um den drohenden Poststreik. Der wichtigste Mann der Gewerkschaft war ein Freund von mir. Wir arbeiteten eine Kompromisslösung aus und ich arrangierte ein inoffizielles Gespräch mit Nixon, das die Vereinbarung zementierte und ganz nebenbei noch den Samen für eine neue politische Allianz mit der Arbeiterschaft legte.

Eines Freitagnachmittags im Frühjahr 1970 geriet Nixon wieder einmal über die bundesstaatliche Bürokratie in Zorn. Ein Jahr lang hatte er sich um eine unkomplizierte Anweisung der Exekutive bemüht, eine Kommission einzusetzen, die Mittel und Wege erarbeiten sollte, um katholischen Schulen zu helfen. Das war ein Wahlversprechen gewesen. Verschiedene Mitarbeiter hatten die Sache blockiert. Mitchell hatte Bedenken im Blick auf das Grundgesetz. Die Lobby der öffentlichen Schulen wollte das Projekt abwürgen. Ich hatte an dem Morgen eine Gruppe katholischer Pädagogen mit dem Präsidenten zusammengebracht. Sie gaben ihm einen Einblick in ihre Nöte und erinnerten ihn an sein Wahlversprechen. Einige Stunden später wurde ich in das Ovale Amtszimmer gerufen.

»Chuck, ich will, dass jetzt eine Kommission gebildet wird«, sagte der Präsident. »Ich habe darüber nachgedacht, was mir diese Männer heute Morgen berichteten. Das hätte schon vor einem Jahr in Ordnung gebracht werden müssen und niemand kümmert sich darum. Sie tun das jetzt. Zerschlagen Sie alles Porzellan in diesem Gebäude, aber legen Sie mir bis spätestens Montagmorgen eine unterschriftsreife Anordnung auf meinen Tisch.«

Jetzt war es Freitag, 17.00 Uhr. »Ich weiß nicht, wo ich anfangen soll«, bekannte ich meiner Sekretärin Joan Hall. Sie war damals meine einzige

Mitarbeiterin. John Ehrlichman, Nixons Hauptberater für innenpolitische Fragen, war an jenem Wochenende zum Skilaufen gefahren. Bob Finch, Leiter der Abteilung Gesundheit, Bildung und Soziales, machte Urlaub im Süden. Einer von Finchs Assistenten fand schließlich den Vorgang; er lag unter einem Stapel Papiere auf dem Schreibtisch eines Karrieremannes der mittleren Laufbahn vergraben.

Zunächst rief ich das Justizministerium an. Alle Anweisungen der Exekutive werden dort verfasst und weitergeleitet. Aber der Assistent, dessen Büro für diese Dinge zuständig ist, teilte mir kurz und bündig mit, die Abteilung sei für das Wochenende geschlossen; er könne erst wieder am Montagmorgen die Leute an die Arbeit beordern. *Kein Wunder,* dachte ich, *dass der Präsident frustriert ist und explodiert.* Ich spielte mit dem Gedanken Mitchell anzurufen, aber selbst wenn er das Gespräch annehmen würde, konnte ich kaum mit seiner Hilfe rechnen.

Und so grub ich am Freitagabend einige alte Anweisungen aus, die mir als Vorlage dienten, und diktierte Joan das Dokument. Das war der Anfang von zwei hektischen Tagen.

Am nächsten Morgen konnte ich Finch erreichen. »Das ist ja die Sache, die der Boss gesucht hat, nicht wahr?«, fragte er und bekannte, dass er das Papier seit Monaten vergeblich gesucht hatte. Als ich ihm sagte, dass ich die Unterlagen jetzt auf meinem

Schreibtisch hatte, gab er mir seine Zustimmung. Dann gelang es dem Telefonisten des Weißen Hauses, den Budgetdirektor zu finden, und er holte ihn vom Golfplatz ins Weiße Haus. Völlig außer Atem genehmigte er die Finanzen. Ehrlichman befand sich auf einem Skihang in Colorado und reagierte nicht auf meine Telefonanrufe. Auch sein Assistent war auf Reisen und unerreichbar. Eine strikte Anweisung des Weißen Hauses sah vor, dass Ehrlichman alle Etatbelange abzeichnen musste. Aber der Präsident hatte angeordnet: Montagmorgen; und darum legte ich ihm am Montagmorgen die Anweisung auf seinen Schreibtisch.

Als Mitchell und Ehrlichman entdeckten, was geschehen war, waren sie wütend. Es gab einen kleinen Aufstand in den sonst so gelassenen Büros von *Pennsylvania Avenue 1600*. Richard Nixon hatte seinen Spaß daran. Er hatte jemanden gefunden, der die Regeln missachtete und in alle Fettnäpfchen trat. Das sollte sich bald auch auf anderen Gebieten wiederholen.

Es dauerte nicht lange und ich war nicht mehr aus der Umgebung des Präsidenten wegzudenken. Bald nach dem erwähnten Wochenende wurde mir eine schwarze Limousine zugewiesen. Es war eine erhebende Erfahrung, als ich zum ersten Mal in einem Autokonvoi durch die Straßen von Washington fuhr, dicht hinter mir die elegante, kugelsichere Limousine mit der Standarte des Präsidenten. Bei dieser Gelegenheit war das Repräsentantenhaus bis auf den letzten Platz besetzt, das Kabinett, der oberste Gerichtshof, das diplomatische Korps und 535 ausgewählte Mitglieder füllten das Haus, selbst die Emporen flossen über.

Ich stand an der Wand unmittelbar neben dem Platz des Sprechers, als die Stimme von Fishbait Miller, dem langjährigen Türhüter des Hauses, durch den Saal bellte: »Herr Sprecher, der Präsident der Vereinigten Staaten!« Ein donnernder, fast ohrenbetäubender Applaus setzte ein und wollte nicht mehr aufhören. Mein Boss bahnte sich einen Weg durch den Mittelgang, lächelte, schüttelte die Hände alter Kollegen, um dann auf die Plattform zu gehen und das ihm von der Verfassung zugewiesene Mandat zu übernehmen, »dem Kongress (und nun auch über das Fernsehen Millionen von Zuschauern in Amerika) Informationen zur Lage der Nation zu geben«.

Aber das Tagesgeschäft bestand aus harter Arbeit, aufreibenden Konferenzen und Bergen von Papieren mit den sich widersprechenden Ansichten der verschiedenen Regierungsstellen im Blick auf zu treffende Entscheidungen. *Nichts, was bis hierher durchdringt, ist einfach*, war eine meiner frühen Einsichten. Jede Vorlage wollte beurteilt und sorgfältig bearbeitet werden, aber an manchen Tagen blieb nur noch Zeit zur Reaktion. Der Druck war unbarmherzig groß, die Tage erstreckten sich bis in die Nacht hinein und vergingen wie Rauchschwaden. Ich habe auch nicht ein einziges Mal daran gezweifelt, dass ich die jeweilige Aufgabe meistern konnte, was immer es sein mochte. Ich ging einfach vorwärts, schiebend und drängend. Das war die schlichte Spielregel, die ich mein ganzes Leben lang befolgt hatte.

Es gab aber auch Zeiten, wo mir Zweifel kamen – ich lernte Besorgnis und sogar tief sitzende Angst im Blick auf das Land und die Regierung kennen. Das geschah zum Beispiel nach Nixons umstrittener Entscheidung im Frühjahr 1970, eine Invasion – wir nannten es lieber »Streifzug« – in Kambodscha zu befehlen. Ich empfand damals das ganze auf einem lastende Gewicht, an der Regierungsarbeit so unmittelbar beteiligt zu sein. Der Präsident war davon überzeugt, dass die Aktion notwendig war, um den Druck auf unsere Streitkräfte in Vietnam zu mindern. Er war sich auch bewusst, dass eine solche Entscheidung innenpolitische Auseinandersetzungen und politische Angriffe heraufbeschwören würde. »Man wird uns die Hölle heiß machen, ganz gleich, was wir unternehmen. Darum wollen wir die Sache aus der Welt schaffen«, sagte Nixon zu Ehrlichman und mir, als wir ihn warnten, dass ein derartig offener Angriff, im Gegensatz zu einer mehr begrenzten militärischen Operation, wie das Pentagon sie vorgeschlagen hatte, das ganze Land in Aufruhr bringen könnte.

Nixons Rede an die Nation am Abend des 30. April übte mit unseren Kritikern keine Nachsicht. »Die Vereinigten Staaten werden nicht die Rolle eines erbärmlichen, hilflosen Riesen spielen«, argumentierte er. Eine Welle von Entsetzen und Zorn ging über das ganze Land, erfasste Gouverneure und örtliche Kirchenmänner. Vier Senatoren – Mark Hatfield von Oregon, George McGovern von South Dakota, Harold Hughes von Iowa und Charles Goodell von New York – griffen Nixons Entscheidung erbittert an und brachten Gesetzesvorschläge ein, um alle Mittel für Vietnam abzublocken.

Aber es war das Ereignis auf einem schläfrigen College Campus, das eine Welle des Entsetzens um die ganze Erde gehen ließ. Am Nachmittag des 4. Mai kam die erste Nachricht von der staatlichen Universität in Kent, Ohio. Die Nationalgarde hatte in eine Studentendemonstration hineingeschossen. Finster blickende Mitarbeiter des Weißen Hauses, die immer noch von den Bildern der Gewalttätigkeit nach der Ermordung Martin Luther Kings vor zwei Jahren verfolgt wurden, umringten den tickenden Fernschreiber in Ron Zieglers Pressebüro, als die grässliche Geschichte in ihrer ganzen Tragweite bekannt wurde: vier erschossen, elf verwundet.

Ich arbeitete noch spät an jenem Abend und ging zum Kasino des Weißen Hauses, um eine rasche Mahlzeit einzunehmen. In einer Ecke des kleinen, eichenholzgetäfelten Esszimmers erschienen auf einem großen Farbfernseher Bilder von der Nationalgarde, die sich durch Tränengas vorwärts arbeitete, Schüsse wurden abgefeuert und blutende Studenten lagen auf dem Rasen. Ein entsetzliches Bild steht mir noch heute so lebendig vor Augen wie damals: ein junges, vor Entsetzen aufschreiendes Mädchen, das sich über den Körper eines Freundes beugte.

Ich sah mich in dem vollen Raum um. Es war so, als hätte man einen Film plötzlich angehalten. Die Teller standen unberührt, die Kellner in ihren roten Uniformen standen wie festgefroren, die Mitarbeiter des Weißen Hauses hatte lähmendes Entsetzen befallen, ihre Augen richteten sich auf die grässliche Tragödie auf dem Bildschirm. Dann erschien ein weinendes, vor Schmerz entstelltes Gesicht: der Vater von Allison Krause, der zu den Opfern gehörte. »Der Präsident ist schuld!«, rief er.

Meine erste Reaktion war: wie unfair! Wie kann man nur so etwas sagen! Der Präsident hatte doch nichts mit Allisons Tod zu tun. Und dann dachte ich, *wenn es nun meine Emily wäre?* Auch ich würde dann auf den Mann einschlagen, der die Regierungsverantwortung trägt, das Symbol der Autorität, gegen das meine Tochter protestierte. Vielleicht würde ich noch weiter gehen.

Aber dann kam mir der entsetzliche Gedanke, dass ja auch ich mitverantwortlich war, wenn diese

Anschuldigung auch nur teilweise berechtigt war. Ich hatte dem Präsidenten bei der Kambodscha-Entscheidung geholfen. Einen schrecklichen Augenblick lang war es mir, als befände sich Herr Krause in jenem Raum, als schauten seine tränengefüllten Augen direkt in meine, und ich fühlte mich schuldig. Ich konnte nichts essen.

Ich lernte sehr bald, dass ich mir keine persönlichen Gefühle erlauben konnte, wenn ich im Weißen Haus bleiben und dem Präsidenten bei Entscheidungen helfen wollte, die Leben oder Tod für Menschen bedeuten konnten. Wie leicht war es doch, Geschichte zu studieren, von den Entscheidungen eines anderen Menschen zu lesen und aus großem Abstand darüber zu befinden – aber wie schwer war es, selbst Entscheidungen zu treffen und damit zu leben. Wenn uns die Nachricht erreichte, dass Leute in einer militärischen Aktion in Gefangenschaft geraten waren, dann sah ich in Gedanken einen Mann in einem Bambuskäfig kauern, der von Ratten und Spinnen langsam aufgefressen wurde. Ich konnte sogar seine Schmerzensschreie hören. Das waren Alpträume am hellichten Tag, so real wie das Leben selbst.

Schon bald zwang ich mich, nur noch in Zahlen und Nummern zu denken; je größer die Zahlen, umso unpersönlicher schien alles zu sein. Auch der Vergleich von Statistiken war ein Betäubungsmittel: Nur zehn Soldaten der Vereinigten Staaten wurden in der letzten Woche in Vietnam getötet, verglichen mit 50 Soldaten in derselben Woche ein Jahr zuvor.

Als Folge der Schießerei an der Universität von Ohio streikten plötzlich Studenten und auch Professoren an zahllosen Universitäten. Zwei schwarze Studenten wurden an der staatlichen Universität von Jackson, Mississippi, von der Staatspolizei erschossen. Dass eine ganze Nation von Angst gepackt war, zeigte sich auch an der Entwicklung der Börse, die um hundert Punkte fiel. Der unabhängig eingestellte Innenminister Walter Hickel schrieb einen privaten Brief an Nixon, in dem er seinen Chef dafür tadelte, dass er ein taubes Ohr für die Proteste der Studenten habe, die Nixon in einem unüberlegten Augenblick einmal »Landstreicher« genannt hatte. Öffentlich lobte Nixon Hickel als »mutigen Mann«, privat schwor er, ihn zu entlassen.

Außen- und Verteidigungsminister ließen über Freunde in der Presse durchsickern, dass sie gegen die Entscheidung des Präsidenten gestimmt hatten. Einige der begabtesten Männer von Henry Kissingers *brain trust* kündigten, unter ihnen auch der langjährige Vietnam-Experte Morton Halperin, der gemeinsam mit seinem Freund, Dr. Daniel Ellsberg, Nixons erste geheime Studie über Südost-Asien entworfen hatte: »Studie zur Nationalen Sicherheit, Memorandum Nummer Eins«.

Es gab unter den Studentenführern und auch unter den Gewerkschaftlern Stimmen, die Nixons Amtsenthebung forderten. In den Garderoben des Kapitols wurden zum ersten Mal Worte wie »Misstrauensvotum« gemurmelt. Nixon hatte damals eine Amtszeit von nur wenig mehr als 15 Monaten hinter sich.

Am Wochenende des 9. Mai demonstrierten zahllose Studenten in der Hauptstadt der Nation. Man schätzte sie auf über 150 000. Die Straßen in der Nähe des Weißen Hauses waren an diesem Samstagmorgen nach allen Richtungen hin abgesperrt. Mein Wagen wurde von einer bestimmten Stelle an von Polizisten in Sturzhelmen eskortiert. Als Notstandsmaßnahme wurden mehrere Hundert Busse, die aneinander gereiht waren, um das Weiße Haus aufgefahren und blockierten so *Pennsylvania Avenue* im Norden und die *Ellipse* im Süden. Besonders geschulte Polizei befand sich an Schlüsselstellungen hinter den Bussen. Im Untergeschoss des *Executive-Office-Building* war ein Bataillon der 81. Luftdivision stationiert, Soldaten waren in voller Kampfausrüstung mit Feldrationen und Tarnhelmen angerückt.

Als ich mich dort unten mit Truppenangehörigen unterhielt – zumeist waren es junge, intelligente Burschen; einige von ihnen schliefen auf den kalten Marmorplatten, andere lasen oder spielten Karten –, wurde ich auf alptraumhafte Weise an das erinnert, was ich schon zweimal in mittelamerikanischen Ländern erlebt hatte: uniformierte Truppen, die den Palast gegen Feinde verteidigten. Aber hier – in der stärksten Demokratie der Welt?

Als ich später von einem Fenster der oberen Stockwerke beobachtete, wie die Menschenmassen die Straßen füllten, kämpfte ich mit meinen Gedanken. Was unsere Gesellschaft zusammenhält sind weder Macht noch Gesetze, sondern die moralische Kraft der Menschen. Präsidenten regieren nicht aufgrund ihrer Autorität und Befehle, sondern weil freie Menschen sie gewählt haben. Ohne den kollektiven »Goodwill« von 200 Millionen Amerikanern, auch eilfertig »öffentliche Zustimmung« genannt, ist die Regierung machtlos und Anarchie oder Chaos sind die unausweichliche Folge.

Aber so weit ich sehen konnte, strömten aus allen Richtungen zornige Bürger herbei, die ihren Protest herausschrien. Ungeachtet dessen, was an unserer Außenpolitik richtig oder falsch war, musste die moralische Kraft der Führung zurückgewonnen werden. Vielleicht waren wir doch der »erbärmliche, hilflose Riese«, von dem Nixon gesprochen hatte – nicht unsere Armeen, die er damals meinte, sondern hier, wo der empfindsame Stoff, der freie Menschen zusammenhält, bis zum Zerreißen strapaziert wurde.

Als die Stunden vergingen, nahm auch die gespannte Erwartung im belagerten Weißen Haus zu. Am Nachmittag erreichte uns eine Warnung vom

Kommandoposten im Untergeschoss des Weißen Hauses: Eine große Anzahl von Demonstranten bewegte sich auf die Nordwest-Ecke des Parkes zu. Die ersten Steine zerstörten Fenster der Busse. Ich konnte die Geräusche der sich bereit machenden Truppe hören: das Lösen der Gewehrgurte, das Aufsetzen der Bajonette und das Zurechtlegen der Munition.

Plötzlich waren die dumpfen Detonationen von Tränengasbomben zu hören, die in die Menge geworfen wurden. Große Rauchwolken stiegen auf. Zwei Busse fielen seitwärts um. Polizisten mit Gasmasken und Stahlhelmen marschierten in die Menge. Knüppel wurden geschwungen, Menschen rannten, einige fielen hin. Rufe und Schreie wurden laut. Glas zersplitterte und Stahl traf auf Stahl. Eine sanfte Brise von Westen wehte einen Nebel von Tränengas durch die Fenster des Weißen Hauses. Ich fühlte den beißenden, brennenden Schmerz in Augen und Nase. Dann war alles still. Der Alarm endete so plötzlich wie er begonnen hatte. Die Menge drehte sich um und löste sich in kleine Gruppen auf.

Nixons harte Entscheidung, alles daranzusetzen, die Nordvietnamesen in ihren Schlupfwinkeln im »neutralen« Kambodscha auszuräuchern, und dann seine Standhaftigkeit gegenüber zunehmenden Protesten seitens des Kongresses und öffentlicher Demonstrationen schienen sich auszuzahlen, als große Mengen feindlichen Nachschubs erbeutet und zerstört werden konnten. Die Streitmächte Hanois waren schwer getroffen, die amerikanischen Kriegsopfer wurden weniger und der Truppenabzug konnte beschleunigt werden.

Ende Mai marschierten über 100 000 Bauarbeiter und Hafenarbeiter durch die Straßen von New York, trugen Transparente mit der Aufschrift »Unterstützt die Truppen« und Pro-Nixon-Aufkleber auf ihren Helmen. Trotz der Opposition der meisten Mitarbeiter im Weißen Haus, die in den Helmen ein Symbol der Studentenunruhen sahen, trug mir Nixon auf, mit dem Demonstrationsleiter, einem stämmigen, raubeinigen Iren aus der Bronx namens Peter Brennan, zu telefonieren. Zwei Tage später bewegte sich eine Prozession von Bauarbeitern und Stahlarbeitern, die Schutzhelme und Anstecknadeln mit der amerikanischen Fahne trugen, in das Ovale Amtszimmer, um einen lächelnden, gut gelaunten Präsidenten zu begrüßen. Fotos von jenem Zusammentreffen, das eine nie da gewesene politische Allianz zwischen einem republikanischen Präsidenten und der organisierten Arbeiterschaft einleitete, erschienen im ganzen Lande.

Es dauerte nur Tage, bis zustimmende Telegramme das Weiße Haus überfluteten. Diese gehobene Stimmung wurde von Nixon noch dadurch gefördert, dass er fünfzig führende Männer der *Wall Street* zu einem eleganten Diner im *State Dining Room* einlud. In zwei Tagen kletterte die Börse 50 Punkte nach oben; die Stabilität schien sich im Lande wieder zu festigen, die Furcht zurückzugehen.

Aber die Erinnerung an den 9. Mai konnte nicht ausgelöscht werden. Innerhalb der eisernen Tore des Weißen Hauses machte sich ganz unbewusst eine Belagerungsstimmung breit. Es entstand eine »Wir-gegen-die«-Atmosphäre. Und weil wir uns immer mehr zurückzogen, wurden »die« immer zahlreicher.

Die Abneigung war am stärksten gegenüber den Massenmedien. Indem wir auf die (aus unserer Sicht) täglichen Angriffe der Fernsehkommentatoren, der *New York Times* und der *Washington Post* reagierten, kamen seltsame Memoranden in Umlauf, die, wie z. B. im Jahre 1971, die strikte Anweisung enthielten: »Keiner der Mitarbeiter hat mit einem Reporter der *New York Times*, aus welchem Grunde auch immer, Kontakt aufzunehmen.«

Eines Tages machte ich den Fehler, eine Einladung zum Mittagessen von Joseph Kraft, einem liberalen Kolumnisten, anzunehmen. Lyn Nofziger, ein eingeschworener Konservativer im Weißen Haus, entdeckte uns im vornehmen *Sans Souci*. Nofziger kam mit einem sauren Lächeln an unserem Tisch vorbei und zog mich auf, weil ich gemeinsam mit einem »flammenden Liberalen« aß. Ich hielt es für einen Scherz – bis ich noch am gleichen Nachmittag in Haldemans Büro beordert und dort abgekanzelt wurde: »Wenn Ihnen etwas daran liegt, hier zu bleiben, dann halten Sie sich von dem ... fern«, schnappte er. Völlig überrumpelt tat ich das dann auch.

Im Herbst 1970 schickte mich der Präsident nach New York, um dort »in aller Stille« mit den Präsidenten der drei Nachrichtengesellschaften Gespräche im Blick auf ausgewogene Berichterstattung zu führen. Obwohl in ihrem eigenen Bereich allmächtig, waren diese Herren doch rein wirtschaftlich von der *Federal Communications Commission* an eine kurze Leine gelegt und darum auch ungewöhnlich entgegenkommend. Die Bedeutung meines Besuches war ihnen sofort klar. Wir arbeiteten eine erfolgreiche und legale Handhabe gegen eine Fernsehserie aus, die auch freie Sendezeit für die Demokratische Partei vorsah, und glaubten, unsere Feinde damit gezähmt zu haben.

Die verbalen Angriffe von Vizepräsident Agnew gegen die Presse brachten zwar die schweigende Mehrheit auf unsere Seite, trugen aber unglücklicherweise auch dazu bei, dass sich der Widerstand der meisten Journalisten uns gegenüber verhärtete. Als sich die Fernsehanstalten immer unbarmherziger gegen den Vietnam-Krieg und Nixons Politik zur Wehr setzten, verloren wir immer mehr unsere Fähigkeit zur Objektivität und sahen uns in zunehmendem Maße als Opfer einer Verschwörung der Presse. Unsere Haltung überzeugte die Nachrichtenleute nur noch mehr, dass es uns darum ging, die freie Presse zu zerstören. So ging es weiter im Kreise.

Nach einem Jahr sorgfältigster Vorbereitung durch John Ehrlichman und seine Mitarbeiter lancierte der Präsident Anfang 1971 unter dem Stichwort »neue amerikanische Revolution« das erste durchschlagende innenpolitische Programm der Nixon-Regierung. Die Umschichtung des Einkommens, die Wohlfahrtsreform und Reorganisation der Regierung waren so publikumswirksam wie ein Regionalligaspiel der Absteiger an einem regnerischen Septembernachmittag. Die schlechte Aufnahme, die dieses Programm fand, bestätigte uns erneut, dass Nixons Präsidentschaft mit seiner Außenpolitik stehen oder fallen würde.

Der Entwurf für eine Neudefinition der Weltmacht, die Nixon und sein Berater Henry Kissinger bald nach der Wahl vorlegten, war anspruchsvoll und weitsichtig. Der Präsident würde im Juli 1969 in Guam bekannt geben, dass die Vereinigten Staaten sich nicht länger als Polizisten der Welt verstehen und anderen Nationen nur dann helfen würden, wenn sie auch zur Selbsthilfe greifen würden. Die Bedeutung dieser Rede wurde von Moskau und Peking verstanden: Es würde keine Vietnams mehr geben. Aber intern ließ Nixon auch wissen, dass er den Sowjets ein Abrüstungs- und Entspannungsabkommen abverlangen würde. Indem er auf diese Weise die Sowjets drängte und die Chinesen herausforderte, würde Nixon einen Keil zwischen die Kommunisten treiben und so durch eine Dreiteilung einen Machtausgleich in der Weltpolitik herbeiführen, der einen Frieden sichern konnte. Interdependenz hieß das Schlüsselwort; alles war miteinander verwoben: Atomwaffenabkommen, die Spannung im Nahen Osten, der Handel und natürlich auch die große offene Wunde Vietnam.

Diese Politik von ihren ersten genialen Anfängen an zu entwerfen war eine gewaltige Aufgabe und könnte sehr wohl – wenn sich die Leidenschaften dieser Ära abgekühlt haben – als einer der größten diplomatischen Balanceakte in die Geschichte eingehen. Für die Ausgangsposition der Amerikaner in den geheimen Verhandlungen mit China und Russland war es von entscheidender Bedeutung, für eine ehrenhafte Lösung des Vietnam-Problems »Zeit zu schinden«, wie es der Präsident mir gegenüber des Öfteren ausdrückte. Die Verhandlungen selbst mussten äußerst geheim gehalten werden. Ein Durchsickern war gefährlicher als die Geschicklichkeit unserer Gegner. Es war ein nervenaufreibendes Geschäft.

Im Mai 1971 gab der Kreml in einem entscheidenden Punkt nach, der die Verhandlungen über strategische Waffen ein Jahr lang blockiert hatte. Mitte Mai erreichte Nixon eine private Botschaft von

Breschnjew, die den Schlussstrich unter vier Monate lange Geheimverhandlungen zwischen Kissinger und dem Sowjetbotschafter Anatoli Dobrynin zog. Beiden Seiten war es ernst. Ein Waffenabkommen konnte noch vor Ende des Jahres unter Dach und Fach gebracht werden. Für den 20. Mai waren gleichzeitige Veröffentlichungen in Moskau und Washington vorgesehen. Die Formulierung musste noch sorgfältig durchdacht werden; aber schon die Tatsache, dass die Vereinigten Staaten und die Sowjetunion sich über eine Verlautbarung einigen konnten, war bedeutsam.

Um diesen Durchbruch zu feiern, lud der Präsident Kissinger, Ehrlichman, Haldeman und mich zu einem Diner auf der *Sequoia*, der Yacht des Präsidenten, am Abend vor der Verlautbarung ein. Auf dem sanften Wasser des Potomac zu kreuzen war eine der wenigen Möglichkeiten, die Nixon entdeckt hatte, um dem drückenden Gewicht des Präsidentenamtes zu entfliehen.

Ich fuhr mit dem Präsidenten zum Marinehafen. In der hellgrau-samtenen Bequemlichkeit des großen Cadillac redete der Präsident auf der ganzen Fahrt: Sein Abkommen über strategische Waffen würde der erste Baustein der neuen Ordnung sein. Mehr würde folgen. Der Friede in Vietnam war eine Sache von wenigen Monaten – Kissinger sollte bald ein großzügiges Angebot bei den geheimen Verhandlungen in

Paris unterbreiten –, dann die Entspannung, ein neues Verhältnis zu den Sowjets und den Chinesen – gute Aussichten für Amerika. Träume wurden wahr – und endlich gab es einmal gute Nachrichten zu verbreiten.

Zwölf Minuten später befanden wir uns auf dem Gelände der historischen *Naval Gun Factory* und fuhren zu einem schwer bewachten Pier, wo die stattliche, alte Yacht festgemacht war. Seeleute in blendend weißen Uniformen grüßten. Oben auf der Gangway hielt Nixon an, erwiderte den Gruß des Kapitäns, drehte sich dann zum Heck des Schiffes um und grüßte mit offensichtlicher Gefühlsbewegung die Flagge. Das war keine politische Show. Nur ein paar Seeleute mit unbeweglichen Gesichtern und seine engsten Vertrauten konnten ihn sehen. Der Respekt vor der Flagge war tief in diesem Mann verwurzelt. Später am Abend, genau um 20.00 Uhr, führte uns Nixon alle zum Vorderdeck, wo wir in Habt-Acht-Stellung ausharrten, bis die Fahne in dem entfernten Mount Vernon eingeholt war. Die Schiffsglocke der *Sequoia* läutete zum Gruß.

Es war ein linder Abend. Die Luft war klar. Sogar das verschmutzte braune Wasser des Potomac, das sich an dem langen, schmalen weißen Bug der Präsidentenyacht kräuselte, sah erfrischend aus. Wir saßen auf dem obersten Deck. Nixon, Kissinger und ich nippten an einem Scotch mit Soda, Haldeman und Ehrlichman tranken Ingwer-Limonade. Wir stießen zunächst auf den Präsidenten und dann auf Kissinger an. Es war ein denkwürdiger Augenblick.

Die Gedanken des Triumphes erinnerten uns aber auch an unsere Kritiker, die den Präsidenten so wütend bedrängten. »Vielleicht werden uns die ... im Kongress nun etwas Spielraum geben«, sinnierte Nixon. »Glauben Sie, Chuck, dass sie die Bedeutung dieser Sache begreifen werden?« Und ehe ich antworten konnte: »Nein, ich glaube nicht. Sie sehen immer nur Vietnam. Sie werden nie begreifen, was auf dem Spiel steht. Friede, wirklicher Friede – ein Ende allem Wettrüsten – Hoffnung für eure Kinder und eure Enkelkinder.«

Es war bereits nach 21.00 Uhr, als wir hinunter in die mahagonigetäfelte Hauptkabine gingen, um unsere Plätze an dem langen Tisch einzunehmen, auf dem das beste Silber der Marine auf dem steifen, leinenen Tafeltuch glänzte. Nixon klemmte seine Serviette unter dem Hemdkragen fest und nahm seinen Platz am Ende des Tisches ein. Ich sah ihn erstaunt an. *Warum sollte sich ein Präsident darum kümmern, ob er seine Krawatte beschmutzte?* Schließlich begriff ich, dass auch dies, genau wie das Grüßen der Flagge, wesensmäßig zu Nixon gehörte. Es war ein Hinweis auf seine einfache Herkunft, eine Angewohnheit, die er in den Jahren mit Pat und den Mädchen am Küchentisch entwickelt hatte.

Bei zarten Steaks und frischem Mais vom Kolben erläuterte der Präsident seine Pläne für die Entspannungspolitik mit den Sowjets. Es war ein außergewöhnlicher Vortrag, trotz des großzügig eingeschenkten Weines von bestechender Klarheit, eine logische, brillante Analyse. Plötzlich drehte er sich mit einem Zwinkern zu mir um. »Glauben Sie, Chuck, dass Sie mir ein SST* nach China besorgen können?«

Das war eine Spitze auf meine erfolglosen Bemühungen, den Kongress durch öffentlichen Druck zu bewegen, einen Überschalljet für Passagiere zu subventionieren. Kissinger wurde blass, denn er befürchtete, Nixon würde in dieser aufgelockerten Atmosphäre Einzelheiten über seinen Plan, China zu besuchen, ausplaudern, den nur Kissinger und Haldeman bis ins Letzte kannten. Nixon drehte sich zu Kissinger um: »Entspannen Sie sich. Entspannen Sie sich, Henry. Wenn die Liberalen unter Ihren Mitarbeitern nicht aufhören, die *New York Times* über alles zu informieren, dann gehe ich nirgendwo hin. Wir müssen um jeden Preis verhindern, dass solche Dinge durchsickern. Verstehen Sie mich, Henry?«

Kissinger, der oft nicht begriff, dass er geneckt wurde, hielt eine flammende Verteidigungsrede für seine eigenen Mitarbeiter. Das Problem seien die »illoyalen Bürokraten« im *State Department*. Haldeman lächelte. Er und ich wussten genau wie Nixon, dass

Henry selbst oft die undichte Stelle war. Dabei handelte es sich nicht um ernsthafte Dinge, die die Sicherheit in Frage stellten, sondern solche, die Henry Kissingers Ansehen in der Presse auf Nixons Kosten aufpolierten.

Dann kam der Präsident wieder auf seine Kritiker zu sprechen. »Chuck, Ihre Aufgabe ist es, diese Verrückten auf *Capitol Hill* so lange zurückzuhalten, bis Henry seine Arbeit in Paris beendet hat. Dann gehen wir auf das große Ziel zu – China, Russland.«

Einer der »Verrückten«, die Nixon zu schaffen machten, war ein neu gewählter Senator namens Harold Hughes. Der muskulöse Ex-Fernfahrer und (nach eigener Darstellung) ehemalige Alkoholiker war ein besonderer Stimmführer der Anti-Verwaltungs-Kräfte im Senat und ein möglicher Kandidat der Demokratischen Partei, der bei der nächsten Wahl gegen Nixon antreten könnte. Im März hatte er Agnew erbittert als den »ärgsten Spaltpilz« in der amerikanischen Politik angegriffen. Er stand bei allen Anti-Kriegsdemonstrationen an der Spitze und war ein maßgeblicher Befürworter aller Eingaben, die sich mit der Einstellung des Krieges befassten. Er war einer der sechs Senatoren der Demokratischen Partei, die am 7. April über das Fernsehen die Außenpolitik Nixons verurteilt hatten. Zwei Wochen vorher hatte er in einer Rede die Regierung der »Repression, der gesetzeswidrigen Abhörung von Telefongesprächen ... der Beschattung ... und des Versuchs, die Kommunikationsmedien einzuschüchtern«, beschuldigt. Ohne von den verborgenen Tonbandgeräten im Weißen Haus und den vom FBI installierten Abhöranlagen in der ganzen Stadt zu wissen, tat ich Hughes Anschuldigungen als paranoides Geschwätz eines ehrgeizigen Politikers ab.

Der Präsident fuhr langsam mit seiner Fingerspitze über den Rand des Weinglases. »Eines Tages werden wir sie kriegen – wir werden sie genau da zu fassen kriegen, wo wir sie wollen. Und dann werden wir kräftig zupacken – bis ihnen die Luft ausgeht, nicht wahr, Chuck?«

Dann blitzten seine Augen zu Kissinger hinüber. »Henry weiß, wovon ich rede – genau wie Sie es bei den Verhandlungen machen, Henry – man muss sie aufs Kreuz legen und ohne Gnade zerschmettern.«

Kissinger lächelte und nickte. Haldeman sagte kein Wort, aber sein Gesichtsausdruck zeigte, dass er sich im Geiste erwartungsvoll die Hände rieb. Ich sprach dann für uns drei: »Sie haben Recht, Sir, wir werden sie kriegen.« Nur Ehrlichman, oft die einsame Stimme der Mäßigung, warf seinen Kopf zurück und starrte an die Decke.

Und so wurde an jenem friedlichen Frühlingsabend auf der *Sequoia* ein heiliger Krieg gegen die Feinde erklärt – gegen jene, die sich gegen unsere edlen Ziele wie Frieden und Stabilität in der Welt stellten. *Sie*, die sich von *uns* unterschieden, mussten überwunden werden – was auch immer ihre Motive waren. Der Samen der Zerstörung war bereits gesät – nicht in ihnen, sondern in uns.

Kapitel 4

Der Präsident
geht aus

■   Der Assistent eines Präsidenten hat natürlich nicht ausschließlich mit Angelegenheiten der nationalen und internationalen Politik zu tun. Ich erinnere mich an einen Abend Anfang Oktober 1971, als ich noch spät mit dem Budgetdirektor George Shultz zusammenarbeitete, um heikle Verhandlungen mit Gewerkschaftsführern über Lohn- und Preiskontrollen vorzubereiten. Um 21.00 Uhr hatten wir die Unterlagen im ganzen Büro von Shultz verstreut.

Der Präsident hatte gerade eine Fernsehansprache über Wirtschaftsfragen beendet, die wir verfolgt hatten. Ich erwartete seinen Anruf. Er war immer an meinen Reaktionen interessiert, und es gehörte zu meinem Job, 24 Stunden am Tag, sieben Tage in der Woche dafür und zu anderen Dingen bereit zu sein.

Wenige Minuten nach 21.00 Uhr klingelte das Telefon. »Nun, was halten Sie davon, Chuck? Wie hat Ihnen mein Argument von der Mitarbeit der Öffentlichkeit gefallen? Daran waren Sie ja besonders interessiert.« So ging es weiter. Etwa vier Minuten später fragte er: »Wo ist Eugene Ormandy heute Abend?«

»Ich weiß nicht«, antwortete ich und fragte mich, was wohl der Dirigent des Philadelphia-Symphonie-Orchesters mit einer Ansprache über Wirtschaftsfragen zu tun hatte.

Der Präsident erläuterte, dass Julie vor ein paar Tagen im *Kennedy-Center* einer Aufführung Ormandys beigewohnt hatte, die sie sehr empfahl. »Stellen Sie doch fest, ob Ormandy noch im Center ist, und rufen Sie mich zurück«, sagte er.

Einfache Sache, dachte ich. Aber der Telefonist des Weißen Hauses klärte mich auf, dass die Mitarbeiter, die gewöhnlich solche Einzelheiten bearbeiten, bereits gegangen waren. Shultzes Sekretärin Barbara Otis durchforstete die Zeitungen. Aufführungen in den beiden anderen Theatern des Kennedy-Centers waren notiert – im Opernhaus und im Eisenhower-Theater – aber keine in der *Concert Hall*. Auch Eugene Ormandy wurde nirgends erwähnt.

Ich machte mir schon Sorgen; vier oder fünf Minuten waren vergangen, und der Präsident musste langsam ungeduldig werden. Shultz, der meine angespannte Situation erkannte, legte seine umfangreichen Unterlagen auf die Seite. Nun waren wir alle drei – der Management- und Budgetdirektor, seine Sekretärin und der Sonderberater des Präsidenten – damit beschäftigt, Zeitungen und Unterhaltungsmagazine zu durchsuchen. Die Telefonisten des Weißen Hauses, die nie versagten, wenn es darum ging, jemand irgendwo zu jeder Zeit aufzuspüren, versuchten es in größter Eile mit allen nur denkbaren Nummern im Kennedy-Center: hinter der Bühne, im Büro des Managers, den Notruf – ohne Erfolg (später erfuhren wir, dass nach 21.00 Uhr, wenn der Kartenverkauf geschlossen hatte, keine Anrufe mehr entgegengenommen wurden).

Jetzt waren bereits sechs Minuten seit dem Anruf des Präsidenten vergangen. Wie ich befürchtet hatte, rief er wieder an. Er war sehr freundlich. »Ich wollte nur wissen, ob Sie herausgefunden haben, ob Ormandy im Kennedy-Center ist?«

»Noch nicht, Sir. Wir suchen noch.«

Er machte eines dieser undefinierbaren, murmelnden Geräusche, räusperte sich und schlug vor, dass ich ihn zurückrufen solle, sobald ich die Information habe.

In Shultzes Büro kam ich nicht weiter und ging deshalb in mein eigenes zurück. Meine erfinderische Sekretärin Joan Hall würde sicher mit dieser Sache fertig werden. Joan hatte auch einen guten Einfall. Sie ließ zu Hause bei Eugene Ormandy in Philadelphia anrufen.

»Herr Ormandy, hier spricht das Weiße Haus.«

»Ach, wirklich?«

»Ja, der Präsident möchte gerne wissen, ob Sie heute Abend im Kennedy-Center sind.«

Lange Pause. »Nein. Ich bin hier zu Hause und

lese ein Buch.«

»Oh. Nun, vielen Dank. Entschuldigen Sie die Störung.« Joan hängte ein bisschen verdattert ein. Ich habe mich oft gefragt, was wohl an jenem Abend in Ormandys Kopf vorging im Blick auf den Präsidenten.

Bisher war ich immer äußerst kühl geblieben, wenn es galt, heikle Aufgaben für den Präsidenten zu übernehmen. Und niemals zuvor war mir eine solch simple Aufgabe übertragen worden; denn alles, was mit den Reisen des Präsidenten zusammenhing, wurde auch gewöhnlich von anderen erledigt. Aber in den wenigen Augenblicken nach seinem zweiten Anruf – es war mittlerweile 21.25 Uhr – befand ich mich am Rande der Panik. Was geschah, wenn er gehen würde? Nur das nicht! Was sollte ich machen?

Da kam ein Anruf von Patty: »Wann kommst du nach Hause?«, fragte sie.

»Nimm die Zeitung und stelle fest, was heute Abend im Kennedy-Center gegeben wird«, schrie ich ins Telefon. »Stell keine Fragen, sondern ruf mich zurück, wenn du das herausgefunden hast. Ich werde es später erklären.«

Ich glaube, sie antwortete nicht einmal. Patty würde das Schlimmste befürchten, das wusste ich. Sie hatte mich angefleht, mich freizuhalten. In der Zwischenzeit hatte Joan beim Kulturdezernenten, den Zeitungen und anderswo angerufen, um herauszufinden, was nun eigentlich in der *Concert Hall* gegeben wurde. Erschöpft und frustriert entschloss ich mich, dem Präsidenten eine Botschaft durch Manola, seinen persönlichen Bediensteten, zukommen zu lassen.

»Manola, hier spricht Colson.«

»Ja, Sir. Möchten Sie den Präsidenten sprechen?«

»Nein, nein. Hat er sich schon – äh – für die Nacht zurückgezogen?«

»Nein, Mr. Colson. Er geht im *Lincoln Room* auf und ab. Er scheint ruhelos zu sein, Sir.«

»Manola, bringen Sie ihm bitte eine Notiz. Sagen Sie ihm, dass Mr. Ormandy – ja, Ormandy – heute nicht im Kennedy-Center dirigiert.«

Ich hoffte, dass diese Nachricht durch Manola den Präsidenten zufrieden stellen würde. Schließlich war es bereits 21.30 Uhr, ohnehin zu spät, um irgendwo hinzugehen. Vielleicht – so hoffte ich – würde er einfach ein gutes Buch zur Hand nehmen. Aber ich täuschte mich.

Um 21.35 Uhr rief der Präsident wieder an. Seine Stimme hatte einen ärgerlichen Unterton. »Nun, Chuck, Sie haben also herausgefunden, dass Ormandy nicht im Kennedy-Center ist, he?«

»Yes, Sir.«

»Das ist sehr gut, Chuck, sehr gut«, erwiderte er. Es gab eine kurze Pause und dann kam die Frage, die ich befürchtet hatte: »Glauben Sie, Chuck, dass Sie herausfinden könnten, *was* dort gespielt wird?«

Ich erklärte ihm, dass uns die Zeitungen nicht weitergeholfen hatten.

»Haben Sie schon daran gedacht, einmal im Kennedy-Center anzurufen, oder sollte ich das tun?«, fragte der Präsident und betonte jedes Wort.

Ich antwortete, dass ich das bereits des Öfteren versucht habe, allerdings ohne Erfolg, dass ich aber weiter dranbleiben und ihn zurückrufen würde.

»Das ist sehr gut. Tun Sie das«, sagte er und hängte auf. Meine Krawatte hatte ich bereits gelöst, denn ich war ins Schwitzen gekommen. Mein Assistent Dick Howard war auch im Büro und rief Freunde um Hilfe an.

Da winkte mir Joan zu. Sie hatte die Oberkellnerin des Restaurants *La Grande Scene* im Kennedy-Center am Apparat. Die junge Dame, Raquel Ramirez, war Spanierin und sprach nicht sehr gut Englisch. Ob ich mit ihr sprechen wollte …? Ja, natürlich wollte ich das.

»Fräulein Ramirez, mein Name ist Charles Colson – Colson – Colson. Ja, ich bin der Sonderberater des Präsidenten. Des Präsidenten der Vereinigten Staaten – ja, das ist richtig – Mr. Nixon!«

Ich zog meine Krawatte noch weiter auf.

»Also, Miss Ramirez, der Präsident würde gerne zur *Concert Hall* kommen heute Abend. Aber wir können nicht herausfinden, was dort gegeben wird. Würden Sie bitte zur Concert Hall hinübergehen und sehen, was dort gespielt wird?«

Dies ist absolut lächerlich, ging es mir durch den Kopf. *Sie denkt sicher, ein Verrückter wolle sie zum Narren halten.*

»Der Präsident will, dass ich zur *Concert Hall* gehe?«, kam eine ungläubige, leise Stimme an mein Ohr.

Ich ging die ganze Sache noch einmal vorsichtig mit ihr durch. »Ich warte am Telefon bis Sie zurück sind«, sagte ich verzweifelt.

La Grande Scene liegt auf der vierten Etage des riesigen Gebäudes am äußersten südlichen Ende. Glücklicherweise – der erste Glücksfall an diesem Abend – liegt die Konzerthalle auch im Südflügel. Von einem Ende des Kennedy-Centers zum anderen läuft man gut zehn Minuten.

Aus irgendeinem unerklärlichen Grund glaubte mir die Kellnerin. Ich wartete scheinbar eine Ewigkeit. Nach ein paar Minuten kam sie zurück und erklärte in gebrochenem Englisch, dass die *Concert Hall* mit Offizieren in Ausgehuniformen überfüllt sei und eine Militärkapelle spiele. Ich bat sie um noch einen kleinen Gefallen: hinter die Bühne zu gehen und jemanden zu finden, der aussah, als ob er etwas zu sagen hätte, um diesem dann mitzuteilen, dass der Präsident vielleicht käme und er die nötigen Vorbereitungen treffen solle.

Aufgrund dieser Informationen erreichte Joan

den Offizier vom Dienst im Pentagon und erfuhr, dass es sich um einen festlichen Abend der Senior-Offiziere handelte und eine Veranstaltung der vier Militärkapellen. Mit einem Seufzer der Erleichterung rief ich den Präsidenten um 21.53 Uhr an, um ihm mitzuteilen, dass es sich um ein Militärkonzert für geladene Gäste handele.

»Dies sind die gleichen Kapellen, die Sie auch im Weißen Haus hören, Sir; ich glaube nicht, dass Sie etwas versäumen. Diese Kapellen würden jederzeit für Sie ganz allein spielen.«

»Wunderbar«, antwortete er zu meiner Bestürzung. »Das ist genau das, was ich heute Abend hören möchte, nur bin ich nicht entsprechend angezogen. Wenn es eine festliche Sache ist, muss ich mich umziehen.«

»Wollen Sie das wirklich auf sich nehmen – ich meine, Sie müssen doch müde sein«, sagte ich lahm. Ich hätte es besser wissen müssen. Jetzt würde ihn nichts mehr zurückhalten können.

»Sorgen Sie dafür, dass der Wagen in fünf Minuten am Südeingang steht, Chuck.«

Einen Augenblick lang saß ich starr vor Entsetzen. Wie sollte ich den Prozess in Gang bringen, der mit dem Ausgehabend eines Präsidenten verbunden ist? Geheimdienstleute mussten informiert werden und da war das Problem der lebenswichtigen, kleinen schwarzen Aktenmappe, die der Präsident für den

Fall eines nuklearen Notfalls immer bei sich trug. Ärzte und die Presse mussten informiert, Funkverbindungen hergestellt werden. Wenn der Präsident über die Straße geht, ist eine kleine Armee im Einsatz. Und ich hatte niemals etwas mit seinen Reisen zu tun gehabt.

Glücklicherweise war mein Assistent eineinhalb Jahre lang mit Reisevorbereitungen für den Präsidenten beschäftigt gewesen. Er rief W-16, die Geheimdienstkontrollstelle im Weißen Haus, an. Er würde sich darum kümmern, den Präsidenten zum Kennedy-Center zu bringen, sagte Dick und schob mich aus der Tür. »Sie gehen zur *Concert Hall* und lassen die Leute wissen, dass der Präsident kommt.«

Wie ein Blitz schoss ich aus der Tür und sprang in einen Dienstwagen, den Joan bereits bestellt hatte. »Los, Vollgas! Der Präsident ist direkt hinter uns«, schrie ich dem Fahrer zu und vergaß, ihm die Richtung anzugeben. Der Fahrer sah alarmiert aus, dann schien er einen Verdacht zu schöpfen; er zog prüfend die Luft durch die Nase. Als ich ihm endlich gesagt hatte, wo es hinging, schoss er los.

Als wir im 110-Kilometer-Tempo die *Virginia Avenue* hinunter zum Kennedy-Center jagten, konnte ich über Funk die hektischen Anrufe von W-16 verfolgen, mit denen Agenten zurück ins Weiße Haus gerufen, der Wagen des Präsidenten und ein Begleitfahrzeug des Geheimdienstes bestellt wurden.

Später erfuhr ich, dass sich außer zwei Agenten bereits alle zurückgezogen hatten.

Einen kurzen Augenblick lang dachte ich über die Verrücktheit der ganzen Situation nach. Im Laufe der Jahre hatte sich ein System totaler und nichts infrage stellender Loyalität dem Präsidenten gegenüber entwickelt. Sherman Adams, General Eisenhowers gestrenger *Chief of Staff*, tolerierte von dem kleinen, disziplinierten Mitarbeiterstab nur Hacken zusammenschlagenden Gehorsam. Die Ära der »imperialistischen« Präsidenten kam mit John F. Kennedy zur vollen Blüte, der nur Familienangehörigen und einem kleinen Freundeskreis traute. Noch immer sind Geschichten über Lyndon Johnsons harte Anforderungen an seine Mitarbeiter im Umlauf, die für die geringsten Vergehen entlassen und für immer »vom Hofe« verbannt wurden.

Ich konnte diese Gedanken nicht weiter verfolgen, denn plötzlich fiel mir etwas Schreckliches ein. *Wenn nun die Vorstellung bereits beendet war?* Diesen Punkt hatte ich nicht bedacht. Als ich mir vorstellte, dass der Präsident am Kennedy-Center ankam und nur noch die herausströmende Menschenmenge sah, wollte sich mir der Magen umdrehen. Abgesehen von der hilfsbereiten Kellnerin hatten wir keine Möglichkeit gehabt, irgendjemanden wissen zu lassen, dass der Präsident kommen könnte. Würden sie ihr Glauben schenken? Als ich darüber nachdachte, wurde es mir noch übler. Warum sollten sie ihr glauben? Ich hätte es nicht getan.

Als ich am Südeingang des Kennedy-Centers ankam, sah ich zu meiner Erleichterung einen der Geheimdienstleute des Präsidenten dort mit einem Funkhörer im Ohr. Die Profis hatten jetzt die Sache übernommen! Hinter der Bühne stieß ich auf einige Helfer, einen großen und sehr distinguiert aussehenden Herrn und den Leiter der Militärkapelle in seiner rotbetressten Uniform. Fröhlich eröffnete ich ihm: »Der Präsident ist auf dem Weg und wird Ihrem Konzert beiwohnen.«

Er wurde blass. »Es ist zu spät. Bitten Sie ihn, nicht zu kommen. Alle vier Kapellen spielen jetzt gemeinsam. Es ist schon das abschließende Potpourri. In sechs Minuten ist das Programm zu Ende.«

»Der Präsident kann jeden Augenblick hier sein. Sie müssen irgendetwas spielen. Spielen Sie das Potpourri noch einmal«, sagte ich entschlossen.

Marinesoldaten befolgen Befehle. Der Dirigent holte tief Luft, starrte mich einen Augenblick an und marschierte dann, immer noch bleich, auf die Bühne. Dort flüsterte er dem Leiter der Armeekapelle etwas ins Ohr. Es war wie ein Stummfilm.

Der Marineoffizier nickte heftig mit dem Kopf.

Der Armeemusiker schüttelte entschieden mit seinem Kopf. Wieder wurde geflüstert. Alles noch einmal. Ein Kopf ging rauf und runter, der andere von rechts nach links. *Diese ganze Geschichte wird noch in ein Handgemenge zwischen Marine und Armee einmünden,* stöhnte ich. Plötzlich setzte ein erneutes, verwirrtes Flüstern ein. Schließlich nickte auch der Armeeoffizier mit dem Kopf. Ich seufzte erleichtert auf.

Während die Pantomime auf der Bühne ihren Fortgang nahm, blickte ich durch den Vorhang in die elegant dekorierte *Concert Hall* mit ihren Logen. Die Männer trugen dunkelblaue Uniformen mit Goldtressen und farbigen Bändern, die Damen lange Abendkleider. Es war ein erhebender Anblick, wie sich das Bühnenlicht auf den blitzenden Orden spiegelte und gegen den dunklen Hintergrund der Halle abhob. Dann dachte ich an die Verwirrung, die sich in der Halle breit machen würde, wenn das gleiche Potpourri noch einmal wiederholt wurde. Es war für mich der erste erheiternde Gedanke an diesem Abend. Der Offizier von der Handelsmarine befand sich nun gemeinsam mit seinen Kollegen von der Kriegsmarine und von der Luftwaffe hinter der Bühne, wo zusätzliche Programmpunkte besprochen wurden, die das Programm um eine halbe Stunde verlängern würden. Da erst erkannte ich den distinguierten großen Herrn. Es war William McCormick Blair, der Direktor des Kennedy-Centers, Botschafter in Dänemark während der Kennedy-Regierung, durch Heirat mit dem dänischen Adel verwandt und

ein prominenter Mann der Washingtoner Gesellschaft. Gemeinsam mit anderen Leuten des Washingtoner Establishments betrachtete er uns Nixon-
Männer als unkultivierte Eindringlinge in *seinem*
Center.

Ich stellte mich Blair vor, der seine Nasenflügel
leicht blähte und sagte: »Dies ist sehr ungewöhnlich,
wissen Sie.« Ich erklärte ihm, dass der Präsident eine
Loge im Kennedy-Center habe. Und der Präsident
hat das Vorrecht, diese Loge zu benutzen, wann er es
will. In Zukunft würde es bessere Verbindungen und
Absprachen geben, falls der Präsident noch einmal in
allerletzter Minute sich entschließen sollte, an einer
Vorstellung teilzunehmen.

»Ich habe eine sehr klare Abmachung mit dem
Weißen Haus getroffen, dass der Präsident uns 24
Stunden vor einer Teilnahme informieren wird«,
sagte er kühl.

Ich hatte keine Zeit, länger herumzustehen und
zu argumentieren, und befürchtete auch, dass ich in
der angespannten Situation möglicherweise ungehal-
ten werden könnte – und dem Herrn eins auf die
Nase hauen würde. Der Gedanke kam mir tatsächlich – aber nur einen kurzen Augenblick lang.

Weil ich den Präsidenten jeden Augenblick erwartete, lief ich zurück zu dem Notausgang, der in
das Foyer führte. Ich rannte und sah keinen Grund,
mein Tempo zu verlangsamen. So stieß ich in voller

Fahrt gegen die beiden großen Eisenriegel der Tür. *Wumm!* Mit einem lauten Knall sprang die Tür auf. Kaum einen halben Meter vor mir stand ein erschrockener Präsident und ein fassungsloser Geheimdienstler, der nach seiner Pistole griff. Beinahe hätte ich den Präsidenten umgerannt!

»Well – – Chuck!«

Ich versuchte wieder Haltung zu gewinnen und stellte fest, dass der Präsident eine rote Smokingjacke mit schwarzen Aufschlägen trug. Ich wollte ihm schon sagen, dass er vergessen habe, sich umzuziehen, besann mich aber eines Besseren. »Alles in Ordnung«, sagte ich atemlos. »Sie können direkt zu Ihrer Loge gehen.«

»Wo ist die Loge?«, fragte der Mann vom Geheimdienst.

»Ich gehe vor«, sagte ich nonchalant, ohne zu wissen, wo die Loge wirklich war, aber in der Hoffnung, dass mir der Bluff gelang.

Auf halbem Weg hielt mich der Präsident an und sagte: »Haben Sie dafür gesorgt, dass sie … Sie wissen schon, was … spielen, Chuck?« Er machte eine lässige Handbewegung, um nicht direkt sagen zu müssen: »Hail to the Chief.« Nach dem Protokoll musste dieses Stück immer gespielt werden, wenn der Präsident die Halle betrat. Wieder rannte ich zurück hinter die Bühne, um meinen neuen Freund, den Dirigenten der Militärkapelle, zu finden; dankbar war ich allerdings, dass nun der Geheimdienstmann die Loge des Präsidenten würde finden müssen.

Der Kapellmeister schien gar nicht erfreut zu sein, mich zu sehen. »Achten Sie auf den Präsidenten. Wenn er in seiner Loge erscheint, muss die Kapelle ›Hail to the Chief‹ spielen«, japste ich.

Der Dirigent erschrak. »Alle vier Kapellen sind immer noch auf der Bühne. Sie haben niemals ›Hail to the Chief‹ gemeinsam gespielt und ich sehe keine Möglichkeit, dass dies ohne Probe klappen könnte.«

Ich muss ausgesehen haben, als würde mich jeden Augenblick der Schlag treffen, denn er hob seine Hand und sagte: »Einen Augenblick.« Wieder gab es eine Besprechung. Noch mehr Pantomime. Dann war er wieder da. »Die Marinekapelle wird es alleine spielen«, sagte er.

Ich humpelte den langen Gang zurück und fand schließlich die Loge des Präsidenten. Zu meiner Erleichterung bewachte der Mann vom Geheimdienst die Tür. Der Präsident stand allein in dem kleinen Vorraum zu seiner Loge. Es ist ein wunderschöner Raum – die Wände sind mit rotem Samt bezogen – mit einem kleinen Badezimmer und einem Kühlschrank, der in den Pausen benutzt werden kann. Die Szene wird für immer in mein Gedächtnis eingraviert bleiben. Der Präsident stand mit dem Gesicht zur Wand, ungefähr dreißig Zentimeter von ihr entfernt. Er starrte auf den roten Samt, seine Arme hingen wie gelähmt nach unten; es war die mutloseste Haltung, die ich je bei ihm gesehen habe. Ich dachte mir, dass er immer wieder langsam bis zehn zählte oder aber wiederholt zu sich selbst sagte: »Colson muss gehen – Colson muss gehen.«

Ich ging in die Loge und kam mit General Haig zurück, der sie an dem Abend benutzte, öffnete die Tür weit, um dem Dirigenten so das Signal zu geben und geleitete den Präsidenten in die Loge. Dann setzte die Marinekapelle ein mit »Hail to the Chief« und der Präsident winkte der applaudierenden Menge.

Langsam ging ich zu dem wartenden Dienstwagen zurück. Meine Beine waren schwach. Auf dem Heimweg teilte ich der Geheimdienstzentrale über Funk mit, dass der Präsident sich in seiner Loge befinde und dass sie tun sollten, was sie immer tun, um den Präsidenten nach der Veranstaltung nach Hause zu bringen. Ich hinterließ auch die Nachricht, dass ich mich zu Hause befände, falls mich der Präsident noch zu sprechen wünsche – eine Möglichkeit, die gar nicht so abwegig war.

Als ich zu Hause den ersten Scotch zur Hälfte getrunken hatte, kam mir der Gedanke, dass ich außer dem Geheimdienst auch noch jemand anders wissen lassen sollte, dass sich der Präsident im Kennedy-Center befand. Ich rief den Pressesprecher Ron Ziegler an und teilte ihm mit frischer Stimme die Neuigkeit mit.

»Das kann nicht möglich sein«, sagte er steif. »Davon wäre ich auf jeden Fall unterrichtet worden.«

Als ich kurz die etwas ungewöhnlichen Umstände erläuterte, sprudelte Ziegler hervor: »Den Presseleuten wird das gar nicht gefallen, dass man sie nicht informiert.«

Ich hängte mit einer ziemlich groben Bemerkung auf, die mir ein passender Abschluss für diesen Abend zu sein schien. Am nächsten Tag rief mich Haldeman in sein Büro und kanzelte mich ab, weil ich alle Regeln gebrochen hätte. »Chuck, dies ist kein Scherz. Sie hätten das Leben des Präsidenten in Gefahr bringen können. Der Geheimdienst war nicht vorbereitet. Es war eine große Dummheit, die Sie da gemacht haben.«

Dem konnte ich nur zustimmen, aber ich fragte Bob, was ich denn tun sollte, falls sich dies noch einmal wiederholte.

»Sagen Sie ihm einfach, dass er nicht gehen kann. Er rüttelt immer an den Gitterstäben seines Käfigs. Sie können ihn nicht rauslassen.« Während ich über diese erstaunliche Metapher nachdachte, lenkte der sonst so strenge Haldeman ein: »Es hat dem Präsidenten gefallen und es ist ja auch gut gegangen. Das ist schließlich die Hauptsache.«

Als mich der Präsident das nächste Mal anrief, hatte es zu meiner Beruhigung mit dem Krieg in Vietnam, mit Inflation und Verhandlungen mit der Sowjetunion zu tun.

Kapitel 5

»Der Henker des Weißen Hauses«

■ *Lieber Chuck!*
Natürlich weißt du, dass ich auf alles, was du tust, stolz bin. Wenn mein Vater, der alte Schwede, heute leben und sehen würde, welchen Erfolg sein Enkel hat, würde er vor Stolz schier bersten. So etwas konnte nur in Amerika geschehen.

Ich legte den Brief meines Vaters weg und drehte mich langsam zum Fenster und sah hinaus. Die langen Schatten des Dezembernachmittages fielen über den gepflegten Südpark. Von meinem Büro im *Executive Office Building* konnte ich den Westflügel überblicken und die großen, glänzenden, nach außen gewölbten Fenster des Ovalen Amtszimmers sehen.

Als ich Mitarbeiter im Weißen Haus wurde, gab mir ein alter Freund, der für den Terminkalender Präsident Eisenhowers zuständig gewesen war, einen weisen Rat: »Du musst immer mal wieder ganz einfach hier umherspazieren, die Schönheit des Parks und der Gebäude betrachten, tief durchatmen und etwas von der Geschichte schnuppern. Das wird dir in Erinnerung rufen, wo du bist, und dich die Dinge in der rechten Perspektive sehen lassen.«

Ich wusste zwar, wo ich mich befand, aber mit der Perspektive schien etwas nicht zu stimmen. Die vergangenen Monate waren zu hektisch gewesen. Es blieb kaum Zeit, an andere Dinge als Poststreik, Kambodscha, Studentenunruhen und die harten Auseinandersetzungen mit dem Kongress über die Ernennungen zum *Supreme Court* und die Kongresswahlen für das Jahr 1970 zu denken. Überall hatte ich als »Troubleshooter« des Präsidenten mitten in den Auseinandersetzungen gesteckt. Wir waren zu beschäftigt damit, selbst Geschichte zu machen, als über die Geschichte nachzudenken – manchmal zu beschäftigt, um überhaupt nachzudenken.

Ich hatte gesehen, wie beeindruckt mein Vater bei seinem Besuch vor zwei Wochen hier gewesen war. Mein Büro war neu hergerichtet worden. Die leuchtend gelben Vorhänge und der tiefe, marineblaue Teppich entsprachen den Farben des Ovalen Amtszimmers.

Bedeutsame historische Gemälde von der *National Gallery of Art* zierten die weißen Wände. Es war ein riesiger, würfelförmiger Raum, über sechs Meter hoch. Die Raumverschwendung irritierte mitunter meine puritanische Sparsamkeit. Die über drei Meter hohen Türen waren aus handgehauenem Mahagoniholz gefertigt, die Beschläge vergoldet.

Was noch wichtiger war: Mein Büro lag unmittelbar neben dem Arbeitszimmer des Präsidenten, nur durch eine Bücherwand getrennt, die einen Durchgang verdeckte. Jeden Tag sah ich den Präsidenten dort, manchmal auch mehrere Male. Das neue Büro war nur ein Teil dessen, was mir mit meiner Beförderung am Ende des ersten Jahres zugefallen war. Ein Mitarbeiterstab von 20 Leuten war mir zugewiesen worden und ich nahm an Kabinettssitzungen und den allmorgendlichen Beratungen der leitenden Mitarbeiter mit Kissinger, Haldeman, Ehrlichman – den Männern also, die die eigentlichen Entscheidungen zu treffen hatten – teil. Schwindel erregend für einen Mann, dessen Großeltern als Einwanderer in dieses Land gekommen waren.

Ich hatte meinen Vater zu den Feierlichkeiten im großen Speisesaal mitgenommen, als der Präsident persönlich die Helden des Unternehmens *Sontay*, des mutigen, aber erfolglosen Versuchs, Kriegsgefangene hinter den nordvietnamesischen Linien zu befreien, dekorierte. Mein Vater war ganz benommen. Der Präsident stand unter dem großartigen Porträt Abraham Lincolns, Militärkapellen spielten Marschmusik und die hellen Lampen der Fernsehleute spiegelten sich in dem herrlichen Kandelaber.

Auf dem Rückweg zeigte ich meinem Vater den Rosengarten, als Steve Bull auf uns zugelaufen kam. »Mr. Colson«, sagte er zu meinem Vater, »der Präsident möchte Sie gerne sehen.«

Nixon hatte den weißhaarigen Mann neben mir entdeckt und uns rufen lassen. Wir wurden in das Ovale Amtszimmer geleitet, wo mein Vater dem Präsidenten versicherte, dass er seit Coolidge für jeden Kandidaten der Republikanischen Partei gestimmt habe und nur einen Monat zu jung gewesen sei, um auch für Harding zu stimmen.

Aufgrund seines beeindruckenden Geschichtswissens konnte sich der Präsident gleich ausführlich über Coolidge unterhalten und beteuerte dann meinem Vater, wie sehr er sich auf den Rat seines Sohnes verlasse. Ich dachte, mein Vater würde vor Stolz aus den Nähten platzen. Der Fotograf des Weißen Hauses wurde gerufen und das Bild, so versicherte mir Vater in seinem Brief, war nun sein kostbarster Besitz.

Hastig griff ich nach dem Brief und warf ihn in eine Schublade. Ich wusste etwas, was Vater nicht wissen konnte. Wenn ich so wertvoll für den Präsidenten war, wie er behauptet hatte, dann auch deshalb, weil ich manchmal bereit war, ethische Richtlinien auf die Seite zu tun und unbarmherzig zum Ziele zu kommen. Wie dieses Zitat aus *Newsweek* (6. September 1971) zeigt, brachte mir das Status und Macht ein.

... als der Präsident von seinem Ovalen Amtszimmer zu seinem Hubschrauber ging, um die Reise anzutreten ... war neben ihm ein Mann zu sehen, der unaufhörlich und schnell in sein linkes Ohr flüsterte. Das war Chuck Colson. Die Gastgeberinnen in Washington rechnen bereits mit diesem Mann. Schon die Erwähnung seines Namens »versetzt alle in eine unerträgliche Spannung«, sagte die Gattin eines Mitglieds der Regierung.

Dieser Drang – eine Arbeit für den Präsidenten um jeden Preis zu Ende zu führen – brachte mir auch den dubiosen Titel »Nixons Mann mit dem Beil« ein. Das *Wall Street Journal* brachte am 15. Oktober 1971 folgende Schlagzeile: NIXONS HENKER – ODER WIE MAN IHN NENNEN WILL –, CHUCK COLSON, ERLEDIGT DIE SCHMUTZIGE ARBEIT DES PRÄSIDENTEN.

In dem Artikel war ein Seitenhieb versteckt, der einem ungenannten ehemaligen Mitarbeiter von Senator Saltonstall zugeschrieben wurde: »Colson würde auch seine eigene Großmutter verraten, wenn es sein müsste.« Damals schien mir das ein ganz passabler Scherz zu sein, aber ich sollte in Zukunft noch oft daran erinnert werden.

Als Troubleshooter – oder Henker – wurde ich oft zu Hilfe gerufen, wenn es sich darum handelte, sich mit Mitgliedern der Regierung auseinander zu setzen, die geheime Informationen an die Presse weitergeleitet hatten, während so viele Verhandlungen mit Hanoi, Peking und Moskau im Gange waren.

Als ich am 14. Juni 1971 am frühen Morgen zu einer Arbeitsbesprechung im Weißen Haus eintraf, lief Henry Kissinger so zornig im Büro auf und ab, wie ich ihn nie zuvor gesehen hatte. »In dieser Regierung kann überhaupt keine Außenpolitik gemacht werden«, fing er an. »Überhaupt keine, sage ich Ihnen. Wir könnten genauso gut alles den Sowjets übergeben. Diese undichten Stellen zerstören uns langsam und systematisch.« Er schlug mit seiner offenen Hand auf den antiken Chippendale-Tisch, dass die Schreibutensilien und Kaffeetassen klirrten. »Sie zerstören uns!«, rief er wieder.

Ich hatte Kissinger schon öfters zornig gesehen; heftige Temperamentsausbrüche überkamen ihn manchmal, die wie ein Sommergewitter schnell vorübergingen. Aber so war es noch nie gewesen. Er drehte sich herum und starrte Bob Haldeman an. »Ich sage Ihnen, Bob, der Präsident muss handeln – heute. Hier ist eine Subversion großen Stils im Gange.«

Kissinger bezog sich auf ein Pentagon-Papier der obersten Geheimhaltungsstufe, das einen Tag vorher in der *New York Times* veröffentlicht worden war. Ich hatte den Bericht auch gelesen und er schien mir außer alten Memoranden, Strategiepapieren und Telegrammen, die darlegten, wie die *New Frontiersmen* von John F. Kennedy uns in den Krieg in Vietnam hineingezogen hatten, nichts zu enthalten. Aber als ich dem zornigen Ausbruch Kissingers weiter zuhörte, begriff ich, dass das veröffentlichte Material sehr wohl unsere geheimen Verhandlungen torpedieren konnte.

»Ich sage Ihnen, meine Herren, es sind Kräfte am Werk, die darauf aus sind, diese Regierung zu zerstören. Sehen Sie sich dies an.« Er wirbelte drei Blätter Papier über den Tisch. »Telegramme von Australien, Großbritannien und Kanada. Immer dasselbe – Proteste. Sie können uns nicht vertrauen. Und warum sollten sie auch? Wenn uns unsere Verbündeten nicht vertrauen können, wie sollen wir dann mit unseren Gegnern verhandeln?«

Später an diesem Vormittag war ich mit Ehrlichman zusammen, der ähnlich alarmierende Berichte vom Justizministerium erhielt. Weitere Veröffentlichungen konnten die Sicherheit der Vereinigten Staaten ernsthaft gefährden, warnte die *National Security Agency*. Die Identität von CIA-Agenten konnte aufgedeckt werden. Berichte von U-2-Flügen über China waren in den bisher unveröffentlichten Dokumenten enthalten. Obwohl die Chinesen von diesen Flügen wussten, konnte die Veröffentlichung sie in Schwierigkeiten bringen und sie zwingen, Nixons Besuch abzublasen, um ihr Gesicht zu wahren. Dieser Besuch befand sich gerade in dem heiklen Stadium der allerletzten Vorbereitungen.

Was am Morgen als ein Donnerwetter Kissingers begonnen hatte, wucherte bis zum Abend zu einer richtigen Regierungskrise. Am Nachmittag wurde die Entscheidung getroffen, einen Gerichtsbeschluss herbeizuführen, der solche Veröffentlichungen verhindern sollte.

Am Dienstag wurde die *Times* durch einen Gerichtsbeschluss aufgefordert, die geplante Serie abzubrechen, aber am Donnerstag nahm die *Washington Post* den Faden dort auf, wo die *Times* abgebrochen hatte. Der *Boston Globe* und die *Los Angeles Times* folgten. Kopien der Pentagon-Papiere tauchten nun überall auf, und zu unserem Entsetzen auch bei der sowjetischen UNO-Mission in New York. Einige Tage später kam der Botschafter Anatoli Dobrynin mit rotem Gesicht zu Kissingers Amtsräumen und gab die Papiere zurück. Er befürchtete, das gerade beginnende gute Einvernehmen zwischen Nixon und Breschnjew könnte gestört werden. Warum sollte er die Papiere nicht zurückgeben? Er konnte ja alles in der *Times* und der *Post* lesen!

Als Nächstes tauchte plötzlich in dem Büro eines Senators eine Kopie des »National Security Study, Memorandum Number One«, ein mit höchster Geheimhaltungsstufe versehenes Dokument für die Strategie in Vietnam, auf. Wir fürchteten, dass die Flut nicht mehr aufzuhalten, dass dies der Anfang einer gegnerischen Kampagne war, alle möglichen geheimen Dokumente zu veröffentlichen.

Der ganze Ärger ging auf Daniel Ellsberg, einen

geheimnisvollen Mann zurück, der im Jahre 1969 für Kissinger gearbeitet und Alternativpläne für Vietnam entworfen hatte. Über Nacht wurde der ehemalige Marineoffizier und ausgesprochen harte Bursche, der nach eigener Darstellung bereits mit LSD experimentiert hatte, zu einem Volkshelden der Anti-Kriegsbewegung. Die Presse feierte ihn als den mutigen Vorkämpfer für das »Recht der Öffentlichkeit, alles zu wissen«.

Der Generalbundesanwalt schloss aus FBI-Berichten, dass Ellsberg zu einem kommunistischen Spionagering gehörte. Der Präsident stufte Ellsbergs Verhalten als Verrat ein. »Ich will, dass er bloßgestellt und entlarvt wird, Chuck. Die Wahrheit über ihn soll bekannt werden. Mir ist egal, wie Sie das machen, aber tun Sie es! Wir werden das ganze Land wissen lassen, was für ein ›Held‹ Herr Ellsberg ist.« Nixon ging vor dem Rosengarten auf und ab, hob den Finger drohend in die Luft und wiederholte: »Verstehen Sie mich? Dies ist ein Befehl!«

»Yes, Sir, das wird erledigt«, antwortete ich. Dazu musste ich nicht überredet werden. Was mich betraf, war Ellsberg ein Hindernis auf dem Weg zum Frieden. Freunde von mir waren in Vietnam. Zum Beispiel Bill Maloney, der mich überredet hatte, zur Marine zu gehen, und der nun Rettungseinsätze hinter den feindlichen Linien flog und Tag und Nacht beschossen wurde.

Unsere Bemühungen, die Veröffentlichungen von Geheimpapieren zu verhindern, hatten schließlich Erfolg. Glücklicherweise nahmen die Zeitungen davon Abstand, einige der brisantesten Dokumente zu drucken, und auch Ellsberg fand keine Nachfolger, wie wir zunächst befürchtet hatten. Die Verhandlungen mit den Chinesen und Sowjets wurden fortgesetzt. Aber für diese Auseinandersetzung, die auf dem Hintergrund einer ökonomischen Rezession und eines scheinbar endlosen Krieges stattfand, mussten wir teuer bezahlen. *Gallup*- und *Harris*-Umfragen brachten die niedrigsten Ergebnisse für den Präsidenten. Auch wurden die Kriegsgegner durch die Aktionen Ellsbergs neu motiviert. Wieder fanden Hearings statt und am 22. Juni stimmte der Senat mit 57 gegen 42 Stimmen für die Annahme eines Antrags, den Krieg durch unilateralen Rückzug in neun Monaten zu beenden. Vier Tage später lehnten die nordvietnamesischen Verhandlungspartner in Paris das Friedensangebot Kissingers ab und verließen den Verhandlungstisch. Das war aus unserer Sicht mehr als ein unglückliches Zusammentreffen.

Für mich war Ellsberg nur ein Name, ein Symbol für die verbrecherischen Kräfte, die unser Bemühen um Weltfrieden untergraben wollten. So rief ich meine Mitarbeiter an einem Julitag zusammen und gab ihnen den Auftrag, Ellsberg der Presse auszuliefern. Nixons Worte immer noch im Ohr war ich nur zu gerne bereit, einem Reporter schädliche Informationen über Ellsbergs Rechtsanwalt zu geben, die aus einem geheimen FBI-Dossier stammten. Später erfuhr ich, dass der FBI dieselben Informationen einer Nachrichtenagentur übergeben hatte, die diese dann veröffentlichte. Dies war kein ungewöhnlicher Vorgang für den FBI, wenn er einer Sache oder Person nachspürte.

Dann ließ ich freundlich gesonnene Kongressmitarbeiter kommen und drängte auf eine ausführliche und gut publizierte Untersuchung Ellsbergs, seiner Motive und Helfer. Mit keinem Gedanken dachte ich daran, wie sich diese erhoffte Publicity auf die bevorstehende Gerichtsverhandlung Ellsbergs, die wegen der gestohlenen Regierungsdokumente lief, auswirken würde.

Als Haldeman und ich uns eines späten Abends mit Nixon trafen, zeigte er zum ersten Mal Zeichen persönlicher Anstrengung und Spannung. Er explodierte, schlug mit der Faust auf seinen Schreibtisch und lehnte sich mit rotem Gesicht nach vorne. »Es ist mir ganz egal, wie es gemacht wird. Diese undichten Stellen müssen gefunden werden. Kommt mir nicht mit Entschuldigungen. Setzt alle Mittel ein. Bob, haben wir einen Mann, der dies tun kann? Ich will Ergebnisse. Und ich will sie jetzt.«

Damals schien der Ausbruch keine besondere Bedeutung zu haben. Richard Nixons Temperament war mit ihm durchgegangen. Auch Präsidenten sind Menschen und bei den meisten kommt es schon mal vor, dass sie sich vergessen. Doch war es in dem Augenblick so, dass die Präsidentschaft Nixons an einem Scheideweg stand.

Der Mann, den Nixon suchte, um Ellsberg festzunageln, wurde schließlich in E. Howard Hunt, einem ehemaligen CIA-Mann, gefunden. Höflich, leise und unauffällig, war Hunt der ideale Kandidat. Er kannte sich in der Außenpolitik aus und, was noch wichtiger war, galt als erzkonservativ und fanatisch loyal. Ich hatte ihn bei einer gemeinsamen Arbeit für ehemalige Studenten der Brown-Universität kennen gelernt.

Ironischerweise stand Hunts Name als letzter auf einer Liste von sechs Kandidaten, die ich selbst Haldeman unterbreitet hatte; die anderen fünf waren nicht verfügbar oder ungeeignet. Hunt wurde in aller Eile von Ehrlichman interviewt und dann als freier Berater für hundert Dollar pro Tag angestellt. Als ich ihm ein kleines Büro im letzten Winkel der dritten Etage des E. O. B. zuwies, konnte ich nicht ahnen, welche weitreichende Rolle er spielen würde. »Howard, Ihr Job ist es, die Pentagon-Papiere zu durchforsten, von A bis Z. Analysieren Sie die politischen Möglichkeiten, die wir haben, nachdem wir so viel einstecken mussten. Arbeiten Sie mit den Komitees des Kongresses zusammen, die dann die schwachen

Stellen und diesen Verräter Ellsberg untersuchen.«

Hunt, der ein bequemes, leicht ausgebeultes Sportjackett trug, saß auf der anderen Seite meines polierten Rosenholzschreibtisches und zwinkerte verständnisvoll, als ich sprach. *Welch eine Erleichterung*, dachte ich. *Endlich haben wir einen Profi hier, der diese Sache in Ordnung bringt.*

Nach Hunts erster Spionageaktion hätte ich eigentlich vorsichtig werden müssen. Er sollte einen CIA-Agenten ausfragen, der mit dem unglückseligen *Diem-Coup* im Jahre 1963, der die Vereinigten Staaten in den Vietnamkrieg gestürzt hatte, verwickelt war. Ein Tonbandgerät wurde unter einer Couch in einem leeren Büro installiert, in das der CIA-Mann an einem Freitagnachmittag eingeladen wurde. Hunt gab zu bedenken, dass er bei einer Flasche Scotch offenherziger reden würde. Ich erfuhr, dass dies eine gängige Methode der Abwehr war. Zwei Stunden lang machten sich die beiden über den besten Tropfen des Weißen Hauses her, während ich in meinem Büro auf Ergebnisse wartete.

Nach 18.00 Uhr erschien Hunt mit verschwommenem Blick und gelockerter Krawatte und stotterte eine Entschuldigung. Er hatte weder Notizen gemacht noch gab es ein Tonband. Der Geheimdienst hatte das Tonbandgerät unter einer Couch angebracht, auf die sich Hunt versehentlich gesetzt und die empfindliche Ausrüstung zerstört hatte.

Nach ein paar Wochen wurde Hunt einer besonderen Untersuchungstruppe zugewiesen, die unter der Leitung von Egil »Bud« Krogh, einem zielstrebigen, nicht zu Scherzen aufgelegten Assistenten von John Ehrlichman, stand. Hinzu kam noch ein ehemaliger FBI-Agent namens G. Gordon Liddy mit stahlhartem Blick und, wie Hunt, leidenschaftlich loyal. Diese Einheit, die später unter der Bezeichnung »die Klempner« bekannt wurde, bekam weitesten Spielraum, um die durchlässigen Stellen der geheimen Regierungsinformationen abzudichten.

Im Spätsommer brach das Team von Hunt und Liddy in das Büro eines Psychiaters in Los Angeles ein, um Informationen zu suchen, die gegen einen ehemaligen Patienten, Daniel Ellsberg, eingesetzt werden könnten. Da uns die Antenne für faires Verhalten verloren gegangen war, gab es niemanden, der die Methoden dieser beiden politischen Idealisten verurteilt hätte, deren fehlgeleitete Abenteuer bald für groteske Schlagzeilen sorgen sollten.

Unsere Belagerungsmentalität ließ uns die feinen moralischen Grenzen überschreiten und schließlich »Feindlisten« zusammenstellen – eine neue Masche in dem alten System, das Freunde belohnt und Feinde bestraft. Andere Auswüchse kamen hinzu und langsam wurden die Umrisse des Dämons erkennbar, der den 37. Präsidenten der Vereinigten Staaten zu Fall bringen würde.

In der Zwischenzeit war Nixons Reise nach China angekündigt worden und die Gefahr für undichte Stellen fürs Erste abgewendet. Nixon lenkte seine Aufmerksamkeit jetzt auf die wirtschaftlichen Sorgen der Nation. Obwohl der Präsident bald seinen Standpunkt im Blick auf Regierungskontrollen, die er ein Leben lang bekämpft hatte, ändern sollte, versuchte er Ende Juli noch, die Öffentlichkeit davon zu überzeugen, dass ein wirtschaftlicher Aufschwung bevorstand. Nixons Kabinett folgte gehorsam den Anweisungen und es wurde in glühenden Worten öffentlich von dem unmittelbar bevorstehenden Aufschwung geredet.

Aber Arthur Burns, langjähriger Freund und Berater Nixons, der jetzt Vorsitzender des angesehenen *Federal Reserve Board* war, machte nicht mit. Er bezeugte vor dem Wirtschaftsausschuss des Kongresses, dass das Versagen der Regierung im Blick auf steigende Löhne und Preise ein »ernstes Hindernis« auf dem Wege zum Aufschwung sei.

Die Presse spielte Burns' versteckte Kritik an Nixon hoch, der sich am nächsten Tag bei einigen von uns bitter beschwerte: »Warum kann Arthur uns nicht einmal unter die Arme greifen? Wir müssen den Leuten Vertrauen einflößen – genau das brauchen wir jetzt. Arthur kann manchmal so negativ sein.«

Einer der anwesenden Beamten, der gegen Burns'

Politik war, sagte verschlagen: »Mr. President, kennen Sie eigentlich Arthurs Plan, das Gehalt des Vorsitzenden des *Federal Reserve Board* an das Gehalt eines Kabinettsmitgliedes anzupassen?«

»Was haben Sie gesagt?«, forderte Nixon und setzte sich steil auf. »Sie wollen sagen, Arthur predigt Lohn- und Preiskontrollen und fordert eine Gehaltserhöhung für sich?«

Der Beamte nickte.

»Das ist ja eine tolle Sache«, sagte Nixon teils belustigt, teils ärgerlich. Irgendwie wusste ich schon, was nun kommen würde, ehe er sich zu mir wandte. »Das muss raus, Chuck. Bringen Sie das in die Presse.«

Mr. President, das ist doch nicht Ihr Ernst, dachte ich. Wall Street stand wackelig genug. Wir mussten zumindest gegenüber der Öffentlichkeit eine geschlossene Front bleiben. In der Presse auf Burns zu schießen, war riskant. Ich schaute zu Haldeman hinüber und hob eine Augenbraue, um damit zu fragen, ob ich es aufschreiben oder aber vergessen sollte. Haldeman nickte zustimmend.

Später wies der Beamte darauf hin, dass Burns die Gehaltsaufbesserung im Blick auf seinen Nachfolger vorgeschlagen hatte; er selbst wollte nicht davon profitieren. Aber für dieses nebensächliche Detail war es nun zu spät. Die Begeisterung, »Arthur von seinem hohen Ross zu stoßen«, konnte nicht beeinträchtigt werden. Ich gab die Instruktionen an einen Mitarbeiter weiter, der gehorsam einen Reporter des *Wall Street Journal* informierte, dass Burns wohl öffentlich die Lohnkontrolle fordere, aber privat auf eine Gehaltserhöhung aus sei.

Wie das bei den meisten schlechten Ideen ist, folgte auch hier das Verhängnis auf dem Fuße nach. Burns beschwerte sich heftig beim Weißen Haus über diesen unehrlichen Bericht. Haldeman zuckte mit den Schultern und versicherte dem freundlichen, ehemaligen Professor, dass »niemand hier so etwas tun würde«. Ziegler erklärte, dass seines Wissens keine Gespräche zwischen Nixon und Burns im Blick auf Gehaltserhöhung stattgefunden hätten. Das *Time Magazine* reagierte auf einen Tipp aus dem Weißen Haus und berichtete, dass der Schurke Colson heiße. Ziegler wiederum gab den Reportern zu verstehen, dass es sich hier um einen Alleingang Colsons handele. Wie befürchtet erschütterte die Sache nun auch *Wall Street* und den Rest der Finanzwelt. Auf der nächsten Pressekonferenz lobte Präsident Nixon die »verantwortungsvolle und staatsmännische« Rolle, die »sein guter Freund Arthur Burns« in der Finanzpolitik spiele.

Das Fiasko mit Burns brachte eine neue Serie von »Colson-der-Henker«-Geschichten in Umlauf und griff auch wieder alte Geschichten auf, insbesondere die rauen Methoden des Wahlkampfes im Jahre

1970, für den ich verantwortlich gewesen war. Die Welle von Artikeln brachte es mit sich, dass ich um viele Interviews gebeten wurde. Ich lehnte sie alle in der falschen Vorstellung ab, dass ich auf diese Weise der Publicity entgehen könnte. Aber je mehr ich Presse und Gesellschaftsleben mied, umso mehr Aufmerksamkeit und Interesse erregte ich. Ohne es zu wollen, wurde ich zu einer mysteriösen Figur, die die Feindseligkeit der Reporter auf sich zog.

Im ganzen Jahr 1971 ging im Blick auf die politische Strategie eine Spaltung durch die Mitarbeiterschaft des Weißen Hauses: Ehrlichman, Mitchell, Redenschreiber Ray Price und andere wollten sich mehr um die traditionellen Vorstadtwähler der Republikanischen Partei und die liberalen, nicht festgelegten Stimmen kümmern. Eine andere Gruppe – Redenschreiber Pat Buchanan, Mike Balzano, ein talentierter Mann unter meinen Mitarbeitern, und ich – war dafür, die Wallace-Anhänger der Mittelklasse zu gewinnen. Der Wind einer sozialen Umschichtung, der über unser Land hinwegfegte, trieb die Köpfe und Herzen der Menschen in unsere Richtung, so dachten wir.

Im August 1971 versprach der Präsident einer jubelnden und mit den Füßen stampfenden Menge bei einem Festessen in New York Bundesmittel für konfessionelle Schulen. Nixons Widerstand gegen ein liberalisiertes Abtreibungsgesetz verhärtete sich; der

Druck gegen den Drogenmissbrauch wurde stärker. Wir schlachteten das Thema des freien Busverkehrs weidlich aus und konnten damit ein Anliegen von George Wallace stehlen, das ihm so überragende Vorwahlsiege in Florida und Michigan eingebracht hatte. Amnestie für Wehrdienstverweigerer wurde für unsere neue Mehrheit indiskutabel. Langsam kletterten wir auf der »Beliebtheitskurve« nach oben.

Die Law-and-Order-Maßstäbe, die Richard Nixon und seine Männer zuerst im Wahlkampf 1968 entfaltet hatten, waren jetzt so amerikanisch wie das Tragen einer Anstecknadel mit der Flagge. Die Haltung »es ist alles erlaubt« wurde zum neuen Feind. Da sich der Apparat der Demokratischen Partei in den Händen von Reformern und Liberalen befand, waren sie gezwungen, über Bus-Transportfragen zweideutig zu reden, in Hinsicht auf die Abtreibung Kompromisse einzugehen, die Amnestie völlig auszuklammern und – so lautete unser Vorwurf – eine lasche Haltung gegenüber Kriminellen und Marihuana-Rauchern einzunehmen. Politisch gesehen hatten wir jetzt die Oberhand. Und darüber hinaus glaubten wir mit religiösem Eifer an die Gerechtigkeit unserer Sache.

Zum Teil war die Auswahl der Wahlkampfthemen lediglich ein Politikum und ich nehme an, dass dies in unterschiedlicher Färbung für die meisten der zähen Männer zutrifft, die die Spitze der politischen Leiter erklimmen. Aber unterschwellig ging es doch um tiefe Überzeugungen. Der Präsident dürstete nach einer Wiederherstellung der alten Werte, nach etwas, auf das sich die Nation verlassen konnte. Er sagte mir einmal im Sommer 1970: »Wenn ich auch weiter nichts tun könnte als Präsident, so werde ich auf jeden Fall den Respekt gegenüber der amerikanischen Fahne wiederherstellen.« Und im Herbst 1971, nach einer langen, anstrengenden Arbeitssitzung mit seinen innenpolitischen Beratern, in der es wieder um Subventionierung der konfessionellen Schulen ging, sagte Nixon, dass es ihm um »bleibende geistliche Werte« ginge.

»Wissen Sie, Chuck«, sagte er ernst, »ich könnte auch römisch-katholisch sein.« Wir beide saßen allein im Ovalen Amtszimmer; es war beinahe 19.00 Uhr und wir waren müde; das Abendessen des Präsidenten stand bereit, aber er schien nicht in Eile zu sein. »Wirklich, das könnte ich. Aber wenn ich konvertierte, würde jeder gleich sagen, es handele sich um einen politischen Trick, der die katholischen Wähler einfangen will. Aber wissen Sie«, sinnierte er und sprach mit leiser Stimme gedankenverloren weiter, »es ist schön darüber nachzudenken, dass es etwas gibt, was man wirklich festhalten kann, etwas Reales und Bedeutsames. Manchmal wünsche ich, wir könnten das alle haben – etwas wirklich Stabiles.

Diese Sache mit den katholischen Schulen, wissen Sie, das ist nicht Politik. Ich glaube ...«

Im Herbst 1971 lag die Wahlkampfstrategie für 1972 bereits fest: es ging um die amerikanische Mittelschicht. Unmittelbar vor dem letzten Wochenende im September hatte mich der Präsident zu Hause angerufen. »Chuck, bringen Sie Ihre Frau mit und lassen Sie uns ein langes Wochenende in Key Biscayne verbringen.«

Das war kein Befehl, sondern eher eine persönliche Einladung und eine herzliche dazu. Fast während des ganzen Fluges saß ich bei dem Präsidenten in seinem schönen privaten Abteil von *Air Force One*, nur durch einen Klapptisch von ihm getrennt. Später saßen Frau Nixon, Julie, Patty, der Präsident und ich zusammen im vorderen Teil des Hubschraubers, der uns nach Key Biscayne brachte. Unsere Frauen unterhielten sich wie andere Hausfrauen, während der Präsident und ich schweigend auf die hellen Lichter von Miami starrten, die unter uns vorbeihuschten.

Mit dem gleichmäßigen, tiefen Dröhnen des Riesenvogels im Ohr dachte ich an jenen Tag auf der Insel Vieques zurück, wo ich die steilen Klippen emporklettern musste. Verwirrung und Ärger des vergangenen Sommers war nun vergangen. Richard Nixon war im Reinen mit sich selbst und zuversichtlich im Blick auf seinen Platz in der Geschichte. Endlich hatten wir die Ereignisse unter Kontrolle. Und

Nixons scheinbar beiläufige Geste – die beiden Familien zusammen – war ein Signal für die Mitarbeiter und Reporter, die uns begleiteten. Ich würde für die Ausführung des politischen Planes verantwortlich sein. In dem Augenblick empfand ich ein Siegesbewusstsein und sogar Immunität gegenüber den kleinlichen Gefechten und Eifersüchteleien im Weißen Haus. Es sollte das letzte Mal sein, dass ich ein solches Hochgefühl empfand.

Das Wahljahr 1972 begann mit einem Kopf-an-Kopf-Rennen mit dem Spitzenkandidaten der Demokratischen Partei, Edmund Muskie, dem großen und hageren Senator von Maine. Katholisch, mit einem klaren Konzept und gut aussehend hatte er sich als demokratischer Vizepräsidentschaftskandidat im Jahre 1968 die ersten Sporen verdient. Seither hatte er sich mit allen anstehenden Fragen sorgfältig auseinander gesetzt und war im »Zentrum« der Partei geblieben. Da ich schon Ende der fünfziger Jahre mit dem Juniorsenator Muskie zusammengearbeitet hatte, wusste ich um seine einzige schwache Stelle: seine leicht zu entfachenden Temperamentsausbrüche. Es ist ein Mythos, dass Muskies erfolgreicher Wahlkampf durch seine emotionalen Reaktionen am Ende der Vorwahlen von New Hampshire zusammenbrach, nachdem die Zeitungen seine Frau angegriffen und der berühmte und offensichtlich falsche Canuck-Brief veröffentlicht worden war, der ihm einen Seitenhieb auf die Franko-Kanadier unterstellte. (Mein Mitarbeiter Kenneth Clawson wurde in einer Schlagzeile der *Washington Post* angeklagt, diesen Canuck-Brief in Umlauf gebracht zu haben. Wenn es sich um einen Trick des Weißen Hauses handelte, so wurde dies nie bewiesen. Ich wusste nichts davon und der Watergate-Sonderankläger konnte auch nach sorgfältigster Untersuchung keinen Beweis dafür finden, dass ein Zusammenhang mit Nixons Wahlkampf bestand.)

Der eigentliche Todesstoß gegen Muskies Kandidatur wurde im Januar geführt und war das Ergebnis eines harten, politischen Kampfes, dessen rücksichtslose Regeln ich bereits früher in Auseinandersetzungen in Massachusetts gelernt hatte. Als Nixon überzeugt war, dass keine Einigung mehr mit den Nordvietnamesen erzielt werden könnte, gab er am 25. Januar die geheimen Pariser Verhandlungen auf. In einer halbstündigen Fernsehansprache eröffnete er einer erstaunten Nation unser bestgehütetes Geheimnis, dass nämlich Kissinger dreißig Monate lang heimlich Friedensangebote in Paris unterbreitet hatte, die noch großzügiger waren, als es von den »sanftesten Tauben« im Kongress gefordert wurde. Nixon unterbreitete ein neues Angebot und forderte Hanoi auf, dieses zu akzeptieren und den Krieg zu beenden. Triumphierend stand der Präsident als geduldiger und langmütiger Staatsmann da, der schweigend die Attacken eines kleineren Gegners erduldet.

Eifrig suchten wir nach einer Möglichkeit, aus dieser dramatischen Wende für die öffentliche Meinung Kapital zu schlagen. Unglaublicherweise gab uns der sonst so vorsichtige Muskie diese Gelegenheit. Er unterbrach seinen Wahlkampf und flog nach Washington, um mit seinen Mitarbeitern bis in die Nacht hinein eine Rede auszuarbeiten, die er am nächsten Morgen bei einer Anti-Kriegszusammenkunft in einer örtlichen Kirche halten wollte. In dieser Rede griff er das Angebot Nixons heftig an und unterbreitete seinen eigenen Friedensplan, der noch mehr Großzügigkeit gegenüber Hanoi vorsah. John Mitchell, damals noch Generalbundesanwalt, aber bereits auf dem Sprung, die Wahlkampfleitung zu übernehmen, ließ durch Jeb Magruder, einen jungen, ehrgeizigen Assistenten von Haldeman, seine Instruktionen überbringen: Muskie ignorieren! Jeder Angriff gibt ihm Aufwind. Der Präsident und ich waren jedoch anderer Meinung.

Ich telefonierte mit Bill Rogers, dem freundlichen, würdigen Außenminister: »Bill, Sie müssen etwas gegen Muskie unternehmen, weil er die Friedensverhandlungen sabotiert hat.« Nun ist es aber ein altes, ungeschriebenes Gesetz, dass sich der Außenminister aus politischen Querelen heraushält. Aber was Muskie getan hatte, ging zu weit, argumentierte ich. Der Minister stimmte meinem Gegen-schlag zu, auch wenn dies bisher ohne Beispiel war.

Am nächsten Morgen erschien Bill Rogers unan-gemeldet im Presseraum des Außenministeriums. Die anwesenden, gelassenen und bewährten Korres-pondenten standen wie vom Donner gerührt da, als Rogers die Rede Muskies angriff und als »schädlich für die nationalen Interessen« bezeichnete. Seine Stimme erhob sich im Zorn, er stieß mit dem Finger warnend in die Luft und beschuldigte Muskie, die Verhandlungsposition zu untergraben. Noch hatten die Nordvietnamesen nicht auf Nixons Angebot rea-giert und würden sich nun ermutigt sehen, die Wah-len abzuwarten. Schließlich würden sie im Falle einer Wahl Muskies besser abschneiden.

Das waren natürlich sehr harte Worte aus dem Munde eines normalerweise gütigen Herrn. Rogers Abfuhr an Muskie wurde in allen ausländischen Hauptstädten berichtet. Getroffen von diesem Schlag, versuchte Muskie seine Position gegenüber der Presse abwechselnd zu verteidigen oder zu modi-fizieren. Das ging so weit, dass Politprofis zu zwei-feln begannen, ob Muskie überhaupt die innere Stär-ke besaß, um Präsident zu werden. Auch Muskie selbst muss diese Zweifel gehabt haben, denn seine folgenden Reden waren flach und schal.

Mitchell rief mich wütend an: »Ich werde zum Präsidenten gehen, wenn Sie mir nicht Ihr Wort geben, dass Sie Muskie nie wieder attackieren. Versprechen Sie das?«

»Natürlich, John«, versicherte ich ihm. »Es wird nicht mehr nötig sein.« Und das war es auch nicht. Diese eine Episode war – mehr als alle anderen schmutzigen Tricks zusammen genommen – dafür verantwortlich, dass Ed Muskies Talfahrt begann.

Wenn auch unser Hauptgegner nun ausgeschaltet war, so vertiefte diese Sache doch die Kluft zwischen den Mitchell-Männern und den Colson-Männern. Magruder, jetzt Mitglied des Wahlkampfkomitees, verteidigte seine Position – wie er später schrieb – »aus Angst, Colson würde alles übernehmen«. Ich schloss Mitchell und Magruder von dem kleinen Kreis der Berater aus. Aus dieser Spaltung erwuchsen uns später viele Schwierigkeiten.

Muskies Entthronung fiel mit Nixons Chinareise zusammen. Millionen von Menschen konnten die Direktübertragungen am Fernsehschirm sehen, als der moderne Marco Polo seine politische und diplomatische *Tour de force* unternahm. Unser Glücksstern jagte auf einer steilen Bahn nach oben.

Dann kam die Frühlingsoffensive der Nordvietnamesen, die nicht nur die südvietnamesische Armee, sondern auch die 60 000 Amerikaner, die noch im Lande waren, bedrohte.

Im Blick auf die bevorstehenden Wahlen, auf heikle Verhandlungen mit Peking und eine Gipfelkonferenz in Moskau in wenigen Wochen stand der Präsident vor der schwersten Entscheidung seiner Amtszeit. Nichts zu tun könnte den Zusammenbruch Südvietnams und die Demütigung des Präsidenten bedeuten, die wiederum eine äußerst schwache Verhandlungsbasis in Moskau nach sich ziehen würden. Eine Reaktion konnte andererseits die Gipfelkonferenz gefährden und die Ausweitung des Krieges bedeuten. Er wählte den schweren Weg: Verminung des Hafens von Haiphong und ein groß angelegter Bombenangriff bis hin zur chinesischen Grenze.

Als dem Präsidenten gesagt wurde, dass diese Entscheidung die Amerikaner in Harnisch bringen und ihn selbst die Wahl kosten könnte, sah ich, wie sich seine Kiefernmuskeln spannten. »Na und?«, schnappte er. »Es ist die einzig richtige Entscheidung. Wenn ich es nicht tun würde, wäre die Präsidentschaft es nicht wert, wiedergewonnen zu werden.«

Später vertraute er mir an: »Nur Al und John verstehen dies. (Al Haig war damals Kissingers Stellvertreter und John Connally Finanzminister.) Neben Ihnen und Bob sind diese beiden die einzigen in dieser ganzen Regierung, die für diese Entscheidung waren.« Dann fügte er gedankenverloren hinzu: »Wissen Sie, Chuck, das sind die beiden einzigen qualifizierten Männer, die diesen Posten ausfüllen könnten, wenn ich nicht mehr da bin.«

Obwohl mich die Situation in Vietnam schier krank machte und ich von Anfang an das Gefühl gehabt hatte, dass das ganze asiatische Unternehmen ein fürchterlicher Fehler gewesen war, obwohl ich meine Pläne für die Präsidentschaftswahlen scheitern sah, bewunderte ich immer noch den Präsidenten für diese Entscheidung, die seinen Prinzipien entsprach. Für mich war es eine der größten Stunden Richard Nixons.

Die Presse und das Fernsehen und *Capitol Hill* überhäuften uns mit Kritik, aber die Ereignisse der nächsten Monate rechtfertigten nicht nur Nixons Entscheidung, sondern brachten auch Zinsen ein. Verminung und Bombenangriff beendeten die nordvietnamesische Offensive, die Gipfelkonferenz fand wie geplant statt und die Öffentlichkeit – unsere »schweigende Mehrheit« – stellte sich so einmütig hinter den Präsidenten, dass politische Beobachter später diese Entscheidung als den eigentlichen Wendepunkt im Blick auf die Wahlen bezeichneten. Sicherlich waren Nixons Mut und seine Standhaftigkeit in der Außenpolitik gewichtige Faktoren für die Zustimmung vieler Arbeiterführer und Gewerkschaften, die nie zuvor einen Präsidenten der Republikanischen Partei unterstützt hatten.

Ende Mai war der Gouverneur von Alabama George Wallace aus dem Rennen, weil er von einer Kugel verletzt und gelähmt worden war. Senator George McGoverns langhaarige Fans entrissen die Nominierung der Demokratischen Partei den eigentlich dafür infrage kommenden Männern und Nixon befand sich auf dem Höhepunkt seines diplomatischen Triumphes. Die Wiederwahl des Präsidenten war so gut wie gelaufen. Nur der innere Kreis im Weißen Haus konnte dies nicht sehen, so sehr wurden wir noch von den Erinnerungen des knappen Wahlausgangs in den Jahren 1960 und 1968 verfolgt, als ein früher Vorsprung bald wieder zusammenschrumpfte. Es war an einem sonnigen Samstagnachmittag im Juni. Ich wollte gerade ein Bad in unserem Swimmingpool nehmen, als das Telefon des Weißen Hauses klingelte. Es war John Ehrlichman. »Wo steckt eigentlich Ihr Freund Howard Hunt?«, fragte er.

»Ich denke, er arbeitet im Komitee für die Wiederwahl.« Hunt war schon vor Monaten von der Gehaltsliste des Weißen Hauses gestrichen worden. »Warum?«, fragte ich Ehrlichman. Es schien mir eine eigenartige Frage zu sein. Über das Autoradio hatte ich an jenem Tag eine Mitteilung darüber gehört, dass es in den Büroräumen des nationalen Komitees der Demokratischen Partei, die sich in einem als »Watergate« bekannten Büro- und Wohnhaus befanden, einen Einbruch gegeben hatte. Leicht amüsiert hatte ich an die enttäuschten Gesichter der Einbrecher denken müssen, als sie den leeren Safe vorfanden. Jedermann wusste, dass die Demokratische Partei pleite war.

Ehrlichman blieb beharrlich. »Sind Sie sicher, dass er nicht für uns arbeitet?«

»Absolut«, antwortete ich. »Warum fragen Sie?« Es muss an einem Unterton in Johns Stimme gelegen haben, denn mir war plötzlich, als fasse eine eiserne Hand nach meinem Magen.

»Sie haben von dem Einbruch im Hauptquartier der Demokraten gehört?«, fragte Ehrlichman. »Nun, einer der Einbrecher hatte etwas in seiner Tasche, auf dem Hunts Name stand. Ich informiere Sie, wenn ich mehr weiß.«

Ich ging vom Telefon weg und saß allein am Rande des Swimmingpools. Schreckliche Gedanken schossen mir durch den Kopf. Ich hatte Howard das letzte Mal gesehen, als er mit Gordon Liddy vor einigen Monaten in meinem Büro vorbeikam – war es im Februar? Er und Liddy arbeiteten damals an einem Abwehrplan und wollten ihn von Magruder abgezeichnet haben. *Aber das konnte doch hiermit nichts zu tun haben*, dachte ich. Hunt war bestimmt zu gescheit für eine solche Dummheit. Wenn er aber doch in diese Sache verwickelt sein sollte, würde mich die Presse schnell mit hineinziehen, denn ich war sein Förderer und Freund.

Am nächsten Morgen brachte die *Washington Post* folgende Schlagzeile: FÜNF MÄNNER WOLLTEN ABHÖRGERÄTE IM DEMOKRATISCHEN HAUPTQUARTIER INSTALLIEREN. Hunt wurde jedoch nicht erwähnt.

Aber bereits am Montag waren Spekulationen über seine Beteiligung im Umlauf. Die Telefonleitungen zu meinem Büro liefen heiß mit Anrufen von der Presse. John Dean, Berater des Weißen Hauses, suchte angespannt nach Informationen, wann Hunt das Weiße Haus verlassen hatte. Der Präsident rief von Key Biscayne an, wütend darüber, dass jemand, der mit dem Wahlkampf zu tun hatte, in eine solch idiotische Sache verwickelt sein könnte. Die Nachricht machte Nixon derartig wütend, dass er einen Aschenbecher durch das Wohnzimmer in Key Biscayne warf.

Bereits Dienstag führte die Spur von Hunt zu mir. Der *Star* brachte als große Schlagzeile auf der ersten Seite: COLSON-MITARBEITER UND BARKER FESTGENOMMEN. Der Colson-Mitarbeiter war natürlich Hunt; Barker war der Kubaner, der den Einbruch geleitet hatte.

Der Präsident muss geahnt haben, wie verzweifelt ich war, denn er rief mich an dem Nachmittag in sein Amtszimmer, um mir Mut zu machen. »Nehmen Sie sich dies nicht so zu Herzen, Chuck. Sie sind hinter mir her, nicht hinter Ihnen.«

Ich versicherte dem Präsidenten, dass ich gerne eine eidesstattliche Erklärung gegenüber dem FBI abgeben würde und schlug vor, dass alle Mitarbeiter im Weißen Haus das Gleiche tun sollten. Nicht einen Augenblick lang konnte ich mir vorstellen oder auch nur erahnen, dass irgendjemand im Weißen Haus, zu allerletzt der Mann, mit dem ich sprach, eine solche Sache decken könnte. Das war kein moralisches Urteil meinerseits; der Einbruch schien mir einfach zu dumm für die Maßstäbe, die wir uns gesetzt hatten.

Die Demokratische Partei schrie und schimpfte; die Presse holte so viel wie möglich aus jedem neuen Indiz heraus und ließ durchblicken, dass Hunt in meinem Büro gearbeitet habe und mein engster Freund sei. Larry O'Brien brachte eine Zivilklage ein und zerrte viele von uns vor die Rechtsanwälte der Demokratischen Partei, um eidesstattliche Erklärungen abzugeben – jede Erklärung brachte wieder weiteste Publicity mit sich. Aber für das Volk bedeutete Watergate im Sommer 1972 nicht mehr als eine lästige Ablenkung. Wahlkampfspionage war nach den Worten eines Berichterstatters »wie der Versuch, der gegnerischen Mannschaft die Fahne zu stehlen«.

Alles andere lief auch zu unserem Vorteil. Parallel mit den außenpolitischen Triumphen ging der wirtschaftliche Aufschwung. Unser Gegner schlug mittlerweile hilflos um sich. Nixons kühle Vietnamentscheidung hatte der anderen Seite den Boden unter den Füßen weggezogen. Die fehlende Unterstützung von AFL und CIO hatte sie gelähmt und in Verlegenheit gebracht. Durch die Wahl ihres Vizepräsidenten wurden die Demokraten mitten im Rennen gezwungen, den Partner zu wechseln. Im September war McGovern ernsthaft angeschlagen und verteidigte seinen hastig entwickelten Wohlfahrtsplan, der 1000 Dollar pro Person vorsah, gegen die ständigen Angriffe von Kabinettsmitgliedern, die ich jeden Tag zu Pressekonferenzen einlud. Nixon blieb die ganze Zeit unangetastet auf dem Podest des Präsidenten stehen. Der Sieg konnte durch einen Schnitzer wie Watergate nicht infrage gestellt werden.

Aber der Watergate-Einbruch ließ die Reporter in den Zeitungsarchiven nach alten Meldungen über Nixons »Henker« suchen. Die meisten Funde wärmten nur alte Geschichten wieder auf, dass ich zum Beispiel meine eigene Großmutter über den Haufen fahren würde, um die Wiederwahl Nixons sicherzustellen. Ich versuchte einige Reporter auf den Originalartikel im *Wall Street Journal* aufmerksam zu machen, um sie von der Unrichtigkeit zu überzeugen. Aber es war nun einmal ein so plastischer Satz, dass niemand auf mich hörte.

Ende August wurde meine Großmutter sogar so etwas wie ein Wahlkampf-Nebenthema. Ich kehrte an einem Freitagmorgen vom Parteitag der Republikaner zurück und entdeckte zu meinem Ärger, dass die Hälfte meiner Mitarbeiter ein langes Wochenende genommen hatte. In meinem Büro hing ein riesiges Poster, auf dem man die Tage bis zur Wahl genau ablesen konnte. Ich schaute hin – noch 71 Tage. Wir waren zwar gut vorwärts gekommen mit unserem Wahlkampf, durften die Sache aber nicht auf die leichte Schulter nehmen. Wie konnte jemand so kurz vor der Wahl ein Wochenende frei nehmen?

Je mehr ich darüber nachdachte, umso ärgerlicher wurde ich. Dann zwickte mich ein kleiner Kobold mit seiner Gabel. Ich rief eine meiner Sekretärinnen, Holly Holm, eine intelligente, gut aussehende 24-Jährige, in mein Büro. »Dieser Unsinn muss aufhören«, murmelte ich und die Instruktionen, die ich dann gab, hörten sich etwa folgendermaßen an: »Niemand verlässt ohne meine Einwilligung die Stadt. Wir haben nur noch 71 Tage übrig, und jeder dieser Tage zählt. Fragen Sie sich jeden Morgen, was Sie heute tun werden, um die Wiederwahl des Präsidenten sicherzustellen. Ein Wahlkampf ist eine 24-Stunden-Angelegenheit, sieben Tage in der Woche. Falls ich jemandes Gefühle verletzen sollte, werde ich mich nach der Wahl entschuldigen.«

Nachdem ich dies gesagt hatte, schloss ich mit einem kleinen Scherz auf meine Kosten: »Viele Falschmeldungen über mich haben in letzter Zeit ihren Weg in die Presse gefunden – aber die Geschichte von UPI in der letzten Woche, die von mir sagte, ich würde nötigenfalls meine eigene

Großmutter umrennen, ist absolut zutreffend.«

Jetzt fühlte ich mich besser und konnte sogar lächeln. Meine Mitarbeiter wussten, dass ich mitunter übertriebene Aussagen machte, um etwas zu verdeutlichen. Aber meine stille, junge Sekretärin war aschfahl geworden, ihre Hand zitterte, als sie diese Worte niederschrieb. Dann fragte Holly nach einer langen Pause und einem tiefen Atemzug: »Mr. Colson, Sie wollen doch nicht wirklich, dass ich dies an alle Mitarbeiter weiterleite?«

»Natürlich, Holly. Sie werden schon verstehen, dass dies ein Scherz ist. Gleichzeitig verdeutlicht es, worum es geht.«

Das wurde in der Tat deutlich – auf der halben Welt. Innerhalb von 24 Stunden bahnte sich eine Kopie ihren Weg zur *Washington Post*, die das bombastische Memorandum Wort für Wort abdruckte. Dort griffen es die Nachrichtendienste auf und gaben es an zahllose Zeitungen überall im Land und sogar an die Pariser Ausgabe der *Herald Tribune* weiter. Es wurde zum Thema eines Kommentars von Sevareid und zweier Kolumnen von Art Buchwald.

Meine Mutter konnte keinen Humor in dieser Sache entdecken und war überzeugt, dass ich damit die Mutter meines Vaters beschmutzt hatte. Eine Briefflut zorniger Großmütter erreichte mich, von denen einige drohten, eine Protestorganisation zu gründen. Und obwohl meine beiden Großmütter bereits seit über 25 Jahren tot waren (ich habe sie beide sehr gern gehabt), wurden während des Wahlkampfes zwei Pressekonferenzen von »Charles Colsons Großmutter« einberufen, die ihre Unterstützung für McGovern bekunden wollte.

Der Wirbel, der durch dieses Rundschreiben an meine Mitarbeiter entstand, bestärkte nur noch Nixons Respekt gegenüber meiner Loyalität. »Colson tut einfach alles. Er lässt sich nicht aufhalten«, prahlte der Präsident gegenüber anderen.

In unserem kleinen inneren Kreis des Weißen Hauses wurden Ränke und Härte mit Vertrauen und Loyalität gleich gesetzt; dies waren die Schlüssel zu dem begehrten Königreich, das die unmittelbare und andauernde Nähe zum Thron garantierte.

Hybris wurde zum Kennzeichen des Nixon-Mannes, denn Hybris war die Qualität, die Nixon am meisten bewunderte. Kein Wunder also, dass junge ehrgeizige Mitarbeiter alles daransetzten, durch harte Worte und draufgängerische Taten ihre politische Brauchbarkeit unter Beweis zu stellen.

Vielleicht war es schiere Dummheit, zu hoffen, dass man in eines der am schärfsten bewachten Bürogebäude in Washington einbrechen und ungeschoren davonkommen könnte – aber es war auch die Hybris mit im Spiel. Später erkannte ich, dass es juristisch gesehen von Interesse war, ob wir – Colson, Mitchell, Ehrlichman, Haldeman, ja sogar

Richard Nixon – vorher von dem Einbruch gewusst hatten; moralisch war da kaum ein Unterschied. Wir hatten Kräfte in Bewegung gesetzt, die unausweichlich ein Watergate oder Ähnliches auslösen mussten.

Kapitel 6

»Ausgebrannter Vulkan«

■ In den Wochen nach seiner überwältigenden Wiederwahl zog sich Richard Nixon in die Einsamkeit von *Camp David* zurück. Auch Haldeman und Ehrlichman zogen mit ihren Büros dorthin. Auf dem windgepeitschten Berg Catoctin würden sie Pläne für die nächsten vier Jahre machen.

Am Montag nach der Wahl stieß ich in *Aspen*, dem rustikalen Landhaus des Präsidenten, das sich unter große Föhren schmiegte, zu ihnen. Während eines lukullischen Essens trank mir der Präsident noch einmal mit seinem besten Wein zu und gratulierte mir für meine Wahlstrategie, während Haldeman und Ehrlichman mit steifen Gesichtern dabei saßen.

»Bleiben Sie die kommende Legislaturperiode bei uns, Chuck«, sagte der Präsident freundlich. »Es wird größere Verantwortung geben – große Dinge warten auf uns.«

Zur sichtbaren Erleichterung meiner Kollegen am Tisch lehnte ich erneut ab. »Ich bin einer der ausgebrannten Vulkane, von denen Sie gesprochen haben, Mr. President.« In meinem Denken hat sich nichts verändert. Ich stimmte zu, noch einige Monate im neuen Jahr zu bleiben, um neue Mitarbeiter zu suchen und einzuarbeiten und um nicht den Eindruck zu erwecken – das war für mich wichtig! –, dass ich wegen Watergate ging.

Dick Howard, mein scharfsinniger Assistent, hatte Gerüchte aufgeschnappt, nach denen Ehrlichman seinen Freunden mitgeteilt haben sollte, das Watergate-Problem wäre aus dem Weg geschafft, wenn Colson ginge. Der Eifer, mit dem Bob und John meinen Abgang herbeiwünschten, erregte in mir den unbequemen Verdacht, dass ich zum Sündenbock gemacht werden sollte. Wenn man bedenkt, wie die Presse auf mich geschossen hatte, war das nur zu verständlich.

In der Zwischenzeit hatten Haldeman und Ehrlichman mit der ehrgeizigsten Reorganisation des Weißen Hauses in der Geschichte begonnen, die nicht nur die Entscheidungsmaschinerie effektiver machen sollte, sondern auch alle Macht der Exekutive einem winzigen Kreis von sechs Super-Beratern übertragen würde. Die beiden Männer kontrollierten alles, was den Präsidenten erreichte oder von ihm ausging, luden Kabinettsmitglieder vor, die entlassen werden sollten, und bestimmten die Nachfolger, die Nixon interviewen würde. Sie schirmten ihn auch vor »Einmischungen« von Senatoren und anderen Mitarbeitern, die gegensätzliche Meinungen vertraten, ab. Nixon war selten zu sehen. Die Presseleute, die sich in Wohnwagen eingerichtet hatten, fingen an, sich zu beschweren. Der gängige Witz im fast verlassenen Weißen Haus, der aber nicht ohne einen Unterton von Bitterkeit erzählt wurde, war, dass der Präsident nach seiner überwältigenden Wiederwahl gekidnappt worden sei.

Während einer Reise nach Camp David Ende November erkannte ich, dass meiner inneren Zerrissenheit nicht mit ein paar Tagen Ruhe beizukommen war. Peter Brennan, der New Yorker Gewerkschaftsführer, den ich als Arbeitsminister empfohlen hatte, flog mit mir im Hubschrauber des Präsidenten nach Camp David. Wir stiegen auf 300 Meter und folgten dem Potomac nach Westen und drehten, nachdem wir Washington hinter uns gelassen hatten, nach Norden ab auf die Berge zu. Der Pilot, ein ehemaliger Marinesoldat, flog so tief wie möglich, um dem starken Oberwind auszuweichen. Es sah aus, als würden wir frontal in einen Berg hineinfliegen, aber kurz vorher zog der Pilot die Maschine scharf nach oben. Wir kletterten den Berg hoch wie eine Drahtseilbahn, donnerten über den Gipfel und setzten dann sofort zur Landung auf einem in den Wald geschlagenen Landestreifen an.

Bewaffnete Marinesoldaten in Kampfanzügen waren wie immer an der Landebahn aufmarschiert. Ein Marinekommandeur öffnete die Tür des Flugzeugs, sofort nachdem die Räder den Asphalt berührt hatten, salutierte, begrüßte Brennan und führte uns schnell zu einer wartenden Limousine, die uns durch die engen, baumbestandenen Straßen zu einem der kleinen Gästehäuser brachte.

Der Kommandeur bat uns, zu warten, bis Mr. Haldeman angekommen war. »Niemand darf ohne Begleitung herumlaufen«, erklärte er Brennan höflich. Ein lustiges Feuer brannte im Kamin und erwärmte das bequeme Wohnzimmer. Brennan war nicht nur von den Bequemlichkeiten Camp Davids beeindruckt, sondern auch von der militärischen Effizienz. »Das ist ja großartig«, murmelte er und sah aus dem Fenster auf die anderen Gebäude, die im Wald verstreut lagen.

»Ja, das ist schon was, Peter, wie eine Szene aus dem Film *1984*«, antwortete ich. Nach den beängstigenden Tagen im Frühjahr 1970 waren Brennan und ich gute Freunde geworden. Damals hatte er seine Fahnen schwingenden Zimmerleute und Stahlarbeiter durch die Straßen New Yorks geführt – und später auch in das Ovale Amtszimmer.

»Dies ist nichts für mich«, sagte ich. »Ich fühle mich die ganze Zeit beobachtet; überall Wächter, sie verstecken sich sogar hinter den Bäumen. Es ist wie ein geheimer Schlupfwinkel in einem James-Bond-Film! Ich kann es nicht erwarten, wieder hier raus und in die Stadt zu kommen.«

Brennan starrte mich an. »Chuck, du musst dich ausruhen. Irgendetwas quält dich.«

Irgendetwas quälte mich. Aber was hatte ich gegen diesen Ort? Marineoffiziere grüßten jedes Mal, wenn ich aus der Tür trat, die Zimmer waren luxuriös, die Aussicht herrlich, das Essen erlesen, ich konnte alles haben. Aber obwohl mich Nixon immer wieder einlud, über Nacht zu bleiben, wollte ich doch nur das Eine haben: einen Hubschrauber, der mich wieder nach Hause brachte. Peter hatte Recht; irgendetwas stimmte nicht. Und ich fragte mich schon, was ich tun müsste, um dies loszuwerden. Es hätte die triumphreichste Zeit meines Lebens sein sollen; aber innerlich fühlte ich mich elend.

Haldeman traf bald ein, und wir gingen zusammen nach *Aspen*, um eine entspannte Stunde mit Nixon zu verbringen. Nachdem Peter die Berufung zum Arbeitsminister angenommen hatte, bat ich um einen Hubschrauber, der mich nach Washington zurückbringen sollte.

Eine neue Krise in Vietnam im Dezember lenkte uns von Watergate und auch der zweiten Legislaturperiode ab. Als Henry Kissinger am 24. Oktober von Paris mit dem Entwurf eines Friedensabkommens zurückgekommen war, kannte seine Begeisterung keine Grenzen.

Die Beendigung des Krieges, so glaubte Henry, würde den Wahlausgang sichern. Aber der Präsident war davon überzeugt worden, dass dies erst nach der Wahl bekannt gegeben werden sollte, damit die Presse es nicht als einen politischen Trick bezeichnen konnte.

»Ich habe Max Frankel ein paar Hintergrundinformationen gegeben«, sagte Kissinger beiläufig dem Präsidenten am nächsten Nachmittag und meinte damit seinen Freund bei der *New York Times*.

Wir drei saßen allein in Nixons Amtszimmer. Ich beobachtete Nixon, während Henry redete. Er explodierte nicht, wie ich befürchtet hatte, aber es war offensichtlich, dass der Präsident kochte. Er sprach langsam durch zusammengepresste Zähne und starrte Henry an. Der schien das gar nicht zu merken.

Am nächsten Morgen nach Pariser Zeit – für uns mitten in der Nacht – gaben die Nordvietnamesen das Abkommen bekannt. Ob das nun auf Nachfragen bei dem Pariser Büro der *Times* zurückzuführen war oder ob es eine bewusste Entscheidung Le Duc Thos war, um unsere Situation vor der Wahl noch zu komplizieren, das Unheil war angerichtet. Nachdem der Präsident, Haldeman und ich am nächsten Morgen Kissinger instruiert hatten, ging er ins Pressezentrum und gab eine von Nixon geforderte Erklärung ab. In seinen langen Monolog war auch der Satz »Der Frieden ist nahe« eingewoben, der, wie vorauszusehen war, um die Welt ging. Wir befürchteten ein paar Tage lang, diese Übertreibung könne sich als

Bumerang auswirken. In seiner nächsten Fernsehansprache schwächte Nixon die Worte Kissingers wieder ab. Zu unserer angenehmen Überraschung sah kaum jemand einen in letzter Minute angewandten Trick in dieser Sache; sogar die Skeptiker wussten, dass wir dies nicht nötig hatten, um die Wahl zu retten, denn wir lagen bereits 25 Punkte in Führung.

Nach den Wahlen im November wurde das Abkommen wieder aufgegriffen. Hanoi wollte weitere Zusagen. Präsident Thieu von Südvietnam forderte mehr Sicherheiten. Als Kissinger im Dezember in der Hoffnung nach Paris zurückging, das Abkommen unter Dach und Fach zu bringen, stieß er auf eisige Ablehnung. Am ersten Tag schickte er ein zorniges Telegramm, in dem er empfahl, die Verhandlungen abzubrechen und das Bombardement wieder aufzunehmen. Der Präsident sollte über Fernsehen dem amerikanischen Volk eine Erklärung abgeben.

Der Präsident rief mich in sein Amtszimmer, damit ich das Telegramm lesen sollte. »Nun, was halten Sie davon?«, forderte er.

Während Nixon ungeduldig mit den Fingern auf den Tisch trommelte, studierte ich aufmerksam das drei Seiten lange Dokument. »Ich würde Henry anweisen, weiter zu verhandeln; sie wollen uns nur auf die Probe stellen«, antwortete ich schließlich.

»Nein, nein«, unterbrach Nixon, der offensichtlich nicht an meinem außenpolitischen Urteil interessiert war. »Was halten Sie davon, dass ich eine Fernsehrede halte?«

»Dazu würde ich nicht raten. Das sieht dann so aus, als sei die Verlautbarung im Oktober falsch gewesen. Die Leute werden das nicht schlucken.«

Kurz darauf kam Haldeman noch hinzu und pflichtete mir bei. Noch am gleichen Vormittag kabelte Nixon die Instruktion an Kissinger: »Weiter verhandeln.«

Kissinger blieb am Verhandlungstisch, aber nachdem die Nordvietnamesen ihre feindselige Haltung beibehielten, brach er am 13. Dezember die Verhandlungen ab und kehrte nach Washington zurück. Am nächsten Tag sandte er ein Telegramm mit schwerwiegenden Worten nach Nordvietnam: Entweder Sie kehren innerhalb von 72 Stunden zu den Pariser Verhandlungen zurück oder ... Das war kein Bluff. Als das Ultimatum ablief, regneten Hunderte von Tonnen Bomben auf nordvietnamesische Ziele. Nixon sah von einer öffentlichen Stellungnahme ab, um die Verhandlungspositionen nicht zu verhärten und es für Hanoi noch schwerer zu machen, einzulenken.

Wie vorherzusehen war, reagierte die Öffentlichkeit mit Entsetzen und Zorn. Danach folgte eine Verunglimpfungskampagne in der Presse, die sich gegen Richard Nixon richtete. Kissingers Freunde bei den Washingtoner Presseleuten konnten es einfach nicht glauben, dass Henry etwas mit dem zu tun hatte, was die *Washington Post* als »den brutalsten und sinnlosesten Akt der Kriegsführung ... der je zwischen zwei souveränen Völkern stattgefunden hat«, bezeichnete.

Auch die Reaktion seitens des Kongresses war heftig. Auf beiden Seiten des Hauses begann sich die Vorstellung durchzusetzen, alle Mittel für militärische Operationen in Südost-Asien zu sperren. Wir nahmen diese Drohungen vom Kongress ernst; wir wussten, es war ein Wettlauf mit der Zeit. Wenn die Nordvietnamesen nicht nachgaben und an den Konferenztisch zurückkehrten, ehe sich im Januar der neue Kongress etablierte, kamen ernste Schwierigkeiten auf uns zu.

Der Präsident fand immer weniger Schlaf, denn ihn traf das erbarmungslose Bombardement der Kritik. Körperlich erschöpft war er bereits vor der Krise. Nach der Wahl hatte er sich nur an einem Wochenende frei genommen. Jetzt musste ich mit ansehen, wie er vor meinen Augen alterte. Oftmals war seine Rede nicht völlig klar, ein Zeichen totaler Erschöpfung, die ich befürchtet hatte. Der Präsident forderte immer viel von sich selbst; und nur im Ausnahmefall ungewöhnlicher Stresssituationen wurde seine Rede unklar und verlor seine Stimme die Festigkeit. Als seine Worte undeutlich wurden, wie ich es schon ein- oder zweimal in der Vergangenheit erlebt hatte, wusste ich, dass er sich über die Belastbarkeit selbst seiner außergewöhnlichen Kraft hinaus beanspruchte. Er kümmerte sich wenig oder gar nicht um andere Angelegenheiten, z. B. um die Mitarbeiter für die neue Amtszeit. Das sollte ihm in den kommenden Monaten noch manche Sorge einbringen.

Als Haldeman und Kissinger in Kalifornien Urlaub machten, hielten nur der Präsident und ich die Stellung. Ich erinnerte mich an Geschichten über Lyndon Johnson, wie er mitten in der Nacht aufgestanden sei, einen Bademantel und Hausschuhe angezogen habe, um dann im Hauptquartier des *Security Council* unten im Weißen Haus die letzten Militärberichte von Vietnam zu lesen. Johnson wurde so völlig von der Kriegssituation beherrscht, dass er – wie ihm nahe stehende Männer später berichteten – langsam die Perspektive verlor und zunehmend alterte. Richard Nixon lernte aus Johnsons Fehlern und hat meines Wissens nie den *Situation Room* des Sicherheitsdienstes betreten. Aber ich konnte verstehen, was in Johnson vorgegangen war, denn für eine kurze Zeit im Dezember stand es mit Nixon ebenso. Wenn er auch strenge Selbstdisziplin übte, so wartete er doch in größter Anspannung auf jeden neuen Bericht aus Saigon – wie viele Bomber waren abgeschossen worden, wie viele Männer getötet oder gefangen –, während Hanoi sich in Schweigen hüllte. Die Anstrengung führte zu einer körperlichen und geistigen Schwächung. Er hinkte, weil er sich einen

Zeh am Swimmingpool in Camp David verletzt hatte; aber wie er nie zugeben wollte, dass er Heufieber hatte, so lehnte er es auch ab, seinen verletzten Fuß vom Arzt behandeln zu lassen.

Am 28. Dezember ließ mich der Präsident um 16.30 Uhr in sein Arbeitszimmer rufen und begrüßte mich mit einem Lächeln, das er sich gewöhnlich fürs Fernsehen aufhob. »Setzen Sie sich, Chuck«, sagte er. »Ich muss Ihnen etwas sagen, das aber kein anderer Mensch in diesem Haus wissen soll. Es darf nicht durchsickern. Die Nordvietnamesen haben eingewilligt, zu unseren Bedingungen an den Verhandlungstisch zurückzukehren. Sie können den Bomben nicht länger standhalten. Unsere Luftwaffe hat es geschafft.« Die ganze Zeit blieben das Lächeln auf seinem Gesicht und eine jungenhafte Erregung in seiner Stimme.

Die Bombenangriffe sollten am nächsten Tag, einem Freitag, eingestellt werden. Am Samstag sollte vom stellvertretenden Pressesprecher Jerry Warren eine vorsichtige Verlautbarung veröffentlicht werden, dass die Bombenangriffe beendet wären und die Verhandlungen in der folgenden Woche wieder aufgenommen würden. Nixons Instruktionen für mich waren präzise: Wir dürfen über unseren Erfolg nicht jubeln, weil dies Hanoi zu einem Rückzieher veranlassen könnte.

Der Hubschrauber wartete bereits auf dem Landeplatz im südlichen Park, um den Präsidenten für das Neujahr-Wochenende nach Camp David zu bringen. Seine Abwesenheit von Washington würde es uns leichter machen, die große Nachricht herunterzuspielen. Henry wollte eigentlich zu der Verlautbarung zurückkommen, aber Nixon bestand darauf, dass er blieb, weil er befürchtete, dass dies mehr signalisieren konnte, als wir für gut befanden. Es war das Beste für Henry, in Palm Springs außerhalb der Reichweite der Presse zu bleiben. Der Präsident wollte keine Wiederholung des Oktober-Fiaskos.

»Gehen Sie mit mir zum Hubschrauber, Chuck«, sagte er und erhob sich aus seinem Sessel. Ich half ihm in seinen Mantel und wir gingen schnellen Schrittes zum Landeplatz, wo uns Mrs. Nixon erwartete. Ich sah sie zum ersten Mal in zwangloser Kleidung, mit Hosen und einem Automantel. Sie sah aus wie jede andere Hausfrau, die ein Wochenende auf dem Land verbringt. Nixon wiederholte seine Instruktionen für die Verlautbarung am Samstag, nahm seine Frau am Arm und ging zum Hubschrauber. Plötzlich drehte sie sich herum, kam einige Schritte zurück und umarmte mich, ohne ein Wort zu sagen. Sie wusste, dass die Agonie für ihren Mann vorbei war.

Der Hubschrauber des Präsidenten hob langsam ab, drehte scharf nach rechts und flog dann stromaufwärts. Ich stand einige Augenblicke allein in der kalten, trockenen Winterluft. Gerne hätte ich jemandem die Nachricht erzählt, die ich gerade gehört hatte. Vielleicht dem Wächter an der Tür oder John Scali, einem Mitarbeiter, der auch mitten in der Auseinandersetzung gestanden hatte. Aber ich wusste, dass ich diesen Augenblick mit niemandem teilen konnte.

Warrens Verlautbarung am Samstag war knapp und die Presseberichte danach zurückhaltend. Der Präsident und ich sprachen verschiedene Male an diesem Nachmittag und Abend telefonisch miteinander. Er war bester Laune. Wir hatten beide mit Kissinger gesprochen, der uns versichert hatte, nichts an die Presse weiterzuleiten.

Ich stand am Sonntag früh auf, um zu sehen, was die Zeitungen gebracht hatten. Schon vor neun Uhr kamen dann die Telefonanrufe, der erste von Scali, der selbst lange Jahre Journalist gewesen war. »Haben Sie Restons Bericht gelesen?«, schrie Scali. »Es ist ein Verhängnis! Das kann die Friedensverhandlungen beenden, ehe sie überhaupt angefangen haben!«

Schnell schlug ich die Seite mit dem Leitartikel auf. Was auch immer James Reston, die graue Eminenz der *New York Times*, sagte, wurde bald als Evangelium von allen anderen übernommen. Reston zeichnete das Bild eines zögernden Kissinger, der gegen die Bombenangriffe und für einen Verhandlungsabschluss am 26. Oktober gewesen war, aber von einem Präsidenten in diese Sache hineingezogen wurde, der aus Eitelkeit beschlossen hatte, Hanoi zu bombardieren, um bessere Bedingungen zu erzwingen. Handelte es sich hier um einen Versuch der Freunde Kissingers, sein »Guter-Junge«-Image zu retten? Die Gefahr bestand darin, dass Hanoi dies missverstehen und auf seine alten Bedingungen zurückgreifen könnte in dem Glauben, dass es zu einer Spaltung zwischen Nixon und Kissinger gekommen sei.

Mein erster Fehler an diesem Tag war, dass ich Nixon den Artikel vorlas, als er eine halbe Stunde später anrief. Er explodierte und befahl mir, sofort Kissinger anzurufen. (Es war erst 6.30 Uhr in Kalifornien.) »Ich werde keine Widersetzung tolerieren«, bellte er ins Telefon. »Sagen Sie Henry, dass er mit niemandem sprechen soll, Punkt! Und ich meine: niemandem! Und er soll mich nicht anrufen, ich nehme keinen Anruf von ihm entgegen!« Damit legte er den Hörer mit einem lauten Knall auf. Als ich Henry schließlich erreichte, versprach er, mit niemandem von der Presse zu sprechen. Diese Versicherung leitete ich an Nixon weiter.

Nixon regte sich gewöhnlich schnell wieder ab, aber nicht an diesem Tag. Am Abend brütete er immer noch vor sich hin und war so verdrießlich – wie mir Manola später sagte –, dass er sich nicht einmal am Meisterschaftsspiel der *Redskins* mehr freuen konnte. Bei seinem letzten Anruf an dem Tag befahl er mir, den Geheimdienst anzuweisen, alle eingehenden und ausgehenden Telefongespräche in Kissingers schwer bewachter Villa in Palm Springs aufzuzeichnen.

Diesen Befehl führte ich aus und das war mein zweiter Fehler. Der Geheimdienst erfuhr – und ich berichtete –, dass Kissinger – nachdem er vergeblich versucht hatte, mit dem Präsidenten zu sprechen – seinen alten Freund Joe Kraft anrief. Drei Tage später brachte Kraft einen Artikel in der *Washington Post* heraus, in dem er Kissingers mutige Rolle beschrieb, der gegen Nixons »zwölf Tage mörderischer Bombenangriffe« protestiert habe. Er unterstellte, Nixon habe Kissingers Ehre »aufs Spiel gesetzt«, und wenn Nixon ihm kein »neues Mandat ... etwa das Außenministerium« anvertrauen würde, solle Kissinger gehen. (Zwei Jahre später erklärte Kraft, dass er von Kissinger irregeleitet worden wäre.) Jetzt war es so weit. Geschichten und Gerüchte über eine Spaltung zwischen Nixon und Kissinger schwirrten durch Washington. Die meisten Leute dachten, diese Kluft sei wegen unterschiedlicher Einstellung zur Bombardierung Hanois entstanden, aber das war nicht der Fall. Der Grund lag in den Pressemeldungen, die Henry oder seine Freunde lancierten, um ihn aus der unpopulären Sache herauszuhalten. Unermesslichen Schaden richtete es auf jeden Fall an.

Der Präsident blieb ärgerlich und zählte die Tage, bis Henry wieder nach Harvard zurückgehen würde. Er sagte mir an einem Novemberabend in Camp David, nachdem Henry einem italienischen Journalisten ein besonders unglückliches, egozentrisches Interview gegeben hatte: »Kissinger wird in 6 oder 8 Monaten gehen; es ist nicht gut für einen Mann, diese Position zu lange zu halten; es wird besser sein für Henry. Es ist Zeit für ihn, andere Dinge in Angriff zu nehmen.« Ich dachte damals, Nixon wäre lediglich wegen dieses Zeitungsartikels pikiert und würde die Sache bald vergessen. Im Januar wusste ich es besser.

Bei seinem »letzten Angriff« hatte es Vietnam fertig gebracht, das Verhältnis zwischen zwei ungewöhnlich begabten Männern zu vergiften, ein Verhältnis, das zu einigen der spektakulärsten außenpolitischen Errungenschaften für Amerika in Jahrzehnten geführt hatte. Es ist eine Ironie des Schicksals, dass die Katastrophe von Watergate beide Männer gezwungenermaßen wieder zusammenführen sollte, als Nixon in dem unbeschädigten Ruf Kissingers einen verzweifelten, letzten Ausweg sah. Watergate führte Nixons Hand; im September jenes Jahres war Henry nicht zu seiner Professur nach Harvard zurückgekehrt, sondern, genau wie Kraft es gefordert hatte, Außenminister geworden.

So kam es, dass eine kleine Gruppe von entmutigten, müden, manchmal gemeinen und kleinlichen

Männern, die unter sich zerstritten und eifersüchtig waren, die zweite Amtszeit des 37. Präsidenten begannen. Die Feierlichkeiten zur Inauguration waren angemessen königlich, auch nach Nixons und Haldemans Maßstäben. Der Präsident hatte Freude an seiner eigenen Party, tanzte bis spät in die Nacht auf seinem Ball und rief mich um zwei Uhr morgens zu sich, um einige letzte Änderungen in seiner Einsetzungsrede zu lesen.

Nur drei Tage später kam die endgültige Verlautbarung, dass ein »ehrenhafter Frieden« – eine Bezeichnung, die Nixon von zwei Männern, die er sehr verehrte, Disraeli und Woodrow Wilson, entliehen hatte – erreicht war. Dies war ein Augenblick, den Nixon mehr herbeigesehnt hatte als seine eigene Wiederwahl. Wir aßen zusammen in Nixons privatem Büro und gönnten uns sogar zwei *Dubonnets on the rocks*, ehe wir uns dem Hüttenkäse und der Ananas zuwandten. Warum auch nicht? Die Rede musste erst am Abend gehalten werden und er hatte jede Zeile in ungezählten Träumen vier Jahre lang immer wieder aufgesagt. »Es war ein schwerer Weg, Chuck, aber wir haben es geschafft«, sagte Nixon, aber ohne die Freude, die ich erwartet hatte. Die Erinnerung an eine Pein nach der anderen bedrückte ihn. Einmal starrte er gedankenverloren in sein Glas, als könnten ihm die Spiegelreflexe einreden, dass es der Mühe wert gewesen sei.

Dann fügte er noch leiser hinzu: »Wie schwer war es doch. Und niemand weiß, wie lange dieser Friedensvertrag halten wird – ein Jahr, zwei Jahre vielleicht, wer weiß. Aber wir haben unser Wort gehalten, wir werden unsere Gefangenen zurückbekommen und die Südvietnamesen – nun, es bleibt ihnen zumindest eine Chance.«

Das waren die innersten, stillen und fatalistischen Gedanken eines Mannes, der sehr wohl erkannte, dass trotz allem Aufruhr, trotz Blut und Schweiß wenig erreicht worden war. Es war kein triumphaler Siegestag; es würden keine Fahnen wehen, keine Siegesparaden würden die heimkehrenden Helden empfangen. Natürlich würden die Kriegsgefangenen herzlich begrüßt werden, aber danach käme das große Aufatmen und 200 Millionen Amerikaner würden sich abwenden, um das vergangene Jahrzehnt der Aufstände und des Krieges so schnell wie möglich aus ihrem Gedächtnis zu streichen.

In Nixons Gesicht zeichneten sich lange Falten ab und die dunklen Schatten unter seinen Augen hatten sich seit den ersten Dezembertagen vertieft. Das tägliche Gewicht der Präsidentschaft hatte auch von diesem bemerkenswert widerstandsfähigen Mann einen hohen Preis gefordert. Ich hatte immer wieder Nixons Spannkraft bewundert, die ihn aus jeder schweren Erfahrung noch härter und stärker hervorgehen ließ. Aber nicht jetzt. Er war müde und konn-

te es nicht verbergen. Es stand in seinem Gesicht geschrieben, in der Melancholie seiner Stimme, in den
neu hinzugekommenen grauen Strähnen seines Haares, das in der Mittagssonne glänzte, die durch die
großen Fenster des alten viktorianischen Gebäudes
hereinfiel. Damals dachte ich, dass er seine größten
Probleme nun hinter sich habe.

Nixon sprach nachdenklich weiter: »Eines Tages
werden die Leute verstehen, warum wir so handeln
mussten. Irgendjemand auf diesem Sessel wird es eines Tages verstehen.« Damit erhob sich Nixon, ging
durch das Zimmer zu dem weichen Sofa, öffnete seine Krawatte und streckte sich aus. »Bitten Sie doch
Manola, die Vorhänge zuzuziehen, Chuck. Ich brauche noch ein wenig Schlaf vor heute Abend. Ein
großer Abend.«

»Ruhen Sie ein wenig, Mr. President. Sie haben
es verdient.«

Die Geschichte wird zweifellos ausweisen, dass
der feste Standpunkt des Präsidenten im Dezember
1972 und der nachfolgende Friedensvertrag lediglich
ein weiteres grausames Kapitel in dem unerbittlichen
Vorhaben Nordvietnams war, Südvietnam einzunehmen. Damals sah es wie ein gewaltiger Durchbruch
in dem zehnjährigen amerikanischen Krieg in Asien
aus, der den ganzen Einsatz des Präsidenten verdiente. Aber das bedeutsamere Ergebnis dieser anstrengenden Zeit lag darin, dass so viel von Richard Nixon

und seiner Präsidentschaft aufgezehrt wurde, dass er tödliche Wunden davontrug. Und die größte Krise sollte noch kommen.

Als letzte offizielle Handlung bat mich der Präsident, im Februar nach Moskau zu reisen, um, wenn dies möglich wäre, die fest verschlossenen Türen für jüdische Auswanderer aus der Sowjetunion ein wenig zu öffnen. Unter dem Druck der Gewerkschaften und einflussreichen amerikanischen Juden drohte der Kongress, die Handelsabmachungen der Gipfelkonferenz nicht zu ratifizieren, bis die Russen nachgaben. Wieder einmal war die Entspannung in Gefahr und diesmal ging es um ein Thema, von dem die Sowjets hartnäckig behaupteten, dass es uns nichts anginge.

Ich wusste, dass mich der Präsident auch deshalb geschickt hatte, weil er für mich und Patty, die mich begleitete, eine Veränderung für gut hielt. Nach meiner Rückkehr würde mein Rücktritt dann in Kraft treten und ich konnte zu meiner Anwaltspraxis zurückkehren. Wir würden verbunden bleiben; er wollte, dass ich seinem »Küchenkabinett« von Beratern und Freunden außerhalb der Regierung vorstand.

Man konnte nicht weichlich veranlagt sein und gleichzeitig dem harten Machbarkeitskult frönen, der am Weißen Haus gang und gäbe war – und doch war ich den Tränen nahe, als ich mich an dem Tag meines Abflugs nach Moskau verabschiedete. Er nahm Rücksicht auf uns beide und klopfte mir auf den Rücken. Die Verabschiedung holte er später brieflich nach (siehe nächste Seite). Richard Nixon ist ein Mann, der viele Seiten hat: manchmal eiskalt, kalkulierend, ein Manipulator der Macht, wie so viele große Führungsgestalten in der Geschichte es gewesen sind. Aber da sind auch andere Seiten: der intensiv mit leidende Mensch, der in den mehr als 60 Jahren seines Lebens seine Mutter wie eine Heilige verehrte und es niemals fertig brachte, eine Sekretärin auf Schreibfehler hinzuweisen. Ich sah einmal, wie er einen Brief noch einmal diktierte, um ein falsches Wort auszumerzen, anstatt seine Sekretärin in Verlegenheit zu bringen.

The White House
Washington
10. März 1973

Lieber Chuck!
Mit größtem Bedauern muss ich nun offiziell Ihren Rücktritt als Sonderberater des Präsidenten annehmen.

Ich will nicht ausführen, wie sehr es mir widerstrebt, Sie gehen zu lassen, denn Sie wissen, wie sehr ich Ihre beachtlichen Leistungen in den vergangenen vier Jahren geschätzt habe und noch schätze. Lassen

Sie es mich einfach sagen: unserer Administration haben viele außergewöhnliche Männer und Frauen gedient, aber wenige erreichen – und niemand übertrifft – die Fähigkeiten und die Hingabe, die Sie zu diesem Amt des Sonderberaters mitgebracht haben.

Unser Miteinander in den vergangenen Jahren war von einer tiefen und bleibenden Freundschaft gekennzeichnet. Noch dankbarer bin ich aber zu wissen, dass wir auch eine große Leidenschaft gemeinsam haben – diese Jahre zu den besten in der Geschichte unserer Nation werden zu lassen. Ich werde mich immer gerne an Ihre loyale Freundschaft erinnern und in gleicher Weise an die hervorragende Arbeit denken, die Sie für unsere Partei, unsere Regierung und die Menschen in diesem Land geleistet haben.

Ich freue mich, dass wir von Zeit zu Zeit Ihre Hilfe in Anspruch nehmen dürfen, und Sie können sicher sein, dass wir von Ihrem großzügigen Angebot Gebrauch machen werden. Wenn Sie jetzt ins Privatleben zurückkehren, begleiten Sie und Pat meine und meiner Frau beste Wünsche für den Erfolg und das Glück, das Sie beide so sehr verdienen.

Ihr
R. N.
Charles W. Colson, Esq.
The White House
Washington D. C.

Meine Frau Patty wartete aufgeregt in einer Limousine des Weißen Hauses. Als ich auf dem Rücksitz ihre Hand hielt, sprudelten die Fragen nur so aus ihr heraus. Wird uns jemand am Flughafen in Moskau abholen? Wie kalt würde es sein? Trug sie auch die richtige Kleidung?

Ich versuchte mich mit ihr zu freuen, aber das mir so bekannte innere Abgestorbensein war auf einmal wieder da. Welche Herausforderungen konnte mir das Leben noch bieten, nachdem ich nun das Weiße Haus verließ? Hatte ich vielleicht Angst, eine langsamere Gangart einzuschlagen, befürchtete ich aus dem 24-Stunden-pro-Tag-Rhythmus und dem Sieben-Tage-in-der-Woche-Karussell auszusteigen? Wagte ich es nicht, einer inneren Leere ins Auge zu sehen? Wusste ich wirklich, was von Bedeutung war?

Obwohl es im Flugzeug warm war, fröstelte ich doch. Vor Monaten noch wäre ich von einer Reise nach Moskau so begeistert gewesen wie Patty. Nun fiel es mir schwer, Steve Lazarus, dem hervorragenden Sowjetexperten, der uns begleitete, zuzuhören.

Kurz vor 23.00 Uhr berührte unsere 707 den Boden auf dem Sheremetjevo-Flugplatz in Moskau. Der Pilot teilte uns mit, dass nur unser Flugzeug in dieser Nacht die Landung im Nebel geschafft hätte. Als das Flugzeug auf das Flughafengebäude zurollte, konnte ich zunächst nur hier und da ein Licht im Nebel erkennen. Dann tauchten plötzlich mitten auf der Landebahn eine Gangway, helle Lichter und ein ganzer Schwarm von Menschen mit Pelzhüten und langen Pelzmänteln auf.

»Was habe ich jetzt zu tun?«, fragte ich Steve.

»In Ordnung! Die Ordensträger sind dabei und das bedeutet, dass sie diesem Treffen Gewicht beimessen. Sehr interessant«, murmelte er und starrte aus dem Fenster.

»Aber was soll ich sagen?«, bohrte ich weiter, denn dies war mein erster Versuch auf dem Gebiet der internationalen Diplomatie.

»Irgendetwas«, antwortete Steve ruhig und ließ seine Augen nicht von der Menge. »Zu dieser Stunde ist das egal. Lächle einfach.«

Ich holte tief Luft und ging hinaus in die kalte, dunkle Nacht. Die Russen – jedenfalls die offiziellen, die zum Flughafen geschickt worden waren – verkörperten nicht die schlanken, stahläugigen Kommunisten, die ich erwartet hatte, sondern warmherzige, freundliche Menschen, die meisten von ihnen untersetzt. Mit ihren großen Pelzmänteln und runden Gesichtern sahen sie aus wie dicke, freundliche Teddybären. Ich konnte sogar ein oder zwei Sätze in russischer Sprache anbringen, die ich noch schnell im Außenministerium gelernt hatte.

Aber auf der Fahrt in die Stadt lehnte sich der amtierende US-Botschafter »Spike« Dubs, ein energischer Mann aus dem Mittleren Westen und Karrierediplomat, zu mir herüber: »Sagen Sie nie irgendetwas irgendwo, auch nicht in diesem Auto, von dem Sie nicht wollen, dass *sie* es hören. Überall stecken ›Wanzen‹, auch in der Residenz des Botschafters, wo Sie wohnen werden. Alles, was Sie sagen, wird aufgenommen, das gilt auch für Sie, Frau Colson«, sagte er und starrte Patty kalt an.

Spaso House, die offizielle Residenz des Botschafters der Vereinigten Staaten, ist ein großes, weißes viktorianisches Gebäude an einer abgelegenen Seitenstraße, umgeben von abschreckenden, schmutzigen Backsteingebäuden und ebenso abschreckenden Sowjetsoldaten in ihren langen, braunen Mänteln, roten Epauletten, schwarzen Stiefeln und Pelzmützen. In dem dunklen Haus waren nur zwei Bedienstete: ein lächelnder, alter Chinese, Yang, der für unsere Botschaft gearbeitet hatte, seit wir in den dreißiger Jahren die Sowjetunion anerkannten, und ein stämmiger russischer Butler.

»Agatha Christie würde sich hier richtig wohl fühlen«, flüsterte ich Patty zu, als Yang uns durch die langen dunklen Korridore führte. Die Dielen knackten bei jedem Schritt. Dann fuhren wir mit einem gebrechlichen alten Fahrstuhl zu der geschmackvoll eingerichteten Gästesuite. Gemeinsam mit Steve waren wir die einzigen Bewohner des Hauses. Dubs wohnte als amtierender Botschafter in einem Appartement, das mit der Botschaft verbunden war. Wir starrten auf die Heizkörper, die Deckenverzierungen und Gemälde und fragten uns, wo wohl die Mikrofone verborgen waren. Nicht im Traum hätte ich es für möglich gehalten, dass ich über drei Jahre lang in einem Gebäude gearbeitet hatte, das in ähnlicher Weise präpariert war.

Früh am nächsten Morgen begann eine hektische Woche. Morgens und nachmittags traf ich mich mit verschiedenen Sowjetbeamten.

Patty unternahm eine große Besichtigungstour durch Moskau und wurde von einer lächelnden, aber muskulösen Blondine, Frau Uljanova, ständig begleitet (später erfuhren wir, dass sie KGB-Offizier war). »Der Oberst«, wie wir sie heimlich nannten, ließ Patty nie aus den Augen, nicht einmal bei den intimsten Notwendigkeiten.

Die einleitenden Gespräche waren nur das Vorspiel für meine vorgesehene Begegnung mit Vasilij Kuznetsow. Dubs, Lazarus, ein Staatssekretär, einige weitere Funktionäre und ich wurden in einen riesigen Konferenzraum im obersten Stock des turmähnlichen Außenministeriums geleitet. Kuznetsow, ein großer, hagerer Mann mit tiefen, durchdringenden Augen, kam einige Augenblicke später, gefolgt von einem Schwarm dunkel gekleideter Berater, herein. Alle trugen sie den gleichen ernsten Gesichtsausdruck. Kuznetsow nahm seinen Platz am Tisch mir gegenüber ein und unsere Delegationen flankierten uns nach protokollarisch genau festgelegter Ordnung.

Nachdem einige Freundlichkeiten ausgetauscht waren, sagte Kuznetsow in fließendem Englisch, dass die Sowjetunion nicht an den innenpolitischen Problemen der Vereinigten Staaten interessiert sei. Die Drohung des Kongresses, das Handelsabkommen nicht durchgehen zu lassen, sei unser Problem, nicht ihres. Die Russen *wussten*, dass Nixon zu seinem Teil des Abkommens stehen würde – oder etwa nicht? Er starrte mich an und wartete auf eine Antwort. *Kein sehr umgänglicher Bursche*, dachte ich. Ich atmete tief durch, um mein Herzklopfen zu verringern.

»Herr Minister, Ihr Vertrauen Präsident Nixon gegenüber ist gut begründet. Aber Sie verstehen das amerikanische Volk nicht. Wir sind alle Einwanderer, eine ganze Nation von Einwanderern. Einer meiner Großväter kam von Schweden, der andere von England – darum ist das Recht eines Menschen, ob Jude oder Heide, weiß oder schwarz, auszuwandern, ein fundamentales Menschenrecht. Das kann nicht hinwegdiskutiert werden, darüber können wir nicht verhandeln. Es ist jedem Menschen von Gott gegeben.«

Für einen Augenblick glaubte ich die Andeutung eines Lächelns in dem ledernen Gesicht dieses Kommunisten alter Schule zu entdecken. Ich erklärte weiter, wie sehr sich unsere Gewerkschaften für dieses

Problem einsetzten. Dies löste eine Tirade Kuznetsows aus, die einem kommunistischen Handbuch entnommen schien. Ich antwortete mit einer klassischen Vorlesung über die menschliche Freiheit. So ging es über eine Stunde hin und her, bis Kuznetsow sich in seinem Stuhl aufsetzte, die Schultern zurückwarf, auf seine Kollegen zu beiden Seiten blickte und bekannt gab: »Mr. Colson, wir werden unseren Teil dazu beitragen. Das können Sie dem Präsidenten sagen.« Damit stand er auf. Wie auf Kommando erhoben sich seine Begleiter. Er schüttelte mir knapp die Hand, drehte sich um und ging, von der ganzen Prozession gefolgt, aus dem Zimmer.

»Hatte sein letzter Satz etwas zu bedeuten? Habe ich ihn richtig verstanden?«, fragte ich Steve.

»Natürlich haben Sie das! Meine Güte, mein Hemd ist ganz durchgeschwitzt, aber das war es wert. Wir haben erreicht, wofür wir herkamen!«

Wenn auch die abschließenden Worte Kuznetsows nur sehr knapp waren, so hatten sie doch für die erfahrenen Diplomaten in unserer Gruppe, die es gewohnt waren, auf feinste Nuancen zu achten, große Bedeutung. (Nach späteren Besuchen des Finanzministers und anderer wurde die Ausreisequote für die Juden erhöht; über 30 000 Juden verließen die Sowjetunion im folgenden Jahr. Aber die Sowjets gaben nie ganz nach und Ende 1974 verabschiedete der Kongress gegen Kissingers energischen Protest eine

Vorlage, die die Handelsbeziehungen der Vereinigten Staaten mit der Sowjetunion einschränkte, bis die Sowjets alle Auswanderungseinschränkungen für Juden beseitigten. Wie vorherzusehen war, verzichteten die Sowjets auf das Handelsabkommen, weil sie ihre inneren Angelegenheiten nicht durch den Kongress der Vereinigten Staaten beeinflusst sehen wollten.)

Mein erster Soloflug in die Gefilde der Außenpolitik verbesserte meine Stimmung beträchtlich – bis Spike Dubs an unserem letzten Tag in Moskau eine Pressekonferenz ansetzte, die auch für Korrespondenten aus dem Westen zugänglich war. Es kamen etwa 30 abgebrühte Leute, die das spartanische Leben in der Sowjetunion auf sich nahmen, um der Welt draußen berichten zu können. Nach einer vorsichtigen und zurückhaltenden Berichterstattung über unsere Gespräche und nach verschiedenen allgemeinen Fragen über das Handelsabkommen und die jüdischen Auswanderer feuerte ein Reporter eine scharf gezielte Frage auf mich ab, auf die ich nicht vorbereitet war: »Mr. Colson, es liegt ein Bericht von Washington vor, dass Sie Howard Hunt nach Denver schickten, um Dita Beard während der ITT-Affäre zu verhören. Ist dies zutreffend?«

Ich fühlte mich wie ein Torwart beim Elfmeter, dem plötzlich schwarz vor Augen wird. Watergate hatte mich um die halbe Welt herum verfolgt. Nicht ein einziges Wort von dem Skandal war in der Sowjetpresse erschienen. Die Sowjetbeamten, die dies wussten, waren perplex, denn die Abhörpraxis gehört zu ihrem täglichen Leben. Einer oder zwei von ihnen baten mich sogar, privat dem Präsidenten ihre Sympathie zu bekunden und ihr Erstaunen darüber, dass eine so kleine Sache derartig aufgebauscht würde. Aber die in Moskau stationierten Presseleute der freien Welt verfolgten jede neue Einzelheit mit größtem Interesse. Ich versuchte, den Frager mit einer scherzhaften Antwort abzuschütteln, aber weitere Fragen über Watergate prasselten auf mich herab. Dubs brach dann in geschickter Weise und zu meiner Erleichterung die Pressekonferenz ab.

Die Hochstimmung, in die mich mein Erfolg in Moskau versetzt hatte, war verflogen. Trotz eines interessanten Besuches in Rumänien und einem Freundschaftsbesuch bei Präsident Ceausescu, der uns bei unseren Beziehungen zu China geholfen hatte, und angenehmer Tage in Wien, kehrte doch die nagende Ruhelosigkeit zurück. Ich konnte die bösen Vorahnungen nicht abschütteln.

Während eines sorglosen Nachmittags in Wien entdeckte Patty die neueste europäische Ausgabe von *Newsweek* in einem kleinen Schaufenster. Ich machte den Fehler, sie zu kaufen, und fand zu meinem Entsetzen eine ganze Seite mit der Überschrift »Gerüchte über Colson«, ein Artikel, der mich für jede nur denkbare Watergate-Untat verantwortlich machte, einschließlich solcher, von denen ich nie gehört hatte.

Als ich an der betriebsamen Straßenecke in Wien stand und alle die giftigen Anschuldigungen las und Patty mich mit besorgten Blicken betrachtete, fühlte ich deutlich, wie sich die Schlinge langsam zuzog. Es gab keine Möglichkeit, dem Dämon zu entgehen. Wir verkürzten unsere Reise um zwei Tage; ich musste nach Washington zurück.

Meine Vorahnungen trogen mich nicht. Es war nicht dasselbe Weiße Haus, das ich vor drei Wochen verlassen hatte. Haldeman wirkte abwesend und zerfahren. Als ich ihm von meinen Sorgen wegen Watergate erzählte und die Notwendigkeit erwähnte, die ganze Sache ins Reine zu bringen, schüttelte er es mit einer leichten Bemerkung ab. Und doch war er offensichtlich besorgt. Noch am Tag meiner Rückkehr traf ich mich mit John Dean in der Hoffnung, auf die Quelle des *Newsweek*-Artikels zu stoßen. Er ließ mich kaum ein paar Worte sagen.

»Chuck, Sie glauben ja gar nicht, was seit Ihrer Abwesenheit hier alles passiert ist. Er hat mich jeden Tag gerufen«, sagte Dean mit einer ehrerbietigen Handbewegung in Richtung Ovales Amtszimmer. »Ich habe wohl den Faden da aufgenommen, wo Sie aufgehört haben.«

Ich sah John etwas genauer an. Er hatte immer

mehr im Hintergrund gearbeitet und war für knifflige, juristische Probleme zuständig gewesen. Sein langes Haar, die gelegentlich schreienden Farben, die er trug, und sein Junggesellenleben empfahlen ihn nicht als Vertrauensmann des Präsidenten. Nun hatte ihn die Zeitschrift *Times* um ein Foto gebeten. Er breitete einige Abzüge auf seinem Schreibtisch aus und bat mich, das vorteilhafteste Bild auszusuchen.

»Machen Sie sich keine Gedanken über den Artikel in *Newsweek*«, sagte er leichthin. »Das ist nur die Spitze des Eisbergs. Jetzt wird von allen Seiten wegen Watergate auf uns eingedroschen ... Gefällt Ihnen dies Bild?« Er war zu erregt über seinen neuen Status und die täglichen Besuche im Ovalen Amtszimmer, um meinen Sorgen viel Aufmerksamkeit zu schenken. Ich kannte das Gefühl nur zu gut.

Nun gab es für mich im Weißen Haus nichts mehr zu tun, als meine persönlichen Unterlagen zu packen, die Berichte von der letzten Reise und Abschiedsbriefe zu schreiben. Dann konnte ich mit Holly Holm, die jetzt meine erste Sekretärin war, in das elegante Anwaltsbüro umziehen, das meine Partner mir bereitgestellt hatten.

Ich freute mich darauf, wieder mit meinem Freund Charlie Morin zusammenzuarbeiten. Ich hatte ihn vermisst. Da waren auch die anderen Partner, einschließlich des geselligen, untersetzten Strafverteidigers Dave Shapiro, der ihre Herzen und ihre Brieftaschen geöffnet hatte. Der Name der Firma mit ihren 25 Mitarbeitern war in COLSON AND SHAPIRO umgeändert worden und als Willkommensgruß hatten sie einen *Lincoln Continental* gekauft und einen Chauffeur für mich eingestellt.

Die Klienten standen Schlange, was auf voreilige Artikel in der Presse zurückzuführen war, wie z. B. das Feature in der *New York Times*, das von mir als »dem ersten Mitglied des innersten Kreises um den Präsidenten, nun auf dem Wege, einer der meistbeschäftigten und bestbezahlten Anwälte in Washington zu werden«, sprach. *Dies alles – das herzliche Willkommen, reichlich Geld – so dachte ich, würde mir gewiss einen neuen Anstoß geben.*

Während meines letzten Zusammentreffens mit dem Präsidenten als Sonderberater lehnte er sich in seinem Sessel zurück und kreuzte die Beine bequem auf dem massiven Mahagonischreibtisch. Wir sprachen über die Reise nach Moskau und andere Dinge. Dann kam ich auf Watergate zu sprechen. »Wer ist verantwortlich für Watergate?«, fragte ich leidenschaftlich. »Lassen Sie uns diese Sache ein für alle Mal abschließen und unsere Verluste hinnehmen.«

Die Worte waren kaum gesprochen, als der Präsident seine Füße auf dem Boden hatte und sich steil in seinem Sessel aufsetzte. »Was glauben Sie, wer es getan hat? Mitchell? – Magruder?« Er sah mich starr an. Sein Gesicht war gerötet, seine Stimme ärgerlich. Ich hatte einen empfindlichen Nerv berührt, war aber in diesem Augenblick davon überzeugt, dass er genau wie ich im Dunkeln tappte.

Aus mir damals unerfindlichen Gründen schien Nixon nahezu gelähmt zu sein beim Gedanken an Watergate, unfähig und nicht bereit, der harten Wirklichkeit ins Auge zu sehen. Das Netz zog sich immer fester um uns zusammen.

Kapitel 7

Der lange
heiße Sommer

■   Einige Wochen nach meiner Rückkehr in meine Anwaltspraxis befand ich mich in New York, um mit den Herstellern eines verheißungsvollen Fernsehsystems zu sprechen, das bald eine ernsthafte Konkurrenz für die Fernsehgesellschaften werden könnte. In meiner Begleitung befand sich Fred Lowther, ein kluger junger Anwalt, der von der Regierung zu uns gekommen war. Es ging um ein beträchtliches Honorar.

Wir trafen uns im Büro einer alteingesessenen New Yorker Investmentbank. Bald saßen der Bankpräsident, der Vorsitzende des Aufsichtsrates, drei Vizepräsidenten und zwei weitere Bankiers um einen langen Konferenztisch und versuchten Lowther und mich mit Fakten, Zahlen, Statistiken und Informationen für eine Multi-Millionen-Dollar-Investition zu füttern. Sie würden in dem Augenblick gegenüber den Fernsehgesellschaften konkurrenzfähig werden, wenn eine Studie der Regierung, die möglichst bald gebilligt und veröffentlicht werden sollte, ihren Industriezweig anerkennen würde.

Lowther machte sich eifrig Notizen. Ich konnte nicht. Zum ersten Mal in meinem Leben konnte ich mich während einer Besprechung nicht konzentrieren. Ich versuchte interessiert auszusehen und mit dem Kopf zu nicken – hoffentlich an den richtigen Stellen.

Bin ich geistig weggetreten?, fragte ich mich. *Irgendetwas muss rein organisch mit mir nicht in Ordnung sein.* Dies konnte nicht nur Müdigkeit sein. Einmal kam es mir vor, als befinde sich eine schalldichte Glasscheibe zwischen mir und den Verhandlungspartnern. Die Lippen bewegten sich, aber ich hörte nichts. Am Ende des Tages war ich völlig erschöpft von meinen Bemühungen, Interesse und Aufmerksamkeit zu zeigen. Der Präsident der Gesellschaft kam zu der eigentlichen Frage: »Wollen Sie uns vertreten, Mr. Colson?«

»Gerne«, antwortete ich und nannte eine sechsstellige Zahl.

»Abgemacht«, grinste er und schüttelte erleichtert meine Hand. Dann beauftragte er einen Vizepräsidenten, uns in seiner Limousine zum LaGuardia-Flughafen zu bringen, von wo uns ein firmeneigener Jet nach Washington zurückfliegen würde.

»Fred, haben Sie alles aufgeschrieben?«, fragte ich meinen jungen Mitarbeiter, als wir uns in die bequemen Sessel der vier Millionen Dollar kostenden *Gulf-Stream II* zurücklehnten.

Lowther versicherte mir, dass er alles mitgeschrieben habe.

»Würden Sie einen vollständigen Bericht schreiben und ihn Montag auf meinen Schreibtisch legen? Ich glaube, ich bin immer noch etwas erschlagen von meiner Reise nach Europa.« Dann wandte ich mich ab und starrte aus dem Fenster, wieder allein mit meinen Zweifeln und Sorgen, die seit fünf Monaten meine unbequemen Begleiter waren. Früher war ein solcher Geschäftsabschluss eine erhebende Sache gewesen, ein Grund, mit Patty auszugehen und zu feiern. *Wo war mein alter Schwung und Eifer geblieben?*, fragte ich mich.

Viele Männer in meinem Bekanntenkreis kannten solche Zeiten in ihrem Leben, besonders in den vierziger Jahren – Angst um die Zukunft, Zweifel am Selbstwert. »Männliche Wechseljahre« nennt man das oft. Da ich einiges zu diesem Thema gelesen hatte, ließ ich eine Liste vor meinem geistigen Auge vorbeiziehen. Ehe – glücklich. Alkohol – kein Problem. Karriere – Ziel erreicht. Gesundheit – gut. Immer noch verwirrt schloss ich, dass die Umstellung von den angespannten Jahren im Weißen Haus zur Rechtsanwaltspraxis einfach Zeit brauchen würde.

Über die Rückkehr eines Klienten von früher freute ich mich besonders: der *Raytheon Company*, einer Elektronikfirma und des größten Arbeitgebers in Neu-England. Mitte März flog ich nach Boston, um einen ganzen Tag mit den leitenden Männern der Firma zu sprechen. Vizepräsident Brainerd Holmes, der früher das bemannte Raumfahrtprogramm der Regierung geleitet hatte, war ein alter Freund. Sein Chef Tom Phillips, der Präsident der Gesellschaft, verdankte seine Karriere einem scharfen Intellekt und hervorragenden Fähigkeiten.

Ich traf Brainerd in der modernen Zentrale der Firma, von der man Route 128, die verkehrsreiche Umgehungsstraße von Boston, überblicken kann. Holmes, der begeistert war von dem neuen Programm der Firma und meiner Rückkehr als Rechtsberater, arrangierte Gespräche mit Ingenieuren und Vizepräsidenten. Später ließ uns Tom Phillips wissen, dass auch er mich vor meiner Abreise noch sehen wolle.

Auf dem Weg zum Büro des Präsidenten hielt mich Brainerd zurück. »Chuck, vielleicht sollte ich dir noch etwas über Tom sagen, ehe du zu ihm gehst. Er ist ziemlich verändert – irgendeine religiöse Erfahrung.« Brainerd suchte nach den richtigen Worten. »Ich verstehe es nicht, aber es ist ihm sehr wichtig. Er ... er könnte ... nun, du weißt schon, vielleicht fängt er davon an«, schloss Brainerd mit einem verlegenen Lächeln.

Dies war eine erstaunliche Nachricht. Tom Phillips war immer ein aggressiver Geschäftsmann gewesen, dem alle Wege recht waren, die ihn zum Ziel führten. Er hatte mir einmal gesagt, dass er zur kongregationalen Kirche gehöre, so wie ich mich der anglikanischen Kirche zurechnete. Nichts Besonderes – einfach eine Mitgliedschaft. Ich dachte, vielleicht sei er damit beschäftigt, Geldmittel für seine Kirche aufzutreiben, wie man das von dem leitenden Mann der größten Firma im Staat erwarten würde.

Als ich das Büro betrat, hatte ich denselben alten Tom vor mir: pechschwarzes Haar, athletische Figur, hemdsärmelig wie immer. Aber das Lächeln war viel herzlicher, geradezu strahlend, und er sah entspannter aus, als ich das von ihm kannte. Früher war er zwar auch immer freundlich gewesen, hatte aber einen gehetzten Blick, wenn die Telefone klingelten, Sekretärinnen rein- und rausrannten und sein Schreibtisch mit Papieren überfüllt war. Nun strahlte er in seinem Büro eine heitere Ruhe aus.

»Erzählen Sie mir von sich, Chuck. Wie ist es Ihnen ergangen?«, fing er an.

Eine ehrliche Antwort hätte lauten müssen: »Danke, es geht mir miserabel«, aber stattdessen sagte ich: »Es geht mir gut, nur ein bisschen müde.« Ich durfte mich nicht gehen lassen. Tom war ein wichtiger Klient.

»Sie sollten sich ausruhen, Chuck. Das ist wichtig nach allem, was Sie durchgemacht haben«, sagte er und ich hatte das eigenartige Gefühl, dass es nicht nur Worte waren, sondern er wirklich an meinem Wohlergehen interessiert war.

Wir erinnerten uns alter Zeiten, kamen aber bald wieder auf mich zu sprechen. »Diese Watergate-Sache, Chuck, ist da alles in Ordnung? Es scheint mir, als wolle man Sie da reinziehen.«

Ich erzählte Tom, dass ich weder direkt noch indirekt mit dem Einbruch zu tun hatte – trotz anders lautender Presseberichte. Ich wollte gerade eine längere Verteidigungsrede halten, als Tom mich unterbrach. »Sie müssen das nicht erklären. Wenn Sie mir sagen, dass Sie nicht verantwortlich waren, dann genügt mir das.«

Wir hatten nun bereits zwanzig Minuten miteinander gesprochen und noch war kein Wort über Religion gefallen. Aber Tom war anders. In seinen Augen war ein neues Mitgefühl, eine neue Empfindsamkeit lag in seiner Stimme. »Äh – Brainerd hat mir gesagt, dass Sie neuerdings in religiöse Aktivitäten verwickelt sind«, sagte ich schließlich.

»Ja, das ist wahr, Chuck. Ich habe Jesus Christus angenommen. Ich habe ihm mein Leben übergeben und das war die großartigste Erfahrung meines ganzen Lebens.«

Mein Gesichtsausdruck muss mein Entsetzen widergespiegelt haben. Ich kämpfte um festen Boden unter den Füßen. »Äh – vielleicht können wir das einmal miteinander bereden, Tom.« Wenn ich mich nicht zurückgehalten hätte, würde ich gesagt haben: *Wovon reden Sie eigentlich? Jesus Christus lebte vor 2000*

Jahren, ein großer moralischer Führer, natürlich, und zweifellos auch göttlich inspiriert. Aber warum sollte ihn heute jemand »annehmen« oder ihm »sein Leben übergeben«, wo er doch längst gestorben ist?

Das Gespräch wandte sich dann wieder angenehmeren Themen zu und schließlich brachte mich Tom zur Tür seines Büros und legte seinen langen Arm um meine Schultern. »Eines Tages würde ich Ihnen gerne die ganze Geschichte erzählen, Chuck. Ich war an einen Punkt gekommen, wo mir mein Leben nichts mehr bedeutete. Nun hat sich alles verändert – meine Einstellung, meine Wertmaßstäbe, einfach alles.«

Phillips hatte mich stutzig gemacht. Wie konnte er sagen, dass das Leben ihm nichts bedeutete? Er war doch Präsident des größten Unternehmens im Staate, hatte ein wunderbares Haus, einen Mercedes, eine großartige Familie und wahrscheinlich eine Viertelmillion Jahresgehalt ...

Aber er hatte eine wunde Stelle getroffen – das leere Leben. Das war mein Problem, aber das konnte ich Tom nicht sagen. Ich fuhr zurück nach Washington und kämpfte mit meiner inneren Leere – und Watergate – und Phillips' erstaunlichen Worten.

Schon Wochen vorher hatte mich John Dean gebeten Howard Hunt aufzusuchen, um seine Einstellung gegenüber dem Weißen Haus zu erkunden. Dave Shapiro hatte das klugerweise unterbunden und selbst Hunt aufgesucht. Am 16. März erfuhr er zum ersten Mal, dass Hunt Schweigegeld forderte. Ich sollte Hunts Forderung an das Weiße Haus weiterleiten. Als Shapiro und ich über Hunts alarmierende Enthüllungen diskutierten, sagte er: »Chuck, Sie halten sich hier raus oder ich breche Ihnen das Genick. Wenn Sie diese Forderung weiterleiten, machen Sie sich einer Strafvereitelung schuldig. Dies ist eine ernste Sache und Ihr trickreicher Freund sitzt tief in der Tinte.«

Als liberaler Demokrat hatte Shapiro nichts für Nixon übrig. Aus dem Munde eines solchen Profis waren Worte wie »Strafvereitelung« verhängnisvoll. In diesem Licht hatte ich Watergate überhaupt noch nicht betrachtet. Das hätte ich natürlich tun sollen, aber in meinem Denken lag das eigentliche Verbrechen in der Dummheit des Einbruchs, wer es auch getan haben mochte. Mittlerweile hatte sich ein Untersuchungsausschuss unter Leitung von Senator Sam Ervin gebildet, der den ganzen Komplex erforschen sollte. Die Post hatte eine ausgedehnte Kampagne eingeleitet, um alle vergrabenen Watergate-Skelette wieder auszugraben, und Bundesbeamte halfen dabei.

»Wenn Sie Ihrem Freund helfen wollen, dann besorgen wir ihm am besten den tüchtigsten Strafverteidiger, den es gibt«, schloss Dave.

Ich gab diesen Vorschlag Mitte März bei einem

Telefongespräch an den Präsidenten weiter. Eine Woche später rief mich Bob Haldeman an. Ob ich ins Weiße Haus kommen könne? Bob wartete auf mich in seinem Büro. »Setzen wir uns hier«, sagte er und ging auf die bequemen Sessel vor dem Kamin zu.

Das war eine veränderte Situation. Haldeman mit seinem strengen Gesicht und dem kurz geschnittenen Haar entspannte sich nie; er war immer schroff, immer geschäftlich. Ich war hunderte Male in seinem Büro gewesen und hatte immer am Konferenztisch neben dem Fenster gesessen.

»Wie geht die Anwaltspraxis?«, fragte er und lächelte freundlich. Dies war nicht der Haldeman, den ich kannte. Er verabscheute überflüssige Worte. Machte sich Bob Sorgen um mich, zweifelte er an meiner Loyalität, hatte er Angst vor meinem neuen Partner Shapiro?

»Chuck«, fuhr er fort, »wir müssen diesen Watergate-Schlamassel ordnen. Es hängt alles wie eine dunkle Wolke über dem Präsidenten. Er vertraut Ihnen und braucht Ihren Rat. Was können wir tun? Was machen wir verkehrt?«

»Bob, ich habe dem Präsidenten in der vergangenen Woche geraten, einen Strafverteidiger einzustellen, jemanden, der alle Fakten zusammensucht, das ganze Puzzle zusammenstellt und dann dem Boss kaltblütig und direkt seinen Rat erteilt. Dann muss man die Schuldigen loswerden. Das ist die einzige Möglichkeit.«

Haldemans Gesichtsausdruck änderte sich nicht. Und doch muss mein Rat ihm damals so vorgekommen sein, als hätte ich ihm vorgeschlagen, seinen eigenen Henker einzustellen.

»Ihr Rechtsanwälte seid alle gleich«, lachte er. »Wir haben es mit einem Imageproblem zu tun. Wir haben schon zu viele Anwälte.«

In dem Augenblick klingelte das Telefon und Haldeman riss den Hörer an sich, verfehlte sein Ohr und schlug mit dem harten Plastik gegen seine Stirn. Das waren die Bewegungen eines Mannes in ungeheurem Stress. *Er ist machtlos*, dachte ich plötzlich, *mitten in seiner Macht machtlos.*

Als ich später durch den Park auf das Wächterhaus am Nordwest-Tor zuging, empfand ich eine eigenartige Erleichterung darüber, dass ich aus dem Weißen Haus *draußen* war. Trotz der Auspuffgase vom Berufsverkehr war die Frühlingsluft wunderbar frisch. Ich lächelte dem Wächter zu und ging durch das schwere Eisentor.

Einige Tage später beendete eine Schlagzeile in der *Washington Post* meine Selbstzufriedenheit: MC-CORD BRINGT MITCHELL UND COLSON MIT WATERGATE-ABHÖRPLÄNEN IN VER-BINDUNG. Entsetzt überflog ich die Geschichte. Etwas von der Zeugenaussage James McCords, einem der Watergate-Einbrecher, vor dem Ervin-Komitee war durchgesickert. Von Hunt habe McCord gehört, so wurde berichtet, dass Colson »von Watergate wisse«. Der Artikel war von den beiden emsigsten Watergate-Jägern der *Post*, Bob Woodward und Carl Bernstein, geschrieben worden.

Patty sah vom Frühstückstisch auf und fragte: »Was ist los, Schatz?«

»Schau dir dies an.« Ich knallte die Zeitung auf den Küchentisch. »Ein Mann, den ich nie gesehen habe, hat mich in diesen Einbruch reingezogen. Ich wusste vor dem Watergate-Einbruch nicht einmal, dass es einen James McCord gab.«

Dieser ohnehin schwierige Tag hatte einen schlechten Anfang genommen. Eine Debatte zwischen mir und einem preisgekrönten Reporter, der erbittert gegen Nixon kämpfte, Clark Mollenhoff, zum Thema »Regierung und Presse« war mittags im nationalen Presseclub angesetzt. Das Fernsehen würde dabei sein. Als ich am Pressehaus ankam, warteten die Fernsehkameras und Reporter bereits.

»Mr. Colson, Sie wurden von James McCord als der Mann genannt, der für den Watergate-Einbruch verantwortlich ist. Was sagen Sie dazu?«

Ich leugnete es, aber meine Worte klangen hohl. Die Frage erschien in den Schlagzeilen. Niemand achtete auf meine klarstellende Antwort.

Mollenhoff, der während der Debatte wild mit

den Armen in der Luft herumfuchtelte und dessen Stimme von der hohen Decke des Ballsaales widerhallte, klagte Nixon und seine Männer praktisch jedes Verbrechens (außer des Landesverrats) an. Ich brüllte zurück. Die hitzige Auseinandersetzung begeisterte die fünfhundert einflussreichsten Nachrichtenleute von Amerika, die die Halle füllten. Aber was ich auch sagte, ich befand mich in der Defensive und wehrte die Angriffe gegen Nixon und mich ab.

Als die Angriffe seitens der Presse in den nächsten Tagen zunahmen, war ich wieder einmal *der* Hauptschuldige von Watergate. Eines Abends kam Dave Shapiro mit einem Vorschlag. »Machen Sie doch einen Lügendetektortest, Chuck. Bei all dem Unrat in der Presse könnte das nur helfen und hält Ihnen vielleicht den Staatsanwalt vom Hals.«

Ich schüttelte meinen Kopf. »Das ist schwarze Magie. Ich lege mein Leben doch nicht in die Hände eines Quacksalbers.« Ich hatte im Blick auf Watergate nichts zu verbergen, aber ich wurde langsam so nervös, dass ich mich bereits wie ein Schuldiger benahm.

Aber am nächsten Wochenende arbeitete ich doch Material über polygraphische Tests durch, das Shapiro mir gegeben hatte. Ich las auch von den eindrucksvollen Qualifikationen Richard Arthers, des New Yorker Spezialisten, den er heranziehen wollte. »Vielleicht ist das die einzige Möglichkeit, da rauszukommen«, argumentierte Dave. Und dann mit einem Lächeln: »Wenn Sie den Test nicht bestehen, wird es ja niemand erfahren. Die Prüfungsergebnisse sind vertraulich.«

Am Montagmorgen stimmte ich zögernd zu. *Time* und *Newsweek* hatten an dem Tag den Anklagen McCords viel Platz eingeräumt. Ich wusste, dass ich die Wahrheit sagte, ich hoffte nur, dass die Maschine das auch begreifen würde. Shapiro machte den ersten Termin fest, den er bekommen konnte, Mittwochnachmittag.

Das New Yorker Panorama war an jenem Morgen von tief hängenden grauen Wolken verdunkelt und ein heftiger Regen fegte vom Nordosten her über die Stadt. Shapiro war bereits einen Abend vorher geflogen. Ich kam mit dem allerletzten Flugzeug nach. Wir wollten uns in Arthers Büro treffen.

Als ich in ein Taxi stieg, fragte mich ein Mann, ob er mitfahren könne. Es war ausgerechnet der ABC-Reporter Bill Gill. Obwohl Bill ein Freund war, wagte ich es nicht, ihn meine Adresse wissen zu lassen, und bat den Taxifahrer, mich an der Fünfundfünfzigsten und Fifth Avenue, vier Straßenkreuzungen vor Arthers Büro, aussteigen zu lassen. Den Rest des Weges legte ich durch knöcheltiefe Pfützen zurück und musste alle Geschicklichkeit aufwenden, den Regenschirmen der Passanten auszuweichen. Einmal sah ich mein Spiegelbild in einem Schaufenster:

hochgeschlagener Kragen und regendurchnässter Hut tief über den Augen. Diese ganze Episode würde noch einen Kriminellen aus mir machen.

Arthers Büro liegt in einem heruntergekommenen Gebäude am Rande des Theaterviertels, umgeben von alten Kinos, Delikatessenläden und leuchtenden Neonlichtern. Seit Jahren hatte ich keinen so gebrechlichen Fahrstuhl mehr benutzt, den der Fahrstuhlführer öffnete, indem er einen Eisenhebel hinter der Gittertür nach unten schob. Wir wurden in unserem Aufzugkasten nach oben bis ins elfte Stockwerk geschüttelt und hielten auf jeder Etage an, um Damen mit kurzem Kraushaar und Einkaufstaschen hinauszulassen.

Im elften Stockwerk ging ich schließlich einen langen, braun-schwarzen Korridor entlang, an vielen Eichentüren mit Aufschriften auf den Milchglasscheiben vorbei: SYDNEY FAYNE, PODIATRIST – WALTER RUBENSTEIN, DENTIST. Es war wie in einem Kriminalfilm aus dem Jahre 1940. Die schwarzen Buchstaben auf Arthers Bürotür besagten: WISSENSCHAFTLICHER AUFKLÄRUNGS-DIENST, GMBH.

Die Tür war verschlossen. Nachdem ich den Türdrücker einige Male nervös hin- und herbewegt hatte, öffnete ein kleiner Mann und stellte sich als »Mr. Arthers Assistent« vor. Ich wurde gebeten, auf einem gradlehnigen Holzstuhl im fensterlosen Warteraum Platz zu nehmen. Wo war ich bloß hineingeraten? Schwermütig erinnerte ich mich daran, dass heute unser zehnter Hochzeitstag war. Ich sollte zu Hause bei Patty sein.

Nach einigen Minuten kamen Dave Shapiro und Richard Arther, ein lächelnder, rundgesichtiger Mann, aus einem Hinterzimmer. Die beiden lachten laut los, als sie die verlassene und durchnässte Gestalt des ehemaligen Sonderberaters des Präsidenten der Vereinigten Staaten erblickten.

Ich nahm Dave auf die Seite. »Ich steige aus. Ich habe die ganze Nacht nicht geschlafen. Mein Magen dreht sich um. Ich konnte heute Morgen nichts essen, und dieser Ort ...«

Shapiros dicke Backen zitterten noch vom Lachen. »Dick ist der beste in seinem Geschäft – und machen Sie sich keine Sorgen, falls es schief geht.« Dann wurde er ernst. »Ich bin immer noch Ihr Anwalt. Ich habe genauso oft schuldige Leute losgeeist, wie ich unschuldige verloren habe.«

Das tat weh. Selbst Shapiro glaubte mir also nicht. Nie zuvor hatte ich die frustrierende Erfahrung gemacht, dass ich wohl in meinem Herzen die Wahrheit kannte, aber nicht in der Lage war, irgendjemanden, selbst meinen eigenen Anwalt nicht, davon zu überzeugen.

Schon die Vorbereitungen für den Test waren genug, um mich auf Hochtouren zu bringen, selbst wenn ich zu dem Zeitpunkt noch entspannt gewesen wäre. Das Opfer wird in einen Stuhl, der einem Zahnarztsessel gleicht, gesetzt, während dünne Drähte, die aus einem großen, grauen Metallkasten kommen, an seinen Fingerspitzen befestigt werden. Als Nächstes wird ein Gummischlauch um den linken Arm gelegt und aufgeblasen. Eine große Metallkette wurde um meine Brust gelegt, die wiederum mit Drähten an den Metallkasten angeschlossen war. Oben auf dem Kasten waren kleine Bleistifte an Metallhaltern befestigt, die auf einer sich bewegenden Papierrolle Wellenlinien aufzeichnen würden.

Arther tat sein Bestes, um mich zu entkrampfen und sprach von der Zuverlässigkeit der Tests, die eine Fehlerquote von nur 0,03 % hätten. Bei einem empfindsamen Menschen, wie ich es zum Beispiel war, musste der Test gelingen. »Erzählen Sie mir jede Lüge, an die Sie sich erinnern können, und alles, was Sie getan haben, dessen Sie sich schämen«, begann Arther.

»Soll das ein Witz sein? Dann sind wir den ganzen Tag hier.«

»Nein, das ist wichtig. Sie müssen mit einer sauberen Weste beginnen und dürfen nichts aus der Vergangenheit zurückhalten.«

Wenn ich nicht befürchtet hätte, mich zu elektrisieren, wäre ich aufgestanden.

»Ich bin diplomierter Psychologe«, informierte

mich Arther, der offenbar über meine Zurückhaltung verwundert war. Die Vorbereitungen dauerten eine Stunde. Ich sagte Indiskretionen auf, die bis in die Zeit vor dem College zurückgingen, und die ganze Zeit beobachtete Arther die Testergebnisse auf der Maschine. Um die Empfindsamkeit des Apparates zu demonstrieren, gab er mir von eins bis fünfzehn nummerierte Plastikkarten und bat mich, mir eine Zahl zu merken, dann aber falsch zu antworten, wenn er diese Zahl nannte. Das tat ich und Arther fand tatsächlich mit Hilfe seiner Maschine die Zahl heraus.

»Nicht schlecht«, gab ich zu. Dieser Versuch beruhigte mich etwas, aber ich konnte meinen erhöhten Herzschlag fühlen, als Arther mit den kritischen Fragen begann.

»Haben Sie den Watergate-Einbruch befohlen?«

»Nein.«

»Wussten Sie schon vorher davon?«

»Nein.«

Sechs Schlüsselfragen. Bei jeder Frage fühlte ich eine Herzbeklemmung und das Blut schoss mir ins Gesicht. Meine Haut war eiskalt. Ich stellte mir vor, wie die kleinen Bleistifte über das Papier flitzten. Nach dem Test wartete ich benommen, bis Arther mich wieder befreit hatte.

»Durchgefallen, nicht wahr?«

Er ließ den langen Papierstreifen langsam durch

seine Hände gleiten und starrte gedankenverloren auf die Wellenlinien.

»Weiß nicht, ich muss das erst studieren und werde Sie dann anrufen.«

Natürlich hatte meine Nervosität den Test verdorben. Shapiro bat mich, zu warten, aber ich wollte den nächsten Zug nach Washington erreichen. »Rufen Sie mich an, wenn Sie Bescheid wissen, Dave.«

Draußen regnete es noch immer heftig. Ich achtete nicht darauf. Ich stand da und versuchte erfolglos, ein Taxi anzuhalten, und stellte mir schon die Schlagzeilen vor, wenn die Herren Woodward und Bernstein von diesem Test erfahren würden. Denn irgendwie würden sie es in Erfahrung bringen. Schließlich hielt ein Taxi an, aber gerade in dem Augenblick hörte ich Shapiros aufgeregte Stimme: »Chuck, Chuck – warten Sie!« Shapiro kämpfte sich in Hemdsärmeln zu mir durch. »Sie haben hervorragend bestanden! Dick musste nur noch einmal die Kontrollfrage überprüfen. Es besteht kein Zweifel, dass Sie die Wahrheit sagen.«

Ich stand da und umarmte Shapiro, diesen zweieinhalb-Zentner-Mann, direkt an der bevölkerten Ecke der Fünfundsiebzigsten und Broadway. Weil es so sehr regnete, konnte er meine Tränen nicht sehen.

Nachdem ich den Lügendetektortest bestanden hatte, war ich für ein paar Wochen voller Zuversicht. Mit meiner Zustimmung lancierte Shapiro die Geschichte in die *New York Times,* und am Sonntag, dem 8. April, war folgende dreispaltige Überschrift auf der ersten Seite zu lesen: COLSON BESTEHT LÜGENTEST ÜBER WATERGATE! Zumindest eine Zeit lang glaubte ich, dass die Wahrheit in kleinen, grauen elektronischen Kästen zu finden sei.

Aber dieses Gefühl der Sicherheit war von kurzer Dauer. Innerhalb weniger Wochen fand die Presse eine Möglichkeit, die Testergebnisse für ihre eigenen Zwecke auszuschlachten. Die *New York Times* bemerkte am 19. April: »Charles Colson, ehemals Sonderberater des Präsidenten, unterzog sich vor zwei Wochen einem Lügendetektortest, um zu beweisen, dass er nichts von der Watergate-Verschwörung gewusst habe – *das erste offene Zeichen für fortgesetzte Schuldgefühle und möglicherweise eine Andeutung einer Anklage innerhalb des kleinen Kreises der Präsidentenberater.«* (Kursivschrift nachträglich).

Am 27. April hieß eine Schlagzeile in der *Post:* MITARBEITER SAGEN, COLSON GENEHMIGTE ABHÖR-MANÖVER. Es war eine verheerende und unwahre Geschichte, die in Hunderten von Zeitungen und in den Fernsehnachrichten wiedergegeben wurde. »Charles W. Colson, ehemaliger Sonderberater Präsident Nixons, wusste vor ihrer Ausführung von den Watergate-Abhörplänen und drängte auf eine Beschleunigung der elektronischen Überwachung, wie der Bundesanwaltschaft von zwei führenden Leuten von Präsident Nixons Wahlkampfkomitee mitgeteilt wurde«, begann der Artikel. Dieser Artikel von Woodward und Bernstein, der sich in den Watergate-Verhandlungen als unqualifiziert erwies, stützte sich auf ein völlig harmloses Telefongespräch, das ich mit Jeb Magruder im Wahlkampfhauptquartier Anfang 1972 führte – ehe nach den Zeugenaussagen die Watergate-Pläne überhaupt gemacht wurden. Und ich hatte selbst von diesem Gespräch erzählt. Es ist nahezu unmöglich, etwas gegen falsche Pressemeldungen zu unternehmen, die im Lande kursieren – es ist so, als wolle man Federn wieder einfangen, die man bei heftigem Wind aus einem Kissen geschüttelt hat. Mein Elend vertiefte sich noch, als ich an die unwahre Geschichte dachte, die ich über Arthur Burns in Umlauf gebracht hatte.

Von nun an belagerten fast jeden Tag Kameraleute unser stilles, abgeschiedenes Haus in McLean. Wir standen, wie ein ABC-Kameramann dreist erklärte, auf ihrer »Abschussliste«. Jeden Morgen wurden wir von Autogeräuschen oder Übertragungswagen aufgeweckt, die unsere Zufahrt herunterkamen. Türen wurden geschlagen, Metallkästen geöffnet und die Reporter wiesen die Techniker mit Bühnenflüsterstimme an, wo sie die Ausrüstung aufbauen sollten. Und dann immer wieder dieselben ermüdenden Fragen – dieselben nervtötenden Antworten.

Wenn wir am Wochenende einmal ausschlafen

wollten, dauerte es den Reportern zu lange und sie klopften an die Tür, bis wir antworteten. Nur Pattys Menschenliebe und Sinn für Humor rettete uns damals. Sie bot den Kameramännern Kaffee an, neckte mich und löste so die Spannung. An einem Morgen war ich drauf und dran im Schlafanzug hinauszustürmen und ihnen zu sagen, wo sie von mir aus mit ihren Kameras hingehen könnten, als Patty anfing zu kichern. »Lächle, das ist eine ›Vorsicht, Kamera‹-Sendung«. Ich stimmte in ihr Gelächter ein, zog mich an und gab das – ich weiß nicht wievielte – Interview.

Dann sprach John Dean mit der Staatsanwaltschaft und das Weiße Haus ging durch eine weitere Erschütterung. Die »Rücktritte« von Haldeman, Ehrlichman und Generalstaatsanwalt Richard Kleindienst und Nixons halbherziger Versuch, die Nation am 30. April aufzuklären, konnten die Angriffe nicht vermindern.

Nach außen hin behielt ich eine hartgesottene Fassade bei, aber es gab Augenblicke, in denen mich meine eigene Schwäche matt setzte. Oft wachte ich mitten in der Nacht auf und fühlte mich elend, mein Herz schlug wie rasend und wilde Phantasien jagten durch meine Gedanken – Gefängnisszenen, kalter Betonfußboden, eiserne Riegel und Männer in grauer Anstaltskleidung, die auf eisernen Korridoren entlangschritten.

Eines Tages wurde ich vor dem Senatsgebäude von einem CBS-Reporter aufgehalten und interviewt, während die Kameras surrten. Am Ende schüttelte der Reporter mit dem Kopf. »Ich weiß nicht, wie viel ihr Leute von diesem allem ertragen könnt. Ich habe meiner Frau gestern Abend gesagt, dass einer von euch noch verrückt wird oder Selbstmord begeht, ehe die Sache vorbei ist. Kopf hoch, Mr. Colson.« Es gab Tage und Nächte, in denen diese Worte mit einem grausamen Echo widerhallten.

Ende April trafen sich Shapiro und ein anderer Partner, Judah Best, zum ersten Mal mit der Staatsanwaltschaft. Der Staatsanwalt des Distrikts von Columbia hat alle Hände voll zu tun mit Diebstahlsfällen, Rauschgiftdelikten, Vergewaltigungen und Morden. Es war für den stellvertretenden Staatsanwalt Earl Silbert und seine beiden Mitarbeiter ein völlig neues Gebiet, jetzt in den Angelegenheiten des Präsidenten herumzustochern. Auch für uns, ihre Zielscheiben, war es eine ganz neue Erfahrung.

Best und Shapiro begleiteten mich eines Abends zu einem Gespräch unter vier Augen. Silbert versuchte über seine jungenhafte Erscheinung hinwegzutäuschen, indem er ein finsteres Gesicht aufsetzte und wie eine Eule durch eine riesige Hornbrille starrte. Das Ausquetschen dauerte vier Stunden. Ich antwortete sorgfältig auf alle seine Fragen. »Sie haben natürlich den Canuck-Brief geschrieben, der

Muskies Wahlkampf ein Ende setzte«, beschuldigte er mich im Laufe des Gespräches.

»Nein, das habe ich nicht, Mr. Silbert. Ich hatte nichts damit zu tun.«

Der Staatsanwalt starrte mich ungläubig an. Seine Brauen waren noch fester zusammengezogen. Nach der Befragung baten Dave und Judd mich, nebenan zu warten, während sie noch mit Silbert sprachen. Der Raum hatte kahle Wände und war mit metallenen Schreibtischen vollgestopft, auf denen sich Zeitungen türmten, Ausschnitte von Watergate-Artikeln, verschiedenste Schreiben, Beschwerden, Haftbefehle und andere Gerichtsdokumente. Wie in hundert anderen Zimmern des großen Gerichtsgebäudes hielten sich auch die Schreiber und Gerichtsbeamte hier auf, die jeden Tag die beschwerliche Maschine in Gang halten, damit die Mühle der Justiz langsam mahlen kann. Als Anwalt hatte ich mich oft in den hohen, mit kalter Eleganz ausgestatteten Gerichtssälen, den gemütlich möblierten Zimmern der Richter, den stattlichen Bibliotheken der Anwälte, die voller Bücherregale standen und an deren Wänden Bilder berühmter Juristen hingen, aufgehalten – da also, wo auf der Basis abstrakter, juristischer Prinzipien durchschlagende Argumente entstehen. Zum ersten Mal befand ich mich nun in den grauen Räumen, wo sich die Armee der Beamten und Schreiber aufhält, die das Gesetz anwenden. Ich war an der Peripherie, wo das Gesetz das Leben berührt. Langsam konnte ich begreifen, wie sich jemand fühlt, der sich in dieser schwerfälligen Maschinerie verfangen hat.

Die Minuten schlichen vorbei. Ich ging unruhig auf und ab und starrte in die neblige, dunkle Nacht, dachte an Patty, die alleine zu Hause saß und sich Sorgen machte, blätterte die Zeitungen durch und starrte dann auf die Schreibtische und sah in Gedanken die menschlichen Tragödien, die jeden Tag wie Rauchschwaden durch dieses Zimmer flüchten.

Schließlich kamen Dave und Judd heraus und lächelten – der Staatsanwalt glaubte mir. Aber das Gefühl, in einer Falle zu sitzen, wurde ich tagelang nicht los, selbst nachdem ich offiziell benachrichtigt worden war, dass die Untersuchungen des Staatsanwalts nicht auf mich abzielten, sondern dass ich als ein Zeuge der Regierung erscheinen würde.

Das war ein wichtiger Abend. Jetzt hatte ich Mr. Arthers grauen Metallkasten und drei Washingtoner Staatsanwälte auf meiner Seite. Aber das dauerte nicht lange. Die Berufung des Professors Archibald Cox von Harvard als Sonderstaatsanwalt veränderte die Situation völlig. Cox, ein langjähriger Freund der Kennedy-Familie, suspendierte sofort alle bisher an dem Fall beteiligten Staatsanwälte.

Bei ihrem ersten Zusammensein unterbreitete Silbert dem Sonderstaatsanwalt ein ausführliches, achtzigseitiges Memorandum über den Stand der

Untersuchung. Unter anderem entlastete es mich. Cox blätterte die Akten durch und hörte aufmerksam dem Bericht der jungen Anwälte zu. Als Silbert geendet hatte – so wurde mir später erzählt –, schaute der grauhaarige Professor gedankenvoll über seine Brille und forschte: »Ist das alles?« Silbert nickte. »Aber wo ist Colson?«, fragte er.

In seiner ersten Pressekonferenz gab Cox bekannt, dass eine sorgfältigere Untersuchung der Rolle Colsons nötig sei. Die Tretmühle hatte mich wieder.

Über das erste Wochenende im Juni hielten Patty und ich uns in New York auf, wo wir an der Hochzeitsfeier von Charlie Morins Sohn teilnahmen, als mich ein Anruf des Präsidenten erreichte. »Nun, mein Junge, wie halten Sie sich?« Es klang wie der alte Nixon: fest, zuversichtlich, eine tiefe, wohltönende Stimme, Vertrauen erweckend. »Ich habe gehört, dass Sie ein paar Fernsehinterviews geben wollen. Sie werden sich prächtig machen – niemand kann das besser! Aber seien Sie vorsichtig. Geraten Sie nicht selbst in die Schusslinie.« Noch während er sprach, wusste ich, dass er mich aufzog. Und doch fühlte ich eine plötzliche Erregung – zurück im Kampf! Der Präsident brauchte mich.

»Howard Smith will eine halbstündige Sendung mit mir machen«, sagte ich. »Ich werde es Dean

schon geben!« Ich saß im Indianersitz auf dem Ho-
telbett. Patty beobachtete besorgt, wie sich ihr Krie-
ger zum Kampf rüstete. Ich war absolut hingerissen
vor Begeisterung, dass Nixon angerufen hatte und
meine Hilfe brauchte.

»Chuck, Sie dienen doch noch immer der Sache
des Präsidenten«, fuhr er fort. »Finden Sie die
Wahrheit. Dean lügt. Ich bin völlig unschuldig. Er
sagt schreckliche Dinge. Und Sie wissen das.«

»Yes, Sir«, erwiderte ich. Wir sprachen vierzig
Minuten miteinander. Er bereitete mich auf den
Kampf vor und ich wiederholte gehorsam meine Zeilen. Es würde wieder ganz wie früher sein, wie in den
herrlichen Tagen, als wir für eine gemeinsame Sache
kämpften und an etwas glaubten. Eine Kapelle hätte
im Hintergrund sehr gut »Hail to the Chief« dazu
spielen können. Das hatte mir in den letzten Monaten gefehlt. Ich brauchte Ziel und Lebensinhalt und
das war Nixon für mich. Auch mein Stolz war he-
rausgefordert. *Ich* würde den Präsidenten verteidigen.
Ich würde die Flut aufhalten und den Sturm wenden.

Wochenlang setzte ich mich mit allen Kräften
ein. Am 5. Juni strahlte die Fernsehgesellschaft ABC
eine besondere, halbstündige Sendung aus. »Ich
weiß, dass der Präsident der Vereinigten Staaten mit
Watergate nichts zu tun hatte«, versicherte ich und
Smith lächelte milde. »Ich weiß, dass der Präsident
der Vereinigten Staaten nichts damit zu tun hatte,

Watergate zu verschleiern.« In meiner Stimme lag der ganze Nachdruck, den die Gewissheit und Überzeugung des Herzens verleihen konnte – schließlich hatte *er* es mir selbst gesagt.

Der Präsident rief mich an, um mir zu sagen, dass Julie die Sendung gesehen und sie als »die beste Sache, die sie je gesehen«, bezeichnet habe. »Machen Sie so weiter«, fügte er hinzu. Nixon gab nie – auch mir gegenüber nicht – zu, dass er eine Fernsehsendung gesehen hatte, aber Manola sagte mir später, dass er selbst für diese Sendung einen Fernseher in das Amtszimmer des Präsidenten gebracht hatte. Nixons Ermutigung gab mir neuen Schwung.

Die Interviews zogen sich durch den Juni hin. Eine ganze Stunde in den CBS-Morgennachrichten – weitere hochtönende, unqualifizierte Verteidigungsreden für Richard Nixon, verbunden mit immer wütenderen Angriffen auf seinen Hauptankläger John Dean. Es gab Kurzinterviews in unserem Vorgarten, auf der Treppe zu unserem Bürogebäude und längere Zeitungsinterviews. Mindestens zweimal, manchmal sogar dreimal in der Woche konnte ich im ganzen Land in einem Fernsehprogramm empfangen werden. In der ganzen Zeit bemühte sich Shapiro vergeblich, für mich eine Anhörung vor dem Ervin-Komitee durchzusetzen.

Als ich meine Verteidigung Nixons und die Angriffe auf Dean fortsetzte, kam es zu einem ausführlichen, einstündigen Interview mit Carl Stern, dem NBC-Hauptberichterstatter für Watergate, in der »Today«-Sendung. In der Sendung »Face the Nation« sagte ich prophetischer, als ich ahnen konnte: »Was mit Charles Colson, Bob Haldeman, John Ehrlichman oder John Mitchell oder einem der anderen Männer, die dem Präsidenten dienten, geschieht, ist wirklich von zweitrangiger Bedeutung. Das amerikanische Volk steht vor der grundsätzlichen Frage, ob der Präsident etwas damit zu tun hatte oder nicht. Ich halte es für unabdingbar, dass das amerikanische Volk sofort die Wahrheit über den Präsidenten der Vereinigten Staaten erfährt.« Ich war *der* Verteidiger Nixons.

In der Zwischenzeit wurden die Angriffe John Deans immer heftiger. 80 Millionen Amerikaner konnten fünf Tage lang Zeugenaussagen über alle drei Fernsehanstalten live miterleben. Deans Paukenschlag war präzise, fast mechanisch. Seine emotionslose, monotone Stimme spulte Daten entscheidender Gespräche herunter – 13. März, 21. März – und klagte Nixon an, an der Verschleierung Watergates von Anfang an beteiligt zu sein und befohlen zu haben, dass die Wahrheit nicht bekannt würde. Das waren konkrete Anklagen, die konkrete Antworten erforderten.

Aber Nixon verharrte in stiller Zurückgezogenheit und kurierte eine Grippe aus, die erste Krankheit seiner Präsidentschaft, und hing Rücktrittsgedanken nach, die er mit mir in einem Telefongespräch an einem späten Abend im Juli diskutierte. Es schien, als könne er sich weder verteidigen noch zurücktreten. Aufzugeben war nach Nixons Maßstäben die unehrenhafteste Tat überhaupt. Dann war da noch eine andere Sache, von der nur wenige wussten: ein Staatsanwalt von Baltimore, Mr. Nixon, meine Partner und ich. Auf Ersuchen des Präsidenten vertraten wir den Vizepräsidenten in einer »kleinen« Gerichtssache. Auf Spiro Agnew kam die Gefahr einer Anklage zu und er war möglicherweise gar nicht mehr in der Lage, Nachfolger des Präsidenten zu werden. Meine Gedanken versuchten die enorme Dimension der Krise zu erfassen – Präsident und Vizepräsident waren praktisch lahm gelegt. Aber die Gedanken waren so schrecklich, dass ich sie schnell verdrängte.

Obwohl ich von der Unschuld Nixons überzeugt war, musste ich doch zugeben, dass ich nicht bei allen Gesprächen dabei gewesen war, die Deans Zeugenaussagen betrafen. Die Zweifel verschwanden aber bald wieder. Selbst *falls* Dean die Wahrheit sagte und Nixon log (obwohl das unvorstellbar war), machte das wirklich so viel aus? Eigentlich nicht. Nixon war der Präsident und es war immer meine Pflicht gewesen, ihn zu verteidigen. Darum ging es ja für einen Mitarbeiter des Weißen Hauses. Loyalität war ein absolutes Muss. Präsidenten konnten ohne loyale Mitarbeiter nicht überleben – und das war ich jederzeit und blindlings gewesen. Das war das A und O des Evangeliums – nur eine einfache und unangefochtene Botschaft. Dean hatte das Gebot übertreten; ich aber stand noch unter dem Gesetz.

Mir kam nie der Gedanke, dass ich Smith, Stern und Millionen von Amerikanern irreführen könnte (was die Ereignisse des kommenden Jahres dann aber belegen sollten). Die moralische Belastung, die ich dadurch auf mich lud, sollte mir bald tiefere Schuldgefühle und Beschämung einflößen, als alle Anklagen im Zusammenhang mit meiner Beratertätigkeit für den Präsidenten zusammengenommen.

Da ich der Hauptverteidiger des Präsidenten war, richteten sich auch die Pfeile der Opposition gegen mich. Echte und erfundene Anklagen sorgten täglich für Schlagzeilen. *Washington Post* vom 9. Juni: COLSON AUF EINBRUCH UND BRANDSTIFTUNG GEDRÄNGT – *Post* vom 12. Juni: COLSON BEDRÄNGT ZEUGEN – *Washington Star* vom 13. und 14. Juni: COLSONS PARTNER BEDAUERT MEMORANDUM – *Post* vom 15. Juni: COLSON BESTÄTIGT: HUNTS REISE BEFOHLEN – *Times* vom 15. Juni: COLSON SETZTE HUNT AUF I. T. T. AN – *Post* vom 21. Juni: HUNT SAGT, COLSON BEFAHL EINBRUCH BEI BREMER – *Times* vom 30. Juni: COLSON BE-

STÄTIGT UNTERSTÜTZUNG DER KENNE-
DY-UNTERSUCHUNG UND LEUGNET,
VON HUNTS CIA-VERBINDUNG GEWUSST
ZU HABEN.

Im Juli erreichten die durch das Fernsehen über-
tragenen Anhörungen des Ervin-Komitees ihren
Höhepunkt. Am Montag, dem 16. Juli, lief plötzlich
in Washington das Gerücht um, dass an diesem Tag
in den Anhörungen eine Bombe platzen würde. Dave
Shapiro und ich kauerten vor dem Fernseher, als Alex
Butterfield, Haldemans Stellvertreter, mit dem Auf-
sehen erregenden Geständnis herausrückte: alle Gespräche des Präsidenten – persönliche Unterredungen und Telefongespräche – waren seit 1971 heimlich auf Band mitgeschnitten worden. Die Existenz
dieses Aufnahmesystems war lediglich Nixon, Haldeman und einigen Mitarbeitern Bobs bekannt gewesen.

Shapiro sah mich finster an.

»Ich wusste es nicht«, murmelte ich und alle Farbe war aus meinem Gesicht gewichen. Zunächst
sprach Unglaube aus Daves Augen, dann Mitleid.
»Einen schönen Freund haben Sie da«, sagte er verächtlich. Entsetzen verwandelte sich bald in
Schmerz. Ich konnte kaum fassen, dass der Präsident
die Existenz eines geheimen Aufzeichnungssystems
vor mir verschwiegen haben sollte. Dann erinnerte
ich mich an Ereignisse, die meinen Verdacht hätten

wecken müssen: als er in Camp David mit mir aus seinem Büro auf den Korridor gegangen war, um mir eine heikle Information über einen anderen Mitarbeiter zuzuflüstern; und einmal hatte ich während eines Telefongespräches mit dem Präsidenten ein Knackgeräusch gehört – wahrscheinlich wurde eine Spule ausgewechselt. Ich war so naiv gewesen und hatte blind vertraut.

Der Schmerz mündete dann in plötzliche Erleichterung. Die Bänder würden beweisen, dass ich nichts mit Watergate zu tun hatte! Die Bänder würden zeigen, dass ich Recht hatte und dass Dean log! Meine Hochstimmung war von kurzer Dauer. Als ich am nächsten Tag im Weißen Haus war, deuteten die besorgten Gesichter darauf hin, dass noch größere Schwierigkeiten auf uns warteten. Die Bänder würden zum Thema einer neuen Auseinandersetzung werden. Und jeden Tag verlor der Präsident mehr an Glaubwürdigkeit.

Jetzt strömte das grässliche Gift von Watergate in den Kreislauf der Hauptstadt. Angst griff um sich, die Ahnung eines kommenden Unheils erfasste die Menschen, es war eine Atmosphäre der gegenseitigen Beschuldigungen wie in den Tagen McCarthys. Sonst lächelnde Sekretärinnen waren gehetzt und reizbar. Die Mitarbeiter im Weißen Haus waren besorgt und voller Angst. Selbst unter Freunden, die gewöhnlich ihre unterschiedlichen Standpunkte in aller Ruhe ausdiskutieren konnten, kam es zu Temperamentsausbrüchen. Die Presseberichte waren verletzend, die Angriffe persönlich und bitter und in die politische Auseinandersetzung hatte sich ein bitterer Ton eingeschlichen. Als die Debatte immer mehr ausuferte, kam bei einigen fehlgeleiteten Leuten sogar der Gedanke an Gewalttätigkeiten auf. Der FBI musste drei Bombendrohungen gegen mein Haus und mein Auto untersuchen, die nach Fernsehauftritten laut wurden.

Die Regierungsgeschäfte erlahmten; die Politiker waren ohne Führung; Gesetzesvorlagen gingen zum Weißen Haus, aber es wurden keine Entscheidungen getroffen. Nur wenige Menschen in Washington waren nicht von dem Drama, das sich im Sitzungssaal des Senats abspielte, in den Bann gezogen; in vielen Regierungsbüros lief der Fernseher den ganzen Tag über.

An einem Spätnachmittag rief mich Holly zum Fernsehapparat im Empfangsraum unserer Anwaltspraxis. Wie immer war auch an diesem Tag der Sitzungssaal des Senats zu sehen. Die Kameras waren auf Senator Lowell Weicker von Connecticut, Vertreter der Republikanischen Partei im Ervin-Komitee, gerichtet. »Es werden Versuche unternommen, dieses Komitee unter Druck zu setzen«, klagte er wütend an und las dann Wort für Wort Abschnitte aus dem Gesetz vor, um dann den Fernsehzuschauern zu sagen, *dass ich diese Gesetze gebrochen hätte*, indem ich Geschichten über ihn in der Presse lancierte. Das Gesicht des Senators war rot vor Ärger und die Studenten, die den Sitzungssaal füllten, um dabei zu sein, wenn Nixons Männern das Fell über die Ohren gezogen würde, brachen am Ende der zehnminütigen Tirade in einen donnernden Applaus aus.

»Wovon redet der überhaupt?« Shapiros Gesicht war aschgrau.

»Ich weiß nicht«, stotterte ich. »Weicker ist ein Bierkumpel und Nachbar von John Dean. Ich habe Weicker nie getroffen, aber meines Wissens ist er ein ganz vernünftiger Kerl.« Ich erinnerte mich an ein Interview, das ich mit einem Reporter des *Star* vor einer Woche gehabt hatte. Weickers Name wurde zwar genannt, aber es war nichts Nachteiliges gesagt worden.

»Los, Dave, da können wir nur eines tun. Wir wollen ihn anrufen und das Missverständnis erklären. Ich bin sicher, dass er dies dann zurücknimmt.«

Aber der Senator nahm den Anruf nicht entgegen, sondern bestand durch seine Sekretärin darauf, dass ich am nächsten Morgen um 8.00 Uhr in seinem Büro erschien. In dem Augenblick, als Dave und ich das Büro des Senators betraten, wusste ich, dass Schwierigkeiten auf uns zukamen. Es befanden sich fünf Männer im Büro, die auf beiden Seiten des Schreibtisches Platz genommen hatten. Weicker ist etwa 2 Meter groß und wiegt fast zweieinhalb Zentner. Er sah jetzt noch wütender aus als im Fernsehen, lehnte sich auf seinen Ellbogen über den Schreibtisch und presste die Fäuste in seine Backen.

»Setzen Sie sich, Mr. Colson«, sagte er und erhob sich gerade so weit, dass er meine ausgestreckte Hand schütteln konnte.

Ich begann mit einer für meine Verhältnisse und für die frühe Morgenstunde recht fröhlichen Stimme: »Herr Senator, ich bin dankbar, dass Sie mich empfangen haben. Ich glaube, es ist ein Missverständnis aufgekommen. Ich bin nicht der Bursche, der versucht hat, Geschichten über Sie in die Presse zu bringen.« Die Morgenzeitungen hatten bereits berichtet, dass ein anderer ehemaliger Mitarbeiter Nixons diese Dinge aufgebracht und ich nichts damit zu tun hatte.

Der Senator fegte diese Sache vom Tisch und nahm mich nun wegen anderer Aktivitäten des Weißen Hauses vor. Es kam zu einem Wortwechsel, der immer mehr anschwoll. Schließlich beugte er sich über seinen Schreibtisch und schrie: »Ihr Burschen im Weißen Haus macht mich krank. Ich kenne Sie zwar nicht, aber ich weiß, welche Einstellung Sie repräsentieren, Mr. Colson, und wir leben in zwei völlig verschiedenen Welten. Ich kümmere mich um das politische Tagesgeschäft, Sie kümmern sich um ... Sie machen mich so wütend, dass ich am liebsten Ihre ... Nase brechen würde.«

Mit diesen Worten kam er um den Schreibtisch herum und baute sich ganz dicht vor mir auf, wie ein Fußballspieler, der eine Schlägerei mit dem Schiedsrichter provozieren will. »Sie machen mich krank«, brüllte er. »Scheren Sie Ihren ... aus meinem Büro!« Hastig folgte ich Dave nach draußen.

Shapiro und ich gingen zur Cafeteria des Senatsgebäudes. Dave verschüttete seine erste Tasse Kaffee und griff mit seinen Fingern aus Versehen in die zweite. Der Anblick, den Shapiro bot, heiterte mich einen Augenblick lang auf. Aber bereits wenige Stunden später hatte jemand aus Weickers Büro eine wörtliche Niederschrift unseres Gesprächs verteilt und damit für dieses Wochenende eine neue Welle vernichtender Schlagzeilen und Artikel ausgelöst.

In der ganzen schmutzigen Watergate-Auseinandersetzung war die Episode mit Weicker für mich die unangenehmste. Zuerst wurde ich vor Millionen von Fernsehzuschauern mit falschen Anklagen überschüttet und dann kam es fast zu einer Schlägerei mit einem Senator der Vereinigten Staaten. Ich war harten Einsatz gewöhnt und auch nicht zimperlich, aber Watergate schaffte eine Atmosphäre in Washington, wie ich sie in 20 Jahren nicht kennen gelernt hatte. Die politische Anständigkeit war auf die Ebene eines Bajonettkampfes hinabgesunken. Ich sagte die noch ausstehenden Fernsehauftritte ab. Das Gefühl der inneren Leere war wieder da, die Fragen über mich selbst, mein Ziel und den Sinn des Lebens. Die Zweifel, die mich im Februar überflutet hatten, hingen über mir wie ein Grabtuch.

Die Begegnung, die ich im März mit Phillips gehabt hatte, war in meiner Erinnerung haften geblieben, seine Wärme, seine Freundlichkeit, die Ausgeglichenheit in seinem Gesicht und die erstaunlichen Worte: »Ich habe Jesus Christus angenommen und ihm mein Leben übergeben.« Ich hatte sie nicht verstanden, aber in ihnen hatte ein Ton einfacher, direkter Aufrichtigkeit mitgeklungen. Tom schien das zu besitzen, was Watergate und Washington nicht aufzuweisen hatten: Anständigkeit, Offenheit, Wahrheit. In dieser stürmischen Zeit dachte ich oft an Toms Worte; noch öfter erinnerte ich mich an seinen Gesichtsausdruck, ein inneres Leuchten, friedevoll und sehr real. Was es auch war – ich beneidete ihn darum.

Als meine Bemühungen, vom Ervin-Komitee vorgeladen zu werden, wieder erfolglos waren und das Komitee sich am 7. August zurückzog, trafen Patty und ich die Entscheidung, eine Woche an der Küste von Maine, die wir so sehr liebten, zu verbringen. Auf dem Wege konnten wir dabei meine Eltern in Dover, in der Nähe von Boston, besuchen. Meine Eltern waren beide über siebzig und von den Vorgängen in Washington verwirrt. Unser Besuch konnte vielleicht ihre Sorgen verringern.

Damals war ich mir nicht sicher, warum ich Tom Phillips anrief, um ein Wiedersehen in Boston zu arrangieren, aber er freute sich über den Anruf. Wir kamen überein, uns am Sonntagabend, dem 12. August, bei ihm zu Hause zu treffen. Ich war erstaunt darüber, wie sehr ich mich freute, ihn wieder zu sehen.

Kapitel 8

Ein unvergesslicher Abend

■ Es war an einem grauverhangenen Abend um 20.00 Uhr, als ich von der Landstraße abbog, die die beiden vornehmsten Bostoner Vororte miteinander verband: Wellesley und Weston. Die hoch gewachsenen, sanften Föhren ließen die Dunkelheit sehr plötzlich über die stille und enge Schotterstraße hereinfallen. Als ich nach wenigen hundert Metern erneut abbog, befand ich mich bereits auf der Zufahrt, die zu dem großen, weißen Gebäude der Phillips führte. Während ich den Wagen parkte, empfand ich doch Gewissensbisse, weil ich Patty, als ich sie mit meiner Mutter und meinem Vater in Dover allein ließ, nicht die Wahrheit gesagt hatte.

»Rein geschäftlich, Schatz«, war meine Erklärung gewesen. Patty war daran gewöhnt, dass ich zu ungewöhnlichen Zeiten arbeitete – sogar an diesem Sonntagabend, am Anfang einer Urlaubswoche.

Das Haus der Phillips ist ein großes und weitläufiges Gebäude. Ich machte den Fehler, gleich durch die dem Parkplatz am nächsten gelegene Tür zu gehen, die sich als Eingang zur Küche herausstellte.

Das machte aber Gert Phillips, einer hoch gewachsenen, lächelnden Frau, nichts aus, die mich wie einen lang vermissten Verwandten begrüßte, obwohl wir uns noch nie zuvor begegnet waren. »Kommen Sie herein. Ich räume nur noch schnell das Geschirr fort.«

Gert führte mich in die große, moderne Küche. »Ich rufe Tom«, sagte sie. »Er spielt Tennis mit den Kindern.«

Nach einer Minute war Tom bereits da. Er wurde von seinem Sohn, dem sechzehnjährigen Tommy, und Debby, der neunzehnjährigen Tochter, zwei sonnengebräunten, gut aussehenden Teenagern, begleitet. Gert servierte uns Eistee, während sich Tom mit einem Handtuch abrieb. Falls sich Gert der Bedeutung ihres Mannes als Präsident des größten Unternehmens im Staate bewusst war, so zeigte sie dies jedenfalls nicht. Sie erinnerte mich vielmehr an meine Lieblingstante, die wir so gerne auf dem Lande besuchten, als ich noch ein Junge war. Sie trug immer eine Schürze, roch nach frisch gebackenem Brot und Kuchen und besaß das besondere Talent, jedem das Gefühl zu geben, in ihrer Küche zu Hause zu sein.

»Ihr Männer habt noch etwas zu besprechen und ich habe einiges zu erledigen«, sagte Gert, als sie uns die großen Gläser mit Eistee reichte. Tom hatte das Handtuch lässig um den Hals gelegt und führte mich durch ein bequem eingerichtetes Esszimmer und die

Wohnräume zu einer Veranda auf der anderen Seite des Hauses. Es war ein ungewöhnlich warmer Abend für Neu-England; die feuchte Hitze legte sich wie eine Decke auf uns. Tom bestand darauf, dass ich zunächst mein dunkelgraues Jackett und dann auch die Krawatte abnahm. Er zog einen Sessel zu dem bequemen Sofa, auf dem ich Platz genommen hatte. »Sagen Sie mir, Chuck«, begann er, »geht es Ihnen gut?« Es war die gleiche Frage, die er bereits im März gestellt hatte.

Als Vertrauter des Präsidenten und so genannter führender Anwalt in Washington war ich noch immer sehr vorsichtig. »Es geht gar nicht so schlecht. Diese ganze Watergate-Geschichte, all die Anklagen – das macht mir natürlich schon zu schaffen. Aber ich würde viel lieber über Sie reden, Tom. Sie haben sich verändert, und ich möchte gerne wissen, was geschehen ist.«

Tom trank von seinem Glas und lehnte sich nachdenklich zurück. Kurz sprach er von seiner Vergangenheit, der steilen Karriere bei Raytheon: Vizepräsident mit 37 Jahren und bereits mit 40 Präsident. Er hatte es durch harte Arbeit geschafft, Tag und Nacht, nonstop.

»Der Erfolg war zwar da, aber doch fehlte etwas«, sagte er leise. »Ich fühlte eine schreckliche Leere. Manchmal stand ich mitten in der Nacht auf und ging in meinem Schlafzimmer auf und ab oder starrte stundenlang in die Dunkelheit hinaus.« – »Das verstehe ich nicht«, unterbrach ich. »Ich kannte Sie ja damals, Tom. Sie waren ein anständiger Kerl, hatten ein gutes Familienleben, Erfolg – was wollten Sie noch mehr?«

»Das mag schon stimmen, Chuck, aber mein Leben war nicht vollständig. Ich ging jeden Tag ins Büro und tat meine Arbeit, setzte mich für den Erfolg unseres Unternehmens ein, doch gab es ein großes Vakuum in meinem Leben. Ich fing an, die Bibel zu studieren, um Antworten zu finden. Irgendwie hatte ich begriffen, dass ich eine persönliche Verbindung mit Gott brauchte. Und diese wollte ich finden.«

Ein Schauder lief über meinen Rücken. Vielleicht war das, was ich in den vergangenen Monaten durchgemacht hatte, letzten Endes gar nicht so ungewöhnlich – nur hatte ich nicht nach einer geistlichen Lösung meiner Probleme gesucht. Es war mir nicht einmal bewusst gewesen, dass eine persönliche Verbindung mit Gott überhaupt möglich war. Ich nötigte Tom, den scheinbaren Widerspruch zwischen der inneren Leere und dem äußeren Leben im Überfluss zu erklären.

»Das ist vielleicht schwer zu verstehen«, lachte Tom. »Aber mir kam es so vor, als habe ich nichts wirklich Wertvolles. Alles war so oberflächlich. Alle materiellen Dinge im Leben sind so bedeutungslos, wenn man nicht entdeckt, was dahinter steht.«

Wir schwiegen eine Weile und ich bemühte mich, das Gehörte zu verstehen. Die ersten Glühwürmchen erschienen in der malvefarbenen Dämmerung. Tom stand auf und schaltete zwei kleine Tischlampen auf der Veranda ein.

»Eines Abends – ich war gerade auf einer Geschäftsreise in New York – las ich, dass Billy Graham im Madison Square Garden eine Evangelisation hielt«, fuhr Tom fort. »Aus reiner Neugierde ging ich hin – vielleicht hoffte ich auch, Antwort zu finden. Was Graham an jenem Abend sagte, rückte die Dinge für mich ins rechte Lot. Ich sah, was mir fehlte, nämlich eine persönliche Verbindung mit Jesus Christus. Ich hatte ihn nie gebeten, in mein Leben zu kommen, hatte ihm nie mein Leben übereignet. Das tat ich dann – an diesem Abend, dort in der Evangelisation.« Toms große, hagere Gestalt beugte sich zu mir herüber und er hob sich scharf gegen das gelbe Licht im Hintergrund ab. Obwohl sein Gesicht im Schatten lag, konnte ich doch das Leuchten in seinen Augen sehen und die Wärme in seiner Stimme hören. »Ich bat Christus, in mein Leben zu kommen, und ich konnte seine Gegenwart, seinen Frieden spüren. Ich empfand, dass der Heilige Geist dort bei mir war. Ich ging dann allein in den Straßen New Yorks spazieren. Ich habe New York noch nie gemocht, aber jene Nacht war voller Schönheit. Ich bin weit gelaufen. Alles schien so ganz anders zu sein. Ein leichter Regen fiel, und die Lichter der Stadt schufen ein goldenes Glühen. Irgendetwas war mit mir geschehen, das wusste ich ganz genau.«

»Und was meinen Sie, wenn Sie sagen, Sie haben Christus angenommen? Sie bitten ihn einfach?« Nun war ich noch verwirrter.

»Das ist alles, so einfach ist das«, erwiderte Tom. »Natürlich müssen Sie Jesus wirklich in Ihrem Leben haben wollen. So fängt es jedenfalls an. Und ich kann Ihnen sagen, dass sich die Dinge dann anfangen zu verändern. Seit der Zeit damals habe ich eine Erfüllung und eine Freude am Leben gefunden, die ich bis dahin nicht für möglich gehalten hatte.«

Für mich war Jesus immer eine historische Gestalt gewesen, aber Tom machte deutlich, dass man ihn nie in sein persönliches Leben hineinnehmen kann, wenn man nicht glaubt, dass er heute lebt und dass sein Geist ein Teil des gegenwärtigen Lebens ist. Toms Geschichte bewegte mich sehr, obwohl ich mir nicht vorstellen konnte, wie eine solche, ans Wunderbare grenzende Veränderung auf so einfache Weise geschehen konnte. Aber die freudige Erregung in Toms Stimme war überzeugend und Tom war ganz offensichtlich ein anderer Mensch. Er war lebendiger geworden.

Dann kam Tom wieder auf meine Schwierigkeiten zu sprechen. Ich erzählte, was ich im Blick auf

Watergate durchzumachen hatte, von dem Druck, dem ich ausgesetzt war, und wie unfair ich meine Behandlung durch die Presse empfand. Ich war völlig in die Defensive gegangen, und als mir die Erklärungen ausgingen, ergriff Tom freundlich, aber mit Bestimmtheit das Wort. »Sie wissen, dass ich bei dieser letzten Wahl Nixon unterstützt habe. Aber ihr habt einen schwerwiegenden Fehler gemacht. Ihr hättet die Wahl ohne alle Tricks gewinnen können. Watergate und die anderen dunklen Manöver waren absolut unnötig. Außerdem war es unrecht, schlicht und einfach unrecht. Ihr durftet das nicht tun.«

Tom lehnte sich nach vorne, mit den Ellbogen auf seinen Knien, seine Hände waren nach vorne ausgestreckt, als ob er nach mir greifen wollte. In seinem Blick lag eine große Dringlichkeit. »Verstehen Sie das nicht?«, fragte er mit so tiefem Mitgefühl, dass ich nicht beleidigt sein konnte.

»Wenn ihr nur an die Gerechtigkeit eurer Sache geglaubt hättet, wäre das alles nicht nötig gewesen. Dann hätte sich das alles nicht ereignet. Das Problem mit euch allen – und das betrifft auch Sie, Chuck, – liegt darin, dass ihr dem Gegner an die Gurgel gehen musstet. Ihr musstet einfach versuchen, euren Gegner zu vernichten. Ihr musstet ihn vernichten, weil ihr euch selbst nicht vertrauen konntet.«

Die Hitze schien immer unerträglicher zu werden und ich wischte ein paar Schweißtropfen fort. Der

Eistee brachte zwar etwas Erleichterung, aber als Tom weiter Salz in die offenen Wunden rieb, hätte ich lieber einen Scotch mit Soda gehabt. Mir selbst gegenüber musste ich eingestehen, dass Tom ins Schwarze getroffen hatte: *unsere* Welt gegen *ihre* – so sahen wir es von unserer isolierten Insel im Weißen Haus. Das Weiße Haus mit Nixon gegen die Welt. Weil wir unserer Sache nicht sicher waren, griffen wir zur Overkill-Technik, um ganz sicherzugehen. Und doch ...

»Tom, da ist etwas, was Sie nicht verstehen. In der Politik heißt es: fressen oder gefressen werden; anders kann man nicht überleben. Ich bin zwanzig Jahre lang im politischen Geschäft gewesen, einschließlich einiger Wahlkämpfe hier in Massachusetts. Ich weiß, wie das gemacht wird. Politik ist wie Krieg. Wenn man den Gegner nicht in die Defensive drängt, wird man selbst in diese Position getrieben. Nixon ist sein ganzes Leben lang angegriffen worden. Darum musste er auch kämpfen, um es zu schaffen. Sehen Sie sich die Kritik an, die er wegen Vietnam einstecken musste. Und doch hatte er Recht. Wir wären nie zum Ziel gekommen, wenn wir nicht auf diese Weise gekämpft und unseren Kritikern keine Chance gegeben hätten, uns zu fassen. Wir hatten keine Wahl.«

Noch während ich redete, klangen meine Worte immer hohler. Oft heruntergeleierte, alte Phrasen.

Ich beschrieb zwar mit zutreffenden Worten die politische Welt, fragte mich aber gleichzeitig, ob es nicht noch eine andere Welt geben könnte.

Tom war offenbar dieser Überzeugung. Er war so mitfühlend, dass ich mich nicht gegen seine Worte auflehnen konnte: »Chuck, ich sage dies ungern, aber ihr Burschen seid an allem selbst schuld. Hättet ihr Gott vertraut und an eure gerechte Sache geglaubt, dann hätte er euch geführt. Und seine Hilfe hätte tausendmal mehr bewirkt als alle eure Tricks und Manöver zusammengenommen.«

Wenn mir jemand anderes gesagt hätte, ich solle auch im politischen Tagesgeschäft Gott vertrauen, hätte ich das für blanken Irrsinn gehalten. Aber es hatte mich beeindruckt, wie dieser Mann sein großes Unternehmen in der sicher ebenso harten Geschäftswelt leitete: er ignorierte seine Feinde und versuchte, Gottes Wege zu gehen. Sein Unternehmen hatte nie besser gestanden. Seit seiner Bekehrung waren die Verkäufe und Gewinne steil nach oben geschnellt. Vielleicht war doch etwas dran – jedenfalls kann man schwerlich gegen den Erfolg argumentieren.

»Chuck, ich glaube nicht, dass Sie das begreifen werden, was ich über Gott zu sagen habe, ehe Sie nicht bereit sind, sich selbst mit kritischer Aufrichtigkeit zu sehen. Das ist der erste Schritt.« Tom griff nach einem kleinen Buch. Ich las den Titel: *Mere Christianity* von C. S. Lewis.

»Ich schlage vor, dass Sie dies einmal mitnehmen und in Ihrem Urlaub lesen.« Tom wollte es mir reichen, zögerte aber dann. »Lassen Sie mich Ihnen ein Kapitel vorlesen.«

Ich lehnte mich zurück, immer noch voller Abwehr, meine Gedanken und Gefühle waren verwirrt.

Es gibt ein Laster, von dem kein Mensch auf dieser Welt frei ist; das jedermann auf dieser Welt verachtet, wenn er es in anderen entdeckt; und von dem kaum jemand – Christen ausgenommen – sich vorstellen kann, dass auch er davon betroffen ist. Die Menschen geben wohl zu, dass ihr Temperament mit ihnen durchgeht, dass sie nicht von Mädchen oder vom Alkohol loskommen, oder sogar, dass sie Feiglinge sind. Aber ich glaube nicht, dass ich je einem Menschen begegnet bin, der nicht Christ war und sich dieses Lasters bezichtigt hätte ... Es gibt keinen Fehler ..., den wir tiefer ins Unterbewusstsein verlagern. Und je mehr wir selbst davon betroffen sind, umso mehr hassen wir dieses Laster in anderen.

Das Laster, von dem ich rede, ist der Stolz oder die Selbstgenügsamkeit ... Stolz führt hin zu allen anderen Lastern – er ist die vollständige Anti-Gott-Einstellung.

Als er las, fühlte ich, wie ich plötzlich errötete, und ein eigenartiges inneres Brennen schien die Wärme der Nacht noch zu steigern. Lewis Worte zielten genau auf mich.

Seit Anbeginn der Welt ist der Stolz die eigentliche Ursache des Elends in jedem Volk und in jeder Familie gewesen. Andere Laster vereinen sogar mitunter die Menschen. Man findet gute Gemeinschaft, Scherze und Freundlichkeit unter Trinkern oder auch sittlich verwahrlosten Menschen. Aber Stolz bedeutet immer Feindschaft – er *ist* Feindschaft. Und nicht nur Feindschaft zwischen Mensch und Mensch, sondern Feindschaft gegenüber Gott.

In Gott begegnen wir jemand, der in jeder Hinsicht unermesslich weit über uns steht. Wenn man Gott nicht als solchen erkennt – und nicht gleichzeitig sich selbst als ein Nichts im Vergleich zu ihm –, dann kennen wir ihn überhaupt nicht. Solange wir noch stolz sind, können wir Gott nicht kennen. Ein stolzer Mensch schaut immer auf Dinge und Menschen herab, und solange man nach unten sieht, kann man natürlich das nicht erkennen, was über uns ist.

Plötzlich fühlte ich mich nackt und unrein, meine bravouröse Verteidigung war zusammengebrochen. Ich stand völlig ungeschützt da, denn Lewis' Worte beschrieben mich. Besonders ein Satz schien zusammenzufassen, was mit uns allen im Weißen Haus geschehen war:

Denn Stolz ist geistlicher Krebs – er zerfrisst sogar die Möglichkeit zur Liebe, zur Zufriedenheit, selbst den gesunden Menschenverstand.

Man sagt, dass viele Menschen unmittelbar vor

ihrem Tod noch einmal Höhepunkte ihres Lebens wie einen Film vor ihren Augen ablaufen sehen. Als Tom an jenem Abend weiterlas, erlebte ich wichtige Ereignisse meines Lebens noch einmal, wie auf einer Leinwand. Dinge, an die ich jahrelang nicht mehr gedacht hatte – meine Abschlussrede bei der Schulentlassung – »gut genug« für die Marine zu sein – meine erste Ehe, um in die »richtige« Familie einzuheiraten – Mitgliedschaften in wichtigen Vereinen und gesellschaftliche Positionen, die mich in den Augen anderer zu einem der verheißungsvollsten jungen Männer Bostons werden ließen – dann das Weiße Haus – der Kampf um Status und Position – »Mr. Colson, der Präsident ruft an – Mr. Colson, der Präsident möchte Sie sofort sprechen.«

Aus irgendeinem Grunde dachte ich an ein Ereignis nach der Wahl im Jahre 1972, als ein Reporter, ein alter Gegner Nixons, in meinem Büro vorbeikam und zerknirscht fragte, wie er vom Weißen Haus wieder in Gnaden aufgenommen werden könnte. Ich schlug ihm vor, sich die »Pulsadern aufzuschneiden«. Das war natürlich scherzhaft gemeint, aber ich wollte ihn auch zu Kreuze kriechen lassen. Hierin offenbarte sich die Arroganz des Siegers über einen bezwungenen Feind.

Als ich nun auf der spärlich erleuchteten Veranda saß, überflutete mich meine egozentrische Vergangenheit wie Meereswogen. Es war schmerzhaft.

Angst überfiel mich. Verzweifelt versuchte ich mich zu verteidigen. War es ein persönliches Opfer im Dienst der Regierung, dass ich im blinden Vertrauen ein beträchtliches Einkommen aufgegeben hatte? Aber ich erkannte die Wahrheit sofort: die Position im Weißen Haus hatte mir mehr bedeutet als Geld. Es war also gar kein Opfer. Und je mehr ich über meine eigene Selbstaufopferung sprach, umso mehr trieb ich Imagepflege gegenüber anderen Menschen. Ich hätte bereitwillig alles hergegeben, was ich je verdient hatte, um mich selbst auf höchster Regierungsebene zu beweisen. Es war Stolz, die »große Sünde«, von der Lewis sprach, der meine Triebfeder gewesen war.

Tom beendete das Kapitel über den Stolz und schlug das Buch zu. Ich murmelte etwas vor mich hin wie: »Ich freue mich schon darauf, es zu lesen.« Aber Lewis' Pfeil hatte meine Breitseite getroffen. Ich glaube, dass Phillips das wusste, als er mir in die Augen sah. Das eine Kapitel durchlöcherte die Ritterrüstung, hinter der ich mich unbewusst 42 Jahre lang versteckt hatte. Natürlich kannte ich Gott nicht. *Wie sollte ich?* Ich war ja mit mir selbst beschäftigt gewesen. *Ich* hatte dieses und jenes getan, *ich* hatte Ziele erreicht, *ich* war erfolgreich gewesen und *ich* hatte das mitnichten Gott zugeschrieben, ihm auch nicht einmal für irgendetwas gedankt, das er mir gegeben hatte. Ich hatte nie daran gedacht, dass etwas »unermesslich größer« als ich selbst sein könnte, oder falls ich es wirklich getan hatte, waren es flüchtige Gedanken über die Allmacht Gottes gewesen; in Verbindung zu meinem Leben hatte ich ihn nie gebracht. In den kurzen Augenblicken, in denen Tom las, sah ich mich selbst, wie ich mich nie zuvor gesehen hatte. Und das Bild war hässlich.

»Was meinen Sie dazu, Chuck?« Toms Frage riss mich aus meinen Gedanken. Ich wusste genau, was er meinte. War ich bereit, den Glaubensschritt zu vollziehen, den er in New York gegangen war, war ich bereit, »Christus anzunehmen«?

»Tom, Sie haben mich aufgerüttelt, das muss ich zugeben. Dieses Kapitel beschreibt mich. Aber ich kann nicht sagen, dass ich bereit bin, eine solche Entscheidung zu treffen. Ich muss mir darüber sicher sein. Ich brauche noch mehr Informationen, meine Vorbehalte müssen wirklich ausgeräumt werden. Da gibt es noch intellektuelle Barrieren, die zu überwinden sind.«

Einen Augenblick lang sah Tom enttäuscht aus, dann lächelte er. »Das verstehe ich sehr gut.«

»Sehen Sie«, fuhr ich fort, »ich habe es erlebt, dass sich Menschen in der Marine Gott zuwandten; ich habe das selbst einmal getan. Nachher war alles wieder vergessen und die normale Routine setzte wieder ein. Diese Art von Religion ist doch oft nur ein Vorwand. Wie kann ich also jetzt eine Entscheidung treffen? Meine ganze Welt bricht um mich herum zusammen. Wie kann ich sicher sein, dass ich nicht nur einen Zufluchtsort suche und dann alles wieder vergesse, wenn die Krise vorbei ist? Ich muss auf alle intellektuellen Argumente erst einmal eine Antwort finden. Wenn das geschehen ist, kann ich sicher sein!«

»Ich verstehe«, antwortete Tom ruhig.

Das beruhigte mich. Und doch wünschte ich mir in meinem Innersten, Tom würde nicht nachgeben. Was er sagte, klang so vernünftig, und das war bisher noch nie der Fall gewesen, wenn jemand zu mir über Gott geredet hatte.

Aber Tom erzwang nichts. Er gab mir das Buch *Mere Christianity*. »Wenn Sie dies durchgelesen haben, sollten Sie vielleicht das Johannesevangelium lesen.« Ich machte mir Notizen von den Hauptabschnitten, die er erwähnte. »Und dann gibt es da einen Mann in Washington, den Sie kennen lernen sollten«, fuhr er fort. »Er heißt Doug Coe. Er bringt Leute zusammen, damit sie Gemeinschaft haben. Ich werde ihn bitten, Sie aufzusuchen.«

Danach griff Tom nach seiner Bibel und las ein paar seiner Lieblingspsalmen. Die trostvollen Worte waren wie Balsam. Zum ersten Mal in meinem Leben wurden Worte für mich lebendig, die sonst an mir vorbeigerauscht waren. »Vertraue dem Herrn«, las Tom – und das wollte ich auch tun, genau in dem

Augenblick. Wenn ich nur gewusst hätte, wie! Wenn ich nur sicher gewesen wäre!

»Sollen wir noch miteinander beten, Chuck?«, fragte Tom, als er seine Bibel zuschlug und auf die Seite legte.

Ich schreckte aus meinen Gedanken auf. »Natürlich – ich denke schon – ja, doch.« Ich hatte niemals zuvor mit jemandem gebetet, außer bei Tischgebeten. Tom senkte den Kopf, faltete die Hände und lehnte sich nach vorne. »Herr«, begann er, »wir bitten für Chuck und seine Familie. Öffne sein Herz und zeige ihm das Licht und den Weg ...«

Als Tom betete, durchströmte mich plötzlich etwas – wie eine neue Energie. Dann folgte eine Welle von Gefühlen, die fast Tränen hervorbrachten. Ich kämpfte gegen sie an. Es hörte sich an, als spreche Tom persönlich und direkt zu Gott, so, als säße er unmittelbar neben uns. Die Gebete, die ich bisher gehört hatte, waren stereotype Standardgebete mit feierlichen Anreden Gottes.

Nachdem er geendet hatte, war es lange sehr still. Ich wusste, dass ich nun hätte beten sollen, aber ich wusste nicht, was ich sagen sollte, und war auch zu verwirrt, um es zu versuchen. Dann gingen wir gemeinsam zur Küche. Gert saß noch immer an dem großen Tisch und las. Ich dankte ihr und Tom für ihre Gastfreundschaft.

»Bitte, besuchen Sie uns wieder«, sagte sie. Und

ihr Lächeln zeigte, dass sie es wirklich so meinte.

»Passen Sie gut auf sich auf, Chuck, und sagen Sie mir, was Sie von dem Buch halten, ja?« Mit diesen Worten legte Tom seine Hand auf meine Schulter und lächelte. »Bis bald!«

Ich sagte nicht viel. Ich hatte Angst, meine Stimme würde mich verraten, aber ich hatte das starke Gefühl, dass ich ihn sehr bald wiedersehen würde. Und ich konnte es nicht abwarten, das kleine Buch zu lesen.

Draußen in der Dunkelheit konnte ich den eisernen Griff, mit dem ich meine Emotionen kontrolliert hatte, lockern. Tränen stiegen mir in die Augen, als ich in der Dunkelheit nach dem Autoschlüssel suchte. Ärgerlich wischte ich sie fort und startete den Wagen. »Was ist das bloß für eine Schwachheit«, sagte ich in die Stille hinein.

Aber dann flossen die Tränen über und ich wusste, dass ich ins Haus zurückgehen und mit Tom beten musste. Ich stellte den Motor ab und stieg aus dem Wagen. Da gingen die Lichter in der Küche aus, dann auch im Esszimmer. Durch das Fenster in der Diele sah ich Tom neben Gert stehen und dann beide die Treppe hinaufgehen. Nun war auch die Diele dunkel. Es war zu spät. Einen Augenblick lang starrte ich auf das dunkle Haus; nur im Obergeschoss brannte jetzt noch ein Licht im Schlafzimmer. Warum hatte ich nicht gebetet, als er mir die Chance gab? Ich verlangte jetzt so sehr danach. Nun aber war ich allein, wirklich allein.

Ich fuhr von Toms Haus fort. Ich konnte die Tränen nicht zurückhalten. Es gab keine Straßenlampen und auch der Mond schien nicht. Das Licht meiner Autolampen durchschnitt die Dunkelheit. Aber ich weinte jetzt so sehr, dass alle Konturen verschwammen. Nicht mehr als hundert Meter von Toms Auffahrt entfernt fuhr ich auf die Seite und die Reifen sanken in die weiche Schicht von Föhrennadeln ein.

Ich erinnere mich, dass ich hoffte, Tom und Gert würden mein Schluchzen nicht hören, das einzige Geräusch, das neben dem Zirpen der Grillen die Stille der Nacht durchbrach. Mit meinem Gesicht in meinen Händen und dem Kopf gegen das Steuer gebeugt vergaß ich mein Image als »harter Mann«, alle Vorwände und meine Angst vor der Schwachheit. Und indem ich das tat, empfand ich plötzlich eine wunderbare Befreiung. Dann hatte ich das eigenartige Gefühl, dass nicht nur Wasser mein Gesicht herunterlief, sondern meinen ganzen Körper durchströmte, mich reinigte und zugleich kühlte. Das waren keine Tränen der Trauer oder Reue, auch keine Freudentränen – es waren irgendwie Tränen der Erleichterung, der Befreiung.

Und dann betete ich zum ersten Mal wirklich. »Gott, ich weiß nicht, wie ich dich finden kann, aber ich werde es versuchen! Ich bin, so wie ich bin, nicht

viel wert, aber ich möchte mich dir selbst geben.«
Mehr wusste ich nicht zu sagen, darum wiederholte
ich immer wieder die Worte: »*Nimm mich*.«

Ich hatte Christus noch nicht »angenommen« –
ich wusste ja immer noch nicht, wer er war. Mein
Verstand sagte mir, dass ich das zuallererst herausfinden musste, damit ich auch wusste, worauf ich mich
einließ. Ich musste auch wirklich aufrichtig wollen,
um bei der Stange zu bleiben. Aber in jener Nacht
war in mir der Drang zur Übergabe – an was oder an
wen, das wusste ich nicht.

Ich blieb etwa eine halbe Stunde oder noch länger
dort im Auto sitzen, hatte Tränen in den Augen, betete und dachte nach. Ich war ganz allein in der Stille und der Dunkelheit der Nacht. Und doch war ich
zum ersten Mal in meinem Leben nicht allein.

Kapitel 9

Die Hütte am Meer

■ Mutter und Vater standen am nächsten Morgen früh auf, um Patty und mich vor unserer Urlaubsreise nach Maine zu verabschieden. Vaters besorgter Blick sagte mir schon, was kommen würde, als er mich bat, noch einen Augenblick mit ihm hinters Haus zu gehen.

»Bist du ganz sicher, mein Sohn, dass dir niemand vorher von dem Einbruch erzählt hat?«, fragte er. Wir hatten schon am Sonntagnachmittag über Watergate gesprochen, aber sein Juristenverstand forschte weiter nach.

»Absolut sicher, Papa. Ich habe mir jedes Gespräch ins Gedächtnis zurückgerufen. Da ist nichts.«

Vaters Schritte waren schwer, als wir den sanft ansteigenden Rasen hinaufgingen. Zum ersten Mal erkannte ich, dass ihn die Jahre überholten – er war nun schon 73. Unter seinem kurz geschnittenen, weißen Haar, das in der Morgensonne glänzte, hatten sich neue Falten eingegraben und tiefe Linien zeichneten sein Gesicht.

»Ich habe gestern Abend das ganze Watergate-

Material durchgearbeitet und sehe keinen Ansatz-
punkt, dass du mit hineingezogen werden kannst.
Hast du mir auch wirklich alles gesagt?«, bohrte er
zum letzten Mal.

Als ich ihm dies bestätigte, kehrte sein herzliches
Lächeln zurück. Er und Mutter umarmten uns und
Patty und ich machten uns auf den Weg zur Küste.
Patty hatte einen Pullover und bequeme Hosen an-
gezogen und redete mit einem erwartungsvollen
Lächeln von Hummer, Muscheln und der vorbeihu-
schenden Landschaft. Seit Monaten waren wir zum
ersten Mal wieder allein.

Aber ich war zu sehr mit meinen Gedanken beschäftigt, um ein guter Gesellschafter zu sein. Meine
Gedanken waren nicht bei Watergate, sondern drehten sich um den Besuch bei Tom Phillips am Abend
vorher. Ich hatte damit gerechnet, beim Erwachen
von meinem Gefühlsausbruch peinlich berührt zu
sein. Aber das war nicht der Fall. Der innere Frieden
war noch immer da. Etwas Wesentliches geschah mit
mir – aber was? Vielleicht konnte ich die Antwort in
Mere Christianity finden.

Auf der Suche nach der Antwort gab es keinen ge-
eigneteren Ort als das Meer. Schon als Junge, als ich
immer wieder den steinigen Strand von Winthrop,
Massachusetts, aufgesucht hatte, spielte das Meer für
mich eine wichtige Rolle. Wenn ich mich in der Weite des Meeres verlor, wenn ich die Macht der Bran-

dung spürte, die gegen die moosbedeckten Felsen anrannte, hatte mich das immer wieder gestärkt und geradezu verjüngt.

Als mich gegen Ende des Wahlkampfes in Massachusetts im Jahre 1960 beinahe Erschöpfung und Besorgnis lähmten, verließ ich das Wahlkampfbüro und fuhr zu meinem Lieblingsplatz in Gloucester. Als ich dort auf einer überhängenden Klippe beobachtete, wie die tosenden Wellen gegen die Felsen brandeten und dann langsam ausliefen, gewann ich wieder Energie und meine Kräfte kehrten wieder zurück. Später, als ich nach Antworten suchte im Blick auf meine erste Ehe, war ich ebenfalls dorthin zurückgegangen. Auch jetzt, vor dieser großen Entscheidung, würde mir das Meer helfen, mit mir selbst und meinen Gedanken ins Reine zu kommen.

Nach einer vierstündigen Fahrt kamen Patty und ich in Boothbay Harbor, einem lieblichen, alten Fischerdorf und Segelboothafen, etwa 250 Kilometer von Boston entfernt, an. Die engen Gassen des Dorfes sind von dicht aneinandergeschmiegten Häusern mit steilen, grauen Schindeldächern gesäumt. Eine kühle Brise von Osten her erfüllte die Luft mit dem salzigen Fisch- und Meergeruch, der typisch ist für die Orte an der Küste von Neu-England. Alles in dem alten Dorf sieht frisch geschrubbt aus – sogar die Fischer, die mit Mützen, die ihre ledernen, gefurchten Gesichter vor den Sonnenstrahlen schützen, und mit hohen Stiefeln durch die Straßen spazieren.

Wir hatten kein Zimmer vorbestellt und verließen darum das Ortszentrum; es ging an einer gewundenen Küstenstraße entlang, wo wir nach einem abgelegenen Platz Ausschau hielten. 20 Kilometer vom Dorf entfernt entdeckte Patty dann ein kleines Gasthaus am äußersten Ende einer schmalen Landzunge, die in den Atlantik hinausragte. »Vielleicht erkennt uns dort niemand«, stimmte ich zu.

Ich war es leid, neugierigen Menschen, Autogrammjägern, Nixonbefürwortern und Nixongegnern in die Hände zu fallen, die immer nur zu gerne bereit waren, mir ihre Meinung zu sagen – oft sehr ausführlich und leidenschaftlich.

Vorsichtig fuhren wir über einen drei Meter hohen Damm, der die kleine Felseninsel mit dem Festland verband. Der Gastwirt war ein junger Mann mit steinernem Gesicht, groß und hager, der uns prüfend betrachtete und uns dann die einzige Hütte zeigte, die erstaunlicherweise noch für diese Woche zu haben war. Sie gefiel uns großartig. Ein riesiges Zimmer und eine große offene Veranda hingen frei über den Felsen und das Meer lag direkt unter uns.

Patty freute sich über unsere Entdeckung und packte die Koffer aus, während ich zum Büro zurückging. Als ich mich eintrug und wartete, unterhielt sich der Gastwirt mit einem Angestellten. Dann kam er zurück und sah mich neugierig an. »Colson, he?«

»Das ist richtig.«

»Von McLean. Ist das bei Washington?« Er betrachtete kritisch die Adresse, die ich hingekritzelt hatte. Mein Mut sank. Watergate verfolgte uns sogar bis zu diesem winzigen Fleckchen Erde.

»Mein Freund hier sagt, Sie seien berühmt.« Er lächelte nicht.

»Nein, eigentlich nicht.«

»Sind Sie im Fernsehen gewesen?«

»Nun, ja, ein paar Mal. Diese Watergate-Sache, wissen Sie ...«, gab ich zu. *Es hatte keinen Sinn, es verbergen zu wollen.*

»Hmmm ...« Es folgte eine lange Pause. Er starrte mich an.

»Watergate ist immer noch dran?«

»Ja, immer noch.«

»Na, so was – und ich dachte, es wäre im Juni vorbei gewesen. Mein Fernseher ist nämlich kaputt.« Er lächelte immer noch nicht, gab mir aber den Schlüssel.

Das musste ich Patty erzählen. Halleluja! Wir hatten einen Ort gefunden, an dem es keinen Fernseher gab. Und das Meer, der wunderschöne grünblaue Ozean, rollte direkt unter unserem Fenster gegen die Felsen. »Jetzt können wir uns wirklich entspannen«, sagte ich zu Patty. *Und jetzt kann ich wirklich über Gott nachdenken*, sagte ich zu mir selbst.

An jenem ersten Abend packte ich Lewis' Buch aus und legte einen Notizblock neben mich, um wichtige Punkte aufzuschreiben, ganz ähnlich, wie ich es bei der Vorbereitung für eine Verteidigungsrede vor Gericht zu tun pflegte. Am Abend vorher hatte ich in einem Augenblick der Gefühlsbewegung mein Leben an irgendetwas – oder an irgendjemand – übergeben. Jetzt protestierten meine alten Lebensgewohnheiten. Mein geschulter Verstand bestand darauf, dass eine Analyse der Entscheidung voranzugehen habe, dass Argumente pro und contra nebeneinander aufgeführt werden müssen. Ich fragte mich, ob ich wohl meine intellektuellen Hindernisse überwinden und begründet das glauben könnte, was ich bereits fühlte.

Oben auf die erste Seite des Notizblocks schrieb ich: Gibt es einen Gott?

Als ich zurückdachte, erinnerte ich mich an die Nacht vor 20 Jahren, als ich von Bord der U. S. S. *Melette* vor der Küste von Guatemala in die weite Dunkelheit hinausgestarrt hatte. Es gab keine Antwort auf die Frage, wie dieses ganze großartige Universum, die leuchtende Anordnung der Galaxien und Sterne in solch vollkommener Harmonie zueinander bleiben konnten ohne eine dahinter stehende gewaltige Macht, die all dies geschaffen hatte. Dass es solch eine Macht gab, die weit über menschliches Vermögen hinausragte, schien mir keine Frage zu sein. Und ich hatte keine Schwierigkeit, diese Macht Gott zu nennen.

Dann erinnerte ich mich an einen mir seltsam lebendigen Augenblick vor sieben Jahren. Im Sommer 1966 hatte ich meinen beiden Söhnen ein fünf Meter langes Segelboot gekauft und es zum Haus eines Freundes an einem See in New Hampshire gefahren, um ihnen das Segeln beizubringen. Christian war damals zehn und so aufgeregt über das neue Boot, dass ihn auch der sanfte Sommerregen am Tag unserer Ankunft nicht davon abhalten konnte, es sofort auszuprobieren.

Als er das Boot vom Anlegeplatz losmachte, waren nur die Wellen zu hören, die leise gegen den Bug des Bootes klatschten, und das Flattern der Segel, wenn der Wind nachließ. Ich saß hinten und beobachtete die Ruderpinne. Chris saß mit seinem orangefarbenen Anorak mitten im Boot und hielt die Segelleine. Als er begriff, dass ihm das Boot gehorchte, trat der wunderbarste Ausdruck in sein engelhaftes Gesicht, die Freude an der neuen Entdeckung stand in seinen Augen zu lesen, die Erregung, dass er die Kraft des Windes in seinen Händen spüren konnte, hatte ihn erfasst. In jenem unvergesslichen Augenblick redete ich plötzlich mit Gott. Ich konnte mich sogar jetzt noch an die Worte erinnern: »Danke, Gott, dass du mir diesen Sohn gegeben hast, dass du uns diesen wunderbaren Augenblick geschenkt hast.

Jetzt in die Augen dieses Jungen zu blicken, ist Lebenserfüllung für mich. Was auch in der Zukunft geschieht – auch wenn ich morgen sterbe –, mein Leben ist erfüllt. Danke, Gott.«

Als ich nachher begriff, dass ich mit Gott gesprochen hatte, war ich verwirrt, denn mein Denken anerkannte keinen persönlichen Gott. Es war ein spontaner Ausdruck meiner Dankbarkeit gewesen; ich hatte etwas akzeptiert, ohne dass mein Verstand damit übereinstimmte. Mehr noch: es zeigte mir, dass eine persönliche Kommunikation mit diesem unbewiesenen Gott möglich war. Warum sonst würde ich diese Worte gesprochen haben, wenn ich nicht im Innersten gewusst hätte, dass irgendjemand irgendwo zuhörte?

Vielleicht, so dachte ich, *versucht C. S. Lewis das Problem Gott auf dieser intuitiven, emotionalen Ebene anzugehen.* Ich öffnete *Mere Christianity* und sah mich stattdessen einem so disziplinierten, klaren und unnachgiebig logischen Intellekt gegenüber, dass ich nur dankbar sein konnte, diesem Mann nicht in einem Gerichtssaal begegnet zu sein. Bald schon hatte ich zwei Seiten meines Notizbuches mit positiven Argumenten zu meiner Frage »Gibt es einen Gott?« gefüllt.

Auf der Gegenseite standen die konventionellen Zweifel unserer materialistischen und wissenschaftsgläubigen Gesellschaft: Wir können Gott nicht sehen, ihn weder hören noch fühlen.

Oder können wir das doch?

Was war mit mir auf Tom Phillips Veranda geschehen? Wie waren meine Gefühle zu erklären? War es Liebe? Eine unsichtbare Kraft hatte mich aufgewühlt und ich war schon immer der Meinung gewesen, dass unsichtbare Kräfte stärker sind als die sichtbaren.

Ein Kolbenmotor mit 280 Pferdestärken kann eine genau festgelegte Last gegen einen ebenso genau berechneten Widerstand fortbewegen, aber nicht ein Kilo mehr, als die bekannten physikalischen Gesetze vorschreiben. Der Motor ist aus hartem Stahl gefertigt, seine Existenz mit allen Sinnen wahrnehmbar. Aber die Liebe, die niemand sehen oder berühren kann, bewegt Menschen und Nationen in unbegrenzter Weise. Die Liebe bewegte einen Mann zu meinen Lebzeiten, auf ein Königreich zu verzichten. Eine andere Form der Liebe bewegt einen Soldaten, sich mit seinem Körper über eine Granate zu werfen, die mitten unter seine Kameraden gefallen ist. Die Liebe hat eine unvergleichlich größere Kraft als irgendeine noch so starke Maschine.

Dieser Gedanke beschäftigte mich. Ein Gesetz ist insofern greifbar, als es irgendwo auf Papier niedergeschrieben wurde; es existiert aber nur in dem Maße, in dem es Menschen bewegt, dieses oder jenes zu tun oder zu lassen. Seine eigentliche Kraft liegt jenseits dessen, was wir sehen oder berühren können;

sie wird deutlich, wenn Menschen sich dem Gesetz unterstellen.

Als Rechtsanwalt war ich von Lewis' Argumenten im Blick auf das Moralgesetz beeindruckt, dessen wirkliche Existenz er veranschaulichte und das zu allen Zeiten und an allen Orten mit erstaunlicher Gleichmäßigkeit befolgt wurde. Ich erkannte zum ersten Mal, dass nicht der Mensch das Moralgesetz festgelegt hat; es blieb bestehen, *trotz* aller Versuche der Menschen, davon loszukommen. Die fortgesetzte Existenz der moralischen Gesetze deutete also auf einen gesetzgebenden Willen hin. Wieder ein Hinweis auf Gott.

Schon früh am nächsten Morgen beschäftigte ich mich wieder mit Lewis, meinem Notizblock und meinen Fragen. Patty fing bereits an, mich ein wenig zu beobachten. Wenn wir sonst an neue Orte reisten, war ich gewöhnlich sehr aktiv, ruhelos und voller Eifer, die Gegend zu erkunden; jetzt saß ich still hier und hatte mich in ein Buch vertieft.

Wenn es einen liebenden Gott gab, dann musste ganz automatisch die nächste Frage lauten: »Wenn er gut ist, warum regiert er dann über eine solch böse Welt?« Wieder kam ich durch meine juristische Schulung auf eine nützliche Parallele. Am Anfang übertrug Gott den Menschen die Herrschaft über die Erde, die er geschaffen hatte (1. Mose 1, 26–30). Er machte uns also – um es mehr juristisch auszudrücken – zu seinen Anwälten, seinen Stellvertretern.

Juristisch gesehen besitzt der Stellvertreter einen freien Aktionsspielraum, der ihn über den Diener oder einen Roboter erhebt. Dem Stellvertreter ist die Freiheit gegeben, innerhalb bestimmter, festgesetzter Grenzen frei zu entscheiden. Und diese Grenzen hat Gott in der Heiligen Schrift festgelegt.

Aber gleichzeitig gab er uns einen freien Willen. Und dies ist der Angelpunkt. Wer diesen freien Willen nicht einsetzt, ist kein Stellvertreter, dann tut der Auftraggeber alles selbst. Mit unserem freien Willen können wir aber die Grenzen und Anweisungen ebenso leicht missachten, wie etwa ein Stellvertreter seinen Handlungsspielraum überschreitet. Im menschlich juristischen Fall geschieht das jeden Tag. Hunderte von Prozessen beweisen es. Und genauso überschreitet der Mensch oft die vom Schöpfer gesetzten Grenzen.

Die Geschichte verdeutlicht uns dies. Durch die ganzen Jahrhunderte ist die Missachtung der Autorität Gottes durch uns Menschen und die Bosheit der Menschen untereinander für das unsagbare Elend in dieser Welt verantwortlich gewesen. Und wahrscheinlich wird das auch weiterhin der Fall sein.

Um dies zu verstehen, kam ich an den Punkt zurück, wo Tom Phillips begonnen hatte: Stolz und Selbstwille. Lewis sagt das so: »Die Existenz des Ich ist immer mit der Möglichkeit verbunden, dieses Ich an die erste Stelle zu setzen – der Mittelpunkt sein zu wollen – Gott selbst sein zu wollen ...« Welche Zerstörung hatte dies in meinem eigenen Leben angerichtet.

In diesem Augenblick hatte ich den Mut, Patty von der Reise zu erzählen, die ich begonnen hatte. »Du glaubst doch an Gott, nicht wahr, Schatz?«, fragte ich. Wir saßen beide auf der Veranda und lasen. Patty hatte bereits einmal nach meinem kleinen, grünweißen Buch gefragt, das ich aber ausweichend als ein Buch, das Tom Phillips mir gegeben habe, bezeichnete.

»Das weißt du doch«, antwortete sie und ein leiser Verdacht glomm in ihren Augen auf – die latente, niemals ausgesprochene Befürchtung, dass ich sie eines Tages von ihrem katholischen Glauben abbringen wollte.

»Aber hast du wirklich je darüber nachgedacht – richtig gründlich? Wer Gott ist, wie er über uns allen wacht, warum er uns geschaffen hat und solche Fragen?«

Pattys leichtes Misstrauen machte nun der Bestürzung Platz. »Was steht denn in diesem Buch?«

In den zehn Jahren, die wir verheiratet waren, hatten wir niemals über Gott gesprochen. Hier und da schon einmal über Religion, was Patty von der Beichte und der Kommunion, von der Bedeutung der Messe hielt. Aber das waren keine Kernfragen.

Wir hatten niemals die Substanz berührt, den lebendigen Gott, unseren tiefsten, persönlichen Glauben. Wir hatten so vieles gemeinsam unternommen, aber nie die eigentliche Lebensfrage berührt. Wie oberflächlich können sogar die engsten menschlichen Bindungen sein!

»Ich glaube, dass ich nach etwas suche«, fuhr ich fort. »Ich will herausfinden, was real ist und was nicht – wer wir sind – in welchem Verhältnis ich zu Gott stehe.« Dann erzählte ich ihr einiges über mein Gespräch mit Tom Phillips. Die Tränen erwähnte ich nicht, aber ich sprach von der schrecklichen Selbsterkenntnis. Ich blieb sehr sachlich, weil ich nicht zeigen wollte, wie sehr meine Gefühle davon berührt waren. Sie sah verwirrt aus, war aber von der Geschichte fasziniert.

»Siehst du, ich suche nach Antworten, und dieses kleine Buch hilft mir großartig dabei.«

»Vielleicht solltest du mit einem Priester sprechen«, schlug Patty vor in dem Wunsch, mir zu helfen (ich konnte in ihren Augen erkennen, wie sie mit litt). Sie begriff, dass der Kampf in mir echt war, dass es keine Nebensächlichkeit oder ein Scherz war, nur um die Zeit totzuschlagen. Patty ist der gütigste und mitfühlendste Mensch, den ich kenne; sie macht die Probleme anderer zu ihren eigenen und hat so die volle Last aller meiner Schwierigkeiten immer mit getragen. Dies hatte sie jetzt allerdings nicht erwartet, aber ich empfand sogleich, dass sie bereit war, mir bei der Suche nach Gott zu helfen.

Ich musste mich zurückhalten, um nicht zu sagen: »Kein Priester oder Pfarrer hat in 40 Jahren je über diese Dinge mit mir gesprochen!« Wer war ich, einen anklagenden Finger zu erheben? Ich hatte nie gesucht, wahrscheinlich nie richtig zugehört. Zum ersten Mal eröffnete sich mir durch Lewis' Erklärungen und Phillips Beispiel eine ganz neue Welt.

Wir sprachen miteinander bis in die Nacht hinein, während Signale von einer Boje die Hummerfischer durch den Abendnebel leiteten und die Wellen sanft gegen die Felsen unter uns schwappten. Es war eine Erleichterung, dass Patty nun von meiner Suche nach einem neuen, inneren Frieden wusste, von dem Wunsch, ein Heilmittel gegen die innere Krankheit zu finden, die meine Lebenskräfte wie ein Vampir aufgesaugt hatte. Acht Monate lang, seit der Wahlnacht im vorigen Jahr, war ich nun schon in diesem schrecklichen Stadium. Abschließend entschlossen wir uns, nach unserer Rückkehr die Familienbibel zu suchen und in ihr zu lesen.

Als ich am nächsten Vormittag weiterlas, unterstrich und Notizen machte, beantwortete sich eine andere wichtige Frage: Wenn Gott auf *meine* Gebete hört, wie kann er dann gleichzeitig die Gebete hören, die von Millionen *anderer* Menschen gesprochen werden?

Diese Frage verwirrt den begrenzten menschlichen Verstand. Ein ähnliches Problem ergibt sich bei dem Versuch, die Weite des Universums mit dem Verstand zu fassen. Lewis erhellte diesen Punkt in einem Kapitel mit der Überschrift »Die Zeit und jenseits von Zeit«. Gott ist jenseits von Raum und Zeit. Und wir verfügen heute über beachtliche wissenschaftliche Erkenntnisse, die bestätigen, dass die Zeit in der Tat relativ und nicht das absolute Maß ist.

Weil der Schöpfer eines unendlichen Universums nicht der Begrenzung von Stunden und Tagen ausgesetzt ist, erscheint es auf einmal gar nicht mehr so unmöglich, dass er vier Milliarden Gebeten auf einmal zuhören kann, auch wenn das meinem begrenzten Verstand zunächst unfassbar war. Das konnte ich nur so lange nicht akzeptieren, wie ich darum kämpfte, mit meinem endlichen Verstand ein unendliches Konzept zu begreifen. Ich kann dies ebenso wenig erklären, wie ich sagen kann, was hinter den Sternen liegt. Aber schon das Wissen darum, dass der Mensch hier überfordert ist, bedeutet eine wesentliche Antwort.

Alle diese Erkenntnisse und meine Überzeugung, dass es einen liebenden und unendlichen Gott gibt, konnten aber die Frage nicht beantworten, was Tom eigentlich mit den Worten »Christus annehmen« gemeint hatte. Wie passte Jesus Christus überhaupt in dieses Bild? Auch Hindus glauben an Gott und dass man ihn auf jede nur denkbare Weise anbeten kann. Meine Analyse hatte mich bislang lediglich zum Hinduismus geführt.

Die entscheidende These von Lewis' Buch und das Wesen des Christentums ist in einem einzigen, ungeheuren Satz zusammengefasst: »Jesus Christus ist Gott« (siehe Joh. 10, 30). Nicht nur ein Teil Gottes, nicht nur von Gott gesandt oder in einer besonderen Verbindung zu Gott stehend, sondern er *war* und *ist* darum *Gott*.

Je mehr ich mich mit diesen Worten befasste, umso mehr zerstörten sie so manche bequeme Vorstellung, auf der ich gemütlich durchs Leben geritten war, ohne viel darüber nachzudenken. Lewis sagt es so deutlich, dass man es nicht abschütteln kann: Wenn man die Worte Christi betrachtet, sein Leben und seinen Tod, dann muss er Gott gewesen sein oder – ein Verrückter.

Das war die Wahl, vor der ich stand. Es gab keine Zwischenlösungen, keine Kompromisse. Niemand hatte mich je zuvor auf solch direkte und erschütternde Weise mit dieser Wahrheit konfrontiert. Ich war damit zufrieden gewesen, in Christus einen inspirierten Propheten, einen Lehrer zu sehen, der vor 2000 Jahren durch das Heilige Land wanderte – mehrere Stufen über anderen Menschen seiner Zeit stehend, vielleicht sogar der Größte aller Zeiten. Aber wenn man in Christus nicht *mehr* sieht, so musste ich mir sagen, dann ist das Christentum eine schlichte Täuschung, wie ein Placebo, das man einmal in der Woche, am Sonntagmorgen, zu sich nimmt.

An diesem sonnigen Morgen an der Küste von Maine, an dem eine frische Brise landeinwärts wehte, fiel es mir schwer, die ungeheure Bedeutsamkeit dieser Erkenntnis zu akzeptieren – dass nämlich Christus der lebendige Gott ist, der uns eine lebendige Verbindung mit ihm selbst von Tag zu Tag verspricht – und eine persönliche dazu!

Alle gedanklichen Schritte, die ich bisher unternommen hatte, waren wesentlich, um zu diesem Punkt zu gelangen. Aber nachdem dies geschehen war, schienen alle anderen Fragen fast irrelevant zu sein. Lewis' Frage machte den Kernpunkt aus. Die Worte – erregend und verwirrend zugleich – drangen auf mich ein: Jesus Christus, ein Verrückter oder Gott?

Selbst Atheisten geben zu, dass das Kommen Christi den Kurs der Geschichte veränderte. Die Jahre, in denen wir leben, sind zum Beispiel von seiner Geburt an berechnet. In einem weltlichen Sinne war er ein Mann ohne Macht, ohne Geld, ohne Armeen, ohne Waffen. Und doch veränderte sein Kommen auch das politische Verhältnis der Nationen. Millionen und Abermillionen von Menschen sind seinen Verheißungen und Worten gefolgt. Kein

Werk der Weltliteratur kann sich mit der Heiligen Schrift messen, die das Leben Christi aufzeichnet und noch heute dieselbe Kraft hat wie vor beinahe 2000 Jahren. Großartige Kirchen, in die jahrhundertelange Arbeit und Reichtümer investiert wurden, sind als seine Altäre entstanden. Konnte all dies aus dem Werk eines Verrückten hervorgehen – kann es überhaupt das Werk eines Menschen sein? Das Gewicht der Beweise wurde immer erdrückender für mich, je mehr ich darüber nachdachte.

Meine juristische Ausbildung führte mich noch zu einer anderen Parallele. Unser Rechtssystem gründet sich auf das Prinzip *stare decisis*, das heißt, eine Gerichtsentscheidung kann sich auf einen Präzedenzfall mit demselben Gewicht gründen, als handele es sich dabei um ein ordentlich verabschiedetes Gesetz; das ganze System baut sich also auf früher getroffenen Entscheidungen auf. Der Schlüssel, der unserem Gesetz seine Stabilität gibt, ist die Rechtsprechung der Geschichte. So muss sich jeder Jurastudent mit berühmten Präzedenzfällen befassen, die manchmal erst viel später zu entsprechender Gesetzgebung führten.

Warum sollte ich mir also immer noch über den Vorwurf Gedanken machen, dass ich gedankenlos der Herde folgte, wenn ich Christus annahm? Und warum sollte ich mich so sehr mit den Konzepten über Gott auseinander setzen, wenn ich Rechtsprinzipien nicht infrage stellte, die eine weit geringere historische Gültigkeit hatten als das Leben und Wirken des Zimmermanns von Nazareth?

Als ich mich der verblüffenden These gegenübersah, dass er Gott ist, konnte ich nicht mehr ausweichen. Alle Rückzugsmöglichkeiten waren versperrt, ich konnte nicht mehr den bequemen Mittelweg gehen und Jesus als einen großen Morallehrer ansehen. Wenn er nicht Gott ist, dann ist er nichts, am allerwenigsten aber ein großer Moralprediger. Denn seine Lehre schließt die Behauptung ein, dass er in Wahrheit Gott ist. Wenn das aber nicht stimmt, dann muss diese Aussage als die monströseste Lüge aller Zeiten bezeichnet werden – und von Moral dürfte er dann nie mehr reden.

Ich konnte Christus also nicht auf eine etwas niedrigere Ebene abschieben, nur weil das leichter ist und den Intellekt weniger verwirrt, geringere Ansprüche an den Glauben stellt und eine geringere Herausforderung an mein Leben bedeutet. Dann würde ich nämlich meinen Verstand an die Stelle seiner Gedanken setzen und das Christentum da anwenden, wo es meine eigenen Meinungen stützt, es aber ignorieren, wo es mir zuwiderläuft.

Ich erkannte plötzlich, dass es aufrichtiger ist, ihn völlig abzulehnen und als einen Verrückten zu bezeichnen – um Lewis' Worte zu gebrauchen –, als etwas aus ihm zu machen, was er nicht war und nicht ist. Jesus sagte: nimm alles oder nichts. Wenn ich überhaupt an Gott glauben wollte, dann musste ich ihn so annehmen, wie er sich selbst offenbart, nicht so, wie ich ihn mir wünschen würde.

Patty und ich entschlossen uns, am Donnerstagabend nach Boothbay Harbor zu fahren. Vor der Dorfbibliothek sollte ein Platzkonzert stattfinden, was eine farbenfreudige Angelegenheit zu werden versprach. Auf Arthur Fiedler hätte die Musik vielleicht die gleiche Wirkung gehabt wie das Geräusch von Fingernägeln, die über eine Wandtafel kratzen, aber wir hatten unsere Freude auch an jenen schiefen Tönen, die mit Begeisterung hinausgeschmettert wurden. Die Kapelle bot ein buntes Bild. Da war ein kleiner Bub, wohl kaum zwölf Jahre alt, der die Trompete blies, und ein Teenager mit einem Pferdeschwanz schlug die Trommel. Ihr Gesicht war von Pickeln übersät und sie trug ein glattes, geblümtes Kleid, das ihre spitzen Knie fast bedeckte. Ein Mann von wohl über 80 Jahren mit weißem Haar, einem gefurchten, ernsten Gesicht und einer ausgebleichten Jacke über seinen hängenden Schultern blies die Tuba. Die 15 Mitglieder der Kapelle hatten sich vor der breiten Holztreppe des weißen bretterverkleideten Gebäudes aufgestellt, das im Flutlicht aufzuglühen schien.

Es war wie aus einem Bilderbuch, ein kostbares Stück des reichen Amerika, unberührt und unverdorben von dem, was die moderne Gesellschaft Fortschritt nennt. Touristen hatten sich auf dem grünen Rasen niedergelassen. Vergnügte Kinder aßen Süßigkeiten und viele Dorfbewohner waren gekommen, für die das Konzert ein wichtiges Ereignis der Woche bedeutete.

Die Töne von »As the Saints go Marching in« vermischten sich mit dem frischen Salzgeruch der Nachtluft. Als ich die Gesichter in der Menge überblickte, machte ich eine ganz neue Entdeckung: Jeder von ihnen, auch die Kinder mit klebriger Zuckermasse im Gesicht, war ein Individuum, ein eigenständiges, menschliches Wesen, ein Geschöpf Gottes. Bislang hatte ich Massen nur verschwommen wahrgenommen, eine Menschenanhäufung, die ein ganz verwaschenes Mosaik ergab. Vielleicht verdankte ich diese neue Sicht einem anderen Abschnitt aus Lewis' Buch, der dazu angetan war, meine so lieb gewonnenen politischen Ideale wie Blütenstaub in alle Winde zu zerstreuen:

Die Unsterblichkeit ist der andere Unterscheidungspunkt, der, nebenbei erwähnt, auch den Unterschied zwischen Totalitarismus und Demokratie erhellt. Wenn Individuen nur 70 Jahre leben, dann ist ein Staat, eine Nation oder eine Zivilisation, die 1000 Jahre dauern mag, wichtiger als dieses Individuum. Wenn aber das Christentum wahr ist, dann ist der einzelne Mensch nicht nur wichtiger, sondern unvergleichlich bedeutender, denn er hat Ewigkeit; die Lebensdauer eines Staates oder einer Zivilisation dagegen umfasst, verglichen damit, nur einen Augenblick.

Der Geringste unter den Menschen ist also mehr wert als ein Staat oder eine Nation! Danach musste ich einige Male tief durchatmen. Und dabei hatte ich mich immer als einen Konservativen nach dem Muster Jeffersons betrachtet, als einen Demokraten also, der leidenschaftlich davon überzeugt ist, dass der Staat nur existiert, um dem Einzelnen zu dienen, dass dieser Staat nur geschaffen und erhalten wird mit Zustimmung des einzelnen Menschen. Es lag auf der Hand, was mit mir geschehen war: Jeder, der in der Regierung arbeitet, wird ein Stück weit zu einem »Statisten«, der sich dafür einsetzt, die Institutionen des Staates – oft um jeden Preis – zu erhalten. So wird die erhabene Rolle des Einzelnen langsam und unbewusst untergeordnet. Die »Law-and-Order«-Gesetzgebung ist zum Beispiel darauf ausgerichtet, die Stabilität des Staates zu gewährleisten – auch wenn im Laufe dieses Prozesses auf dem Recht einiger Individuen herumgetrampelt wird. So schwer es auch für mich war, musste ich doch jetzt zugeben, dass die Rechte von Dr. Daniel Ellsberg wichtiger waren als die Geheimnisse des Staates.

Die politischen Überzeugungen, die ich auf der Grundlage von Locke und Jefferson entwickelt hatte, erwiesen sich als vage Richtlinien, je nach den Anforderungen einer etwaigen »Regierungskrise« formbar – sie bogen sich im Wind des Augenblicks. Wenn aber Christus Wirklichkeit ist, wenn man diese grundlegende Entscheidung einmal getroffen hat, dann sieht man sich dem Lebenskern selbst gegenüber und damit lässt sich nicht spielen. Konnte Christus meine Lebensphilosophie – und meinen Nachbarn, Feind, Freund und den Fremden gleichermaßen – so drastisch verändern? Meine Gedanken wirbelten durcheinander. Vielleicht lag es an der Musik, der Nostalgie des Augenblicks, der Flucht vor der Welt – alles, was man hier in Boothbay Harbor erleben konnte. Und doch wusste ich in meinem Innersten, dass hier Kräfte am Werk waren, die von mir forderten, alle Bereiche meines Lebens neu zu überdenken.

Als wir wieder im Gasthaus waren, nagten erneut die Zweifel über meine Motive an mir. Suchte ich einen sicheren Hafen im Sturm, einen vorübergehenden Zufluchtsort? War es das, was bei Tom Phillips Haus mit mir geschehen war? Konnte es sein, dass ich – trotz der spitzen Pfeile der Erkenntnis in meinem Herzen und der unglaublichen Entdeckungen über Jesus Christus – doch in der Religion einen letzten Strohhalm sah, um mich selbst zu retten, während alles andere um mich herum in sich zusammenfiel?

Hoffte ich, Gott würde mir eine heile Welt erhalten? Das sind wohl legitime Zweifel. Sicher würden mich viele Menschen beschuldigen, im Augenblick der Gefahr einfach ausgestiegen zu sein. Aber konnte ich meine Entscheidung vom Urteil anderer Menschen abhängig machen?

Nein, ich wusste, dass meine Zeit gekommen war. Ich konnte der Frage, die Lewis, und hinter ihm Gott, so unüberhörbar gestellt hatte, nicht länger ausweichen. Konnte ich Jesus Christus ohne Rückhalt als Herrn meines Lebens annehmen? Die Frage stand wie ein offenes Tor vor mir. Ich konnte es nicht umgehen. Ich würde hindurchgehen – oder aber draußen bleiben. Ein »Vielleicht« oder »Ich brauche mehr Zeit« war Selbstbetrug.

Als diese Frage immer dringlicher wurde, machte mir der Satz »Jesus Christus annehmen« auch immer weniger zu schaffen. Er hatte sich zunächst so fromm und mystisch angehört, wie aus dem Sprachschatz eines blinden, sektiererischen Eiferers, beinahe wie schwarze Magie. Aber »annehmen« bedeutet nichts anderes als »glauben«. Glaubte ich denn, was Jesus sagte? Wenn ich das tat – glaubensmäßig und verstandesmäßig –, dann nahm ich ihn damit an. Das war weder mystisch noch seltsam. Entweder würde ich glauben oder nicht, entweder alles glauben oder nichts glauben.

Die Suche, die ich in jener Woche an der Küste

von Maine begann, war nicht ganz so wesentlich, wie ich zunächst gedacht hatte. Sie führte mich einfach an den Punkt zurück, an dem ich Gott in dem Augenblick meiner Übergabe auf der kleinen Landstraße vor Phillips Haus gebeten hatte, mich anzunehmen. Was ich in dieser Woche so eifrig studiert hatte, öffnete mir die neue Welt, in die ich bereits erste, zögernde Schritte getan hatte, ein wenig weiter. Eine Woche der Auseinandersetzung an der Küste von Maine würde kaum – auch nicht im Zeitalter der Düsenflugzeuge – als eine Odyssee bezeichnet werden können. Aber mir schien es, als hätte ich Tausende von Meilen zurückgelegt.

Und so kamen an jenem Freitagmorgen, während ich allein auf das Meer hinausstarrte, das ich so sehr liebe, Worte über meine Lippen, von denen ich niemals angenommen hatte, dass ich sie je verstehen würde oder aussprechen könnte: »Herr Jesus, ich glaube dir. Ich nehme dich an. Bitte, komm in mein Leben. Ich übereigne es dir.«

Mit diesen wenigen Worten an jenem Morgen erfuhr ich eine Gewissheit der Erkenntnis, die der Tiefe meiner Gefühle entsprach. Ich erfuhr noch mehr: Kraft und heitere Gelassenheit, eine wunderbare, neue Sicherheit im Blick auf das Leben, eine neue Selbst- und Welteinschätzung. Alte Ängste, Anspannungen und Vorbehalte schmolzen dahin. Plötzlich wurden mir Dinge wichtig, die ich nie zuvor wahrgenommen hatte. Es war, als ob Gott das unfruchtbare Vakuum, das ich so lange Monate empfunden hatte, bis zum Rand mit einem ganz neuen Bewusstsein füllte.

Ich schrieb Tom Phillips und erzählte ihm von dem Schritt, den ich getan hatte, von meiner Dankbarkeit für sein liebevolles Bemühen und bat ihn um seine Gebete für die lange und schwierige Reise, die vor mir liegen würde.

Selbst nicht in meinen wildesten Träumen hätte ich mir auch nur andeutungsweise ausmalen können, was alles auf mich zukommen würde. Wie gut ist es doch, dass Gott uns nicht in die Zukunft schauen lässt.

Kapitel 10

Wieder in Washington

■   Um 7.30 Uhr hörte ich auf dem Kies vor unserem Haus in McLean Reifenknirschen. Als ich die Haustüre öffnete, um den Fahrer unseres Anwaltsbüros zu begrüßen, lag der Geruch des Meeres und der Küste von Maine schon meilenweit hinter uns. Es war Montagmorgen und Zeit, an die Arbeit zu gehen.

Stocton von Black, unser Fahrer, strahlte mich mit breitem Lachen an. »Guten Morgen, Mr. Colson. Schön, dass Sie wieder da sind.« Stocton war immer fröhlich, aber niemals zuvor hatte ich eine solche Wärme und Freundlichkeit in seinen Augen bemerkt. Geistesabwesend hatte ich gewöhnlich irgendeine Antwort gemurmelt. Als wir in die Stadt fuhren, ertappte ich mich dabei, wie ich ihn nach seinem Leben und seiner Familie fragte. Mein Auge freute sich daran, wie wunderschön grün die Bäume und Sträucher dastanden, die die Straße durch den George-Washington-Park säumten; ich bestaunte den klaren und blauen Himmel. Plötzlich lag die Silhouette der Stadt vor uns, als wir in großem Bogen dem Lauf des Potomac folgten. Glasflächen und weißer Marmor der Bauten leuchteten in der Sonne auf, im Hintergrund, auf dem Kapitolshügel, erschien die majestätische Kuppel.

»Ein wunderbarer Anblick, nicht wahr, Stocton?«, bemerkte ich und dann nahm ich den verlegenen Ausdruck auf dem Gesicht des Fahrers wahr, als er mich durch den Rückspiegel kurz ansah. Es war doch genau dasselbe Bild, das ich durch all die Monate hindurch jeden Morgen hätte sehen können.

Als der Verkehr dichter wurde, Stoßstange an Stoßstange rückte, las ich die ganze Tagesausgabe der *Washington Post* durch, ohne auch nur einmal zu fluchen. Wenn es schon ungewohnt war, dass ich die grünen Bäume und die Silhouette der Stadt genießen konnte, welche Veränderung musste dann an mir geschehen sein, dass ich die *Post* nicht in einer wütend geballten Faust wenigstens einmal zerknüllte? Sogar die Leute in der Vorhalle meines Bürogebäudes erschienen mir freundlich, wahrscheinlich weil ich sie zum ersten Mal richtig anschaute. In dieser Stadt der Macht und des protokollarischen Zeremoniells kann man bedeutende Persönlichkeiten fast immer am festen, schnellen Schritt und der einstudierten Besorgnis erkennen, mit der sie durch die Menge schreiten, ohne jemanden zu sehen – dies alles zeigt das Gewicht der Probleme an, die sie zu tragen haben.

Normalerweise hätte ich den Schluss gezogen, dass mich die Ferienwoche entspannt, mir neue Energie und einen freieren und offeneren Blick gegeben habe; aber in Wirklichkeit wusste ich, dass es weit mehr war. Es *war* alles anders, völlig anders als vorher – vor Watergate, vor jedem anderen Zeitpunkt.

Eines Morgens im Verlauf dieser Woche meldete mir meine Sekretärin Holly über die Wechselsprechanlage: »Hier ist ein Mr. Coe. Er möchte Sie sprechen, aber er will sich nicht ausweisen. Bestimmt ist es wieder ein Reporter; mit diesen Kerlen hat man wirklich seine Last.« Ich erinnerte mich, dass Tom Phillips mir angedeutet hatte, ein Mann namens Doug Coe würde sich mit mir in Verbindung setzen. Dann hatte er tatsächlich keine Zeit unnötig verstreichen lassen; Tom konnte meinen Brief eben erst erhalten haben.

Holly, in ihrer Abwehrrolle geübt wie alle Sekretärinnen in Washington, wollte ihn abwimmeln. »Sie werden sich ganz nett was einbrocken, wenn ich's nicht tue!« Gerade wollte ich ansetzen, um ihr zu erzählen, dass ich mir tatsächlich schon eine ganze Menge »eingebrockt« hatte, da betrat Doug Coe mein Büro. Er begrüßte mich mit einem offenen, freundlichen Lächeln, so als ob wir uns schon jahrelang gekannt hätten, und hatte schon einen Arm um meine Schultern gelegt, bevor ich ihn überhaupt auffordern konnte, Platz zu nehmen. »Das ist einfach großartig, einfach phantastisch, was Tom mir über Sie erzählt hat«, begann er. Die Leute in Neu-England sind sonst von Natur aus gegenüber Fremden äußerst zurückhaltend. Ich brauchte gewöhnlich die ersten Minuten bei einer neuen Begegnung, um langsam vorzufühlen, und währenddessen ließ ich das Gespräch ein wenig dahinplätschern, um einen exakteren Eindruck von meinem Gegenüber zu bekommen – etwa wie ein Haushund, der ein neues Tier aus der Nachbarschaft erst langsam umkreist. Aber Doug räumte schon in jenen ersten Minuten mit allen nichts sagenden Redensarten auf. Er ließ seinen zerknüllten Regenmantel auf den Ecktisch fallen. Mit seinen 1 Meter 85 durchmaß er federnden Schrittes mein Zimmer und ließ sich dann leger in einen meiner Ledersessel fallen, ein Bein über der Lehne.

Während des Geplauders nahm ich sein ausgesprochen gutes Aussehen wahr: kurz gestutztes, gelocktes schwarzes Haar, dunkle, lebendige Augen, weiß glänzende Zähne und immer wieder das ansteckende Lachen. Ich bemerkte schnell, dass es dasselbe Strahlen und dieselbe Unkompliziertheit waren, die mich an Tom Phillips faszinierten.

»Tom rief mich an und – ich hoffe, Sie haben nichts dagegen – las mir Ihren Brief vor.« Doug Coe prüfte meine Reaktion.

Ich habe aber etwas dagegen, dachte ich. In seinen Augen lag jedoch eine solche Freundlichkeit, dass mein Widerstand dahinzuschmelzen begann.

»Es ist so herrlich, wenn es auf diese Weise geschieht«, sagte Doug mit einer Wärme, die den ganzen Raum auszufüllen schien.

Dennoch, dachte ich, *was sich da ereignet hatte, war zwischen Gott und mir geschehen.* Man läuft nicht einfach herum und redet über diese Dinge, wenigstens nicht mit Leuten, die man kaum kennt. Aber Doug Coe schien plötzlich kein Fremder mehr zu sein. Als wir uns weiter unterhielten, erfuhr ich, dass Doug mit Senator Mark Hatfield nach Washington gekommen war. Sie waren alte Freunde seit ihrer Studentenzeit an der Willamette-Universität in Oregon. Er arbeitete nun mit *Prayer-Breakfast*-Leuten in Washington zusammen, deren Arbeit im Wesentlichen auf den früheren Senator Frank Carlson aus Kansas zurückging. Ich hätte Doug eigentlich kennen sollen; denn er hatte schon jahrelang im Bereich des Senats zu tun. Obwohl er nie meinen Weg gekreuzt hatte, war mir, als hätte ich ihn schon immer gekannt.

Bald war ich mit wachsender Spannung dabei, die Geschichte von meinem Erlebnis auf Toms Grundstück zu erzählen und von der nachfolgenden rationalen Vergewisserung in dem Ferienhaus in Maine. »Und so kam es, Doug, dass ich Christus in mein Leben gebeten habe. Ich habe nichts zurückgehalten.«

Es war das erste Mal, dass ich meine Übergabe laut gegenüber einem Menschen artikulierte, und die Worte verwirrten mich in ihrer Fremdheit. Coes Lächeln wurde immer herzlicher, und seine Augen leuchteten, als er immer wiederholte: »Das ist so aufregend, das ist einfach großartig ...« Dann wechselte Doug die Richtung. »Sie werden sicherlich Senator Hughes treffen wollen. Harold ist ein großartiger, echter Christ.« Ich lachte. »Harold Hughes wird mich niemals sehen wollen. Von dem, was ich gehört habe, weiß ich, dass er mich als Amerikas Bedrohung Nummer eins ansieht. Er ist gegen den Krieg, gegen Nixon, gegen Colson – auf politischem Terrain könnten wir nicht weiter auseinander stehen.«

»Das macht jetzt nichts mehr aus«, fuhr Doug fort, ohne sich davon beeindrucken zu lassen.

»Wollen Sie mir etwa weismachen, dass Harold Hughes, weil ich Christus in mein Leben aufgenommen habe, plötzlich mein Freund werden möchte?« Ungläubig schüttelte ich den Kopf.

»Abwarten, Chuck, abwarten. Sie werden Freunde, die über diese ganze Stadt verstreut sind, finden. Das sind Männer und Frauen, die Sie noch nicht einmal kennen, aber sie werden kein stärkeres Bedürfnis haben, als Ihnen zu helfen. Einige wissen, dass wir uns jetzt hier treffen, und sie beten für uns in diesem Augenblick.«

Ich starrte Doug an. Monatelang hatte ich gegen

Cox' Armee von Ermittlungsbeamten gekämpft, gegen das Ervin-Komitee, gegen ein Dutzend anderer Kongressausschüsse, die in das Watergate-Spektakel hineingezogen waren, dazu gegen Horden von Presseleuten und gegen 90 % der Washingtoner Gesellschaft – so jedenfalls hatte es ausgesehen. Niemand hatte in den langen Monaten auch nur einmal nach meinen Bedürfnissen gefragt – nicht einmal meine alten Freunde im Weißen Haus. Und nun sagte mir Doug, dass sich völlig fremde Leute um mich kümmerten. Diese Vorstellung lähmte fast mein Hirn. Dann schlug Doug vor, dass wir zusammen beteten. Zuerst war ich besorgt, was wohl meine Partner sagen würden, wenn einer von ihnen plötzlich hereingeplatzt kam. Aber für Doug war es die natürlichste Sache und er war so entspannt dabei, dass auch ich entspannen konnte. Er dankte dem Herrn dafür, dass er uns zusammengebracht hatte durch das Band der Bruderschaft, dankte dafür, dass wir seine Liebe erfahren durften. Ich stolperte über die Worte und stammelte mich durch mein Gebet hindurch; es war das erste Mal in meinem Leben, dass ich laut mit irgendjemandem betete.

Mein neuer Freund überreichte mir dann ein Exemplar der Phillips-Übersetzung des Neuen Testamentes mit der Widmung: Für Charles – *Es ist besser, in einer Sache zu scheitern, die schließlich zum Sieg führen wird, als in einer Sache zu siegen, die letztlich*

scheitern muss. – Gott segne Sie! Doug. Matth. 6, 33.
Wie mich diese Worte noch umtreiben und mich
schließlich führen sollten in den Tagen, die vor mir
lagen!

Doug rollte seinen Regenmantel zusammen, ergriff meine Hand, blickte mir einen Augenblick lang
tief in die Augen und war dann, so schnell wie er gekommen war, mit einem fröhlichen »Machen Sie's
gut, Bruder« gegangen. Mit ihm verschwand auch
die Wärme, die den Raum erfüllt hatte. Die weißen
Bürowände blickten wieder öde, kalt, geschäftsmäßig
nüchtern auf mich herab.

»Na, Sie haben ja eine ganz schön lange Zeit mit
ihm verbracht. Wer war das denn, Chuck?« Holly
stand mit gekreuzten Armen im Türrahmen und
schmollte über den Eindringling in unseren geschäftigen Alltag. Ich hatte nicht bemerkt, dass mehr als
eine Stunde verflossen war. »Ein Freund, Holly – ein
guter Freund. Er wird in Zukunft wahrscheinlich öfter mal vorbeikommen.«

Doug hatte Recht gehabt, als er mir sagte, dass
ich noch viele unbekannte Freunde in der Stadt hätte. Am nächsten Tag rief mich Staatssekretär Curtis
Tarr an. Er war früher Präsident der Lawrence-Uni-
versität gewesen und Nixon hatte ihn nach Washington gebracht – eine starke Persönlichkeit, die ich
hoch verehrte, obwohl ich ihn erst einmal gesehen
hatte. »Wenn ich irgendetwas für Sie tun kann,

Chuck, rufen Sie mich einfach an. Ich stehe ganz auf Ihrer Seite. Sie sollen wissen, dass Sie hier einen guten Freund haben.« – Ich war so verblüfft, dass ich kaum wusste, was ich antworten sollte. Einige meiner früheren Kollegen, sogar Männer, die ihre hohen Positionen mir verdankten, hatten sich immer mehr von mir distanziert, als die Anschuldigungen gegen mich zunahmen. Politiker achten stets sorgfältig auf ihre gesellschaftlichen Verbindungen und so mancher war inzwischen von den hässlichen Flecken der Watergate-Affäre beschmutzt worden. Aber in den nun folgenden Tagen sollte ich erleben, wie Menschen, die ich kaum kannte, nicht zögerten, sich mit mir zu verbünden, und jeder von ihnen tat es mit derselben Begründung, wenn auch immer wieder anders ausgedrückt: »Als Brüder in Christus stehen wir zusammen.« Zu meinem großen Erstaunen entdeckte ich, dass es in der ganzen Regierungsmaschinerie Männer gab, die Christus gehörten.

Diese moralische Unterstützung hätte zu keinem besseren Zeitpunkt eintreten können, denn meine barschen Aussagen und meine entschiedene Verteidigung des Präsidenten hatten mich zu einem Hauptangriffsziel der etwa 40 Anwälte gemacht, die jetzt zu Professor Cox' Büro gehörten, die meisten von ihnen liberale Demokraten und ausgezeichnete Absolventen der Harvard-Universität. Meine Partner Dave Shapiro und Judd Best mussten mir eines

Abends vorsichtig die neueste Nachricht beibringen: Die Jury, die mit dem Einbruch in die Praxis von Ellsbergs Psychiater befasst war, sammelte Material gegen meine Person.

»Nun, lasst uns dort hingehen. Ich will ihnen genauestens erzählen, was wirklich geschah«, schlug ich vor mit einer, wie es mir jetzt scheint, unglaublichen Naivität.

»In Ordnung, wenn Sie das wirklich tun wollen«, sagte Shapiro, »aber der übliche Weg wäre, dass man um eine Jury einen großen Bogen schlägt, wenn man selbst deren Ziel ist; alles, was Sie jetzt tun, würde ihnen mehr Material zuspielen, das sie später im ...«

Dave hielt inne, und ich beendete den Satz an seiner Stelle: »... im Prozess, Dave, ich verstehe, aber ich werde nicht zufrieden sein, wenn ich es nicht wenigstens versuche. Schafft mir eine Gelegenheit, vor der Jury auszusagen, und dann wird es keinen Prozess geben. Ihr werdet es sehen.«

Dave, Judd und ich bemühten uns um eine Anhörung. Nach ungefähr einer Woche stiegen wir zum sechsten Stock des Bundesgerichts hinauf, liefen den schwach erleuchteten Flur entlang, an drohenden Schildern vorbei mit der Warnung: »Für Besucher und Pressevertreter kein Zutritt«. Wir betraten die nackten Räume, in denen die Sonderjury des Watergate-Falles zusammenkam, und warteten in einem Vorraum, während William Merrill, der Stellvertreter des Sonderstaatsanwalts, die Jury kurz in Kenntnis setzte, welches Beweismaterial sie von einem Charles Colson erwarten dürfe. Ich war Merrill, einem umgänglichen Herrn, Ende der Vierziger, schon einmal bei einer Konferenz begegnet. Er war Demokratischer Kongresskandidat für den Staat Michigan und der Geschäftsführer der »Kampagne für die Präsidentschaft Robert Kennedys« gewesen; so konnte ich kaum erwarten, dass mir seine politischen Sympathien galten.

Während ich in dem Raum unruhig auf und ab ging, vergegenwärtigte ich mir noch einmal, was ich im Jurastudium über das Verhalten des Zeugen vor einer solchen Jury gelernt hatte – allein, ohne Rechtsanwalt, sollte er vor ungefähr 23 Bürgern erscheinen, die aus der jeweiligen Ortschaft ausgewählt waren. Die einzige Funktion dieser Jury ist es, darüber zu entscheiden, ob das Beweismaterial, das vonseiten der staatlichen Ermittlungsbeamten vorgelegt wird, ausreicht, um eine Anklage zu erheben und eine Gerichtsverhandlung zu rechtfertigen. In der Theorie bestand also die Aufgabe darin, das Individuum gegen rücksichtslose und willkürliche Ermittlungen zu schützen.

Schließlich tauchte ein junger Mann auf und bat mich, ihm zu folgen. Ich marschierte durch einen Detektor hindurch, der Metallgegenstände, die ich eventuell bei mir trug, angezeigt hätte, vorbei an einer schläfrigen Wache in Uniform, die in einem Sessel zusammengesunken war, und in Saal 2 der Jury hinein. Auf der rechten Seite befand sich eine Art Katheder, an dem zwei junge Assistenten des Staatsanwalts saßen. Unmittelbar vor mir befand sich ein kleiner Tisch mit einem Mikrofon, offenbar für den Zeugen. Daneben saß eine Gerichtsstenografin, die Hand auf einer kleinen schwarzen Kurzschriftmaschine. Im Hintergrund befanden sich sechs tribünenartig angelegte Stuhlreihen mit jeweils sechs Sitzen pro Reihe. Mein Mut sank etwas, als ich unter den 23 ausgesuchten Bürgern des Distrikts von Columbia nur drei weiße Gesichter ausmachen konnte. Unter der schwarzen Bevölkerung hatte Nixon eigentlich kaum Unterstützung gefunden.

William Merrill stand in Hemdsärmeln vor den Geschworenen und bot ein Bild, das mich an einen freundlichen Schulmeister erinnerte, der zu seiner kleinen Herde sprach. »Wenn ihr fertig seid«, sagte er lächelnd und blickte über seine Lesebrille hinweg, »können wir mit der Befragung Mr. Colsons beginnen.« Der Vorsitzende der Jury nahm die Vereidigung vor, dann wandte sich Merrill mir zu.

»Für das Protokoll stelle ich Ihnen gegenüber fest, dass Sie sich vor der Jury befinden, die herausfinden soll, ob bei dem Einbruch in Dr. Fieldings Büro in Los Angeles möglicherweise Bundesgesetze verletzt worden sind. Dr. Fielding ist der Psychiater

Daniel Ellsbergs gewesen. Ich teile Ihnen ebenfalls mit, dass die Jury aufgrund von Zeugenaussagen erfahren hat, Sie seien in dieser Sache ebenfalls durch Vergehen gegen das Strafgesetz verwickelt und werden voraussichtlich noch angeklagt werden. Deshalb haben Sie nach dem fünften Verfassungszusatz das Recht zur Aussageverweigerung in Bezug auf alle Fragen, die ich Ihnen hier stelle. Andererseits können alle Angaben, die Sie hier machen, selbstverständlich gegen Sie verwendet werden ...«*

Ich spürte, wie unter meinem Hemd kalter Schweiß Tropfen bildete. Ich wollte nach dem kleinen Papierbecher mit Wasser auf dem Tisch greifen, aber meine Hand zitterte so entsetzlich, dass ich sie nicht heben konnte, ohne allen meine Nervosität bloßzulegen.

Merrill wandte sich um, lächelte den Geschworenen zu und fuhr dann fort: »Ich habe ferner Ihr Erscheinen so verstanden – und darauf sollten die Geschworenen hingewiesen werden –, dass Sie auf eigenen Wunsch hier sind. Sind die Dinge, die ich gesagt habe, korrekt und haben Sie meine Hinweise verstanden?«

»Ich habe sie alle verstanden, Mr. Merrill. Ich bin auf eigenen Wunsch hier, weil ich das Bedürfnis hatte, eine Gelegenheit zu bekommen, in der ich alles, was ich über diese Ereignisse weiß, aussagen kann«, antwortete ich.

Ich hörte mit Erleichterung meine eigenen Worte durch den Lautsprecher, fest und deutlich; wenigstens meine Stimme ließ mich nicht im Stich. Nachdem Merrill die Vorfragen erledigt hatte – Name, Beruf, Eintritt ins Weiße Haus, meine Tätigkeit für den Präsidenten –, schob ihm einer der jungen Männer neben ihm einen Zettel zu, während ich darauf wartete, dass es nun mit den Hauptfragen losgehen würde. Er begann so: »Können Sie sich an ein Gespräch mit Mr. Magruder erinnern, in dem es um den Empfang von hunderttausend Briefen ging, die in den Vorwahlen in New Hampshire benutzt werden sollten, um Demokraten zu veranlassen, für Kennedy zu stimmen?«

Die Frage hatte nichts mit der Ellsberg-Affäre zu tun, und ich hoffte, dass ich nicht so verblüfft aussah, wie ich es war. In all den Monaten, seit die Watergate-Untersuchung begonnen hatte, war ich nie nach dieser Briefangelegenheit gefragt worden. Es handelte sich um unseren geheimen Versuch, während der Vorwahlen in New Hampshire eine Unterschriftenaktion ins Rollen zu bringen, um Stimmung für Ted Kennedy zu machen. Er sollte gezwungen werden, entweder seine Kandidatur zu beantragen oder ganz klar davon abzurücken. Es war ein Unternehmen mit »schmutzigen Tricks« aus dem politischen Kampf alten Stils und ich war tatsächlich dafür verantwortlich gewesen.

Ich versuchte, meine Gedanken zu konzentrieren. Ich war darauf vorbereitet gewesen, jede Einzelheit von dem mitzuteilen, was ich über den Fall Ellsberg wusste. Aber an die Kennedy-Unterschriftenaktion hatte ich überhaupt nicht mehr gedacht. Trotz allem beantwortete ich jede der Fragen Merrills wahrheitsgemäß, obwohl ich mir bewusst war, dass die Kennedy-Familie unter der großen Mehrheit der Schwarzen im Distrikt von Columbia verehrt wird. Wenn die Frage darauf abgezielt war, mich in die Defensive zu bringen, dann war sie erfolgreich.

Fast die ganze Vormittagssitzung befasste sich mit der Kampagne von 1972 und anderen Angelegenheiten, die nichts mit dem Fall Ellsberg zu tun hatten, und mit meinem Verhältnis zur Kennedy-Familie. Merrill drängte weiter: »Hatten Sie jemals Kenntnis von Bemühungen, mit denen man Einzelne und Gruppen Homosexueller zur Unterstützung von McGovern veranlassen wollte?«

»No, Sir!«, protestierte ich, während einer von Merrills jungen Leuten ungläubig seinen Kopf schüttelte, was einigen der Geschworenen offensichtlich Vergnügen bereitete. Es war nicht ein Funken Wahrheit an dieser auf gekonnte Weise verbreiteten Anschuldigung. In der weiteren Befragung wechselten sich dann Merrills Assistenten ab, wobei anscheinend jeder bemüht war, den andern durch die schwierigsten und verwirrendsten Fragen auszustechen. Ich kam mir vor, als säße ich einer Fassade wütender Gesichter gegenüber.

In der Mittagspause bemühten sich Shapiro und Best sehr, meine erschlafften Lebensgeister wieder anzuregen. Ich war aufgebracht und niedergeschlagen zugleich. In den zwei Stunden vor der Jury war kaum eine einzige Frage gestellt worden, die den Fall betraf, zu dem ich mich freiwillig äußern wollte.

Nach einer kurzen Unterredung zwischen Shapiro und Merrill begann sich die Fragerei auf den eigentlichen Fall zu konzentrieren: den Einbruch bei Ellsbergs Psychiater. Als Merrill auf Details der Untersuchung herumzureiten begann, die ich zumeist schon freiwillig bestätigt hatte, schwand das Interesse der Geschworenen. Ich bemerkte, dass mehrere nebenher Zeitung lasen. Eine ungeheuer gewichtige Frau in der gestärkten weißen Kleidung einer Hausangestellten saß in der ersten Reihe und machte immer mal wieder ein Nickerchen. Ihr Kopf fiel vornüber und das Kinn stieß gegen das Brustbein. Als ich gerade, wie mir schien, eine besonders aufschlussreiche und bedeutende Aussage machte, hatte sie wieder einmal den tiefsten Punkt in diesem Auf und Ab erreicht, und ein Grinsen ging durch den ganzen Raum. Ein Mann in der zweiten Reihe im Saal kämpfte gegen den Schlaf und gähnte laut. An einer Stelle jedoch hatte Merrill ihre Aufmerksamkeit wieder gewonnen: »Haben Sie jemals zu irgendjeman-

dem gesagt, dass Sie *Ellsberg schwarz färben* wollten?«
Ich stöhnte vor mich hin und gab zu, diese Wendung
irgendwann einmal in einer Notiz verwendet zu haben. Es war völlig zwecklos, geltend zu machen, dass
ich damit keine Rassendiskriminierung beabsichtigte. Allein diese Frage zu stellen, brachte Merrill weitere Punkte ein.

Der nächste Tag brachte lediglich eine Wiederholung des Schauspiels – dieselben bohrenden Fragen. Meine Versuche, entlastende Gesichtspunkte in
das Protokoll aufnehmen zu lassen, wurden vereitelt.
Nachdem nun das Sensationelle meines Erscheinens
vor der Jury verblasst war, verließen viele der Geschworenen einfach die Sitzung oder schliefen
schamlos vor sich hin.

An jenem Abend zogen Shapiro, Best und ich den
Schluss, dass ich dieser zermürbenden Fragerei ein
Ende setzten sollte. Was immer ich bis jetzt ausgesagt hatte, es konnte mir unter keinen Umständen
zur Hilfe gereichen. Merrill kannte die Sachlage und
er würde nun entweder meine Anklage empfehlen
oder nicht. Tatsächlich setzte sich Merrill nach zwei
Tagen mit Shapiro in Verbindung: »Wir werden
Ihren Klienten anklagen, wahrscheinlich nächste
Woche.«

An jenem Nachmittag saß ich noch spät allein in
meinem Büro und starrte missmutig aus dem Fenster. Wie sollte ich das alles Patty und den Kindern er-

klären? Sie würden für immer gezeichnet sein. Doch sonderbarerweise war die Furcht, die mich im frühen Sommer erfüllt hatte, verflogen. Es würde einen Prozess geben, und wenn ich ihn verlor, so konnte das Gefängnisstrafe bedeuten. Aber irgendwie schien mir diese Aussicht, so schwarz und abscheulich sie auch immer war, nicht mehr das Ende meiner Existenz zu bedeuten.

Was mich am meisten quälte, war das innere Wissen darum, dass die Ereignisse sich unerbittlich weiter entwickelten, dass Wut und Verbitterung sich anschickten, die Waagschalen Justitias zu beeinflussen, und dass ich keine einzige Möglichkeit sah, die forteilende Zeit zurückzudrehen. Die böse Wurzel meines Stolzes war in jener Nacht bei Tom Phillips gezogen worden, aber der Prozess, langsam und ständig mein Ich zu töten, war noch nicht abgeschlossen.

Genau in jenem Augenblick stürmte Doug Coe in seiner gewohnten Art in mein Büro: »Hallo, Bruder – ich komme eben mal wieder durch diese Gegend.« Sein Gespür für den richtigen Augenblick war unglaublich. Er schien immer aufzutauchen, wenn ich am stärksten nach einer Aufmunterung verlangte. Als ich ihm die drohende Anklage andeutete, hörte mir Doug mit wachsender Betroffenheit zu.

»Sie trifft es hart, Chuck – wirklich hart«, sagte er. Wir schwiegen. »Worauf es aber eigentlich ankommt«, fuhr er fort, »ist nicht das, was Mr. Cox oder Bill Merrill denken oder tun, sondern was Gott über Sie weiß. Er kennt Ihre Sünden, er kennt meine. Und er ist immer bereit, uns zu vergeben. Das ist das Wunderbare, dass wir einen liebevollen und vergebenden Vater haben. Sie können mit Gott offen und ehrlich sein, ganz gleich, was Sie getan haben.«

Indem wir weiter darüber sprachen, wurde mir die Wahrheit in Dougs Worten immer klarer. Gott stellt uns nicht in Aussicht, uns Schmerzen oder Strafen zu ersparen, die aus unseren Fehlern erwachsen, sondern er will uns vergeben, uns lieben und uns mit der Kraft beschenken, die uns auch durch die schwierigsten Erfahrungen tragen kann. Dougs Durchblick und unser gemeinsames Gebet richteten mich wieder auf.

Doch in den nun folgenden Tagen erfuhr ich, wie schwer es für einen jungen Christen ist, sich völlig Gott auszuliefern. Tägliches Gebet und tägliches Bibellesen halfen mir, aber das alte Ich kämpfte weiter. Mein Ego und Stolz starben nur mit Mühe. Ich machte mir darüber Gedanken, was andere wohl zu dieser Anklage gegen mich sagen würden. Wie konnte ich jemals meinen Freunden meine Unschuld beweisen? Eine Anklage ist eine bleibende Narbe, ganz gleich, wie der Prozess ausgeht. Es gab auch Tage, an denen die Furcht mich schüttelte.

Aber in mir selbst ereigneten sich bemerkenswerte Dinge. Von der alten Feindschaft und Bitterkeit gegenüber meinen Gegnern spürte ich immer weniger. Als ich im Oktober alte Freunde aus dem Weißen Haus bei einem Dinner traf, bemerkte ich, wie ich plötzlich selber unruhig wurde, als die anderen anfingen, über John Dean herzuziehen.

»Er muss mit sich selber leben«, antwortete ich nachsichtig. Patty sah mich erstaunt an. Früher hatte die bloße Nennung seines Namens mein Gesicht rot anlaufen lassen und mich zu wütenden Bemerkungen veranlasst. Aber nun stellte ich fest, dass ich nicht mehr so einfach und so schnell jemanden hassen konnte wie früher.

In der Zwischenzeit wuchs in Dave Shapiro die Überzeugung, dass er und ich persönlich zu eng miteinander verbunden waren, als dass er mich vor Gericht verteidigen konnte. Es wurde auch die Frage der Befangenheit ins Spiel gebracht, denn die Staatsanwälte hatten darauf hingewiesen, dass Shapiro sich einmal mit Howard Hunt getroffen hatte und nun vielleicht als Zeuge vor Gericht geladen werden könnte. Nach mehreren langen Gesprächen entschlossen wir uns, nach einem erstklassigen Anwalt zu suchen, der uns beistehen sollte, wenn der Fall vor Gericht kam. Wir waren uns über den Mann einig, Jim St. Clair, den Seniorpartner in einem angesehenen Anwaltsbüro in Boston. Vor zwanzig Jahren hatte Jim als junger Stellvertreter Joe Welchs fungiert, der ein gewiefter, verschmitzter alter Anwalt war, dessen Witz und gesunder Menschenverstand ihn zum Helden der Untersuchungen der Armee gegen McCarthy gemacht hatten. Seither stand Jim St. Clair in dem Ruf, einer der fähigsten Strafverteidiger im Land zu sein, ebenso scharfsinnig und umsichtig wie sein Mentor von einst.

Bevor sich Jim mit der Übernahme des Falles einverstanden erklärte, bestand er darauf, erst einmal jede Einzelheit zu erfahren. Zwei Tage verbrachte er damit, Shapiro und mich genauestens zu befragen, Schlüsselfiguren zu interviewen und meine Akten durchzublättern. Dann suchte er mich spät abends in meinem Büro auf, um mir seine Entscheidung mitzuteilen. »Ich werde Sie vertreten. Ich bin in der Tat der Ansicht, dass Sie in der Ellsberg-Affäre im Sinne der Anklage unschuldig sind. Das ist für meine Entscheidung nicht wesentlich, aber es hilft. So wie ich es sehe, können Sie über diesen Prozess ganz beruhigt sein. Wir haben eine Chance von fünfzig Prozent.«

»Sie glauben, dass ich unschuldig bin und dass wir gute Aussichten bei einem Prozess haben, geben mir aber nur eine Chance von fünfzig Prozent?«, wendete ich protestierend ein.

In seinem schwarzen Ledersessel gegenüber meinem Schreibtisch lehnte sich Jim zurück und brach in ein tiefes, lautes Gelächter aus. »Schauen Sie, Chuck, wenn ein Staatsanwalt sich aufmacht, um Sie einzufangen – und diese Cox-Jungs sind auf Ihren Skalp aus –, dann ist er mit seinem Trupp schwer zu schlagen. Die Bundesanwälte haben alles auf ihrer Seite, manchmal sogar die Geschworenen inbegriffen. Jetzt geht es nur noch mühsam bergauf mit euch Nixon-Burschen.«

St. Clairs breites Lächeln, seine graue Mähne und sein untersetzter Körperbau, der ihm jedoch im Gerichtssaal noch genügend Gewandtheit und Behändigkeit erlaubt, haben ihm den Beinamen »Silberfuchs« eingebracht. Er blickte mich offen an und grinste: »Alle Staatsanwälte sind Bullen, verstehen Sie?« Jims brutale Offenheit, seine Ausdrücke aus der Verbrecherwelt, die sogar dieser Anwalt aus Boston nach 20 Jahren Verteidigerpraxis in seinem Ärger benutzte – sie blieben mir in den folgenden Monaten in meinem Bewusstsein lebendig. Ziemlich bald sollte ich die groberen Seiten des Lebens kennen lernen, die Bereiche des Lebens also, die ich in meinem zielgerichteten Marsch nach oben immer schön umgangen hatte.

Wir warteten immer noch auf die in Aussicht gestellte Anklage, als mich eine neue Krise überraschte. Nichts hatte ich mir während des langen Sommers 1973 sehnlicher gewünscht, als endlich einmal vor dem Untersuchungsausschuss des Senators Ervin den Ball zugespielt zu bekommen. Aber ein ums andere Mal wurde meine Vorladung aufgeschoben. Wir hatten den Verdacht, dass der Berater des Ausschusses Sam Dash umgehen wollte, dass ein kompromissloser Nixonverteidiger vor die Fernsehkamera käme, und zwar so lange, bis die Ermittlungen gegen Nixon ungestört abgeschlossen waren und die 80 Millionen Amerikaner dieses Schauspiel bis zum Ende ausgekostet hatten. Noch Anfang September lehnten es Dashs Mitarbeiter ab, einen Termin für meine Vernehmung zu bestätigen. Aber zwei Tage nachdem Merrill eine »bevorstehende« Anklage gegenüber Shapiro angekündigt hatte, rief Dash an, um meine Vorladung einzuplanen. Shapiro erklärte ihm das Dilemma: Es war offensichtlich, dass ich über Angelegenheiten wie die Ellsberg-Affäre nichts aussagen konnte, weil sie später in der Anklage behandelt werden mussten. Nach der herrschenden Ordnung des Ausschusses und nach den Richtlinien des Obersten Gerichtshofes durften sie nicht einmal nach solchen Angelegenheiten fragen.

»Aber noch ist er ja nicht angeklagt«, beharrte Dash.

»Das ist nur eine Verfahrensfrage«, entgegnete Shapiro. »Die Voreingenommenheit würde dieselbe sein. Um der Gerechtigkeit willen sollte der Ausschuss die Colson-Befragung um zehn Tage verschieben. Wenn die Anklage bis dahin nicht erfolgt ist, dann mag Colson die Gelegenheit wahrnehmen und als Zeuge aussagen.«

Dash konnte die Fairness von Daves Argument nicht hinwegdiskutieren. Er wollte die Meinung des Ausschusses darüber anhören und zurückrufen. Nach zwei Stunden war er wieder da. Der Ausschuss war zur Vorladung entschlossen. »Natürlich«, schloss Dash, »kann Colson jederzeit sein verfassungsgemäßes Recht zur Verweigerung der Aussage in Anspruch nehmen ...«

Die fünfte Gesetzesnovelle erschien mir als »Büßergewand« der amerikanischen Politik, sie kam einer Selbstanprangerung gleich. Nichts vermochte den Geruch der Schuld und den Stempel der Feigheit besser heraufzubeschwören als eine Aussageverweigerung. Wer in den Tagen McCarthys der Verbindung zu Kommunisten angeklagt war und die fünfte Gesetzesnovelle in Anspruch nahm, hätte ebenso gut sagen können: »Ich bekenne mich schuldig im Sinne der Anklage« – jedenfalls was die öffentliche Meinung über ihn betraf. In Verbindung mit der Watergate-Affäre hatte bisher niemand das Recht zur Aussageverweigerung in Anspruch genommen außer Bud Krogh, dem jugendlichen Anführer der »Klempner«, der dieses Recht vor einem obskuren Ausschuss des Hauses wahrnahm.

»Ich werde es nicht tun, Dave, ich werde mich unter gar keinen Umständen auf die fünfte Novelle berufen«, beharrte ich, nachdem Shapiro mir von der Unterredung mit Dash berichtet hatte.

Shapiro, ein Anwalt, der während der McCarthy-Tumulte mehr Personen vor der Kammer zur Überprüfung der Verfassungstreue verteidigt hatte als irgendjemand sonst, schritt vor seinem Schreibtisch ärgerlich auf und ab, fluchte in einem Augenblick über den Ausschuss und im nächsten schrie er mich wegen meiner Dummheit an. »Chuck, wer jetzt den Hals aus dem Graben streckt, ist tot. Wollen Sie Selbstmord begehen? Sehnen Sie sich nach dem Tod? Der einzige Ort, an dem Sie aussagen werden, ist vor Gericht! Sie können jetzt nichts weitergeben. Sie wissen nicht, was jene Burschen in Cox' Büro gegen Sie verwenden werden. Wir geben denen nicht noch mehr Munition!« St. Clair stimmte Dave zu, ebenso wie alle meine Partner.

Ervin setzte mein Erscheinen für den Morgen des 19. September an, zu einer Sitzung hinter verschlossenen Türen. Denn er war sich nicht sicher, ebenso wenig wie Shapiro, ob ich nun aussagen oder die fünfte Gesetzesnovelle in Anspruch nehmen würde. Wenn ich Letzteres vor dem Fernsehen tat, konnte das nach herrschender Rechtsprechung bewirken, dass alle Nachforschungen der Staatsanwaltschaft gegen mich eingestellt würden.

Als die Stunde näher rückte, wandte ich mich immer noch voller Unentschiedenheit. Mein Instinkt sagte mir, dass ich aussagen sollte. Fünf Jahre lang hatte ich im Senat gearbeitet, fast vier Jahre im Weißen Haus, über die Hälfte meines Erwachsenendaseins hatte ich im Regierungsbereich oder beim Militär verbracht, dabei stets glühend an das geglaubt, was ich tat. Die Aussage zu verweigern, schien mir der »Flucht vor dem Feind« gleichzukommen, einem Verrat am »Ruf des Vaterlands«. Dann war da auch noch mein Stolz, der sich immer noch heftig weigerte, die Bühne zu verlassen, der sich vielmehr zur Verteidigung meines Oberbefehlshabers erheben wollte, um den Kampf in die Reihen der Angreifer hineinzutragen.

Als wir am Kapitol ankamen, hatten Kameramänner bereits an allen Eingängen Posten bezogen. »Lasst uns mit erhobenem Haupt hineingehen!«, befahl ich. Kameramänner und Reporter drängten sich schon an unserer Autotür, als Shapiro, Ken Adams, ein junger Sozius in unserer Firma, und ich ankamen. Lampen blitzten auf, Mikrofone an langen Stangen schoben sich vor unsere Gesichter. Eine Postenkette stämmiger Kapitolwachen befreite uns von der Belagerung und bahnte einen Weg durch das Gewoge, die kurzen Treppen hinauf und durch die verglasten Drehtüren. Die Menge im Gebäude war fast ebenso groß wie draußen.

Ich mühte mich vergeblich, dem Zugriff zweier überaus pflichtbewusster Schutzleute zu entkommen, die mich an beiden Armen gepackt hatten.

Diese Szene musste als Foto eine verheerende Wirkung haben. Andere Wachleute in blauer Uniform drängten nun in Keilform voraus. Millimeter um Millimeter ging es vorwärts durch Scharen starrender Touristen, vorbei an dunkelbraunen Mahagonitüren und Gemälden von großen Augenblicken der amerikanischen Geschichte. Dann waren wir im Saal S-143 angelangt.

Während wir im Vorraum warteten, überprüften wir noch einmal, wie wir vorgehen wollten: Zuerst sollte eine Reihe von Manövern den Ausschuss dahin bringen, dass er uns einen Aufschub von zehn Tagen gewährte. Unter Umständen würden wir einen Demokraten – den lakonischen Senator des Staates Georgia, Herman Talmage – dazu bringen, mit den Republikanern zu stimmen, was zu einer vier zu drei-Mehrheit führen konnte. Wenn das fehlschlug, beharrte Shapiro unerschütterlich auf der fünften Novelle, auf Aussageverweigerung. Ich war mir nicht sicher, ob ich mir die Worte abringen könnte, selbst wenn ich innerlich zustimmte.

Der Vorsitzende eröffnete die Sitzung, bei der nur sieben Senatoren und eine Handvoll Angestellter im Raum zugegen waren. Uns platzierte man am entfernten Ende eines langen Konferenztisches. Shapiro machte den Anfang und lenkte die Aufmerksamkeit noch einmal auf alle meine freiwilligen öffentlichen Äußerungen während der vergangenen sechzehn Monate. Er stellte das Dilemma dar, das in der drohenden Möglichkeit der Anklage bestand, beklagte die mangelnde Verschwiegenheit der Ausschussmitglieder und ersuchte den Ausschuss, das Recht seines Klienten auf einen gerechten Prozess zu schützen.

Er hob hervor, dass die heutige Anhörung, wenn auch nicht öffentlich, letzten Endes gleich bedeutend sei mit einer öffentlichen Darstellung über das Fernsehen, denn die dadurch erfolgte Publizität sei geradeso verheerend. Sollte ich mich auf das Recht auf Aussageverweigerung stützen, würde das sicherlich die Geschworenen beeinflussen, die sich gerade anschickten, Anklage zu erheben. Verzichtete ich auf die Aussageverweigerung, würde ich für die Zukunft mein Recht, zu schweigen, gefährden und dadurch meine Verteidigungschancen vor Gericht verringern. Während er volle zehn Minuten sein leidenschaftliches Ersuchen vorbrachte, bewegte sich nicht ein Einziger im Versammlungsraum, und als er geendet hatte, trat für einen langen Augenblick Stille ein.

Dash äußerte sich als Erster. »Mr. Shapiro, ich möchte mit Nachdruck bestätigen ... dass auch meine eigenen Nachforschungen im Büro des Sonderstaatsanwalts ergeben haben, dass die gegenwärtig tagende Jury tatsächlich vorhat, ziemlich bald in Aktion zu treten ... und ich bin darüber informiert worden, dass Mr. Colson sehr wahrscheinlich Ziel ihrer Beschuldigungen ist und allem Anschein nach einer auf der Anklageliste sein wird.«* Das war Hilfe, die wir nicht erwartet hatten.

Sam Ervin, der auf seinen Ruf als hervorragender Verfassungsgelehrter des Senates stolz war, schien durch Shapiros Argumentation betroffen zu sein. »Wir haben schon anderen Zeugen Immunität gewährt«, überlegte er und klopfte gedankenverloren mit den Fingern auf die Tischplatte.

»Mr. Colson hat sich ziemlich – hm, er hat sich freiwillig und in aller Offenheit geäußert, in Fernsehprogrammen und bei Presseinterviews«, ließ er vernehmen und machte damit deutlich, wie sehr ihn meine Fernsehauftritte geärgert hatten. Wenn ich auch nicht den Vorsitzenden direkt kritisiert hatte, so hatte ich doch das Vorgehen des Ausschusses angegriffen, die Flut der Indiskretionen gegenüber der Presse, die Zeugenschelte, den Ausschluss der Fürsprecher Nixons. Alle meine Anstrengungen hatten die öffentliche Meinung nicht einen Deut beeinflusst – Nixons Ansehen sank weiterhin in der Öffentlichkeit. Aber sie hatten bewirkt, dass sich Sam Ervin grün ärgerte, der mich jetzt allerdings hatte, wo er mich haben wollte.

Nun blickte ich geradewegs in den Lauf seines geladenen Geschützes.

Shapiro und ich wurden gebeten, den Raum zu

verlassen, während die Ausschussmitglieder die Entscheidung unter sich erörterten. Aber die Stimmen wurden bald so laut, dass wir sie sogar durch die geschlossene Tür wahrnehmen konnten. Senator Baker unterstützte mein Gesuch um Aufschub mit lebhaften Worten. Senator Weicker brüllte dagegen. Der Zeiger der Uhr marschierte langsam voran, zehn Minuten, dann zwanzig, dreißig, vierzig, und das ließ uns hoffen. Hätte Ervin die Stimmenzahl gehabt, um den Aufschub zu vereiteln, wäre eine so lange Debatte unnötig gewesen.

Nach einer Stunde wurden wir zurückgerufen. Der Vorsitzende bat uns, Platz zu nehmen. Ervin fühlte sich in seiner Haut offensichtlich unwohl. Sein Gesicht zuckte unablässig, seine Wangen zitterten und tiefe Furchen gruben sich in seine Stirn, als er uns über seine Brille hinweg einen verstohlenen Blick zuwarf. »Der Ausschuss hat das Gesuch abgelehnt«, verkündete er. »Erheben Sie sich bitte und heben Sie die rechte Hand.«

Shapiro protestierte, diesmal nur fürs Protokoll, und dann beugte er sich zu mir herüber und flüsterte: »Sie müssen es tun, oder Sie können sich neue Verteidiger suchen.«

Ich biss mich auf die Lippe und griff von unten nach der filzüberzogenen Tischplatte, so heftig, dass meine Fingerspitzen das Gefühl verloren. Stolz, Stolz, Stolz! Wie ich Feigheit in jeder Form verachtete! Wie hatte ich jene winselnden Bürokraten verhöhnt, die in den frühen fünfziger Jahren das Recht auf Aussageverweigerung in Anspruch genommen hatten, und auch die Strolche, die sich während Senator McClellans spektakulärer Verhöre wenige Jahre später ebenso verhalten hatten. Stolz! Ich hatte es mir so gewünscht, auf einem weißen Ross heranzupreschen und Präsident Nixon zu retten, seine dankbare Stimme zu hören: »Ordentliche Arbeit, Junge – Sie haben sie wirklich aufs Kreuz gelegt.«

»Mr. Colson, sind Sie mit E. Howard Hunt bekannt?« Dashs Worte dröhnten in meinen Ohren, scharf und schneidend. Ich wandte mich an den Vorsitzenden.

»Herr Senator –«, stammelte ich, und meine Stimme versagte einen Augenblick lang, »mir lag wirklich sehr daran, vor diesem Ausschuss zu erscheinen und meine Aussagen machen zu können. Könnte ich nur ein Zehntel der Anschuldigungen glauben, die in Verbindung mit meiner Person erhoben worden sind, würde ich es nicht verdienen, hier vor Ihnen zu sitzen. Ich bin auf meinen Dienst an meinem Land stolz ... Ich hätte nie daran gedacht, dass ich in diese Situation kommen würde, dass meine Rechte als Bürger von Vorurteilen beschnitten werden und dass ich jemals von meinem verfassungsmäßigen Vorrecht Gebrauch machen müsste. Ich tue es wirklich nicht gern. Es widerstrebt mir zutiefst. Ja, ich hasse es. Herr Vorsitzender, ich habe mich entschlossen, mich den Anweisungen meines Anwalts zu beugen, von denen ich sagen muss, dass sie nicht der Stimme meines Gewissens entsprechen.«

Dann war es vorbei, nur drei Fragen, dreimal die abwehrende, schwache Antwort: »Ich verweigere die Aussage.« Ich bekam diese drei Sätze kaum über meine Lippen, meine Kehle war wie zugeschnürt. Ich wollte mich schnellstens vom Tisch erheben und aus dem Zimmer stürzen. Für einen Augenblick trat eine unheimliche Stille ein, sogar Senator Inouyes finsterer Blick war verschwunden, seine Augen schienen mir zu sagen: »Ich mag Sie nicht, aber ich habe Mitleid mit Ihnen.«

Ervin blickte mich ununterbrochen mit verständnisvollem, väterlichem Gesichtsausdruck an. Der Stich in Howard Bakers Herz war ebenso deutlich zu erkennen wie das kräftige Muster auf seiner Tweedjacke. Alle Wut und Bosheit schien aus Lowell Weicker gewichen, als er jetzt bewegungslos dasaß und aus dem einzigen Fenster des kleinen Raumes blickte. Männer der Politik genießen ihre Augenblicke des Sieges, aber es gibt unter Politikern keinen Triumph, wenn sie bei einem der Ihren, selbst wenn es ein erbitterter Gegner ist, miterleben müssen, wie er sich nicht nur der Niederlage beugen muss, sondern völlig hilflos dasteht, der Schande preisgegeben, selbst der letzten Spur von Selbstachtung beraubt.

Beim Verlassen der Ausschussräume registrierten wir, dass Senator Ervin den ihn umringenden Reportern bekannt gab, dass ich die Aussage verweigert habe. Er ermahnte sie, daraus keine Schlüsse zu ziehen. Aber wir wussten, was am nächsten Tag geschehen würde, und so kam es auch.

Die *Washington Post* druckte oben auf Seite eins ein riesiges Bild des ehemals »harten Mannes« ab. Unter dem Foto stand die Schlagzeile: COLSON SCHWEIGT IM WATERGATE-QUIZ. Eine nicht genannte Stimme aus dem Ausschuss habe mich als »unterwürfig und reumütig« beschrieben. Alle drei Fernsehgesellschaften und wirklich jede größere Zeitung im Land brachten in Schlagzeilen den politischen Nachruf auf Nixons letzten Kämpfer.

Bei Tom Phillips in jener Regennacht im August war der ganze Prozess ins Rollen gekommen, als ich mir zum ersten Mal selbst gegenüberstand und in mir einen Menschen erkannte, den die Jahre voller Streben nach dem Erfolg dieser Welt geprägt hatten. Das *Alte* war am Absterben, das stimmte schon; aber nicht ohne Schmerzen, nicht ohne Widerstreben, nicht ohne Tränen und Sorge. Obwohl meine Augen langsam für eine neue, strahlende Welt geöffnet wurden, die ich niemals zuvor gekannt hatte, kämpfte ich doch noch um Dinge, die ich hinter mir lassen musste. Manch einer kämpft – zumindest eine Zeit lang – um die Reichtümer beider Welten.

Kapitel 11

Brüder

■ Meine Begegnung mit Senator Harold Hughes wurde für einen Abend im späten September geplant. Harold hatte sich, so erfuhr ich später, gegen diesen Vorschlag kräftig gewehrt, als Doug Coe ihn zum ersten Mal anrief und ihm dies unterbreitete.

»Keinen einzigen Mann kann ich weniger ausstehen als Chuck Colson. Ich bin gegen alles, wofür er eintritt. Du weißt das, Doug«, hatte er protestiert.

Ehe Hughes auflegte, hatte Doug den leisen Einwand erhoben, dass diese Haltung kaum der Gesinnung Christi entsprechen würde. Am nächsten Tag rief Hughes zurück und lenkte mit einem Seufzer ein: »Geht in Ordnung, Doug, du kannst es arrangieren.«

Doug befürchtete, ein Treffen zwischen Harold und mir allein könnte zu explosiv werden, und so entschied er sich für einen ruhigen, geselligen Abend mit Ehefrauen, und zwar im Haus des zurückhaltenden Seniors unter den Republikanischen Kongressabgeordneten, Al Quie von Minnesota. Er lud auch einen früheren Demokratischen Kongressabgeordneten von Texas ein, Graham Purcell. Auf diese Weise hatten sich zwei Demokraten, zwei Republikaner und Coe eingefunden.

Harold Hughes ist in der Tat ein Mann von besonderem Format; das stellte ich fest, als ich etwas über seine Vergangenheit nachlas. Aufgewachsen war er auf einer kleinen Farm in Iowa. Im Zweiten Weltkrieg kämpfte er sich als Infanteriesoldat seinen Weg durch die Schlachten in Italien und entkam dem Tod nur um Haaresbreite. In der Nachkriegszeit wurde Hughes Lastwagenfahrer und Alkoholiker und prügelte sich von einer Bar zur anderen, blieb manchmal tagelang von seiner jungen Familie fort und fand sich oft, wenn er vom Rausch erwacht war, in einem fremden Hotel vor, Hunderte von Kilometern von Zuhause entfernt. Immer wieder gab es Schwierigkeiten mit seiner Familie, immer wieder brachte ihn der Whisky ins Gefängnis, oft dachte er an Selbstmord.

Eines späten Abends im Jahre 1954 schrie Hughes zu Gott um Hilfe. Als sich am nächsten Morgen der Nebel über seinem whiskygetränkten Hirn lichtete, schien alles um ihn herum neu geworden. Er trank nie mehr einen Tropfen Alkohol.

Mit einem kleinen Lastwagenunternehmen konnte Hughes einen bescheidenen geschäftlichen Erfolg erreichen. Mit seiner Frau Eva nahm er am Leben seiner Kirchengemeinde aktiv Anteil. Nachdem er sich zunächst auf politische Aktivitäten der jungen Republikaner eingelassen hatte, wechselte der unbändig eigenständige Hughes 1957 zur Minderheit der Demokratischen Partei über und wurde in die Wirtschaftskommission des Staates gewählt. 1962 bewarb er sich um den Posten des Gouverneurs. Als eine Flüsterkampagne wegen seiner früheren Trunksucht aufkam, begegnete er frontal dieser Herausforderung. Solche Dinge werden von Politikern in der Regel nicht zugegeben; aber er gab zu, was er war, und öffentlich erklärte er unter anderem, dass er ein vom Alkohol befreiter Mensch sei. Mit über 40 000 Stimmen wählte ihn die traditionsgemäß republikanisch eingestellte Bevölkerung des Staates zum Gouverneur, und trotz seiner unverhüllt liberalen Einstellung wurde er zweimal wieder gewählt. Dann sandte man ihn 1968 in den U. S.-Senat, wo er einen konservativen Republikanischen Kämpfer ablöste.

Hughes missachtete das ungeschriebene Gesetz, wonach neu gewählte Mitglieder des Senats sich still in die letzte Reihe zu verziehen haben, um von ihren erfahreneren Kollegen zu lernen. Ohne Zögern engagierte er sich für unorthodoxe Anliegen und innerhalb weniger Monate wurde er zu einem der unüberhörbaren Verfechter einer gesetzlichen Beendigung des Vietnamkrieges. Das war der Zeitpunkt, als wir ihn im Weißen Haus der Nixon-Ära ganz oben auf unsere »Feindliste« setzten.

Mit glühendem Eifer wollte Hughes den Nöten in der amerikanischen Gesellschaft durch eilige Reformen abhelfen, und so stürzte er sich 1972 in das Wettrennen um die Präsidentschaftsnominierung der Demokraten. Das Ansehen seiner Persönlichkeit gewann ihm anfänglich die Unterstützung einiger Gruppen, aber ohne eigene politische Basis, ohne ausreichende finanzielle Quellen und mit seiner unverblümten Art, die viele der eher orthodoxen Politiker innerhalb seiner Partei erschreckte, zog Hughes es vor, aus dem Rennen auszusteigen.

In der Zwischenzeit empfand der Senator den Konflikt zwischen den Anforderungen des politischen Lebens und seinem eigenen Engagement für Christus als immer belastender und divergierender. Obwohl er seiner Wiederwahl sicher sein konnte, gab Hughes nach heftigen inneren Kämpfen im Sommer 1973 bekannt, dass er am Ende der Legislaturperiode, also im Januar 1975, vom Senat zurücktreten werde. Politische Beobachter und die Wähler von Iowa waren von dieser Ankündigung betroffen. Hughes erklärte, dass er den Eindruck habe, außerhalb des öffentlichen Lebens mehr für seine Mitmenschen tun zu können, indem er nur noch dem einen Herrn diente.

Nachdem ich mir so durchs Gedächtnis gehen ließ, was ich über Senator Hughes wusste, fühlte ich mich durch die energische Art, mit der er das Leben anpackte, gefesselt. Gleichzeitig aber bereitete mich mein politischer Instinkt auf Kampf vor.

Wenige Tage vor unserer geplanten Begegnung war Doug wieder am Telefon. »Ich könnte doch bei Ihrem Büro vorbeikommen und Sie mitnehmen, Bruder«, schlug er vor, »sagen wir, ungefähr um acht.«

»Das finde ich gut.« Dougs Ehefrau Jan sollte von Patty in unserem Wagen mitgenommen werden.

Am verabredeten Ort erkannte ich dann auch Dougs verbeulten blauen Chevrolet-Kombi. Als ich sah, dass auf dem Vordersitz schon jemand saß, stieg ich hinten ein. Dieser Jemand war Senator Hughes!

Ich wartete ab und prüfte meinen langjährigen Gegner. Hughes trug ein kariertes Sporthemd, das lose über einem grobleinenen Freizeitanzug herabhing. Seine erklärte Geringschätzung der Garderobe, die man in Washington als angemessen betrachtete, hatte ihm in der jährlichen Umfrage unter Senatsbediensteten den Titel des »am schlechtesten gekleideten Senators« eingebracht. Eben diese Lässigkeit, verbunden mit der Wärme seiner tiefen, klingenden Stimme, ließ mich aber langsam von meiner übertriebenen Vorsicht Abstand nehmen. Aber ich musste erfahren, dass der Senator seine Meinung über mich nicht so rasch revidierte. Immer wieder einmal drehte er seinen muskulösen Körper herum und blickte zurück. Seine scharfen Züge, sein schwarzes Haar und die tief liegenden Augen gaben ihm eine Erscheinung, die an indianische Herkunft erinnerte. Der finstere Blick, mit dem er mich maß, ließ mich erschauern. Ich bemerkte, wie Dougs Augen nervös durch den Rückspiegel erst zu mir herüberspähten und dann zum Senator.

Weil mir der konservative blaue Anzug der Geschäftsleute unbequem war, legte ich mein Jackett ab. Das Gespräch tastete sich in unverbindlichen Bereichen voran: man sprach über die Familien und die wenigen gegenseitigen Freunde, und selbst die fielen mir nur nach beträchtlichem Grübeln ein. Als wir in Al Quies Grundstück einbogen und zu dem Haus im Kolonialstil, das zwischen alten Eichenbäumen versteckt war, hinauffuhren, konnte ich Dougs Erleichterung bemerken. So weit, so gut.

Al und Gretchen Quie begrüßten uns herzlich. Al war ein aufgeschossener, athletischer Mann, ein früherer Farmer. Er blickte mit einem scheuen Lächeln zu uns herüber und erschien dabei jünger, als er mit seinen fünfzig Jahren war. Graham Purcell, grauhaarig und schlank, traf mit seiner lebhaften, attraktiven Frau Nancy wenige Minuten später ein. Wir scharten uns alle um einen riesigen Backsteinkamin im weitläufigen, holzgetäfelten Wohnzimmer, dessen Wände mit Pokalen und Preisen geschmückt waren, die Al mit seiner Pferdezucht errungen hatte. Ich traf hierbei auch zum ersten Mal Jan Coe, die

Doug schon Ende der vierziger Jahre geheiratet hatte, als sie beide das College besuchten. Liebenswürdig und ewig jung wie Doug, ist auch sie eine übersprudelnde Persönlichkeit. Ich war ganz verblüfft, wie sehr sie einander ähnelten.

Wenn immer in Washington zwei oder mehr Politiker sich im kleinen Kreis begegnen, wendet sich das Gespräch sehr schnell dem jeweils letzten Gefecht auf *Capitol Hill*, einer bevorstehenden Wahl oder der jeweils überragenden politischen Persönlichkeit zu, ihrem Aufstieg zur Macht oder ihrem Fall. Die Herren bleiben beieinander und überlassen die Damen sich selbst. Dann ist es wichtig, sehr schnell an den ersten Cocktail zu kommen, dem dann ein zweiter und ein dritter folgt. Jeder versucht, jeden, der ihm gerade zuhört, damit zu beeindrucken, wie nahe er dem wirklichen Kern der Macht steht. »Sie wissen ja, meine Freunde im Weißen Haus sagen mir immer ...« Diese Szene könnte sich in Greenwich, Connecticut oder Winnetka, Illinois abspielen, und die Unterhaltung dreht sich dann um das Karussell der Börse oder handelt von dem, der gerade die Leiter des Establishments erklimmt.

Aber heute Abend saßen wir in einem großen Halbkreis um den Kamin herum und schlürften eisgekühlten Tee und Limonade. Die Ehegatten waren beieinander und das Gespräch drehte sich um Als Pferde. Wir hätten uns ebenso – so kam es mir vor –

im Wohnzimmer seines Bauernhofes befinden können, tausend Meilen vom Tumult der Landeshaupt-
stadt entfernt. Ich genoss die Wärme und Behaglich-
keit, behielt dabei aber immer ein waches, spähendes
Auge auf Harold Hughes. Gretchen, mit einer
Schürze um die Taille noch mehr die skandinavische
Schönheit, die sie ohnehin schon war, wartete mit
dampfendem, selbst bereitetem Apfelkuchen und Eis
auf und lächelte anerkennend, als Harold seine erste
Portion verschlang und um eine zweite bat.

Mir war das alles völlig neu, dass ich mich immer
wieder dabei ertappte, wie ich in meinem Stuhl unruhig hin- und herrückte. Nach meiner Auffassung waren wir zusammengekommen, damit ich Senator
Hughes und die anderen kennen lernte. Jedenfalls
lag es an ihnen, mich in das einzuführen, was Doug
Gemeinschaft genannt hatte. Ich bemerkte, dass
auch Hughes ein wenig ungeduldig wurde, zumal er
nicht als sehr gesellig bekannt war, schon gar nicht
ohne Eva, die krank daheim geblieben war.

In gewissem Sinn glichen Hughes und ich zwei
Boxern in entgegengesetzten Ecken des Ringes, die
unruhig auf den Augenblick des Gongschlages warteten, von dem sie wussten, dass er kommen würde.
Jeder in der Runde wusste, dass wir beide früher oder
später unsere Konfrontation haben würden, aber
dass mich Harold Hughes so abrupt herausfordern
würde, darauf war ich nicht gefasst.

»Chuck«, sagte er, »mir wurde gesagt, Sie hätten eine Begegnung mit Jesus Christus gehabt. Würden Sie uns davon erzählen?«

Darauf war ich nicht vorbereitet, dazu war ich nicht bereit – über Christus zu reden im Beisein von Leuten, die ich kaum kannte! Nicht einmal Doug hatte in Einzelheiten von mir erfahren, was sich bei Tom Phillips und später dann in Maine abgespielt hatte. Einen flüchtigen Augenblick lang dachte ich daran, zu kneifen. Aber dann erwuchs von innen her eine neue Festigkeit. Harolds Ausdruck war offen; nicht warm – nicht kalt, nicht einladend – nicht abweisend. Patty schien mir nervös, die andern empfand ich als sehr teilnahmsvoll.

In der politischen Arena betrachtete ich mich selbst als erfahrenen Redner, aber dies hier war anders. Die Worte kamen nur stockend; aber zu meinem Erstaunen empfand ich keinerlei Verwirrung. Ich fühlte lediglich meine Unzulänglichkeit, als ich die intimste Erfahrung meines Lebens in Worte fassen sollte. Mittendrin blieb ich beinahe stecken, als ich mich fragte: Halten die mich vielleicht für übergeschnappt? *Gehen die Leute tatsächlich von einem zum andern und reden über ihre persönliche Begegnung mit Gott?* Für einen Augenblick hielt ich inne und schaute in die Runde. Niemand sprach ein Wort, aber ihre Gesichter baten mich, fortzufahren.

»In jener Nacht bei Tom Phillips brach eine lebenslang gehütete Barriere zusammen«, fuhr ich fort. »Doch am nächsten Tag musste ich mich fragen, ob die Unerfreulichkeiten der Watergate-Affäre mich so angeschlagen, so fertig gemacht hatten, dass ich einfach deswegen nach einem Ausweg suchte – nach irgendeinem Ausweg. Es geschah dann in der Woche am Meer in Boothbay, wo ich alles mit meinem Verstand ordnen musste und es nicht einfach den Gefühlen überlassen konnte. Ich erkannte, wer Jesus ist und dass ich ihn brauche – und da konnte ich ihm mein Leben übergeben.« Allein diese Worte machten mir jene Gefühle wieder lebendig und einen Augenblick lang stockte ich. »Als neu geborener Christ muss ich noch sehr viel lernen. Das weiß ich. Ich bin dankbar für jede Hilfestellung, die Sie mir geben können.«

Einen Augenblick lang blieb alles still. Während ich gesprochen hatte, konnte ich nicht erkennen, was in Harold vorging. Nun hob er plötzlich beide Hände in die Luft und knallte sie hart auf die Knie. »Mehr brauche ich nicht zu wissen, Chuck. Sie haben Jesus angenommen und er hat Ihnen vergeben. Genau das mache ich jetzt auch. Ich liebe Sie von nun an als meinen Bruder in Christus. Ich werde zu Ihnen stehen, Sie überall verteidigen und Ihnen vertrauen mit allem, was ich bin und habe.«

Ich war überwältigt und wirklich so verblüfft, dass ich nur ein schwaches »Danke« äußern konnte.

Noch nie in meinem Leben hatte sich jemand mir gegenüber so herzlich und liebevoll gezeigt, es sei denn in meiner Familie. Und nun erfuhr ich das von einem Mann, der mich jahrelang buchstäblich verabscheut hatte und den ich kaum seit zwei Stunden persönlich kannte.

Dann knieten wir alle nieder – alle neun – und beteten laut miteinander. Als ich wieder auf meinen Füßen stand, bewegte sich Harold schwerfällig zu mir herüber. Ein Lächeln breitete sich langsam auf seinem Gesicht aus. Wie ein riesiger Bär schlug er seine Arme um mich und nun bedurfte es keiner weiteren Erklärungen mehr, was Gemeinschaft bedeutet oder was Paulus meinte, als er schrieb: »Kommt einander in herzlicher Geschwisterliebe entgegen ...« (Römer 12, 10 – Viebahn).

Auch die anderen boten mir Hilfe und Rat. »Politiker hüten sich vor jedem, der auf eine Anklage zugeht, aber Christen stehen zusammen«, sagte Graham Purcell, der vor seiner Wahl zum Kongress Richter in Texas gewesen war. »Das stimmt«, pflichtete Al Quie bei. »Wir werden zu Ihnen stehen, halten Sie den Kopf hoch!«

Als Patty und ich uns verabschiedet hatten, staunte ich nicht so sehr über das, was gesagt worden war, sondern vielmehr über den Eindruck des wortlosen Verstehens. Harold Hughes hätte mir nicht ein Wort sagen müssen. In meinem Herzen erkannte ich deutlich, was in ihm vorging, und zwar durch sein Lächeln, seine Bärenumarmung und seine teilnahmsvollen Augen.

Mich beschäftigte nach diesem außergewöhnlichen Abend nur noch eine Frage: Welchen Eindruck mag dies alles auf Patty gemacht haben? Das meiste hatte sie staunend und mit großen Augen miterlebt. Als Katholikin suchte sie Gott am Sonntagmorgen in der feierlichen Stille der Kirche. Dass man in einem Wohnzimmer am Sofa niederkniete, war für sie eine neuartige Erfahrung. Während neun Jahren Ehe hatte sie mich noch nie laut beten hören und tatsächlich war es auch für mich erst das dritte Mal gewesen. Sie äußerte nichts an jenem Abend, was nicht als Hilfe, Stärkung und zu meiner Unterstützung gedacht war. Ihr Gesichtsausdruck jedoch verriet mir ihre inneren Zweifel. Auch das war wortloses Verstehen. Ich beschloss, mit Patty so bald wie möglich ein tieferes Gespräch über diese Dinge zu suchen, aber die Ereignisse, die uns umwirbelten, verzögerten es um Wochen.

Die Anklage gegen mich wurde nicht, wie erwartet, im September erhoben. Zunächst schlossen meine Partner und ich daraus, dass diese Drohung lediglich eine List gewesen war, die mich vor dem Ervin-Ausschuss von der Aussage abhalten und dadurch demütigen sollte. Vielleicht war es auch auf die tapfere Verteidigung durch Shapiro und St. Clair zurückzuführen, die immer wieder Cox und seine Gehilfen aufsuchten und für mich sogar einmal eine gemeinsame Sitzung erkämpften, die man nachträglich geradezu als wohlwollend bezeichnen muss.

Shapiro unterbreitete den Staatsanwälten Schriftsätze, in denen er nachwies, dass der FBI schon seit Jahren aus Gründen der nationalen Sicherheit den illegalen »Einstieg« als Mittel für seine Zwecke benutzte, was ein beschönigender Ausdruck für Einbruch war. Also unterschied sich die Ellsberg-Sache in nichts von dem, was schon Hunderte von Malen zuvor passiert war. Nixons Anwälte bestätigten, dass die Akten des Weißen Hauses eine Rechtfertigung aus Gründen der nationalen Sicherheit ohne jeden Zweifel zuließen.

In dieser Situation wandte sich der Präsident an mich. Es war ein Augenblick der Hochstimmung, und seine Stimme war voller Zuversicht, als er mich eines späten Abends anrief: »Ich weiß, sie sind hinter Ihnen her, Chuck; aber es wird nicht klappen. Ich werde es auf gar keinen Fall gestatten, dass man Ihnen das antut. Sie sind in dieser Sache unschuldig. Das weiß ich. Und ab jetzt übernimmt der Präsident die Sache.«

Aber die Ereignisse in Washington überschlugen sich bald. Der Präsident rief mich wiederholt wegen der Probleme mit Vizepräsident Spiro Agnew an. Bei der Untersuchung einer Jury in Baltimore häuften sich schwerwiegende Vorwürfe gegen ihn; so sollte er als Gouverneur von Maryland zum Beispiel Schmiergelder angenommen haben. Unsere Anwaltskanzlei, die den Vizepräsidenten vertrat, befand sich direkt im Schussfeld.

Zunächst wollte Nixon seinem zweimaligen Kampfgefährten helfen. Als dann das Beweismaterial immer umfangreicher wurde, änderte der Präsident seine Haltung. Ich wurde vom Weißen Haus gedrängt, einen Industriellen zu bewegen, die Unterstützung des Fonds zur Verteidigung des Vizepräsidenten einzustellen, und Agnew sollte ich zum Rücktritt bewegen. Das brachte mich in eine unerquickliche Situation. »Er muss einfach abtreten«, meinte eines Abends General Haig, »um des Volkes willen.« Zu wem sollte ich nun halten: zu meinem Klienten oder der Nation? Was hatte mein neu gewonnener Glaube zu diesem Dilemma zu sagen? Jeder Tag schien für mich eine neue Prüfung bereitzuhalten. Ich beschloss, mich nicht an jenen Industriellen zu wenden. Teilweise lag meine Antwort auf das Problem darin, dass ich beiseite trat und die Sache anderen Anwälten in meiner Firma übergab, die im Strafrecht besser zu Hause waren.

Agnews Hauptverteidigungskonzept war es, den Kongress dazu zu zwingen, die Vorwürfe in eine Rücktrittsforderung aufzunehmen und damit einer Strafanzeige vorzubeugen. Agnews Leute fingen an, im Repräsentantenhaus die Werbetrommel zu rühren.

Dann teilte mir Nixon eines Abends mit: »Sowohl Jerry Ford (damals Leiter der Minderheitsfraktion) als auch Carl Albert (Sprecher des Hauses) werden jeder Rücktrittsforderung widersprechen.« So hatten die Lobbyisten des Weißen Hauses ihrem eigenen Vizepräsidenten den festen Grund unter den Füßen entzogen. Nixon informierte mich auch über das Angebot des Justizministeriums, Agnew vor dem Gefängnis zu bewahren, wenn er zurücktreten würde.

Ich war bereit, dem Vizepräsidenten diese harten Fakten zu unterbreiten – es war für uns beide eine schmerzliche Erfahrung. In stoischer Haltung fand ich den stolzen und aufrechten Mann hinter seinem riesigen, polierten Schreibtisch, als ich zu ihm kam, um ihm die Argumente nahe zu bringen, aufgrund deren er zurücktreten sollte. In seinen Augen konnte ich ablesen, wie ihn die Erkenntnis schmerzte, dass sich sein eigener Präsident von ihm abgewandt hatte. Er widerstand jedoch dem Angebot des Justizministeriums und dem Druck seines eigenen Chefs. Wenige Wochen später kam er zu einer eigenen Entscheidung. An jenem historischen Oktobertag betrat er das Bundesgericht in Baltimore und erklärte sein »nolo contendere« (ich streite nicht mit) zur Anschuldigung der Steuerhinterziehung, während gleichzeitig ein Anwalt unserer Firma die Rücktrittserklärung des Vizepräsidenten an den Außenminister weitergab.

Spiro Agnew erhielt ein Urteil auf Bewährung, und so war ein einst mächtiger Mann in Ungnade gefallen. Das bedeutete für die Nation, dass der Vizepräsident zu Fall gebracht war und der Präsident unter schwerer Anklage stand. Auch für mich war es eine herbe Erfahrung, denn beiden Männern hatte ich nahe gestanden.

Zwei Tage später erfolgten dann die Entlassung des Sonderstaatsanwalts Archibald Cox und der Rücktritt des Generalbundesanwalts Elliot Richardson, was man als das »Samstagabend-Massaker« bezeichnete. Eine Welle öffentlicher Empörung überflutete die Nation. Das öffentliche Verfahren zur Amtsenthebung des Präsidenten wurde in Gang gesetzt und von lauten Rufen nach Nixons Rücktritt begleitet. Was im Herbst 1973 in der Hauptstadt geschah, erschien völlig unwirklich.

Sehr wirklich waren hingegen die Entdeckungen, die ich als junger Christ machte. Besonders eine Äußerung, die Paulus gegenüber den Philippern macht, brachte mir innere Ruhe:

»... Ich halte auch in der Tat dafür, dass alles nur Schaden ist, um des überragenden Wertes der Erkenntnis Christi Jesu, meines Herrn, willen. Um seinetwillen habe ich alles eingebüßt und halte es für Unrat, damit ich Christus gewinne« (Phil 3, 8. 9 – Zürcher).

Ich musste mich fragen, ob ich wirklich auf alle Dinge freudig verzichten konnte. Immer wieder trat mir dieser Abschnitt ins Bewusstsein, während ich immer tiefer in das Netz der Watergate-Affäre hineinverstrickt wurde.

Andererseits wurde ich auch gewahr, wie wenig ich über einige meiner alten Freunde wusste. Da war z. B. Ken Belieu, einer meiner Kollegen im Weißen Haus. Als wir eines Tages im Restaurant Sans Souci gemeinsam zu Mittag aßen, eröffnete er mir, dass seit 1947 Christus den ersten Platz in seinem Leben inne hatte. Alle Kollegialität, die wir beide in der Vergangenheit – während zwanzig Jahren gemeinsamer Arbeit auf allen Ebenen der Staatsverwaltung – erfahren hatten, musste zur Bedeutungslosigkeit verblassen, als Ken und ich uns, von diesem Tage an, durch ein neues Band vereint wussten.

Dann war da Fred Rhodes, stellvertretender Leiter der staatlichen Kriegsopferversorgung. In unserem politischen Werdegang waren wir stets in enger Verbindung gewesen – auf dem Capitol, in der Nixonverwaltung und jahrelang in der republikanischen Parteiarbeit. Ich wusste, dass Fred Vizepräsident der Southern Baptist Convention und in kirchlichen Aktivitäten engagiert war. Trotz unseres engen Verhältnisses hatte er jedoch nie mit mir über Religion gesprochen.

Eines Tages wollte ich mir während eines Mittagessens im Anwaltsclub mit meinem alten Freund einen Spaß erlauben. Mitten in einem Gespräch über die Unfähigkeit des Weißen Hauses, mit der Anklage gegen den Präsidenten fertig zu werden, fragte ich ihn: »Fred, bist du eigentlich neben all dieser Baptistenarbeit, in der du steckst, jemals wirklich Jesus Christus begegnet?« Die unverhoffte Frage ließ Fred Messer und Gabel aus der Hand fallen. Argwöhnisch blinzelte er mich an, während er nach einer Antwort suchte.

»Nanu, bist du dir darüber im Klaren, was das bedeutet, Chuck? Jawohl, ich bin ihm begegnet, aber du solltest eigentlich wissen ...«

Er wollte gerade zu längeren, gewichtigen Erklärungen ausholen, als ich ihn unterbrach: »Was würdest du eigentlich sagen, wenn ich dir erzählte, dass auch ich ihm begegnet bin?«

»Gott sei Lob und Dank, würde ich rufen!« Nun lächelte er, obwohl er noch immer voller Argwohn war. War das vielleicht wieder einmal so ein deftiger Colson-Trick?

»Tu das bitte nicht hier, Fred, sonst würdest du einige dieser grimmigen Anwälte schockieren. Aber ich *bin* ihm begegnet. Ich habe es nicht vielen Leuten erzählt. Es ist eine sehr persönliche Sache. Aber ich dachte, du würdest dich dafür interessieren.«

Im weiteren Verlauf jenes Nachmittags kam ein Bote in mein Büro und brachte einen großen Karton

mit einem Exemplar der *Living Bible*, einer Taschen-
ausgabe des Neuen Testamentes, wie Fred sie selbst
benutzte, drei Büchern von Keith Miller, einigen
Büchern der Baptisten und einem riesigen, roten
Buch, in dem vier Übersetzungen der Bibel zusammengefasst waren. Von jenem Tag an bewegte sich
unsere Freundschaft auf Wegen, die wir niemals zuvor für möglich gehalten hätten.

Der Same jenes schwülen Septemberabends, als
wir uns in Al Quies Haus getroffen hatten, keimte
weiter. Ende September fingen Hughes, Quie, Purcell, Doug und ich an, uns jeweils montags um 8.30
Uhr im *Fellowship House* zu treffen. Es ist ein einfaches Gebäude im französischen Kolonialstil, das sich
von den anderen riesigen, alten Residenzen auf der
Embassy Row nicht unterscheidet. Es wird von einer
Gruppe freiwilliger Männer und Frauen geführt, die
bewusst Jesus Christus nachfolgen. Man kann von
außen am Gebäude keine Besonderheit oder irgendeinen Hinweis erkennen, und doch haben sich schon
jahrelang Regierungsleute, Vertreter des Diplomatischen Corps, Besucher aus allen Ländern der Welt
hier eingefunden, um still zu beten und Gemeinschaft untereinander zu pflegen. Im vom gesellschaftlichen Protokoll bestimmten Leben Washingtons hat das *Fellowship House* einen einzigartigen
Platz. Der Außenminister Südafrikas findet sich hier
Seite an Seite zum Beispiel mit einem jungen

schwarzen Christen, dessen Dienst ihn täglich in das nahe gelegene Erziehungsheim führt. Der Schlüssel zum Einlass ist nicht die Politik, sondern die Nachfolge Christi. Unsere Gruppe war nur eine unter ein paar Dutzend anderen, die sich jede Woche dort trafen.

Das Band zwischen uns Fünfen wurde langsam, aber stetig fester. Wir pflegten die erste Stunde am Kaffeetisch in der Bibliothek zu verbringen, indem wir persönliche Probleme und Anliegen austauschten. Dann lasen und besprachen wir einen ausgewählten Abschnitt aus der Heiligen Schrift. Zum Schluss gingen wir immer auf die Knie und beteten füreinander, für unsere Familien und für die Menschen im gesamten Regierungsbereich, mit deren Leben wir täglich in Berührung kamen. Oft empfanden wir die Bruderschaft als so stark, dass wir uns nach unseren Gebeten umarmen konnten. Hätte ein Fremder hereingeschaut und uns dort entdeckt, er hätte zweifellos ein für diese Stadt, die sich mit ihren erbitterten Kämpfen und politischen Spaltungen in der härtesten Zerreißprobe der letzten hundert Jahre befand, sonderbares Bild erlebt.

Man hätte es als Ironie auffassen können, dass der liberale, demokratische Frontkämpfer Harold Hughes derjenige war, der am häufigsten vorschlug, dass wir für Präsident Nixon und die Leute im Weißen Haus beten sollten. Ende Oktober meinte der Senator eines Morgens zu mir: »Sollte der Präsident unschuldig sein, wie Sie sagen, Chuck, wird das eine Reihe meiner Kollegen schwer treffen. Ich jedenfalls werde nicht für seine Absetzung stimmen. Ich muss mich hier wirklich durchkämpfen. Die einzige Gefolgschaftstreue, die wir hier haben, besteht gegenüber unserem Gott. Und Gott ist selbst die Wahrheit.« Darauf schienen die ausgeprägten Furchen auf seiner Stirn noch tiefer zu sein. »Ich möchte wissen, ob wir den Präsidenten dazu bewegen könnten, mit uns zu beten.«

Ich übernahm es, den Präsidenten direkt danach zu fragen, obwohl ich wusste, wie sehr Richard Nixon seinen Glauben als seine private Angelegenheit betrachtete. Oft hatte er geringschätzig von Männern des öffentlichen Lebens gesprochen, die ihre Kirchenzugehörigkeit politisch zu Buche schlagen ließen. In einem unserer Telefongespräche ergab sich die Gelegenheit, als Cox entlassen worden war und die Belastungen des Präsidenten ins Unerträgliche zu wachsen schienen. »Herr Präsident, wollen Sie sich nicht einmal mit unserer kleinen Gruppe treffen, um über einige dieser Probleme zu beten?« Und dann schilderte ich ihm unsere Gruppe.

Meinem Vorschlag folgte ein langes Schweigen – seine Art, Nein zu sagen. Für Mr. Nixon war es schwer, zu verstehen, dass die Nachfolge Christi alle ideologischen Differenzen, alle Haarspaltereien der

Frontkämpfer, einfach alles hinter sich lässt. Eines Tages erklärte ich mein Anliegen seiner Sekretärin Rose Mary Woods und hoffte, dass sie von ihrem katholischen Hintergrund her diese Idee unterstützen würde.

»Ich weiß, dass das komisch klingt, Rose, aber verlassen Sie sich auf mich. Ich weiß, wovon ich rede. Harold Hughes sucht wirklich das Gebet mit dem Präsidenten. Er möchte ihm helfen, einfach von Mann zu Mann, und ihn unterstützen.«

»Sie wollen mich wohl zum Narren halten, Chuck?«, meinte Rose nur. »Nach all den schrecklichen Dingen, die der Mann über den Präsidenten geäußert hat, möchte ich die beiden nicht einmal im selben Raum sehen.«

Watergate hatte inzwischen das Leben in Washington in allen Bereichen vergiftet. Beide Seiten hatten sich so hartnäckig festgefahren, dass anscheinend niemand in der Lage war, die heilende Kraft zu erkennen, die sowohl die Nation als auch die Streitenden hätte retten können.

Der Vorschlag, mit dem früheren Vizepräsidenten Agnew zusammenzutreffen, kam ebenfalls von Hughes. Wir hätten Agnew die tragende Kraft der Gemeinschaft anbieten können, hätten ihm vielleicht die Augen dafür öffnen können, dass es, nachdem seine alte Welt um ihn herum zusammengebrochen war, noch eine neue und viel bedeutendere Welt gab, die zu entdecken wir ihm helfen wollten. Unsere Einladung wurde abgelehnt. Agnew war von der erfahrenen Demütigung und Ablehnung so am Boden zerstört, dass er lieber die Einsamkeit des kleinen Ortes im östlichen Maryland aufsuchte, in dem er sich mit seiner Familie niedergelassen hatte.

Wir brachten diese beiden Männer nicht dazu, sich uns anzuschließen, aber wir beteten weiter für sie und all die anderen innerhalb und außerhalb der Machtsphäre. Indem wir bemüht waren, einander zu stärken in unserer Hingabe an Christus, unsere Lasten zu teilen und gemeinsam den Herrn zu lieben, dehnten sich unsere eingeplanten eineinhalb Stunden oftmals auf zwei, manchmal drei Stunden aus. Die Begegnung am Montagmorgen bedeutete mir so viel, dass ich niemals gezögert hätte, eine Verabredung zu verlegen oder ein Wochenende zu verkürzen. Hughes verpasste oftmals angesetzte Termine im Senat, Quie kehrte frühzeitig von Besuchen in seinem Wahlbezirk zurück, Purcell verschob Geschäftsreisen und Doug war einfach immer zugegen – geduldig unterwies er uns, führte und erbaute uns in seiner unaufdringlichen Art.

Wir waren eigentlich eine ganz uneinheitliche Gruppe von Menschen. Wir kamen von einander bekämpfenden Parteien, unterschiedlichen Regionen, verschiedensten Bildungswegen und aus sehr unterschiedlichen sozialen Kreisen. Doch Woche um

Woche rückten wir in der Liebe Christi enger zusammen. Wir dachten, dass wir in jenem Herbst schon das Vollmaß dieser Liebe erfahren hatten, aber in den darauf folgenden Monaten sollten wir entdecken, dass uns die Ereignisse noch fester zusammenschließen würden.

»Ich weiß nicht, was Sie gefunden haben, Chuck, aber ich bin sicher, dass ich das auch gern hätte«, bekannte eines späten Abends Dave Shapiro nach langem Ringen mit Presse und Staatsanwälten. Daves Stimme war rau und sein Gesicht hager und verzerrt. »Ich platze beinahe über all dem, was Sie einstecken müssen, und Sie sitzen ruhig da und nichts scheint Ihnen etwas anhaben zu können.«

Natürlich konnte es mir etwas anhaben, dieses Leben in der Ungewissheit war ein verzweifelter Kampf. Jeden Morgen konnte ich aufwachen und schwarze Schlagzeilen vorfinden, die die Anklage gegen mich ankündigten. Wenn Staatsanwalt Merrill von Zeit zu Zeit Shapiro anrief, raste mein Herz, während ich ungeduldig auf Shapiro wartete, der mir vielleicht die Hiobsbotschaft brachte. Jeden Tag dachte ich: heute kann es kommen. Aber es kam nicht, nicht im Oktober, nicht im November, nicht im Dezember.

Tatsächlich schien alle Arbeit der Staatsanwaltschaft um einiges langsamer zu laufen, nachdem Cox entlassen worden war. Unsere Stimmung stieg etwas, als Nixon auf Empfehlung seines Mitkämpfers und Freundes John Conally den ehemaligen Präsidenten der amerikanischen Anwaltskammer, Leon Jaworski, zum neuen Sonderstaatsanwalt berief. »Im Unterschied zu Cox ist Jaworski ein Realist«, ließ mich Al Haig Mitte November wissen. »Er hat eine hohe Achtung vor dem Amt des Präsidenten. Wir verstehen uns gut. Es wird ein gutes Arbeitsklima werden.« Haigs Stimme klang zuversichtlich.

Nixon schien ebenfalls gehobener Stimmung zu sein, selbst nach der Entdeckung jener unerklärlichen Tonbandlücke von achtzehneinhalb Minuten. Er rief mich in jenen Novembertagen mehrere Male an, wobei er jedes Mal so übermäßig deutlich sein Mitgefühl für »die arme Rose« ausdrückte, dass ich mich fragen musste, ob seine langjährige Sekretärin dabei war, sich selbst zu opfern, indem sie für eine vorsätzliche Löschung die alleinige Verantwortung übernahm.

Für Patty war das lange Warten am schwersten. Eines Abends saßen wir zu Hause vor dem laut knisternden Feuer, als ihre Sorgen zur Sprache kamen. Ich sprach von meinem neu gewonnenen Glauben. Ihre glatte Stirn bekam leichte Falten: »Ich glaube ja, dass ich verstehe, ich – ich bin mir nur nicht sicher, wie ich in dein neues Leben hineinpasse.«

»Aber Liebling, du gehörst voll und ganz dazu.«

»Wirst du dich einer Kirche anschließen?«

»Ja, aber ich weiß noch nicht welcher.«

Über Pattys Augen lag immer noch ein Schatten, ihre Stimme klang besorgt. »Dann erwartest du also nicht von mir, dass ich um deinetwillen meinen katholischen Glauben aufgebe?«

Jetzt war das wirkliche Problem endlich ausgesprochen. Irgendwie hatte Patty mein Erleben mit Christus als eine protestantische Sache angesehen, nicht als eine christliche Erfahrung über alle Grenzen hinweg. Die Sprache der Christen, denen wir in letzter Zeit begegnet waren, erschreckte sie, was ich begreifen konnte: »Christus annehmen« – »In Christus sein«. Ohne es zu wollen, machten sie aus all dem ein Geheimnis, was eigentlich die einfachste Entscheidung im Leben eines jeden Menschen ist. Diese Begriffe aber, die jemandem, der die Entscheidung getroffen hat, so bedeutungsvoll sind, können aber auch abschrecken, ähnlich wie die Worte eines Aufnahmerituals zu einem Geheimzirkel auf einen Außenstehenden wirken. Oft und leicht kommt noch ein Ton geistlicher Arroganz dazu. Patty fühlte sich einfach davon abgestoßen.

Sie erwähnte eine weitere Sorge: »Was ist, Chuck, wenn die Presse von deiner Wandlung erfährt? Wird das helfen oder schaden?«

Ich hatte selbst schon oft darüber nachgedacht. »Ich weiß es nicht – wahrscheinlich wird es schaden –, aber ich habe nicht die Absicht, es zu erwähnen. Das geht sie nichts an.«

Einen Augenblick lang starrte ich unbeweglich in das flackernde Feuer. Nicht einmal meinen Kindern oder Eltern, noch Charlie Morin, meinem besten und ältesten Freund, hatte ich davon erzählt. Niemand wusste davon, außer Tom Phillips, Doug und den Männern in unserer Bruderschaft. Und so wird es besser auch bleiben, überlegte ich. Wenn es nur eine Bekehrung aus Angst war, wie der Ertrinkende nach dem Strohhalm greift, und wenn ich nach der Watergate-Affäre – die ja eines Tages vorbei sein musste – vielleicht strauchelte und abfiel, dann hätte sich das Ganze wenigstens nur zwischen Gott und mir und ein paar Menschen abgespielt. Das würde natürlich schlimm genug sein; aber ich würde nicht vor der ganzen Welt in Verlegenheit geraten. Wenn aber jetzt ein Wörtchen in die Öffentlichkeit gelangte, würde alles als »Trick« eingeordnet werden. »Colson versteckt sich hinter dem lieben Gott«, würde irgendein Schlaukopf von Reporter berichten.

Colson, gib doch zu, du kümmerst dich immer noch um das, was andere von dir denken, nicht wahr? Im Tanz der weißen und roten Flammen stand ich mir selbst gegenüber. Stolz? Ich vermute, ja. Aber das, was mit mir geschah, war doch so wirklich: die Gebete, die Begegnungen mit anderen Christen. Aber es sollte eine Privatsache bleiben – zwischen meinen Brüdern, mir und Christus.

Ich wandte mich wieder Patty zu. Ihre liebevollen

blauen Augen glühten im Widerschein des Feuers. »Nein, Liebling, ich habe nicht vor, es von den Dächern zu verkünden.«

Ihre Erleichterung konnte sogar ich spüren.

Aber die Ereignisse – heute glaube ich, es war Gott – hatten es anders vor.

Kapitel 12

Christus in den Schlagzeilen

■ Jeden Morgen sammeln sich kurz nach acht die Männer in den Schlüsselfunktionen der Regierungsexekutive um einen langen antiken Mahagonitisch im historischen Rooseveltzimmer, das vom Ovalen Amtszimmer des Präsidenten über einen schmalen Flur leicht zu erreichen ist. Mehr als drei Jahre lang war ich stets dabei. Wir hörten Kissingers Kurzreferat über irgendein Spannungsgebiet des Erdballs, das unsere Aufmerksamkeit erforderte, diskutierten mit John Ehrlichman oder George Shultz dringende innenpolitische Probleme und machten uns Notizen, wenn Bob Haldeman den Terminkalender des Präsidenten durchging.

Kein Wunder also, dass ich während all jener gehetzten Jahre nichts davon wusste, dass sich um dieselbe Zeit alle vierzehn Tage ein anderer Kreis um einen Tisch versammelte, und zwar im Westflügel des Weißen Hauses im Untergeschoss. Unter den Anwesenden befanden sich gewöhnlich ein oder zwei Staatssekretäre, manchmal ein Kabinettsmitglied und eine Hand voll Angestellte des Weißen Hauses, die sich über ihren gemeinsamen Glauben austauschten, in der Schrift lasen und zusammen beteten. Selbst wenn ich gewusst hätte, dass es im Weißen Haus einen Gebetskreis gab, wäre ich mir zu beschäftigt vorgekommen, um daran teilzunehmen.

Während Präsident Nixon es abgelehnt hatte, seinen Erzfeind Harold Hughes ins Weiße Haus einzuladen, war die kleine Gruppe im Untergeschoss darauf erpicht, den Senator einmal in ihrer Mitte zu haben. Harold nahm ihre Einladung zu einem Frühstückstreffen an, und zwar für den 6. Dezember. Da er während Nixons Amtszeit erst einmal im Weißen Haus gewesen war und weil in dieser schwierigen Zeit Washington in zwei feindliche Lager geteilt war, schlugen Harold und Doug vor, dass ich mitging. Vielleicht konnte ich für den Fall von Nutzen sein, dass ein übereifriger Nixonkämpfer an Hughes bloßer Gegenwart im Weißen Haus Anstoß nahm.

Ich kam eine Minute vor acht an und marschierte forsch durch das Südwesttor, vorbei an den mir vertrauten Gesichtern der Wachen, die mir fröhlich zuwinkten. Es war ein wunderschöner Sonnentag und ich hätte jubeln können, als ich daran dachte, dass Hughes zu einer Gebetsgruppe ins Weiße Haus kam. Sogar den Reportern lächelte ich zu, die schläfrig überall herumlungerten und sich über jeden, der kam oder ging, Notizen machten.

Ich begab mich durch den Eingang zum Untergeschoss zum Westflügel. Es ging durch einen langen Korridor mit tief hängender Decke. Die riesigen Farbfotografien an den Wänden zeigten Nixon auf seinen Reisen. Dann kam ich an einer Tür vorbei, die die unauffällige Aufschrift *Situation Room* trug. Das war das Nervenzentrum des Nationalen Sicherheitsrats, dessen Räume sich in einem unterirdischen Labyrinth unterhalb des Südparks befinden. Das Frühstück sollte im getäfelten Konferenzspeisesaal stattfinden, das den leitenden Angestellten des Weißen Hauses und den Kabinettsmitgliedern vorbehalten war. Heute Morgen hatte man drei Tische zusammengeschoben und für vierzehn Leute Stühle bereitgestellt. Harold Hughes hatte schon mit dem Rücken zur Wand Platz genommen – ich glaube, er wollte das so haben – und blickte steif und etwas unbehaglich drein. Um ihn herum standen ein halbes Dutzend unerschütterlicher Nixonleute.

Der Senator schaute auf, als ich eintrat, und sein Gesicht hellte sich spürbar auf. »Hallo, Bruder«, rief er mir zu. Ich begrüßte meine Freunde und nahm am anderen Ende des langen Tisches Platz. Nach und nach kamen andere und besetzten alle Stühle außer dem einen unmittelbar zu meiner Rechten. Da saßen der Staatssekretär im Arbeitsministerium Dick Shubert, wie Ken Belieu, den man aus dem Ruhestand zurückgeholt hatte, damit er dem neuen Vizepräsidenten Gerald Ford half, seine Abteilung aufzubauen. Ich bemerkte andere alte Bekannte. Von den meisten hatte ich nicht gewusst, dass sie an dieser Sache überhaupt interessiert waren. Die Kellner in ihrem roten Dress begannen mit Silberkannen voll heißen Kaffees zu klappern und trugen Kuchentabletts herein. Wir hatten schon mit dem Essen angefangen, als die Tür auflog und der Vorsitzende der *Federal Reserve Board* (Bundesbank), Arthur Burns, eintrat.

»Was macht Arthur Burns hier«, fragte ich erstaunt meinen linken Nachbarn, Pater John McLaughlin, der als Ghostwriter zum Stab des Präsidenten gehörte. Pater McLaughlin schmunzelte vergnügt, denn er kannte die Episode mit dem »schmutzigen Trick«, die sich vor mehreren Jahren abgespielt hatte, als ich Burns fälschlicherweise beschuldigte, sich selbst eine Gehaltszulage genehmigt zu haben. »Arthur nimmt regelmäßig an diesen Frühstückstreffen teil«, meinte McLaughlin.

»Aber er ist doch Jude«, entgegnete ich. In Wirklichkeit machte das natürlich nichts aus. Es war einfach das Erste, was mir einfiel, und irgendwie musste ich meiner Betroffenheit Ausdruck geben. Ich bin sicher, dass McLaughlin begriff, wie unangenehm mir die Begegnung war.

»Er ist nicht nur Jude«, fuhr McLaughlin fort, »sondern auch der Leiter dieser Frühstückstreffen.«

Burns fühlte sich bei meinem Anblick ebenso unbehaglich und das Missbehagen wuchs umso mehr, als er feststellen musste, dass der einzige freie Stuhl neben mir stand. Einen Augenblick lang zögerte er. Dann beugte er sich über den Tisch und stellte sich Hughes vor, grüßte kurz die anderen und nahm, nach einem schwachen Kopfnicken in meine Richtung, neben mir Platz.

Hughes erwies sich als größere Attraktion, als die Veranstalter dieses Treffens erwartet hatten. Bald war der Raum mit seinen fünfzig Plätzen gefüllt und die Stewards mussten aus der Küche weitere Rührei-portionen herbeischaffen. Aber trotz der guten Beteiligung wollte keine Herzlichkeit aufkommen. Es herrschte eine Atmosphäre der Skepsis.

Um 8.20 Uhr begrüßte Burns, der nervös in seinem Frühstück gestochert hatte, die ungewöhnlich große Zahl der Besucher und erklärte, wie froh der Gebetskreis des Weißen Hauses sei, heute Senator Hughes begrüßen zu dürfen, der erzählen wollte, warum er den Senat verlassen würde, um als Laie in einen vollzeitlichen Gemeindedienst zu gehen. Und ohne sich in blumigen Übertreibungen zu ergehen, die bei Zusammenkünften unter Politikern in Washington gewöhnlich ausgetauscht werden, übergab Burns die Versammlung an Hughes.

Nach einigen nervösen Augenblicken, die so gar nicht zu ihm passten, hatte sich Harold wieder unter Kontrolle und hielt seine Ansprache mit gewohnter Brillanz. Zwanzig Minuten lang war kein anderer

Ton in jenem Raum zu hören als der seiner tiefen, kräftigen Stimme. Mit schonungsloser Offenheit sprach er von seiner Vergangenheit, von der Kraft Christi in seinem veränderten Leben und den Konflikten, denen er als Christ auf politischer Ebene begegnete. Und dann, während der abschließenden Minuten, sprach er von seiner Begegnung mit seinem Bruder in Christus, Chuck Colson.

Wäre es nicht ein so bewegender Augenblick gewesen, ich hätte angesichts der erstaunten Gesichter in der Runde laut losgelacht. Zur Seite schielend konnte ich sehen, wie Arthur Burns völlig bewegungslos dasaß, seine Augen klebten an Hughes, eine Strähne seines grauen Haares hing ihm in die Stirn und sein Mund war leicht geöffnet.

»Ich habe erfahren, wie verwerflich der Hass ist«, fuhr Hughes fort. »Jahrelang kannte ich Menschen, gegenüber denen ich eine verzehrende Bitterkeit empfand. Ich schadete jedoch nicht ihnen, sondern nur mir selbst. Im Hass schloss ich Christi Liebe aus meinem Leben aus. Einer von denen, die ich am stärksten hasste, war Chuck Colson. Aber nun sind wir in der Hingabe an Christus vereint. Ich liebe ihn als meinen Bruder. Mit meinem Leben, mit meiner Familie, mit allem, was ich habe, kann ich mich ihm anvertrauen.«

Als er fertig war, folgte ein langes Schweigen – niemand konnte seinen Blick vom Senator lassen.

Die Uhren tickten die Sekunden, vielleicht Minuten, es schien, als sei der ganze Raum in ein stilles Gebet hineingenommen.

Arthur Burns sollte die Schlussworte bei diesem Treffen sprechen; aber er schien keine Worte zu finden. Schließlich faltete er vor sich die Hände und hob langsam den Kopf. Er begann mit so schwacher Stimme, dass man ihn vermutlich auf der anderen Seite des Raumes kaum verstehen konnte. »Herr Senator, ich möchte nur sagen, Ihre Worte gehören zu den schönsten und bewegendsten Dingen, die ich je von einem Menschen gehört habe.«

Er musste sich räuspern und es war jedem klar, dass er die Tränen zurückhalten musste. »Weiter möchte ich nichts sagen«, fuhr er fort, »nur im Namen unserer Gruppe noch dies eine: Würden Sie bitte wiederkommen?« Damit erhob er sich, nahm meine rechte Hand in seine linke und sagte: »Nun möchte ich Mr. Colson bitten, mit uns zu beten.«

Alle im Raum fassten einander bei der Hand. Ich war so verblüfft, dass es einen Augenblick dauerte, bis ich meine Stimme fand. Ich hatte keine Zeit, mir in meinem Verstand ein Gebet zurechtzulegen. Ich musste mich dem Heiligen Geist überlassen. Was ich sagte, war eine Bitte für uns alle im Raum, ungeachtet unserer Stellung im Regierungsapparat, dass wir doch alle zu IHM kommen möchten, demütig uns unterordnend und in dem Wissen, dass wir nichts sind, dass ER alles ist und dass wir ohne SEINE Hand auf unserer Schulter nicht einmal daran denken konnten, die Geschäfte unserer Nation angemessen zu verwalten. Als ich das Gebet schloss, fühlte ich, wie Burns meine Hand fester drückte.

Als die Männer aufbrachen, umarmten viele von ihnen den Senator oder drückten fest seine Hand und wiederholten Burns' Einladung. Viele klopften auch mir auf die Schulter und begrüßten mich mit einer bruderschaftlichen Herzlichkeit, die viel tiefer war als das, was wir Männer des Weißen Hauses auf unseren einsamen Posten mit unserer »Wir-gegen-die-ganze-Welt-Einstellung« je kennen gelernt hatten. Eine tiefe Bewegung beherrschte die Szene. Niemals in all meinen Jahren des Dienstes im Regierungsbereich hatte ich etwas Gleichartiges erlebt.

Ich verabschiedete mich von Harold und eilte zum Eingang des Untergeschosses, wobei ich hoffte, Burns noch zu erreichen, bevor er seine wartende Limousine bestieg. Ich traf ihn auch tatsächlich noch im Garderobenraum neben der Eingangswache, als er sich einen Schal umlegte. »Dr. Burns«, sagte ich, »ich weiß, dass Sie guten Grund haben, allein schon meinen Anblick zu meiden und zu hassen. Aber ich möchte mich dafür entschuldigen, dass ich damals jene unsaubere Geschichte in Umlauf brachte. Ich würde Sie gerne einmal persönlich treffen.« Obwohl er sonst vornehm und zurückhaltend ist, kann Arthur urns mürrisch und giftig werden; wer seine wirtschaftspolitischen Entscheidungen anzweifelt, kann sich wilden Spott einhandeln, und unter gewaltigen Wolken aus seiner Pfeife erteilte Burns dann früher eine gesalzene Lektion. Heute Morgen aber sah ich mich den verständnisvollen Augen eines geduldigen, grauhaarigen Professors gegenüber. »Sie brauchen sich nicht zu entschuldigen«, sagte er, »dafür gibt es nun keinen Anlass mehr. Das liegt alles hinter uns. Auch ich möchte Sie wiedersehen.« Dann rang er nach Worten. »Noch niemals habe ich empfunden – ich habe noch niemals erfahren – also, das ist ein erstaunlicher Morgen gewesen.« Damit drückte er meinen Arm, wandte sich um und schritt in das helle Sonnenlicht hinaus.

Ich marschierte zurück in mein Büro und lobte meinen Gott.

Im Weißen Haus war an jenem Morgen die tägliche Pressekonferenz für 11.00 Uhr angesetzt. Jerry Warren, ein früherer Reporter der *San Diego Union* und während der vergangenen fünf Jahre Ron Zieglers Stellvertreter, schlenderte kurz nach elf in den Pressesaal des Weißen Hauses, gerüstet für das kommende Gerangel mit einer Flut von Fragen zur Watergate-Affäre. Wer sich von den Reportern wartend im Hintergrund des Raumes aufgehalten hatte, kam nun mit gezücktem Notizblock nach vorne, während Jerry sich den Mikrofonen zuwandte, um mit seinen routinemäßigen Ankündigungen zu beginnen. »Der Präsident wird das Kriegsopfergesetz für 1973 unterzeichnen; um drei Uhr soll ein Treffen mit seinen Wirtschaftsberatern erfolgen; für den Vizepräsidenten Gerald Ford ist ein Empfang geplant.« Er gab dann wie üblich die Gelegenheit, Fragen zu stellen. Das Folgende ist unverändert aus dem Protokoll dieser Sitzung entnommen (White House News Conference Transcript No. 1869, Dec. 6, 1973). Dan Rather von *CBS News* eröffnete den Reigen:

RATHER: Jerry, was verfolgt der Präsident damit, dass er weiterhin Charles Colson empfängt?

WARREN: Ich glaube nicht, dass er das tut.

RATHER: Was hatte Mr. Colson dann heute im Weißen Haus zu suchen?

WARREN: (Pause) Nun ... (Pause) Er nahm an einem Treffen im Untergeschoss, das jeden zweiten Donnerstag abgehalten wird, teil. Eine Anzahl von Angestellten des Weißen Hauses kommt dort zu Frühstück und Gebet zusammen, und Mr. Colson besuchte heute diesen Kreis ...

STIMME: Gebet!

ANDERE STIMME: Wird er hier der nächste Prediger werden?

Was nun während der nächsten Minuten geschah, lässt sich nicht mehr genau klären, denn das Gelächter erschütterte offensichtlich den Raum. Später erzählte mir Jerry, dass der Pressesaal noch nie seit Beginn der Watergate-Affäre so viel Belustigung erlebt hatte.

RATHER: Ich hätte gern eine Antwort.

WARREN: Das ist die Antwort.

RATHER: Dass er eine Gebetsversammlung besuchte?

Das Protokoll lässt erkennen, dass Warren nun in langen Erklärungen auf den Besuch des Senators Hughes beim heutigen Frühstückstreffen einging, ebenfalls auf die Leute, die dieses Treffen regelmäßig besuchten, wie oft das Treffen stattfand und auf die Tatsache, dass auch frühere Angestellte, wie ich selber, dazukommen konnten. Das Gelächter war verstummt.

RATHER: Jerry, ist es nicht ein wenig ungewöhnlich, dass ein gut bezahlter Interessenvertreter verschiedener großer Organisationen und einzelner Persönlichkeiten innerhalb und außerhalb des Weißen Hauses ein solches Frühstückstreffen besucht?

WARREN: Dan, dieser Ansicht bin ich ganz und gar nicht. Ich glaube, Sie spielen das ein wenig hoch. Wenn eine Gruppe von Einzelpersonen, die zusammen gearbeitet haben, sich zusammensetzen, um das zu praktizieren, woran sie glauben – und ein Gebets- und Frühstückstreffen ist so etwas –, dann kann ich hier ganz und gar keine geschäftlichen Verbindungen feststellen. Ich glaube, Sie übertreiben das.

RATHER: Ich möchte Ihnen hierin gerne Recht geben und ich möchte es ins Protokoll aufgenommen wissen, dass ich nicht gegen das Gebet oder gegen ein Gebets- und Frühstückstreffen bin oder gegen irgendetwas anderes, aber ich bin in der Tat der Ansicht, dass wir hierin ein ziemlich wichtiges Problem sehen müssen. Während Charles Colson früher Angestellter des Weißen Hauses war, so ist er heute z. B. für die Gewerkschaft Transport und Verkehr tätig. Wir alle wissen aber, wie es in Washington zugeht. Diese Leute wissen sich bei den Menschen an den Schaltstellen der Macht beliebt zu machen, und sie betreiben ihr Geschäft bei derartigen Gelegenheiten wie, jawohl, wie bei Gebets- und Frühstückstreffen. Ist hier denn niemand wenigstens über die symbolische Bedeutung dieses Vorfalls beunruhigt?

WARREN: Wir sind darüber nicht stärker beunruhigt als über die symbolische Bedeutung der Tatsache, dass Senator Hughes dabei der Hauptredner war.

STIMME: Vertritt der denn irgendwelche Geschäftsinteressen?

STIMME: Worin liegt die Parallele?

WARREN: Die Parallele liegt darin, dass es sich hier um Einzelne handelt, die gemeinsam ihrem Glauben Ausdruck geben, und daran kann ich beim besten Willen nichts finden.

FRAGE: Senator Hughes ist drauf und dran,

Geistlicher zu werden. Vergleichen Sie das etwa mit der Gewerkschaft wie bei Colson? (Gelächter)

WARREN: Ich glaube, wir haben diesen Punkt ausreichend erörtert.

Damit wandte sich Warren ab und schritt aus dem Saal. Die amüsierten Reporter blieben mit *der* Meldung des Tages zurück – Colson bei Gebetskreis.

Kurz vor Mittag leuchteten an meinem Telefon alle Lämpchen gleichzeitig auf. Das war nichts Besonderes. Es passierte während der langen Nacht von Watergate oft genug. Wann immer ich einer neuen Sache beschuldigt wurde, griffen die Reporter nach ihrem Telefon, um mich um eine Erklärung zu bitten. Das war das übliche Verfahren. »Die *Chicago Tribune*, die *Post*, die *New York Times*, *AP*«, berichtete Holly, »alle rufen gleichzeitig an!«

Mein Puls raste. In der letzten Zeit hatte es wenig über mich in der Presse gegeben. Konnte es die lang erwartete Anklageerhebung sein? Ich nahm mir als Erstes die *Chicago Tribune* vor, denn ich mochte Aldo Beckman, den Chef des Washingtoner Büros, der auch am Apparat war.

»Da schwirrt eine Geschichte durch die Drähte, Chuck. Sie hätten im Weißen Haus heute Morgen einen Gebetskreis besucht, und Sie und Senator Harold Hughes von Iowa seien enge Freunde geworden.« Und dann nahm die Skepsis in seiner Stimme noch zu: »Außerdem ist hier noch ein härterer Brocken: Sie wären religiös geworden.«

In einem Anflug von Ärger fuhr ich ihn an: »Hören Sie mal zu, Aldo, was man über mich drucken konnte, das habt ihr Burschen schon schwarz auf weiß herausgebracht. Aber mein Glaube ist eine eigene, persönliche Angelegenheit, und ich habe nicht vor, mich darüber in der Presse auszulassen. Genug ist genug!«

»Warren hat bekannt gegeben, dass Sie heute Morgen bei einem Gebets- und Frühstückstreffen im Weißen Haus zugegen waren. Es ist schon publik.«

»Warren hat das bekannt gegeben.« Ich war wie gelähmt. »Na, dann lassen Sie sich alles von Warren erklären.« Damit hängte ich auf.

Inzwischen war es eine Sturmflut von Anrufen. »Was soll ich ihnen sagen?«, fragte Holly.

»Sagen Sie, sie sollen ...«, aber dann besann ich mich eines Besseren. »Notieren Sie sich einfach die Namen. Vielleicht rufe ich zurück.«

Ich ließ mich mit Jerry Warren verbinden, der mir erklärte, was vorgefallen war. »Ich vermute, dass irgendjemand Sie heute Morgen gesehen hat, Chuck. Diese Blutsauger reißen sich um jedes Mückchen. Die hatten einen ganz großen Tag mit diesem Happen vom Gebetsfrühstück. Sie hätten ihre Gesichter sehen sollen«, lachte er.

»Aber in den letzten Monaten habe ich doch das Weiße Haus immer wieder besucht, Jerry, und die ganze Zeit haben sie mich kommen und gehen sehen. Warum mussten sie ausgerechnet heute danach fragen?«

Ich rief Doug Coe an, der mir mitteilte, dass die Reporter auch schon Hughes und auch das *Fellowship House* anriefen und sich eine Geschichte zusammenschrieben. »Bleiben Sie nur vorsichtig, Chuck, lassen Sie sich zu nichts hinreißen«, riet er mir.

Es war meine Frage an Jerry Warren, die mir zu schaffen machte: »Warum heute?« Dan Rather hätte diese Frage fast an jedem Tag der Woche während der vergangenen neun Monate stellen können. Das hätte z. B. vor einer wichtigen Ankündigung des Präsidenten geschehen können, oder nach dem »Samstagabendmassaker«, oder als der Ervin-Ausschuss auf vollen Touren arbeitete – dabei hätte man mich argwöhnisch beobachten können. Sie hatten es nie getan. Warum jetzt?

Sollte es möglich sein, dass hier kein Zufall vorlag? Ich war im Begriff zu lernen, dass der Herr auf geheimnisvolle Art arbeitet – obwohl es für mich schwer war, einzusehen, wie durch zynische Artikel über meine Bekehrung seine Ziele verfolgt werden sollten. Ich wurde diese Gedanken nicht los. Warum hatte Warren Rathers Frage nicht einfach abgeblockt, nicht einfach geantwortet, dass ich keine Begegnung mit Nixon hatte, oder dass er darüber nicht informiert wäre? Warum erwähnte er die Gebetsversammlung? Das war sonst nicht Warrens Art.

Und doch fragte ich mich, wie das Gottes Werk sein konnte. Die Aufmerksamkeit der Presse war das Letzte, was wir uns jetzt wünschten. Je weniger über mich geschrieben wurde, umso besser; so sahen es meine Anwälte. Aber jetzt hatten die Zyniker Wasser auf ihren Mühlen. Es würde Gelächter geben, besonders von alten Bekannten. Und wenn die Geschichte schließlich meine Bestätigung erhielt, würde ich endgültig auf ein neues Leben festgelegt sein. Dann gab es kein Zurück mehr in die alten Bahnen. Doch dann hatte ich plötzlich wieder Tom Phillips vor Augen, wie er mir gegenüber seinen Glauben bezeugte. Er hatte dabei auch Unannehmlichkeiten riskiert, aber sein Mut hatte dazu beigetragen, mein Leben zu verändern. Und so hell wie den Sonnenstrahl, der jetzt durch meine Bürofenster fiel, erkannte ich vor mir, was die Bibel dazu sagte: »Lass es dir niemals peinlich sein, unseren Herrn zu bezeugen«, schreibt Paulus an Timotheus (vgl. 2. Tim. 1, 8). Wir hatten uns darüber gerade in unserem Montagskreis ausgetauscht. Wenn ich die Geschichte nicht bestätigte, würde es fast einer Leugnung dessen, was mit mir geschehen war, gleichkommen. Es gab also keinen anderen Weg, keine Möglichkeit, es anders hinzudrehen, es nur als bedingt richtig darzustellen oder es zu modifizieren, es gab keinen »honorigen Mittelweg«.

Die Entscheidung war gefallen. Wenn Rathers

Frage das Ergebnis eines Zufalls mit einer Wahrscheinlichkeit von 1:1000 war, dann gut. Aber wenn es Gottes Werk war, musste ich meinen Teil dazu beitragen. Ich rief also die Reporter zurück und bemühte mich nach besten Kräften, meine Übergabe an Jesus Christus zu erklären. Sogar jetzt, als ich meinen eigenen Worten zuhörte, begleitet vom Geklapper der Schreibmaschinen am anderen Ende der Leitung, klang alles so unwirklich. »Christus annehmen ..., Jesus Christus in meinem Leben.« Wie das wohl schwarz auf weiß aussehen würde! Das gelegentliche Lachen, das Nachfragen: »Würden Sie es bitte nochmal wiederholen, diesmal etwas langsamer?«, bestätigten meine schlimmsten Befürchtungen.

»HARTER MANN« COLSON RELIGIÖS GEWORDEN, verkündigte die *Los Angeles Times;* COLSON HAT CHRISTUS GEFUNDEN bei der *New York Times.* Das Magazin *Time* fasste die Presseberichte in der folgenden Woche unter der Überschrift BEKEHRUNG zusammen (17. Dezember 1973):

In der ganzen Watergate-Mannschaft war kaum jemand bekannt, der raubeiniger, verschlagener, dreister oder Richard Nixon hartnäckiger ergeben war als der frühere Präsidentenberater Charles W. Colson. Der ehemalige Marinehauptmann wird von Jeb Stuart Magruder beschuldigt, auf die Watergate-Abhörgeschichte gedrängt zu haben, und er ist in eine Menge anderer »schmutziger Tricks« verwickelt gewesen, so z. B. in die Fälschung eines Telegramms des Außenministeriums. Auf dem Gipfel seiner Macht prahlte er stolz, sein Einsatz für die Wiederwahl des Präsidenten sei derart, dass er, »wenn nötig, seine eigene Großmutter überfahren würde«.

Bei einem Gebets- und Frühstückstreffen einiger Angestellter des Weißen Hauses ergab sich im Zusammenhang mit Colson, 42, ein neuer Aspekt. Er sagte, dass er »Christus kennen gelernt« habe ... Er selbst vermutete, dass die Nachricht von seinem neu gefundenen Glauben für die meisten schwer zu akzeptieren sei. So hatte der »harte Mann« Colson Spöttern gegenüber die Antwort parat: »Sollte sich jemand zynisch darüber äußern wollen, werde ich für ihn beten.«

Ich bedauerte diese immer wieder aufgenommene Bemerkung »werde ich für ihn beten«. So von oben herab hatte ich es nicht gemeint. Ich hatte nicht die Arroganz des alten Colson darstellen wollen. Es war nur die erste Antwort gewesen, die mir in den Sinn gekommen war, als mich einmal jemand gefragt hatte, was ich antworten würde, wenn jemand meine Ehrlichkeit in Zweifel zog.

Der *Boston Globe* zählte in einem Leitartikel unter der Überschrift »Amen, Bruder« jede wirkliche und erdachte Untat Colsons auf und schloss daraus:

»Wenn Mr. Colson seine Sünden bereuen kann, muss es für jeden Hoffnung geben.«

Harriet von Horne, Leitartikler eines Pressesyndikats, formulierte es direkter: »Ich kann Charles Colson seine plötzliche Umkehr zu Christus nicht abnehmen. Wenn er nicht von dieser plötzlichen Frömmigkeit unangenehm berührt ist, wird es ganz bestimmt aber Gott sein.«

Und ein katholischer Priester, Colman McCarthy, ein zu liberalen Philosophien neigender Journalist, verglich die Bekehrung Colsons mit Rennie Davis, der sich zum Glauben an Guru Maharadschi aus Indien bekannt hatte. McCarthy nahm an meiner Bereitschaft, mich öffentlich zu allem zu äußern, Anstoß: »In der Geschichte echter Bekehrungen ... verharrten die neu zum Glauben Erwachten zunächst in Schweigen.« Und so ging es tage- und wochenlang weiter.

Ich fragte mich aber, ob in der Bemerkung »ich habe mich bekehrt« nicht doch etwas Blasiertheit mit Selbstgerechtigkeit mitschwang. Kann ein Mensch wirklich sicher sein, dass er sich geändert hat? Natürlich hatte ich gewisse Wahrheiten angenommen und mit allem Eifer daran geglaubt. Und doch war ich als Mensch kaum anders geworden. Wenn ich ehrlich war, konnte ich nur sagen, dass ich mich bemühte, dass ich suchte, dass ich ausprobierte und lernte – aber dass ich auch versagte und dass ich dem, was ich sein wollte, nicht entsprach. Ich fand mich wieder zurecht und machte weiter – und bei alledem streckte ich mich nach einer engen Beziehung zu Jesus Christus aus. Die Wandlung war in meiner Gesinnung vor sich gegangen, sie erfasste meine Haltung, die Struktur meines Willens. Warum sollte mir auch nur einer glauben, wenn ich das bezeugte? Und warum sollte auch nur einer die Aussage stehen lassen, dass meine Bekehrung echt war? Die Skeptiker sagten mit Recht: »Er soll es mit seinen Taten beweisen und nicht mit Worten.«

Ich entdeckte, dass der Ausdruck *Bekehrung* von vielen Menschen missverstanden wird. Die Erfahrung des Paulus auf der Straße nach Damaskus ist in der ganzen Geschichte am bekanntesten, und über andere Bekehrungen sind ähnlich dramatische Berichte geschrieben worden. Aber ich bin sicher, dass die meisten Bekehrungen undramatisch sind und keinen Eingang in die Presse finden.

Mich bedrückte auch die allgemein verbreitete Ansicht, dass man erst unter dem Druck des verruchtesten Lebens voller Sünde stehen müsse, um sich dann zu Christus zu bekehren. Das Gewissen müsse unter der eigenen Schuld ächzen, das Unglück so unausweichlich sein, dass man sich in einem Akt der Verzweiflung in Gottes erbarmende Arme werfe. Viele Leute, unter ihnen auch die Staatsanwälte, meinten nach den anfänglichen, hektischen Berichten über meine Person, dass ich drauf und dran war, mich nun endlich zu allen schäbigen Untaten der Watergate-Affäre zu bekennen.

Ende Dezember, bei einem Treffen im Büro Mr. Jaworskis, bei dem auch Mr. Merrill und einige seiner jungen Stellvertreter anwesend waren, wurde auch meine weit und breit erörterte Bekehrung ins Gespräch gebracht.

»Wir haben von Ihrer Erfahrung gelesen«, sagte Merrill, »wir haben den Eindruck, dass Sie ehrlich sind und dass Sie nun endlich mit allem herausrücken wollen.«

Merrill saß mir an dem großen Konferenztisch in Jaworskis Büro gegenüber. Während er das sagte, senkte er den Blick, als ob er mir die Unannehmlichkeit ersparen wollte, bei meinem Schuldbekenntnis seinem Blick zu begegnen. Ich blickte nach links zu Leon Jaworski. Ein schwaches, rätselhaftes Lächeln stand auf seinem runden Gesicht.

Ich wusste natürlich, was sie von mir erwarteten. Wenn meine Bekehrung echt war, sollte ich ihnen nun sagen, wie schuldig ich eigentlich gewesen war. Die Schwierigkeit war nur, dass ich von Anfang an bemüht gewesen war, ihnen die Wahrheit zu sagen. Sie hatten es nicht geglaubt und hofften nun vielleicht, dass Gott sich mit dem Sonderstaatsanwalt verbündet habe, damit ich auspackte. Sie sagten auch – so jedenfalls klang es für mich –, dass ich die Echtheit meiner religiösen Überzeugung nur dadurch beweisen könne, dass ich mich zu all dem bekannte, was ich bisher zurückgehalten hatte.

Zorn wallte in mir auf. »Ich habe diese Publizität in Bezug auf meinen Glauben nicht gesucht«, antwortete ich Merrill, »und ich denke nicht daran, ihn für irgendetwas zu benutzen; aber er sollte auch nicht gegen mich gerichtet werden.« Merrill wechselte schnell das Thema. Aber von nun an wusste ich, dass das öffentliche Gerede über meine Bekehrung meine Glaubwürdigkeit bei den Staatsanwälten noch mehr untergraben hatte.

Die Reaktionen waren ganz verschieden. Meine Mutter meinte erzürnt: »Sein Vater und ich erzogen unseren Jungen zu einem guten Christen. Er wurde in der anglikanischen Kirche getauft und konfirmiert. Alle christlichen Grundsätze haben wir ihm beigebracht. Wie kann er nun sagen, er sei jetzt erst Christ geworden.« So beklagte sie sich gegenüber einer Nachbarin.

Ich versuchte meinen Eltern zu erklären, dass alle ihre Bemühungen, die ganz sicher ehrlich gemeint waren, bei mir nichts gefruchtet hatten. Das war mein persönlicher Fehler, nicht der ihre.

Eine Verwandte glaubte, dass die Belastung der Watergate-Affäre für mich zu viel geworden sei. »Ich befürchte, der arme Chuck ist übergeschnappt. Diese Art religiösen Eifers ist oft ein Zeichen von Geistesschwäche«, schrieb sie einer gemeinsamen Bekannten.

Wendell musste den härtesten Schlag einstecken. Er befand sich gerade in seinem ersten Studienjahr in Princeton. Wie er später erzählte, saß er gerade über seinen Büchern in seinem stillen Zimmer, als ein Mädchen aus einer anderen Etage des Studentenheims (jawohl, gemischte Wohnheime in Princeton!) heraufgestürmt kam. Sie war aktiv bei *Campus für Christus*, und aufgeregt klopfte sie an seine Tür. »Ich habe gerade deinen Vater im Fernsehen gesehen!«, rief sie. »Er gehört zu uns; er hat Jesus Christus angenommen als seinen persönlichen Heiland!« Für Wendell war das ein harter Brocken. Als neunzehnjähriger Student hatte er es schwer genug gehabt, in der Universität akzeptiert zu werden, während sein Vater Tag für Tag immer neuer Verbrechen verdächtigt wurde. Aber hierauf war er nicht vorbereitet. Er schlug sich mit der Hand vor die Stirn und seufzte: »Auch das noch! Vater ein Jesusspinner!«

Dass Shapiro in Zorn geraten würde, war vorauszusehen. Er stürmte in mein Büro, nachdem die ersten Geschichten raus waren. »Diesmal haben Sie's geschafft, Colson, Sie haben's wirklich geschafft. Ich hoffe, er (ich glaube, er bezog sich auf Christus) kann Ihren Skalp jetzt noch retten, denn ich kann's nicht mehr.«

»Beruhigen Sie sich, Dave«, sagte ich, »diesmal

konnte ich wirklich nichts dafür. Wir hätten aber damit rechnen sollen.«

»Mich beruhigen!«, schrie er und schlug mit der Faust wütend auf meinen Schreibtisch. »Gerade jetzt, dachte ich, hätten wir die Ellsbergsache im Griff, gerade jetzt sind Sie einen Monat lang aus den Schlagzeilen raus – und nun dies. Das scheint der größte Trick zu sein, den Sie je ausgespielt haben. Zum Schluss noch einmal alle Register ziehen, um richtig Stimmung zu machen. Ich jedenfalls stehe auf dem Standpunkt, dass man Sie hierfür unter Anklage stellen sollte.« Damit stürmte er aus meinem Büro hinaus, an Holly vorbei, die sich die Ohren zuhielt.

Alte Freunde brauchten am längsten, um das alles zu verarbeiten und zu verstehen. Brad Mors, stellvertretender Generalsekretär bei den Vereinten Nationen, der mich gut zu kennen glaubte, erhielt eines Tages Besuch von Jonathan Moore, meinem Mitarbeiter aus den Tagen bei Saltonstall und unserem Trauzeugen, als Patty und ich heirateten. Brad blinzelte Jonathan an: »Was hat all das Jesuszeug in Verbindung mit Colson zu bedeuten? Ich bin bis jetzt nur zweimal in meinem Leben aufs Kreuz gelegt worden, beide Male von Christen. Glaubst du, bei Chuck ist noch alles in Ordnung?«

Ein überaus ernsthafter Jurastudent von Harvard, der für mich im Weißen Haus gearbeitet hatte, formulierte es ganz knapp: »Einige unter uns kannten, bewunderten und achteten den Colson, den es einmal gab. Gegen das ganze Bekehrungsgerede, verknüpft mit dem päpstlichen Gehabe, habe ich eine offene Abneigung.« Für den jungen Mann war es ein Widerruf meiner Vergangenheit, als deren Teil er sich selbst verstand.

Der Präsident der Transportgewerkschaft, Frank Fitzsimmons, selbst ein tief religiöser Katholik, tobte: »Diese ... in der Presse, nichts ist denen heilig, nichts. Schreiben über den Glauben eines Mannes! Das ist das Schmutzigste, das Niedrigste von allem, was sie sich geleistet haben.«

Und doch erfuhr ich in der Presse auch eine erstaunlich verständnisvolle Behandlung. Bill Greider, ein Reporter der *Washington Post*, verfasste einen Titelseitenbericht, in dem er den Einzelheiten meiner Bekehrung nachging, meinem Verhältnis zu Hughes und dem Gebetskreis vom Montagmorgen. Des Herrn Wege sind in der Tat geheimnisvoll: ausgerechnet meine eingeschworenen Feinde von der *Post* mussten es sein, die diesem Thema die erste ernsthafte Aufmerksamkeit schenkten. So schrieb Greider: »Colsons geistliches Erwachen wird wahrscheinlich keines seiner Probleme mit der Jury des Watergate-Falles lösen, aber ein Kreis von Menschen ist dadurch zufrieden gestellt; es sind die Männer, die sich mit ihm regelmäßig in Harold Hughes Haus zum Gebet treffen.« Dieser Artikel der *Post* und ein verständnisvoller Bericht von Wes Pippert, einem jungen Christen, veröffentlicht über UPI, wurden in Hunderten von Zeitungen überall im Lande nachgedruckt.

Am 17. Dezember, einem Montag, widmete Eric Sevareid seinen ganzen Kommentar innerhalb der CBS-Abendnachrichten dem Schneesturm, der Washington an jenem Tag heimgesucht hatte – und der Colson-Bekehrung. Nach seiner Meinung hatte eine Fügung Gottes, der Schneesturm nämlich, mehr dazu beigetragen, Energie zu sparen und die Luftverschmutzung in Washington anzugehen, als die ganze entsprechende Gesetzgebung, die der Kongress gerade mit Mühe durchzuziehen versuchte. Zur Bekehrung, der anderen Fügung Gottes, bemerkte er: »Mr. Charles Colson war einmal der härteste unter den ›harten Männern‹ im Weißen Haus. Er war außerdem ein Mann, von dem viele glaubten, dass er ›Gebet besonders nötig‹ habe, aber auch einen guten Strafverteidiger. Dieser Mr. Colson beherrscht mit der Nachricht von seiner Bekehrung alle Schlagzeilen. Nicht über die ihm angehängten Sünden juristischer Natur zeigt er sich reuevoll, aber er steht dazu, dass er sein Konto einfach überzogen hat. Der neue Colson nimmt nicht für sich in Anspruch, auf dem Wasser laufen zu können, aber er hat wenigstens aufgegeben, Großmütter zu überrennen. Viele Leute hier, die gerne an etwas glauben wollen, sind durchaus bereit, Colsons Herzenswandlung als echt anzusehen. Schließlich ist das die Art von Wandlung, die zahllose Kritiker die ganze Zeit gefordert haben ... Mr. Colson ist ganz offenbar in mehr als einem Sinn auf der richtigen Fährte. Ein schnelles Handeln des Kongresses hat seine Berechtigung; aber es ist das einfache Handeln Gottes, das Ergebnisse vorweisen kann.«

Severeids Fernsehkommentar, dem vielleicht dreißig Millionen Amerikaner zuhörten, und die Berichte der *Post* und von UPI, die weitere Millionen von Lesern erreichten, stellten zusammen ein mächtiges öffentliches Zeugnis für Christus dar. So etwas hatte ich niemals voraussehen können – ebenso wenig wie eine andere Folge, die für mich schließlich die überraschendste war.

Fast vom ersten Tag an erschienen riesige Briefbündel in meinem Büro: Einige waren an den Ervin-Ausschuss adressiert, einige an das Weiße Haus, einige lediglich mit der Anschrift »Washington, D. C.« versehen, einer sogar mit »zu Händen von Watergate«. Ich versuchte, sie alle zu beantworten, aber mit der Zeit wurde das unmöglich. Sie kamen von allen Regionen des Landes, einige vom Ausland, sogar von Manila und Neu-Delhi. Fast ohne Ausnahme handelten diese Briefe von Gebeten, die um meinetwillen gesprochen wurden, und von der Freude der Absender über einen Menschen, der zu Christus findet.

Sie zeugten von christlicher Liebe. Viele kamen auch von Leuten, die ihre abgrundtiefe Abscheu gegenüber Mr. Nixon und mir ausdrückten, die mich aber im nächsten Atemzug als Bruder willkommen hießen und oft für mich zu beten versprachen. Einige betonten, dass sie nie zuvor an eine öffentlich bekannte Persönlichkeit geschrieben hatten. Sie alle aber lobten Gott.

Ich hatte nie daran gedacht, wie viele solcher Leute es geben musste. Aber die Briefe stapelten sich auf meinem Schreibtisch und erneuerten meine Begeisterung, wenn ich mich Abend für Abend in sie vertiefte. An einem späten Nachmittag, kurz nach Weihnachten, stieß ich auf einen Brief, der in den folgenden Monaten und Jahren immer von neuem bedeutsam werden sollte für meine eigenen Motive und Ziele. Hingekritzelt auf ein einzelnes, liniertes weißes Blatt stand zu lesen:

25. Dezember 1973

Lieber Herr Colson!

Dieser Brief mag Ihnen ungewöhnlich erscheinen, doch nach der Lektüre eines Artikels in der *Charleston Evening Post* über Sie erfuhr ich, dass Sie (früher) eine ungewöhnliche Persönlichkeit waren. Ich bin ein Stabsfeldwebel in der US-Luftwaffe. Neunzehn Jahre lang habe ich versucht, mich selbst zu finden. Manchmal bin ich zur Kirche gegangen, aber sie (die Pastoren) erreichten mich nicht. Ihr Artikel hat mir mehr geholfen als irgendetwas anderes in meinem Leben. Es ist heute der Morgen des ersten Weihnachtstages. Um diese Zeit bin ich gewöhnlich betrunken oder versuche mich zu betrinken. Aber heute sehe ich den Kindern zu, wie sie ihre Geschenke auspacken, und nachher gehe ich vielleicht irgendwo zur Kirche, statt mich im Club oder bei irgendjemandem zu Hause zu betrinken. Diese Weihnacht habe ich nicht einmal ›Fusel‹ gekauft. Wenn hoch gestellte Persönlichkeiten wie Sie etwas von ihrer Vergangenheit preisgeben (von einem vielleicht nicht ganz so guten Leben, von Fehlern und Irrtümern), dann hilft das Menschen in meiner Lage. Heute Morgen fühle ich mich in meinem Inneren wahrhaftig frei, und ich bete darum, dass Gott uns beiden in unseren schwachen Bemühungen helfen möge.

Ich werde versuchen, dieses Buch *Mere Christianity* hier irgendwo aufzutreiben und es zu lesen.

Gott segne Sie
Stabsfeldwebel Nathaniel Green

Ich kümmerte mich nicht darum, wer mich in meinem Büro beobachtete, als mir die Tränen die Wangen herunterliefen, während ich Stabsfeldwebel Greens Brief las und immer wieder las. Darin war alles enthalten. Elf lange Jahre meines Lebens hatte ich mich mit jeder Faser meines Seins dafür eingesetzt, um in den Regierungsgeschäften das zu erreichen, was nach meiner Ansicht das Leben der Menschen verbessern konnte. Aber während dieser langen Zeit konnte ich nicht auf einen einzigen Menschen zeigen, nicht auf ein einziges Leben, das tatsächlich eine Wandlung zum Besseren erfahren hatte. Wirklich nichts, auf das ich mich zurückbesinnen konnte, verdiente mit der Freude verglichen zu werden, die ich beim Gedanken an den einen Menschen empfand, der am Weihnachtstag wieder mit seiner Familie vereint war. Und ich hatte diesen Stabsfeldwebel durch die Presse erreicht, auf die ich so empört reagiert hatte.

»Der Einzelne ist wichtiger ... denn er bleibt in Ewigkeit, und das Leben eines Staates, einer Kultur währt, wenn man sie mit ihm vergleicht, nur einen Augenblick«, hatte C. S. Lewis geschrieben.

Wenn auch – wie einer meiner Freunde mir am Telefon sagte – alle in der Stadt über mich lachten, dann sollten sie ruhig lachen. Durch meine Bürofenster blickte ich in den späten, dunklen Nachmittag hinaus und dachte: *Da draußen gibt es viele Feldwebel Greens. Und dort ist auch der Meister. Er lebt und arbeitet auf Wegen, die wir niemals verstehen werden.* Ich dankte ihm, dankte für Dan Rathers feindselige Fragen, dankte für Jerry Warren, der in die ganze Sache mit dem Gebets- und Frühstückstreffen hineingestolpert war, und ich dankte sogar für all diejenigen, die solch ätzende, beißende Artikel geschrieben hatten.

»Das alles ist die Sache wert, Holly«, sagte ich draußen zu ihr und sah im Vorübergehen das ungläubige Staunen in ihrem Blick. »Das ist die Sache wert.«

Kapitel 13

Das einsame Haus

■ Am Tag nach der CBS-Sendung von Eric Sevareid rief Steve Bull aus dem Weißen Haus an. »Chuck, der Präsident würde Sie gern sehen. Können Sie gleich rüberkommen?«

Wie in alten Tagen, dachte ich. Ich fühlte das gleiche alte Zittern in der Herzgegend, die Erregung, die man empfindet, wenn man den wichtigsten Mann der Welt aufsucht. Obwohl wir regelmäßig am Telefon miteinander sprachen, hatten wir offene Begegnungen vermieden, seit ich vor neun Monaten seinen Stab verlassen hatte: wir fürchteten nämlich, dass das Image des durchtriebenen Burschen aus der Watergate-Affäre mich so hartnäckig geprägt hatte, dass es ihm Unannehmlichkeiten bringen konnte.

Es muss etwas Wichtiges sein, dachte ich, nahm meinen Mantel und entschuldigte mich ohne weitere Erläuterungen bei meinen Partnern, die sich gerade bei mir versammelt hatten. Ich marschierte zum Südwesttor hinüber, von dem mein Büro einen halben Block entfernt liegt, stapfte durch den nun schon schmutzig grauen Schnee, über den Sevareid am

Abend zuvor in Verbindung mit meiner Bekehrung philosophiert hatte.

Schon am Tor wartete Steve. Damit wir der Presse entgingen, führte er mich die geschwungene Einfahrt des Südparks hinauf, dann über die offene Rasenfläche, auf der der Hubschrauber des Präsidenten landet und startet, vorbei an Geheimpolizisten, die das Gebäude bewachten, und schließlich ging es durch den Diplomateneingang hinein.

»Was gibt's, Steve«, fragte ich. Wir gelangten in den Empfangsraum, an dessen Wänden frühamerikanische Gemälde hingen. Auf dem Boden lag ein riesiger, blau-weiß-goldener Teppich, in dessen Randmuster die fünfzig Staatssiegel hineingewirkt waren.

»Der Chef braucht einen Austausch mit Ihnen, Chuck. Seit Watergate ist das Klima rauer geworden. Niemand weiß von Ihrem Besuch. Er ist oben im Lincolnzimmer. Das ist sicherer. Man kann ja nicht einmal mehr den Mitarbeitern im Westflügel trauen.« Steve schüttelte missbilligend seinen Kopf. »Es bringt ihn noch um, er nimmt sich alles so zu Herzen. Heitern Sie ihn auf, Chuck, wie Sie es damals in den alten Tagen immer taten.«

Ich ging die weiten, mit rotem Teppich belegten Stufen der Treppe hinauf und durchquerte die Haupthalle mit ihren Marmorsäulen. Ein frostiges Schütteln überkam mich. Das Weiße Haus schien verlassen. Gewöhnlich gab es überall Geheimpolizisten, Mitarbeiter, die die Leute herumführten, Adjutanten der Generäle, Touristenschlangen. Aber heute gab es nirgends ein Lebenszeichen; meine ledernen Absätze erzeugten das einzige Geräusch auf dem kalten Marmor. Einen unheimlichen Augenblick lang kam mir wieder die Stille jenes rätselhaften Tages nach der Wahl zum Bewusstsein.

Als ich das Lincolnzimmer im zweiten Stock erreichte, war nicht einmal diese Tür bewacht. Der Präsident hockte in einem unbequemen, steif wirkenden Sessel mit gelbem Brokatbezug in einer Ecke des Raumes, die mit Relikten aus der Amtszeit Lincolns vollgestopft war. »Schön, Sie wieder zu sehen, Junge.« Schon hatte sich Nixon aus dem Sessel gequält und war auf den Füßen. Mit einem breiten Lächeln im Gesicht packte er meine Hand, wie er es sonst nie getan hatte.

Ich durfte auf einem der Rosenholzstühle Platz nehmen, die seinerzeit Mrs. Lincoln angeschafft hatte, und Nixon bot mir eine seiner Pfeifen an. Zunächst stellte er einige Fragen zu meiner Familie, dann ging Nixon zu dem über, was ihn beschäftigte. »Die Anwälte raten mir, wir sollten uns auf keinen Fall zusammen sehen lassen. Dieser Zirkus geht zu weit. Ich sehe keinen Grund, warum zwei alte Freunde nicht zusammenkommen sollten. Wir werden über George Meany sprechen, über Gewerkschaftsfragen oder irgendetwas; dafür kann uns niemand kritisieren, oder?«

Seit ich von der Tonbandüberwachung im Weißen Haus erfahren hatte, waren wir noch nicht wieder zusammen gewesen. So fragte ich halb im Spaß: »Mr. President, wird es von unserer Unterhaltung eine Tonaufnahme geben?«

»Was meinen Sie damit? Wer sollte uns das antun?« Er hatte sich im Sessel aufgerichtet, das Lächeln war einem Anflug von Furcht gewichen. »Würden *die* das wirklich tun?«, fragte er.

Ich versuchte ihm zu erklären, dass sich meine Neugier nur darauf gerichtet hatte, ob er selber noch immer Unterredungen auf Tonband festhalten ließ. Er unterbrach mich immer wieder: »Kann ich dem Geheimdienst vertrauen, Chuck? Ich weiß es nicht. Sie glauben doch nicht, dass Jaworski auch diesen Raum abhören lassen könnte, oder?« Noch einmal versicherte ich dem Präsidenten, dass niemand diesen Raum abhören würde, wenn nicht er selbst dafür gesorgt hätte. Das befriedigte ihn aber nicht und ließ ihm keine Ruhe.

»Chuck, das Problem ist, dass ich das Gefühl habe, niemandem mehr trauen zu können, nicht einmal den Sekretärinnen.«

Welche Ironie, dachte ich. Jahrelang hatte der Präsident jedes Gespräch in seinem Büro auf Tonband festgehalten, jetzt wurde er von dem Gedanken gequält, dass man auch seine Worte mitschnitt. Der Mann, der vier Jahre lang so selbstsicher durch die Hallen und Amtszimmer des Weißen Hauses geschritten war, der jede Minute der ihm anvertrauten, unvergleichlichen Macht ausgekostet hatte, verbarg sich in einer entfernten Ecke des beinahe leeren Hauses und misstraute allen Menschen. Ich empfand tiefes Mitleid für meinen alten Freund. Er sah verändert aus, war irgendwie kleiner geworden, als ob er sich in ein schützendes Schneckenhaus zurückgezogen hätte. Seine Haut war fahl, das Gesicht tiefer gefurcht. Viel stärker als bei all den anderen Krisen, die ich mit ihm durchgestanden hatte, wurde seine Erschöpfung dieses Mal deutlich.

»Die Tonbänder«, erinnerte er sich und wurde langsam selbstsicherer, »waren Haldemans Idee. Dumm, einfach dumm. Zweimal forderte ich Bob auf, das ganze System abzuschaffen, aber Sie kennen ja Bob. Ich vergaß dann die Sache. Aber hier sind jedenfalls bestimmt keine. Ich habe alles ausbauen lassen, ich habe es sogar selbst überwacht. Sie können sich darauf verlassen.«

Dann fragte mich der Präsident nach den Unterhaltungen, die wir Anfang des Jahres 1973 miteinander geführt hatten. Er setzte seine horngerahmte Lesebrille auf und fing an, ein Bündel von Papieren zu studieren, das auf seinen Knien lag. Tonbandabschriften? Ich wollte nicht danach fragen. Jede Unterhaltung wiederholte ich so, wie ich mich an sie erinnerte, während Nixon beifällig mit dem Kopf nickte und seine Augen ein Blatt nach dem anderen prüften. Wollte er mich überprüfen, wie gut mein Gedächtnis war? Hin und wieder unterbrach er mich: »Sind Sie auch ganz sicher?« Und dann war er wieder bei seinen Papieren und paffte an seiner Meerschaumpfeife.

»Sind Sie eigentlich sicher, Chuck, dass Sie mich niemals gebeten haben, Hunt gegenüber Milde walten zu lassen?«, fragte er mich, als ich mit meinen Ausführungen zu Ende war.

»Ganz bestimmt«, kam meine entschiedene Antwort, »ich hatte es einmal vor und Sie schnitten mir das Wort ab. Ich erinnere mich gut daran.«

»Gut, wenn Sie nur sicher sind, dann ist es gut. Aber wir wollen uns doch jetzt lieber über angenehmere Themen unterhalten«. Nixon nahm die Brille ab, schob die Papiere in eine braune Hülle und lächelte. *Ganz sicher hat er mich nicht deswegen kommen lassen*, sagte mir mein Verstand; diese früheren Unterhaltungen hatten wir schon dreimal am Telefon erörtert. Meine Antworten waren immer gleich ausgefallen und schließlich hatte er doch die Tonbänder.

»Haben Sie irgendeinen Grund anzunehmen, dass mein Gedächtnis nicht funktioniert?«, fragte ich und wollte damit dem Inhalt jener Papiere so nah wie möglich kommen. »Nein, nein! Doch man kann jetzt nicht mehr vorsichtig genug sein. Jaworski will alle Bänder haben; und da muss ich einfach sichergehen. Machen Sie sich darüber keine Gedanken. Übrigens war das ein hochinteressanter Artikel über Sie in der *Post*.«

Nun war es heraus. Ich vermutete, dass meine Bekehrung der eigentliche Grund war, warum mich der Präsident hatte kommen lassen. Trug er Sorge, dass mein Neubeginn mit Christus oder meine Freundschaft mit Hughes mich gegen meinen alten Chef einnehmen würden, oder sollte er selbst nach geistlicher Stärkung suchen? Sollte ich ihm von meinen Erfahrungen erzählen, wie es Tom Phillips mir gegenüber in solch ehrlicher Weise getan hatte? Wenn ich den oft feindseligen Reportern gegenüber offen Rede und Antwort stehen konnte, warum sollte ich dann jetzt einen Rückzieher machen?

Er schwieg noch immer. Und auch ich verharrte in Schweigen – es war ein feiger Rückzug. Ich versuchte es rational zu rechtfertigen; er würde mich sicherlich nicht verstehen. Und warum sollte er von mir eine Predigt erwarten? Ich war doch kein Billy Graham. »Die Zeitungen drucken heute alles Mögliche und Unmögliche ab«, stammelte ich. »Es sind verrückte Zeiten, Mr. President.«

Gab mir der Präsident in diesem Augenblick die Chance, um die ich Wochen zuvor gebeten hatte, dann versagte ich ganz und gar. Was andere Themen anbetraf, so hatte ich dem Präsidenten gegenüber niemals ein Blatt vor den Mund genommen, warum nun diese Verlegenheit im Blick auf meine Bekehrung? Die Frage verfolgte mich noch lange.

Im weiteren Verlauf der Unterredung folgten wir nostalgischen Erinnerungen. Da waren wieder jene goldenen Tage, als die Massen auf der Straße jubelten und ihren Präsidenten und seine vorbeiziehende Wagenkolonne umringten. Es war die Zeit des Erfolgs, als uns die Meinungsumfragen den Weg bahnten zu einem ungeahnten Sieg bei der Wiederwahl, die alle Rekorde in den Schatten stellte. Es waren die Tage, an denen ein amerikanischer Präsident triumphierend den Kreml besuchte und auf der großen Chinesischen Mauer entlang marschierte und damit eine neue Ära amerikanischer Diplomatie einleitete. Den kalten Krieg der letzten 25 Jahre zu beenden und dazu noch den heißen in Vietnam, das sollte durch die Friedensgeneration Wirklichkeit werden: Richard Nixons liebster Traum. »Irgendetwas Richtiges müssen wir doch getan haben, Chuck, was heute auch immer geredet wird, stimmt's?«

»Natürlich, selbstverständlich«, hörte ich mich sagen, obwohl es nur Erinnerungen waren, die hier neu auflebten. Alles andere lag zerbrochen und zerschlagen unter den Trümmern von Watergate.

Es war mehr als eine Stunde vergangen, als der

Präsident auf seine Uhr schaute. »Ich werde mich besser verziehen«, sagte er, »niemand außer Steve weiß, dass wir hier sind. Ich werde Sie und Ihren Dienst, den Sie Ihrem Land, Ihrer Nation geleistet haben, niemals vergessen. Eines Tages wird auch dies alles zurechtgerückt werden. Warten Sie ab, Chuck.« Er wiederholte das noch einmal, wahrscheinlich auch, um sich selbst zu überzeugen. »Warten Sie nur ab. Es wird eine Zeit kommen, wo wir reinen Tisch machen. Das wird nicht gleich sein, aber die Zeit wird kommen.«

Ich wusste natürlich, worauf er anspielte: er wollte, sobald er selber wieder öffentliche Unterstützung fand, für die ihm treu ergebenen Mitarbeiter eine Begnadigung erwirken. Nur war das wenig überzeugend. Tief in meinem Herzen spürte ich, dass die Watergate-Flut noch nicht eingedämmt war. Als wir zusammen zu den Privaträumen des Präsidenten hinübergingen, hatte ich das Empfinden, dass auch der Präsident sich dessen bewusst war.

Wir verabschiedeten uns am Ende des Rosengartens. Ich blieb noch einen Augenblick lang stehen, wandte mich um und blickte ihm nach: Da sah ich seine Gestalt, leicht gebeugt, in das Dezembergrau eintauchen. Zwei Geheimdienstleute öffneten die Tür zum Westflügel. Für ihn bedeutete das eine Rückkehr in eine Welt mit abhanden gekommenen Tonbändern, mit neuen, härteren Anklagen, mit Unregelmäßigkeiten in seinen Steuerangelegenheiten, mit Kongressabgeordneten, die seinen sofortigen Rücktritt forderten. Für mich – eine Rückkehr zu Jurys, Sitzungen mit meinen Anwälten, zu den allgegenwärtigen Nachforschungen der Leute Jaworskis und einer ungewissen Zukunft.

Mein Telefon klingelte an jenem Abend kurz nach 23.30 Uhr und weckte Patty und mich aus tiefem Schlaf. Es meldete sich die Vermittlung im Weißen Haus: »Mr. Colson, der Präsident ist am Apparat.« Obwohl unsere Begegnung mich unbefriedigt gelassen hatte – es ging mir nach, dass ich nicht mutig von Jesus Christus gesprochen hatte, und ebenso wenig konnte ich den tragischen Anblick meines Freundes vergessen –, Mr. Nixon hatte die Begegnung offensichtlich gut getan. »Es tut mir Leid, dass ich so spät anrufe, aber es war mir eine derartig große Erleichterung, mit Ihnen heute zu sprechen. Ich hätte mich gern noch etwas länger mit Ihnen unterhalten, wenn es Ihnen nichts ausmacht.« Es ergab sich eine Fortsetzung des Gesprächs vom Nachmittag: wieder die Erinnerungen, wieder Fragen über unsere Gespräche im letzten Januar, ein zufrieden stellender Bericht, den er an jenem Tag von Kissinger erhalten hatte, wonach die Israelis im Nahen Osten zu größeren Konzessionen bereit waren. Wir sprachen auch davon, wie der Forderung des Ervin-Ausschusses nach 600 Tonbändern des Präsidenten begegnet werden sollte. Wir diskutierten gerade die Tonbänder, als Nixon plötzlich innehielt.

»Ich muss doch noch einmal fragen, warum Sie heute Nachmittag befürchteten, wir könnten abgehört werden? Haben Sie irgendwelche Informationen, die Sie mir nicht mitteilen wollten?«

Ich konnte ihn nicht davon abbringen. Sein Ton hatte sich von einem Augenblick zum anderen völlig verändert. Ich hörte nicht mehr der starken, selbstbewussten Stimme zu, die ich so gut kannte. Er ging dann zu dem Antrag vor Gericht über, der die Auslieferung der Tonbänder des Weißen Hauses an die Staatsanwälte bewirken sollte. »Sie wissen doch, Chuck, wenn wir diesen Fall verlieren, werde ich keine andere Wahl haben, als abzutreten.« Seine Stimme wurde lauter und für einen Augenblick wieder fest. »Ich werde nicht zulassen, dass das Ansehen des Präsidentenamtes zerstört wird.«

Die Aussicht eines möglichen Rücktritts lastete schwer auf dem Präsidenten, bei seinem Anruf in jener Nacht im Juli. »Was meinen Sie, Chuck, was geschieht, wenn ich nicht nachgebe und es zu einem Amtsenthebungsverfahren kommt? Wissen Sie, dass ich damit auch finanziell ruiniert wäre – ohne Ruhegehalt –, und das bei meinen Steuerschulden? Jeder denkt, ich sei reich geworden, aber das stimmt einfach nicht.«

War es Eigennutz? Oder standen hehre, patriotische Motive dahinter? In diesem komplexen Charakter war beides miteinander verwoben. Ich gab mir alle Mühe, um Optimismus, Vertrauen und Zuversicht zu zeigen, von denen ich in Wirklichkeit nichts empfand. »Aber glauben Sie doch nicht an so etwas! Sie werden kämpfen und Sie werden siegen, so wie Sie es immer getan haben.«

Dann kam die Frage, die mir immer noch im Ohr klingt. »Von Jaworski weiß ich, dass er den Präsidenten schonen will; diese Zusage hat er zumindest gemacht. Aber die andern, Chuck? Könnten Sie sich vorstellen, dass *die* mich ins Gefängnis bringen wollen?«

Einen Augenblick lang zweifelte ich daran, dass er es ernst meinte. »Unsinn, Mr. President!«, rief ich aus. »Das ist die abwegigste Vermutung, die ich je gehört habe! Und reden Sie doch nicht von Rücktritt. Der Kapitän verlässt sein Schiff nicht.«

»Das kenne ich alles«, gab er zurück. »Man hätte der Nation all dies ersparen sollen. Vielleicht braucht das Land einen netten, sauberen Jerry Ford – der Haken ist nur, dass Jerry noch nicht so weit ist. Er würde ein ganzes Jahr brauchen, um alle Fragen der internationalen Politik aufzuarbeiten. Und dann würde Jerry es mit Kissinger schwer haben. Ich bin nicht sicher, dass er ihn unter Kontrolle halten könnte, Chuck; Sie wissen, dass Henry manchmal unberechenbar ist. Erinnern Sie sich, was wir letztes Jahr im

Dezember bei den Bombenangriffen durchmachten, um Henry in Schach zu halten? Nicht wahr, Sie erinnern sich, Chuck? Nein, Jerry braucht einfach noch Zeit. Er muss es lernen, Henry richtig zu nehmen.«

So benutzte mich der Präsident als Barometer, um herauszufinden, wie schlimm die Situation wirklich war. Er wollte Bestätigung, die ich ihm zu geben versuchte. Er wollte überhaupt nicht über Ford oder Kissinger nachdenken, nur Tatsachen feststellen. Ford war weniger als einen Monat im Amt und mit den schnell wechselnden Launen Kissingers noch nicht vertraut. Nixon dagegen hatte mit Henry fünf Jahre lang eng zusammengearbeitet, und so kannte jeder die Stärken und Schwächen des anderen. Sie waren aufeinander angewiesen wie zwei Seiltänzer – und brisante, außenpolitische Manöver sind ganz sicher mit Balanceakten zu vergleichen.

Nixon machte dann eine Bemerkung, die mich an jenem Tag am meisten verblüffte: »Wissen Sie, Chuck, ich gehe jeden Abend auf meine Knie und bete zu Gott.«

Ich war völlig überrascht. Für diesen Mann, der niemals eine menschliche Schwäche zugeben konnte, der es ablehnte, eine ganz gewöhnliche Erkältung einzugestehen, selbst wenn sie ihm die Brust zuschnürte, sodass er kaum sprechen konnte, war dies ein erstaunliches Bekenntnis. Vom Ton seiner Stimme her war ich überzeugt, dass er es ehrlich meinte.

Die Feststellung hatte nichts mit dem zu tun, worüber wir gesprochen hatten. Bevor ich aber auch nur ein Wort dazu sagen konnte, sprang er zurück auf sicheren Boden. Jetzt beschäftigte er sich mit der Strategie, mit der man gegen den Vorsitzenden des *House Judiciary Committee*, Peter Rodino, vorgehen sollte. Weil ich Nixon inzwischen gut kannte, wusste ich, wie erschrocken er über seine eigene Offenheit sein musste, in der er mir ein so persönliches Anliegen mitteilte.

Er hatte mir nun schon zum zweiten Mal heute Gelegenheit zum Reden gegeben, um ihm zu sagen, wie Gott uns aus dieser Wüste hinausführen konnte. Und wieder schwieg ich. War es Feigheit?

Oder sollte es der Herr selbst gewesen sein, der meine Lippen verschlossen hielt? Ich wusste nur, dass ich an diesem Tag ein zweites Mal versagt hatte.

Beinahe ein Uhr war es, als ich den Hörer auflegte, meinen Schreibtischsessel zurückschob und in der Stille meiner Bibliothek auf meine Knie fiel. Ich bat Gott, mir meine Feigheit zu vergeben, über meine Schwachheit hinwegzusehen und sich auf seine Weise um den Präsidenten zu kümmern. Schließlich war ich ja selbst noch schwankend – er allein wusste, durch wie viel Kampf und Verwirrung ich ging.

In den folgenden Wochen nahm ich wieder meine alte Kampfstellung ein, jetzt als Berater des Präsidenten im Amtsenthebungsverfahren. Unser

Hauptaugenmerk richteten wir auf die Wahl eines Verteidigers. Wir gingen eine lange Liste möglicher Namen durch. Keiner kam infrage. Viele Leute sind der Ansicht, der Präsident müsse nur einen Knopf drücken und könne dann über Spezialisten auf allen Gebieten verfügen. Aber so ist es nicht. Eine Spitzenkraft ist oft nur sehr schwer zu finden, selbst wenn ein Auftrag des Weißen Hauses lockt. Und im Schatten der Watergate-Affäre war dies noch schwieriger. Die Honorare sind niedriger als in der Geschäftswelt; und was mögliche Kandidaten vor allem zurückschreckt, sind die langen Dienststunden, Mangel an Anerkennung und die immer gegenwärtige Gefahr, dass eventuelle Fehler als Gegenstand landesweiter Schlagzeilen Beachtung finden.

Ende Dezember bot ich ihm meinen eigenen Anwalt Jim St. Clair an, und beschrieb ihn als zäh, im Gerichtssaal gewandt und geachtet. Am nächsten Tag bat der Präsident Jim zu einer Unterredung und zwei Tage später bat mich St. Clair telefonisch, ihn zur Verfügung zu stellen. Das Ganze ging ohne Gefühle ab. In seiner kühlen, professionellen Art schien Jim keinerlei Erregung darüber zu empfinden, dass er nun für den Präsidenten arbeiten würde – er war für ihn ein Klient neben anderen.

In der folgenden Woche wurde St. Clairs Berufung in der Presse mit kaum einem Wort erwähnt. Ich hatte schon befürchtet, sie würde Verärgerung auslösen – aufgrund der Verbindung zwischen dem Präsidenten, St. Clair und mir. Im Scheinwerferlicht der Watergate-Affäre konnte kaum etwas einer kritischen Überprüfung entgehen, sodass es für Jim St. Clair ein seltenes Glück war, ungescholten ins Weiße Haus einziehen zu können.

Eine Zeit lang schien es wie in alten Tagen zu sein, Nixon und ich Seite an Seite in dem großen Kampf, der vor uns lag. Aber es war nicht mehr das alte Verhältnis. Wir hatten uns beide verändert. Für mich bedeuteten Nixon, Sternenbanner und Nation nicht mehr dasselbe. Ich sah nun zum ersten Mal Richard Nixon als Menschen. Dieser Einzelmensch unter zweihundert Millionen anderen, zum höchsten Amt des Landes aufgestiegen, war in mancher Hinsicht groß, in anderer Hinsicht schwach, und wie alle Sterblichen hatte er seine Grenzen. Mehr als je zuvor war mir an der persönlichen Seite unseres Verhältnisses gelegen, aber Scheu und Ehrfurcht empfand ich nicht mehr.

Ich wurde auch die nagenden Zweifel an der Unschuld des Präsidenten nicht los. Warum das rätselvolle Schweigen des langen Sommers, während John Deans Anschuldigungen von den Wänden des Ausschusssaals im Senat widerhallten? Warum die fast quälende Besorgnis über die Tonbänder? Warum die Lücke von achtzehneinhalb Minuten und Nixons Klagen über »die arme, arme Rose«?

Die Lage im Weißen Haus hatte sich fast ins Chaotische gesteigert. Eifersüchteleien um geringfügige Dinge beherrschten die verschiedenen Abteilungen. Haig ließ mich eines Abends Anfang Januar wissen, dass er seinen Dienst quittieren würde, wenn Nixon nicht Zieglers Beförderung rückgängig mache. Ich rief daraufhin Nixon an, um ihn zu warnen, und platzte damit mitten in eine erbitterte Fehde hinein. Junge Mitarbeiter kündigten so schnell, wie sie Stellungen außerhalb des Weißen Hauses finden konnten. Wer sich innerhalb der internen Parteiungen zufällig auf der falschen Seite befand, war bald gezwungen, sich nach etwas anderem umzusehen. Wer während der ersten Amtsperiode schon im Weißen Haus tätig gewesen war, wurde nun regelmäßig vor Jurys und Jaworskis Staatsanwälte zitiert. Viele hatte die Furcht ergriffen, sie könnten das nächste Ziel der Ankläger sein. Alle waren durch Gerichtskosten verschuldet.

Die Weihnachtsfeier des Weißen Hauses in jenem Jahr wirkte auf mich wie eine Trauerfeier. Steve Bull nahm mich beiseite und flüsterte mir seine geheimsten Befürchtungen zu: »Niemand hier unternimmt den Versuch, den Präsidenten zu retten. Jeder sticht nach ihm und versucht, sich selbst so heil wie möglich zu retten.« Ziegler verweigerte seine Teilnahme, weil Haig anwesend sein sollte. Schließlich kam keiner von beiden, was ihnen die jüngeren Mitarbeiter übel nahmen. Nixon selbst hatte sich mehr und mehr zurückgezogen. »Wir bekommen ihn überhaupt nicht mehr zu Gesicht«, beklagte sich ein älterer Angestellter. Ein junges Mädchen begann zu weinen, als ich von meinen Erinnerungen an die aufregenden, verheißungsvollen Tage des Wahlkampfes 1972 erzählte.

Selbst das Sendungsbewusstsein, die gemeinsame Hingabe an eine Sache, die größer war als wir selbst, war verflogen. Niemals zuvor hatte ich mehr Alkohol fließen und dabei die Fröhlichkeit immer mehr abnehmen sehen. Nach den Worten meines früheren Mitarbeiters Dick Howard ähnelte das Weiße Haus dem Berlin der letzten Tage Hitlers, als sich die einst stolzen und überheblichen Offiziere in der Falle befanden, Niederlage und Tod vor Augen sahen und nun erbittert aufeinander losgingen und der Lebensgier in jeder Form freien Lauf ließen.

Ich musste die Oberflächlichkeit in meiner blinden und arglosen Haltung dem Präsidenten gegenüber – ja, jedem Menschen gegenüber – erkennen. Immer deutlicher stand mir vor Augen, was Doug Coe in seiner Widmung in meiner Bibel als »wesentlich« bezeichnet hatte. An manchen Tagen überraschten mich meine eigenen Gedanken: Es lag mir mehr daran, dass Christus in das Leben Präsident Nixons trat, als dass er die Schläge seiner Angreifer erfolgreich abwehren konnte.

Am Neujahrswochenende fand meine Hoffnung schwache Nahrung in einem kleinen Zeitungsartikel aus St. Clemente, worin berichtet wurde, dass Nixon in einem erst kürzlich veröffentlichten Buch über Lincoln lese. Ich wusste sofort, dass es Elton Truebloods Arbeit über Lincolns geistliche Erfahrungen war. Tom Phillips hatte es mir im September in der Hoffnung gegeben, ich könnte es vielleicht an den Präsidenten weiterleiten. In geistlicher Hinsicht hatte dieses Buch mir etwas zu sagen gehabt, weil es Lincolns langsame Umkehr im Jahre 1862 darstellte und seine allmähliche Hinwendung zum Allmächtigen mit der Bitte um Führung und Kraft beschrieb. Im November schon hatte ich mein Exemplar Nixon zukommen lassen. Der Präsident hatte den Empfang nie bestätigt, und ich hatte mich schon gefragt, ob er mein Geschenk wohl als aufdringlich empfand. Nun wusste ich, dass er darin las.

Am Vorabend des Nationalen Gebetstreffens Ende Januar kamen Al Quie, Graham Purcell, Doug Coe, Harold Hughes und ich zum Gebet und Mittagessen im Kapitol mit Billy Graham und Senator Mark Hatfield zusammen. Mark Hatfields erklärte Opposition zu Nixons Vietnampolitik hatte ihm den Ruf des führenden republikanischen Unabhängigen eingebracht. Viele Male hatte Nixon ihn angegriffen und auch ich hatte mich zu Denunzierungen hinreißen lassen. Für Senator Hatfield war ich die

Verkörperung dessen, was im Weißen Haus Nixons fehlgelaufen und von Übel war.

Doch wir knieten zusammen am Altar der kleinen Kapelle nieder, die sich im Kapitol, ganz in der Nähe der sich hoch aufwölbenden Kuppel befindet. In der Stille dieses Raumes schmolzen die Feindseligkeiten dahin. Hatfields Gebet war hauptsächlich bestimmt von der Hingabe an Gott und sogar von Dank für meine Bekehrung und dafür, dass er uns in Christus zusammengebracht hatte. An der Mittagstafel erörterten wir, wie wir Nixon als Menschen und als leitendem Mann der Nation helfen konnten – Senator Hughes als politischer Gegner, Hatfield als Rebell in den eigenen Reihen, Billy Graham und ich als seine Freunde.

Wir alle verpflichteten uns, für unseren bedrängten Präsidenten zu beten.

Am selben Abend noch rief der Präsident bei mir an mit einer Fülle von Fragen zum Nationalen Gebetstreffen, das am nächsten Morgen stattfinden sollte. Obwohl es spät war und Nixon an diesem Abend vor dem Kongress seine Rede zur Lage der Nation gehalten hatte, die das Fernsehen für Millionen Amerikaner direkt übertrug, stellte er unermüdlich Fragen und bereitete nebenher seine Ansprache für den nächsten Tag vor.

»Wissen Sie, Chuck«, grübelte er, »ich konnte nie in der Öffentlichkeit über meinen Glauben an

Gott sprechen. Ich verachte Leute, die ihre Religion für politische Zwecke benutzen. Das ist so heuchlerisch. Das habe ich nie getan.« Indem wir dann weitersprachen, ging er so frei aus sich heraus, wie ich es nur selten erlebt hatte. Er erzählte von seiner frommen Mutter, die zu den Quäkern gehörte und wie er selbst als Junge Gott in sein Leben aufgenommen und aus seinem Glauben Kraft empfangen hatte. Ich bat ihn sehr, am nächsten Morgen offen darüber zu sprechen.

Billy Graham begleitete Nixon am nächsten Morgen vom Weißen Haus zum Washington-Hilton. Er erzählte uns später, dass er mit dem Präsidenten ein gutes, außerordentlich offenes Gespräch über Christus gehabt habe, über Nixons Glauben und die Notwendigkeit, dass Gottes Hand unser verbittertes Volk führen müsse. Nixons Ansprache vor dreitausend Männern und Frauen aus aller Welt war ohne Zweifel von dem Eindruck geprägt, den Lincolns geistliches Leben auf ihn gemacht hatte.

»Obwohl er niemals zu einer Kirche gehörte, betete er wahrscheinlich mehr als irgendein anderer Mann im Weißen Haus. Niemals hegte er Gefühle der Überheblichkeit gegenüber Menschen mit anderen Standpunkten. Er hatte den Eindruck, dass Amerika vereint werden sollte ... Er war überzeugt, dass Amerika etwas hatte, wofür es einstehen konnte, woran es glauben konnte, dass es etwas in der Welt auszurichten hatte, was über es selbst hinausreichte. Mit anderen Worten, es gab etwas, was größer war als Lincoln, der Politiker, der Präsident, und größer als das amerikanische Volk und der einzelne Mensch ... Und dies nannte er den Allmächtigen, das ewige Sein; manchmal nannte er ihn Gott, der die Geschicke dieses Volkes führte.«

Als Nixon fortfuhr, kam er dem Zeugnis über seine eigene Glaubensbindung sehr nahe, und er sprach mit größerer Offenheit als je in seiner langen politischen Laufbahn:

»Als ich acht oder neun Jahre alt war, fragte ich meine Großmutter, eine sehr fromme Frau, eine Quäkerin von kleinem Wuchs, die neun Kinder geboren hatte – ich fragte sie, aus welchem Grund Quäker das stille Gebet so ernst nehmen. Wenn wir uns zu Tisch setzten, verharrten wir immer in stillem Gebet. In der Kirche sprach manchmal ein Pfarrer oder jemand, der einfach vom Geist Gottes getrieben wurde. Aber oft saßen wir nur da und beteten. Die Antwort meiner Großmutter war sehr interessant und vielleicht hat sie etwas zu tun mit dem stillen Gebet Lincolns. Sie antwortete wie immer mit ganz einfachen Worten: Du musst verstehen, Richard, dass der Zweck des Gebets das Hinhören auf Gott ist, nicht das Reden mit Gott; der Sinn des Gebets ist nicht, dass du Gott sagst, was du willst, sondern dass du von Gott erfährst, was er von dir will.«

Ich beobachtete sein Gesicht während dieser Ansprache sehr genau und ich bemerkte plötzlich, wie alle Spuren der Verkrampfung sich verloren, als er sagte: »Oft sind wir ein wenig zu arrogant, wenn wir mit Gott zu reden versuchen ... erst wenn wir auf Gott hören und herausfinden, was er von uns will, werden wir alle das Richtige tun.« Seine Stimme war immer leiser geworden. Das war kein pathetischer, Fahnen schwingender Abschluss, auf den er gewöhnlich hinzielte, sondern es waren sehr demütige und aufrichtige Worte, die vom Hunger seines Herzens zeugten.

An jenem Morgen wusste ich, was mit dem »alten Kämpfer« in mir geschehen war, mit dem alten Drang, den ich nun nicht mehr aufbringen konnte, um Mr. Nixons Sache gegen seine Feinde zu vertreten. Ich konnte nicht länger Nixons blind ergebener politischer Statthalter sein, der mit ihm zusammen kämpfte und ihm – oder sonst irgendjemandem – gleichzeitig helfen, eine Lebensverbindung zu Christus zu finden. Wenn ich beides tun wollte, würde ich gar nichts erreichen. Als mir Dougs Widmung in meiner Bibel noch einmal vor Augen trat, wurde mir klar, wie sehr ich an zweierlei Fronten zu kämpfen versucht hatte: »Es ist besser, in einer Sache zu unterliegen, die schließlich zum Sieg führen wird ...« Und Christus treu zu sein, so erkannte ich, hieß nicht nur zu glauben, sondern diesen Glauben unter den

Menschen, denen ich begegnete, auszuleben. Der Glaube durfte kein privater Luxus mehr für mich sein. Ich konnte mir auch nicht aussuchen, wo ich ihn anwenden wollte, denn er hatte allumfassende Gültigkeit.

»Was ich auf jeden Fall vermeiden möchte, vor allem gegenüber der Presse, ist, eine Verbindung zwischen meinem neuen Glauben und der Watergate-Affäre herzustellen«, hatte ich erst vor wenigen Wochen einem UPI-Reporter erklärt. Wenn ich aber in dieser größten moralischen Krise seit Generationen Christus nur für mich in meinem Herzen trug und so tat, als wäre nichts geschehen – dann kam das dem Versuch gleich, auf zwei Pferden gleichzeitig zu reiten.

Was hinderte mich daran, mutig vom alten auf das neue umzusatteln?

Kapitel 14

Untergrundbewegung

■   Cox' Entlassung bewirkte eine vorübergehende »Windstille«, in der sich die Watergate-Staatsanwälte unter Leon Jaworski neu formierten. Diese Unterbrechung war für mich wichtig, denn ich erhielt Gelegenheit, die frische Luft der neuen Welt zu atmen, die ich gerade entdeckte.

Zwischen der hartnäckigen Verteidigung meines bisherigen Lebens und der Zeit, die ich jetzt mit einer völlig neuen Gruppe von Menschen verbrachte, von denen ich immer mehr kennen lernte, weil ich mich zu Christus bekannte, bestand ein scharfer Gegensatz. Das war wie ein plötzlicher Sonnenstrahl an einem trüben Herbsttag.

Ich erkannte bald, dass ich zuerst auf die zugehen musste, denen ich mit meinen »üblen Tricks« geschadet hatte, ich musste versuchen, wieder gutzumachen. Arthur Burns hatte ich schon stammelnd um Verzeihung gebeten, als wir beide jenes Gebetstreffen im Untergeschoss des Weißen Hauses verließen – aber ich war ihm genauere Rechenschaft schuldig.

Auch aus einem anderen Grund musste ich ihn noch aufsuchen. Seine Frau Helen, die an der Karriere ihres Mannes großen Anteil hatte, war ebenfalls verletzt worden. Ich konnte es an ihren Augen ablesen, mit denen sie mich fast durchbohrte, als wir kurz nach der Veröffentlichung jener verheerenden Geschichte über ihren Mann bei einem Dinner im Weißen Haus beieinander saßen. Auch diese Wunde musste heilen.

Ich rief Burns an und er schlug ein Treffen am darauf folgenden Dienstag nach Feierabend vor, und zwar in seiner Wohnung im Watergate-Hochhaus. Helen selbst empfing mich an der Tür und ließ mich in der geschmackvoll eingerichteten, gemütlichen Wohnung auf einem weichen Sofa Platz nehmen. Sie war eine reizende Gastgeberin von zierlicher Gestalt und versorgte Arthur und mich mit einem kleinen Imbiss, während ich von dem schmerzlichen Vorfall im Sommer 1971 das aufrollte, woran ich mich noch erinnern konnte. Ich hatte damals der Presse zugespielt, Burns trete zwar in der Öffentlichkeit mit Nachdruck für Lohnkontrollen ein, versuche aber gleichzeitig, sein eigenes Gehalt aufzubessern. Burns' Gesicht blieb völlig ausdruckslos, aber seine durchdringenden Augen ließen nicht von mir ab, selbst dann nicht, wenn er nach seinem Glas griff.

Ich kam zum Schluss: »Dies ist nun die ganze unglückliche Geschichte, Arthur. Ich kann sie nicht rechtfertigen und ich kann den Schaden, der dadurch entstanden ist, niemals gutmachen. Aber ich bin Ihnen diese Abbitte schuldig. Es tut mir einfach sehr, sehr Leid.«

Burns sah mich an. »Die Sache verletzte mich deshalb so stark«, bemerkte er schließlich, »weil ich noch nie in meinem Leben Wohlstand und Besitz angestrebt habe. Alles, was ich habe und was ich zu erhalten suchte, war mein guter Name. Das Gerücht stellte es so dar, als wollte ich nun mein Schäfchen ins Trockene bringen, und das war das erste Mal in meinem Leben, dass überhaupt jemand meine Integrität infrage stellte.«

Arthur Burns erinnerte sich dann der vielen gemeinsamen Jahre mit Richard Nixon. Nicht eine Spur von Feindseligkeit gegen seinen alten Freund war darin zu spüren, wie ich es befürchtet hatte. »Politische Kämpfe sind grausam«, sagte er. »Wenn wir doch einen Weg finden könnten, dem Präsidenten zu helfen. Er braucht so viel Verständnis und ich glaube nicht, dass die Menschen um ihn herum ihm wirklich eine Hilfe sind.« Dann kam er wieder auf mich zu sprechen.

»Erzählen Sie mir doch mehr von Ihrer Erfahrung. Das ist es doch, was jetzt zählt.«

Eine Stunde lang ließ ich ihn teilhaben an dem, was mir in Neu-England widerfahren war und wie sehr das meine Wertvorstellungen und meine Haltung beeinflusst hatte. »Das ist wunderbar«, wiederholte er immer wieder.

Es war schon fast acht Uhr, als ich bemerkte, dass Helen in der Küche etwas vorbereitete. Ich entschuldigte mich für mein langes Bleiben und die vielen Worte.

»Unsinn«, protestierte Burns, »bleiben Sie doch zum Essen bei uns.« Ich erklärte ihm, warum es mir nicht möglich war, und erhob mich.

Aber Burns hielt mich noch fest: »Bitte, nehmen Sie doch nochmals für einen Augenblick Platz. Vielleicht könnten wir noch zusammen beten.«

Das taten wir. Über dem kleinen Couchtisch beugten wir uns und dankten Gott für die Heilung einer hässlichen Wunde der Nixonjahre. Als ich aufbrach, füllte Helen noch eine Einkaufstüte mit Früchten aus Florida und bestand darauf, dass ich sie meiner Familie mitnahm. Der weißhaarige Vorsitzende der Bundesbank geleitete mich zum Aufzug. Während wir den teppichbelegten Korridor des nun weltweit bekannten Appartementhauses entlangschritten, ergriff er meinen Arm.

»Wir müssen uns irgendwann wieder treffen«, schlug er vor, »und bleiben Sie fest im Glauben. Dies ist ein wunderbarer Abend für mich gewesen!«

Im vom Streit zerrissenen Washington war Gottes Geist mächtig am Werk. Wenn wir uns am Montagmorgen trafen – Al, Graham, Doug, Harold und ich –, berichtete immer wieder einer von neuen Wundern: Alte Feinde fanden als Brüder zusammen, es entstand neue Gemeinschaft, Gebetskreise lebten neu auf, Menschen, von denen man es nicht erwartet hätte, suchten eine Verbindung zu Christus.

Doug Coe hatte jahrelang versucht, einige Richter, die er kannte, für regelmäßige Gebetstreffen und Gemeinschaft zu interessieren. Da die meisten Richter dazu neigen, eine möglichst große Unabhängigkeit zu zeigen, und darauf achten, dass Gott nicht mit öffentlichen Angelegenheiten in Verbindung gebracht wird, hatte sich auch nichts getan. Aber im Januar entstand eine kleine Gebetsgruppe für Juristen. Bald schlossen sich Richter von verschiedenen Gerichten aller Ebenen, ganz gleich ob konservativ oder liberal in ihrer persönlichen Lebenseinstellung, dieser Gemeinschaft an.

In den verschiedensten Ministerialverwaltungen entstanden plötzlich neue Gebetszellen. Auch eine kleine Gruppe junger Senatoren traf sich nun regelmäßig zu Gebet und Gemeinschaft um die Bibel. Andere neu entstandene Gruppen trafen sich im Repräsentantenhaus.

Anfang 1974 kam Senator Hughes zum zweiten Mal zum Frühstückstreffen ins Weiße Haus. Dieses Mal hatte der in seinen Worten manchmal derbe Landwirtschaftsminister Earl Butz die Leitung, dessen Bestätigung 1971 fast durch eine Koalition unter der Führung von Hughes blockiert worden war, die sich aus Senatoren zusammensetzte, die gegen die Bürokratie eingenommen waren.

»Hätte ich Sie damals gekannt, wie ich Sie jetzt kenne, Bruder, hätte ich vielleicht die Gruppe Ihrer Befürworter angeführt«, gab Hughes zu.

»Hier bedarf es keiner Entschuldigung«, antwortete Butz. »Ich fühle mich selber ziemlich schuldig, weil ich so negativ über Sie gedacht habe.« So ging man in guter Stimmung aufeinander ein – manch einer mag denken, es wäre lediglich eine fröhliche Neckerei gewesen –, aber dahinter stand mehr. Hier erfuhren Männer entgegengesetzter politischer Anschauungen die Zusammengehörigkeit aufgrund des gemeinsamen Gehorsams gegenüber Gott und auf dem Weg dieser Erfahrung wurden sie vom Gift der Erinnerungen an frühere politische Begegnungen gereinigt.

Auch der Ghostwriter Pat Buchanan war bei diesem Treffen anwesend. Seine gesalzenen und mutigen Angriffe auf das Ervin-Komitee hatten Ende September 1973 eine vorübergehende Sammlung der Nixonanhänger ausgelöst. Pat bekämpfte unerbittlich mit seinen scharfen, schriftlichen Attacken Nixons Feinde, namentlich Hughes. Aber nach Harolds zweiter Ansprache konnte er viel von seiner Kampfleidenschaft ablegen.

Als Pat sich von mir verabschiedete, schüttelte er

nur verwirrt den Kopf. »Welch überwältigender Morgen!«

Am 13. Januar beschrieb der Washingtoner Reporter Nick Thimesch in einem zentralen Leitartikel, der über das ganze Land verbreitet wurde, die wachsende Zahl der Gebetszellen als eine »Untergrundbewegung – die durch die Watergate-Affäre ausgelöst wurde und viele blasierte Bürger staunen lässt ... Sie treffen sich in ihren Häusern«, berichtete Thimesch, »sie kommen zu Gebets- und Frühstückstreffen zusammen, bleiben telefonisch miteinander in Verbindung ... eine Bruderschaft des Glaubens ... Viele gehören schon dazu, und es werden immer mehr ... Nicht, dass ich behaupten wollte, die Hauptstadt der Nation werde von Tugend und Seelenadel bestimmt, es ist eher eine zähe und hartnäckige Stadt. Aber Watergate hat bewirkt, dass viele in sich gehen und besonders ihre persönlichen Wertmaßstäbe neu überdenken. Die Bewegung dieser Gebetsgruppen kann wenigstens zu einem gewissen Frieden beitragen und für viele geistlich Erkrankte richtungweisend sein.«

Anfang 1974 stieg ich die grauen Granitstufen des Pentagons hinauf, des Zentrums der obersten Militärbehörde der Vereinigten Staaten. Ein Jahr zuvor wäre dieser Besuch lächerlich erschienen. In alten Tagen hatte ich das Gebäude, das wie ein Panzerschrank abgesichert ist, als Vertreter des Präsidenten betreten – z. B. als es eine Strategie zu erarbeiten galt, um das Raketenabwehrprogramm zu retten, dem der Kongress die finanzielle Unterstützung zu verweigern drohte. Diesmal war ich auf eine Einladung hin erschienen – zu einem Lunch unter Brüdern!

John Broger, ein älterer Zivilangestellter, nahm mich am Haupteingang in Empfang und lotste mich durch das Labyrinth der Gänge im größten Verwaltungsgebäude der Welt. Beim Vorübergehen warfen wir kurz einen Blick in den Andachtsraum hinein. Es war ein kleiner, fensterloser Raum, in dem sich vorne ein Altar befand; an den anderen drei Wänden waren Stühle platziert.

»Dieser Raum ist auf Anordnung von Minister Laird geschaffen worden«, erklärte mir Broger.

»Mel Laird!«, rief ich aus. »Was brachte diesen alten Fuchs dazu, einen Andachtsraum einzurichten?« Laird vertrat schon seit langem Wisconsin im Kongress und war Vorsitzender des Repräsentantenhauses. Er gehörte dem ersten Kabinett Nixons als Verteidigungsminister an. Sein eifriges Intrigenspiel innerhalb der Verwaltungen brachte ihm den Ruf eines der listigsten Politiker in Washington ein.

»Minister Laird ließ diesen Andachtsraum nicht nur einrichten«, fuhr Broger fort, »sondern war selbst oft hier anzutreffen.« Ich erfuhr, dass Laird regelmäßig an einem kleinen Kreis teilnahm, zu dem später auch der damalige Vizepräsident Gerald Ford, Al Quie und der Vorsitzende der Minderheitsfraktion John Rhodes stießen. Innerhalb des Verteidigungsministeriums versucht man allerdings ganz bewusst, solche Dinge nicht an die Öffentlichkeit dringen zu lassen, um unnötige Kritik und Motivforschung zu vermeiden.

Die Lunchrunde traf sich in einem kleinen Speisesaal, der fünfzig Personen Platz bot. Ich erzählte kurz über die Veränderungen in meinem Leben. Am Schluss beteten wir noch miteinander. Die einfachen, bewegenden Gebete kamen von Soldaten, Offizieren und Admirälen. Ein Feldwebel betete eindrucksvoll um Frieden unter allen Menschen. Der Heilige Geist, der sich nicht um Rang und Waffengattung kümmert, durchbohrte die harte Schale dieses Soldaten, wie es kein feindliches Bajonett vermocht hätte.

Zu meinem Erstaunen erfuhr ich, dass man sich hier regelmäßig zum Lunch traf, dass Dutzende solcher Bibel- und Gebetskreise zusammenkamen, bevor der Arbeitstag von zwölf und vierzehn Stunden mit seinen Krisen und Schwierigkeiten begann.

Für die meisten Leute war die plötzliche Popularität alles Religiösen in einer Stadt wie Washington natürlich ein Anlass zur Skepsis. Mein Fall bewirkte sogar ausgesprochene Heiterkeit. Die Witze über »Colsons Heimkehr zu Jesus« ersetzten bald jene von »Colsons Großmutter« und waren Gesprächsstoff jeder Cocktailparty. Ende Januar gab der Nationale Presseclub wie jedes Jahr einen Empfang für den Kongress, und der Sprecher des Repräsentantenhauses Carl Albert löste brüllendes Gelächter aus, als er das Jahr 1973 beschrieb als »das Jahr, in dem Chuck Colson sich der Jesusbewegung anschloss ... und seine Großmutter von ihrem Krankenbett ein Dankgebet gen Himmel sandte.«

Art Buchwald, der bekannte Humorist, schloss sich der allgemeinen Belustigung an und überschrieb seinen Artikel »Aussöhnung mit Oma«. Der folgende Text zeigt, wie Buchwald meine Bekehrung karikierte:

Als Charles Colson fromm wurde, war seine Großmutter der erste Mensch, dem er das mitteilen musste – dieselbe Großmutter, die er 1972 überfahren wollte, um Richard Nixon zur Wiederwahl zu verhelfen.

Er klopfte an ihre Tür und rief: »Omi, ich bin's, Charles!«

»Mach, dass du fortkommst, Charley!«, ließ sich seine Großmutter von innen vernehmen, »und nimm auf der Stelle deinen Wagen von hier fort!«

»Omi, du verstehst mich falsch. Ich bin doch nicht hergekommen, um dich zu überfahren, ich bin inzwischen fromm geworden. Ich komme, um mit dir zu beten.«

Colsons Großmutter öffnete einen Spalt breit die

Tür. »Du willst mich nur aufziehen, Charley-Boy!«

»Es stimmt aber, Omi, ich bin nicht mehr der gemeine, skrupellose Gauner, der auf deinen Knien reiten durfte. Ich bin wieder geboren, Omi.«

Sie zögerte: »Wie soll ich wissen, dass das nicht wieder einer deiner hinterhältigen Tricks ist, der mich auf die Straße locken soll, damit du wieder rrrummm, rrrrummm mit deinem Motor losheulen kannst?«

»Ich habe Senator Harold Hughes mitgebracht. Er wird dir sagen, dass ich's ehrlich meine.«

»Es stimmt, Omi«, sagte Senator Hughes. »Chuck hat wahren Frieden gefunden und nun bittet er jeden, ihm seine Sünden zu vergeben.«

»Ich weiß nicht, ob ich ihm so einfach vergeben kann. Du weißt, dass ich schließlich nach der Wahl 1972 sechs Monate lang auf dem Kreuz lag.«

»Omi, bitte, lass mich doch rein. Ich möchte dir beweisen, dass ich ein neuer Mensch geworden bin.«

»Gut«, sagte Colsons Großmutter, »aber leg deine Autoschlüssel auf die Veranda.«

Colson und Senator Hughes betraten das Haus.

»Können wir zusammen die Knie beugen?«, fragte Colson.

»Nicht mit mir«, entgegnete seine Großmutter, »ich kann nicht mehr die Knie beugen, seit du mich damals angeschrien hast: Auf vier weitere Jahre! – um dann mit deinem Wagen auf mich loszubrausen ...«

Einige der auf mich abgeschossenen Pfeile saßen, doch das im Watergate-Prozess müde gewordene Washington brauchte etwas, worüber es lachen konnte. Zudem lag ja auch in allem die Frage »Wie sehr kann sich ein Mensch überhaupt verändern?« – und das war vielleicht schon ein Zeugnis für manch einen.

Unter den vielen Einladungen zu Interviews und Fernsehsendungen war auch eine von Mike Wallace, dem bekannten CBS-Moderator. Wallace wollte Hughes und mich zusammen vor die Kamera stellen.

Wir erörterten diesen Plan eines Montagmorgens in unserem Gebetskreis. Doug sah darin eine seltene und großartige Gelegenheit für ein klares, christliches Zeugnis gegenüber Millionen von Amerikanern: zwei politische Gegner, die in einer Zeit von noch nie da gewesenen nationalen Spaltungen in der Liebe Christi zusammengefunden hatten. Hughes meldete jedoch seine Zweifel an: Der zäh bohrende Journalist Wallace könnte das Ganze in einen politischen Zirkus verwandeln. Harold ließ Wallace nach einigen seiner beharrlichen Anrufe wissen, wir würden es versuchen, wenn er zunächst einmal eine angemessene Zeit mit uns verbringen würde, um zu erleben, worin unsere Gemeinschaft überhaupt besteht.

Hughes ging sogar einen Schritt weiter: »Ich werde mit Ihnen an einem Strang ziehen, Mike, und wir können uns zum Gebet treffen. Ich würde Ihnen sogar helfen, wenn es Ihnen ernst ist.«

Andere Leute hatten für einen Auftritt in Wallace' Programm hohe Honorare verlangt, aber dies war ganz sicher das erste Mal, dass jemand die ungewöhnliche Bedingung stellte, Wallace solle eine Verbindung zu Gott suchen. Bei jedem anderen hätte dies das Ende der Diskussion bedeutet, aber Wallace blieb hartnäckig; nachdem er sein seelisches Gleichgewicht wiedergewonnen hatte, stimmte er zu. Gemeinsam mit seiner Produzentin, einer kecken Rothaarigen namens Marion Goldin, traf er sich tatsächlich mit Hughes. Wir anderen warteten in nicht zu leugnender Besorgnis auf das Ergebnis.

Inzwischen brachte jeder Tag neue Begegnungen – einige waren mindestens so originell wie alles inzwischen Gedruckte. Ich erinnere mich an eine Kellnerin in dem vornehmen alten Sheraton Carlton Hotel, die erfahren hatte, dass ich mich im Untergeschoss bei einem Friseur aufhielt, und die herunterkam, um mich zu sprechen. Sie unterbrach mein Geplauder mit Milt Pitts, meinem langjährigen Freund und Friseur, und bat mich, ihr zu erklären, wie sie »Christus finden« könne. Während Milts Haarschneidemaschine weitersummte und die übrigen Kunden uns verwirrt anstarrten, erklärte ich ihr die einzelnen Schritte zur Erlösung durch Jesus Christus.

Dann nahm ich einmal an dem Sonntagabend-kreis junger Leute in der Vierten Presbyterianischen Kirche in Washington teil. Der erste frische Duft des Frühlings 1974 lag in der Luft, als Patty und ich kurz vor 20.00 Uhr am Eingang der massiven Back-steinkirche ankamen. Während wir auf den Ein-gangsstufen Pastor Dick Halverson und einige Ge-meindeglieder begrüßten, bemerkte ich, wie ein hässliches, weißes Buick-Kabriolett mit verbeulten, rostigen Kotflügeln und flatterndem Verdeck zur Kirche herübergerollt kam. Ein langhaariger junger Mann mit offenem Hemd und Jeans öffnete die Tür und schoss auf uns zu. Ich war etwas aus der Fassung geraten und dachte schon an Demonstranten, die wieder auf der *Pennsylvania Avenue* Terror schlugen. Ich fasste Patty am Arm: »Pass auf, Liebling, das könnte Ärger bedeuten.« Seit das Amtsenthebungs-verfahren Nixons seinem Höhepunkt entgegen-strebte, wimmelte es in den Straßen Washingtons wieder von Scharen junger Demonstranten. Stoß-stangenaufkleber mit Texten wie »Hupe, wenn du glaubst, dass er schuldig ist« verbreiteten sich wie eine ansteckende Krankheit. Hatte dieser Bursche etwa vor, mich vor der Kirche in Konflikt zu brin-gen?

»Mr. Colson, Mr. Colson«, rief der junge Mann und drängte sich an den anderen vorbei. »Ich muss einen Augenblick mit Ihnen sprechen.« Dann fasste er nach meiner Hand und quetschte sie kräftig. Ich hörte ihm mit wachsendem Erstaunen zu, während er erzählte, dass er im Arbeitsministerium arbeite, das augenblicklich von schrecklichen Differenzen heimgesucht werde. »Es ist einfach phantastisch, wie Senator Hughes und Sie Freunde geworden sind. Dieses Beispiel hat unserer moralischen Einstellung im Ministerium richtig Auftrieb gegeben. Es hat uns Hoffnung gemacht, dass auch wir wieder zusammenarbeiten können. Sie können sich nicht vorstellen, was bei uns in den letzten Wochen los war ...«

Als er fortfuhr, musste ich an die Monate im Weißen Haus denken, in denen ich einen Plan zur Neuordnung des Arbeitsministeriums zu entwickeln versuchte. Diese Dienststelle alten Stils war so sehr verkrustet, dass sie kaum funktionieren konnte. Meine Entwürfe hatten gar nichts verändert und waren längst vergessen. Nun hatte es den Anschein, dass mein Ziel erreicht werden sollte, ohne dass meine Hand auch nur im Entferntesten etwas damit zu tun hatte. Es war ein weiteres Beispiel, wie souverän der Heilige Geist arbeitet: Er veränderte Menschen und machte dadurch eine verknöcherte Verwaltung wieder funktionsfähig.

Auch in unserer Familie war er am Werk. Eines Abends verkündete Patty, dass sie sich einem Bibelkreis angeschlossen habe, den einige Frauen in McLean aufbauen wollten. Ich versuchte, meine innere Erregung zu verbergen. Ich wusste, dass Patty ihren eigenen Weg finden musste. Ich versuchte, es scheinbar gleichmütig aufzunehmen, aber in Wirklichkeit empfand ich eine tiefe Freude und eine Gewissheit, dass Gott in unser beider Leben hineinwirkte.

Einigen mochte es seltsam erschienen sein, dass ich vor völlig fremden Menschen über meinen Glauben sprechen konnte, während ich in meiner eigenen Familie oft zögerte und reserviert blieb. Ich verstand es selbst nicht. Ich kann mir denken, dass es die Führung des Heiligen Geistes war, der in einem Bereich zur Kühnheit drängte und im anderen zur Vorsicht mahnte. Wahrscheinlich war es aber der Umstand, dass ich als neu geborener Christ, der ich war, am laufenden Band Fehler machte.

Mir ist jetzt klar, dass jene Monate Anfang 1974 eine Zeit geistlicher Vorbereitung waren. Es war eine Stille vor dem sich zusammenbrauenden Sturm, eine Zeit der Festigung im Glauben, während um mich herum die im Watergate-Skandal losgelassenen Mächte erbarmungslos vorwärts preschten.

Als Erster von Nixons Leuten wurde Bud Krogh angeklagt. Nachdem der Watergate-Einbruch im Sommer 1972 aufgedeckt worden war, hatte Bud unter Eid jede Kenntnis davon und auch vom Ellsberg-Einbruch, der Monate vorher ausgeführt worden war, bestritten. Im Frühjahr 1973 gab er dann zu, dass er den Einbruch in die Praxis von Ellsbergs Psychiater angeordnet hatte.

Es war ein klarer Fall von Meineid, wobei Bud lediglich dadurch verteidigt werden konnte, dass John Dean ihm geraten hatte, aus Gründen der *nationalen Sicherheit* notfalls einen Meineid zu schwören. Bud – wie auch ich selbst – glaubte wirklich, dass die ganze Ellsberg-Affäre mit diesen magischen Worten hätte zugedeckt werden müssen.

Während Bud auf eine zweite Anklage wegen des Einbruchs wartete, hatte er anscheinend eine harte und lang währende Selbstprüfung durchzustehen. Mitte Dezember verblüffte er Washington mit einem unerwarteten Schuldbekenntnis; es gab kein Tauziehen mit den Staatsanwälten, kein Herabspielen der Tat, nur das offene Geständnis der Schuld, verbunden mit dem guten Rat an alle, die in den Regierungsdienst gehen würden: »Frage dich selbst bei jeder Entscheidung, ob sie rechtens ist!«

Bud hatte ich als einflussreiches Mitglied der »Palastwache« des Weißen Hauses gekannt – ein hoher Posten für einen einunddreißigjährigen ehemaligen Marineoffizier mit nur einem Jahr juristischer Praxis. Ich wusste auch, dass Bud und seine Frau Susanne sich auseinander gelebt hatten, ja eigentlich schon seit geraumer Zeit getrennt lebten. Jetzt war die Familie wieder vereint. Ihre Zusammengehörigkeit schien stärker als je zuvor, als sie dem Ansturm auf den Stufen des Gerichtsgebäudes am Tag von Buds Schuldbekenntnis begegneten. Er wurde zu sechs Monaten Haft verurteilt.

Eine Woche bevor Bud seine Haft im Allenwood-Gefängnis in Pennsylvania antreten sollte, luden Doug, Harold, Graham, Al und ich ihn zu uns ins *Fellowship House* ein. Wir wollten ihm Mut machen und ihn wissen lassen, dass wir uns mit sorgten und Anteil nahmen an den Kämpfen, die er und Susanne durchstehen mussten.

Als ich auf seine Ankunft wartete, konnte ich meine eigenen Gefühle nicht unterdrücken. Ich war zwar noch nicht angeklagt, rechnete aber voll innerer Anspannung jeden Tag damit. Als ich mir den alten Freund vorstellte – bleich, hager, gedrückt, niedergeschlagen –, konnte ich mir ausmalen, wie ich eines Tages aussehen würde.

Aber der Bud Krogh, der an jenem Nachmittag im *Fellowship House* eintraf, war nicht die Person, die ich erwartet hatte. In seiner schlanken und muskulösen Erscheinung mit den stark ausgeprägten »norwegischen« Zügen war Krogh immer schon ein herb, aber gut aussehender Mann gewesen. An diesem Tag schien er noch lebhafter, von einem noch stärkeren Optimismus geprägt zu sein als je zuvor. Ich atmete auf und fragte mich, was wohl sein Geheimnis war. Er ließ uns nicht lange auf Antwort warten. »Susanne und ich haben uns jeden Tag mehrere Stunden lang in die Heilige Schrift vertieft«, erklärte Bud. »Das mag seltsam klingen, aber wir danken Gott wirklich für alles, was mit uns geschehen ist.« Wir starrten die beiden schweigend an. Meine sorgfältig zurechtgelegten Worte der Ermutigung schienen nach all dem zu verblassen. Graham und Al blickten sich entgeistert an, sogar Harold, der gewöhnlich Herr jeder Situation ist, war seltsam still. Was sagt man einem Mann, der ohne Geld und Arbeit dasteht, vor sich das Gefängnis – und doch einen solchen Glauben bezeugt?

Im weiteren Verlauf des Gesprächs war es Bud, der uns Mut zusprach; genau das Gegenteil dessen, was wir vorgehabt hatten. »Der Herr kümmert sich um uns«, erklärte Bud. »Als Susanne und ich darüber beteten, wie wir in der Zeit durchkommen sollten, in der ich im Gefängnis sein würde, wurde ihr eine Stelle an der Schule angeboten, die unsere Kinder besuchen. So wird alles großartig klappen, und bei ›guter Führung‹ werde ich Mitte Juni zurück sein. Eine Strafe von sechs Monaten«, sagte Bud, »ist gar nicht so schlimm.«

Als wir miteinander beteten, wusste ich, dass Bud keine mutige Maske zur Schau trug. Der Herr hatte seine Gebete schon beantwortet und ihm die Gewissheit gegeben, dass er im Gefängnis nicht allein sein werde. Ich begleitete ihn bis zu seinem Wagen, den er unter die Bäume des nahen Parkes gestellt hatte.

»Bud, bitte lassen Sie es mich wissen, wenn ich irgendetwas für Sie oder Susanne tun kann, während Sie weg sind.«

Was ich aber in Wirklichkeit erfahren wollte, war die Frage nach seiner Gewissheit und Zuversicht. Die Aussicht auf Gefängnis verfolgte alle, die in Richard Nixons Nähe gearbeitet hatten; sie galt sogar dem Präsidenten, was ich während unserer Begegnungen im Dezember hatte feststellen müssen. Es war nicht so sehr die Furcht vor der Haft selbst, nicht einmal vor dem Verlust der gesellschaftlichen Stellung, der Karriere, der finanziellen Einkünfte, der Freunde. Unterschwellig lauerte noch ein größeres Problem, über das man allerdings selten sprach: In den Gefängnissen gibt es gewalttätige Menschen, für die Regierungsbeamte einfach »der Feind« schlechthin sind. Beamte sind ein Teil des Systems, das diese Leute verhaftete und verurteilte. Die gegenwärtige Regierung war sogar stolz darauf; volle Gefängnisse waren ein Zeichen des Erfolgs für Nixons Jünger der »Law-and-Order«-Strategie.

Es gibt immer wieder unerklärliche Todesfälle in Strafanstalten, die man gewöhnlich auf Racheakte zurückführt. Früher hatte das in weiter Ferne gelegen. Nun wurde es persönlich – erschreckend persönlich. Als ich Bud nachblickte, empfand ich noch einige Minuten lang die Wärme seines Glaubens. Damit war aber auch eine für mich entsetzliche Vorahnung verbunden. Konnte es sein, dass Gott Bud gebrauchte, um mich auf den vor mir liegenden Weg vorzubereiten?

Kapitel 15

Angeklagt

■ »Mr. Colson, wenn mir meine Mitarbeiter nicht wesentlich mehr Beweisunterlagen liefern, habe ich nicht vor, Sie wegen Verschleierung in der Watergate-Affäre anzuklagen.«

Der Sonderstaatsanwalt im Watergate-Skandal Leon Jaworski lächelte in unserer ermüdenden, zweistündigen Sitzung zum ersten Mal. Der frühere Präsident der Anwaltskammer saß in Hemdsärmeln am oberen Ende eines langen Konferenztisches in seinem schmucklosen Büro, an seiner Seite Bill Merrill und andere Mitarbeiter. Meine Anwälte, Dave Shapiro, Judd Best, Sid Dickstein und ich hatten diese entscheidende Sitzung beantragt, um den Sonderstaatsanwalt und seine Leute in einer letzten Anstrengung von meiner Unkenntnis der Vorgänge im Watergate-Einbruch zu überzeugen und die seit langem verzögerte Anklage im Fall Ellsberg abzuwenden.

Jaworskis rundes Gesicht trug einen wirklich wohlwollenden Ausdruck. »Natürlich«, fuhr er nach einer scheinbar endlosen Pause fort, »selbst wenn Sie im Watergate-Fall nicht angeklagt werden, es bleibt auf alle Fälle die Ellsberg-Sache.«

Zum ersten Mal atmete ich erleichtert auf; aber abwartend behielt ich Jaworski im Auge und versuchte seine Taktik zu verstehen. Bisher war nicht angedeutet worden, dass ich wegen Verschleierung der Watergate-Sache angeklagt werden könnte. Aus diesem Fall hatten mich die früheren Staatsanwälte ganz herausgelassen. Aber in dieser Sitzung drohte Jaworski ständig mit zwei Anklagen! Sollte ich unter Druck gesetzt werden?

Jaworski blickte einen Augenblick zur Seite und wandte sich dann an Shapiro. »Dave, warum setzen Sie sich nicht hier mit Bill zusammen« – er wies auf Bill Merrill – »und versuchen diesen Fall gemeinsam zu klären. Ich habe den Eindruck, Mr. Colson möchte wirklich reinen Tisch machen, um sich auf eine nützliche Karriere als Bürger und *Rechtsanwalt* einzustellen.«

Wie auf ein Stichwort stand er damit auf und ließ Merrill und Shapiro über mein weiteres Schicksal entscheiden, während ich scheinbar dankbar und erleichtert zu sein hatte, weil nun die furchtbare Drohung zweier Strafverfahren vorerst abgewendet war.

Der Mann auf der Straße wird durch Begriffe wie *Verbrechen*, *Vergehen*, *Zeuge*, *Anklage* und *Geständnis* meist nur verwirrt. Aber mir waren sie so vertraut wie Wasser und Brot. Ohne es direkt auszusprechen, wollte die Staatsanwaltschaft mir nahe legen, ein Geständnis abzulegen, um dadurch mit mildernden Umständen rechnen zu können. Als Gegenleistung hätte ich dann als Zeuge auszusagen. Wenn ich mich darauf einlassen würde, so hätte dies zur Folge, dass ich für ein *Vergehen* verurteilt würde und mit einer Höchststrafe von einem Jahr rechnen musste. Und diese wird dann gewöhnlich noch zur Bewährung ausgesetzt. So könnte ich später meine Anwaltspraxis weiterführen. Eine Verurteilung wegen eines *Verbrechens* hingegen bedeutet Gefängnis bis zu fünf Jahren; und das würde ein Berufsverbot nach sich ziehen. Es war ein deutlicher Wink gewesen, als Jaworski sich auf meine Zukunft als Anwalt bezog.

Jeb Magruder und John Dean, die beide als Zeugen aus dem Regierungslager gegen Haldeman, Ehrlichman und Mitchell aussagen sollten, hatten von dieser Möglichkeit Gebrauch gemacht. Nun brauchte die Staatsanwaltschaft aber jemanden wie mich, der zum inneren Kreis gehört hatte, einen der vier Männer also, die dem Leitartikler Joseph Alsop zufolge »den Dolch für das Herz des Präsidenten« in Händen hielten.

Als ich an jenem Tag die Räume der Staatsanwaltschaft verließ, stand ich vor einer schweren Wahl. Wenn ich als Zeuge benannt wurde, musste ich vorher unter Eid aussagen, dass ich mit der Verschwörung, die zum Einbruch in die Praxis von Daniel Ellsbergs Psychiater führte, zu tun hatte. Es bedeutete auch, im Voraus Zeugenaussagen über andere Beteiligte der Watergate-Affäre anzubieten und damit Jaworski die Gegenleistung zu geben, die er für seine Milde erwarten durfte. Aber wie sicher kann man sich seiner selbst sein und voraussehen, ob man nicht in die Versuchung kommt, die Zeugenaussage den Erwartungen des Staatsanwaltes anzupassen und nicht den wirklichen Fakten? Würde das nicht der menschlichen Natur entsprechen, wenn so viel auf dem Spiel steht? »Ach, kommen Sie schon«, sagen sie dann, »in Wirklichkeit war es doch so, nicht wahr?« Wer ist hier stark genug, Nein zu sagen, wenn ein »Ja« Haftverschonung bedeutet? Ich konnte für mich nicht garantieren. Aus genau diesen Gründen hatte Krogh es abgelehnt, auf diesen Handel einzugehen.

Aber welche Befreiung lag darin, mit allem endlich abzuschließen, damit Patty und ich wieder ein normales Leben führen und uns unseren Kindern widmen konnten. Auch für meine Eltern würde es das Ende der Qualen bedeuten, besonders für Vater, um dessen Gesundheit ich mir Sorgen machte. Als ich an jenem Abend nach Hause fuhr, brachten mir diese Gedanken große Erleichterung. Es war, wie wenn eine riesige, alles erstickende Wolke plötzlich aufreißt, um Sonnenschein und frische Luft durchzulassen.

An dem Abend erzählte ich Patty nur wenig von dem, was sich abspielte. Es hatte keinen Zweck, jetzt Hoffnungen zu wecken, um sie dann wieder zu zerstören. Durch dieses entmutigende Auf und Ab hatte sie im vergangenen Jahr schon so oft gehen müssen.

Shapiro verhandelte weiterhin mit Jaworski. Sie feilschten um ein Strafarrangement, dem beide Seiten zustimmen konnten und das mir erlauben würde, meine Anwaltskonzession zu retten. Er kam jedes Mal mit derselben Auskunft zurück: »Wir machen Fortschritte.« Dabei tanzte er im Büro umher und rief: »Lachen, Chuck, lachen können wir bald. Ich bin dabei, Sie rauszuholen – bald sind Sie ein freier Mann!«

Ich brachte tatsächlich ein Lächeln zustande, nicht so sehr über Daves Auskunft, sondern über den Anblick seiner Zweizentnergestalt, die wie ein Bär vor seinem Zirkusauftritt Pirouetten drehte. »Dave, ich weiß einfach nicht, ob ich da mitkann«, sagte ich ihm am Abend seines zweiten Verhandlungstages. Die Worte kamen über ihn wie kalter Regen.

»Sie müssen verrückt sein, Chuck. Sie machen mit, oder ich muss Sie in die Klapsmühle schicken.«

»Mir ist es sehr ernst, Dave«, wiederholte ich, »ich bin wirklich nicht sicher.«

Wie immer die Entscheidung aussehen sollte, ich wusste, dass ich sie nicht alleine treffen konnte. Am folgenden Samstagabend besuchte ich Harold Hughes in seinem schlichten Backsteinhaus, das nur wenige Minuten von unserem entfernt liegt. Harold und ich pflegten uns jetzt über den Montagskreis hinaus häufiger zu treffen.

»Ich brauche Ihre Hilfe, Bruder«, sprach ich ihn an, als wir in dem großen Zimmer im Untergeschoss allein waren, das Harold in ein Studierzimmer umgewandelt hatte. Ein handgearbeiteter Teppich lag auf dem Klinkerboden, auf dem Kaminsims über dem flackernden Feuer stand ein Kruzifix. Seitlich war Feuerholz aufgestapelt und große, bequeme Sessel waren ans Feuer herangezogen.

Schritt um Schritt entwickelte ich Harold, welche Entscheidung ich zu treffen hatte. Mit jeder neuen Information wurde sein sonst so stoischer Gesichtsausdruck ernster und die Furchen vertieften sich, wenn er mich mit seinen illusionslosen Fragen unterbrach. Es war eine groteske Situation. Präsident Nixons ergebener Adjutant suchte Rat bei einem von Nixons unversöhnlichsten Gegnern, und das in einer Entscheidung, die dem Präsidenten ernsthaft schaden konnte. Obwohl ich den Präsidenten immer noch für unschuldig hielt und nicht vorhatte, gegen ihn auszusagen, wusste ich doch, dass mein Handeln Kräfte in Bewegung setzen konnte, die sich zerstörerisch auf das Verfahren gegen den Präsidenten auswirken konnten. Nach der herrschenden politischen Praxis musste Hughes mich nicht nur auffordern, gegen Nixon auszusagen, sondern mir auch noch das Messer wetzen. Ich zweifle aber daran, dass ihm das überhaupt in den Sinn kam – uns beschäftigten nur unsere Pflicht als Jünger Jesu und unsere brüderliche Liebe zueinander.

»Ich weiß nicht«, rief Hughes aus, als ich fertig war. »Was soll ich dazu sagen?« Tiefe Furchen durchzogen seine Stirn. »Sind Sie denn dessen schuldig, wozu Sie sich bekennen wollen, Chuck?«, fragte er.

»Juristisch gesehen nicht. Ich habe den Einbruch bei dem Psychiater nicht angeordnet, ich habe davon nichts gewusst, bis alles geschehen war. Aber ich bin nicht sicher, ob das ein großer sittlicher Unterschied ist. Auch ich hätte alles getan, um Ellsberg aufzuhalten. Ich hätte alles, was der Präsident angeordnet hätte, ausgeführt«, antwortete ich.

»Darauf kommt es jetzt nicht an, Chuck. Ist das, was Sie vor Gericht aussagen müssten, wenn Sie sich aufrichtig prüfen, wahr? Ich meine, würde Gott da zustimmen können?« – »Nein«, antwortete ich leise, »ich müsste aussagen, dass ich vom Einbruch gewusst und ihn befürwortet habe. Das wäre nicht wahr.« In genau demselben Augenblick wusste ich, dass es gleichgültig war, wie lange wir uns noch darüber unterhielten, gleichgültig, wie viele Gesichtspunkte wir noch beleuchteten; dies war die zentrale Frage und Hughes hatte damit ins Schwarze getroffen.

»Sie müssen Christus um Antwort bitten, Bruder«, fuhr er fort. »Wenn ich es wäre und wenn meine Familie so mit hineinverwickelt wäre, ich weiß nicht, ob ich es strikt ablehnen könnte. Das weiß niemand im Voraus, bis er es selbst zu entscheiden hat. Ich kann Ihnen sagen, wie die Antwort lauten müsste, aber ich bin nicht sicher, ob ich ihr selber folgen würde. Wie kann ich Ihnen also raten?« Als er das sagte, wusste ich, dass die Entscheidung gefallen war.

Schweigend saßen wir beieinander, nur das Knistern des Feuers war zu hören. Ich sah Harold an, diesen bewährten, alten Kämpfer, Lastwagenfahrer und einstmals hoffnungslosen Trinker, den feurigen Redner, der ein so tiefes Einfühlungsvermögen hatte – ein Mensch, den ich sehr lieb gewonnen hatte. Er hatte sein Gesicht in den Händen vergraben. Auch Harold kannte meine Entscheidung.

Es war nun wichtig, dass Patty und die Kinder mich verstehen würden. Zu Hause zeigte sich Patty an jenem Abend von ganzem Herzen damit einverstanden, dass ich um keine Strafminderung feilschen sollte, obwohl ein- oder zweimal während unseres Gesprächs ein sehnsüchtiger Ausdruck in ihren Augen aufglomm. Die Qual der angsterfüllten Tage, die zu Monaten, dann zu Jahren wurden, traf sie noch härter als mich.

Wendell war der Nächste. Ich erreichte ihn telefonisch in Princeton. Seine Antwort kam ebenso schnell und entschieden wie bei Patty. »Sag die Wahrheit, Vater.« Während ich selbst schwer damit zu kämpfen hatte, den Drachen des Stolzes in mir zu Fall zu bringen, glaubte ich eine Spur davon auch im Wesen meines ältesten Sohnes zu erkennen.

Dann flog ich nach Boston. Wir fuhren in Chris' verbeultem Ford vom Flughafen weiter; Emily saß hinten im Wagen. Ich erklärte alles sehr sorgfältig, war aber überzeugt, dass ein fünfzehnjähriges Mädchen den Unterschied zwischen einem Verbrechen und einem Vergehen nicht begreifen würde. Zwischendrin fragte ich Emily, ob sie den Fachausdrücken folgen könne.

»Klar«, antwortete sie. »Bei einem Vergehen gibt es nur Gefängnis bis zu einem Jahr.« So schien der Umstand, dass ihr eigener Vater mitten in den Watergate-Skandal verwickelt war, zumindest diesen Teil ihrer Bildung positiv zu beeinflussen.

Ich erklärte ihnen, dass ein Verzicht auf Strafminderung unter anderem auch die Gefahr mit sich brachte, dass ich später nicht mehr so leicht davonkam. Anklage und Verurteilung wegen eines Verbrechens konnten mehrere Jahre Gefängnis bedeuten.

»Die meisten meiner Freunde denken sowieso schon, du seist im Gefängnis oder auf dem Weg dahin. Also macht das auch nichts mehr aus«, antwortete Chris.

»Machen sie's dir damit sehr schwer?«, fragte ich.

Chris zuckte nur mit den Schultern, aber sein Schweigen sagte mir, dass er mir die schmerzliche Wahrheit ersparen wollte. *Wie unfair, dass diese Kinder Narben tragen müssen für Dinge, mit denen sie nichts zu tun haben*, dachte ich bei mir. Chris gab mir in seiner unkomplizierten Art zu verstehen, dass der Schaden nun einmal angerichtet war und dass ich nun tun sollte, was ich tun musste.

Emily kauerte auf dem Rücksitz und erschien noch zierlicher, als sie eigentlich war. Ihr langes, blondes Haar hing lose über ihre Schultern. Der sprühende Funke war aus ihren Augen gewichen, stattdessen lag ein ungewohnter Anflug von Melancholie über ihrem Blick. Gespannt folgte sie jedem Wort. »Hast du das denn getan, was du zugeben sollst?«, fragte sie mich nüchtern und beugte sich über die Vorderlehne.

»Nein, das habe ich nicht«, antwortete ich.

»Na, dann sagst du auch nicht, dass du's warst!«, schnappte sie. Das war kein Rat, das war ein Befehl. Ihre Stimme ließ einen zähen Kern erkennen, den ich diesem süßen, scheuen Mädchen gar nicht zugetraut hatte. Welch einfache Logik und erfrischende Ehrlichkeit. »Ich weiß nicht, wo diese Kinder so viel Mut hernehmen, aber ich danke dir dafür, Herr«, sagte ich zu mir selbst und schaute aus dem Fenster, damit sie meine Gemütsbewegung nicht bemerkten.

Dave Shapiro geriet über meine Entscheidung in

Wut, wie ich es vorausgesehen hatte. Die Verhandlungen zwischen Dave und den Staatsanwälten waren beendet und hatten nichts eingebracht als eine wachsende Spannung zwischen uns beiden. (Später bestritten die Staatsanwälte, dass mir jemals das Angebot gemacht worden sei, einen Antrag auf Strafminderung zu stellen. Dem Buchstaben nach war das richtig. Nur war für die ausgedehnten Unterhandlungen kein anderer Grund denkbar. Meine Anwälte hatten den Eindruck gewonnen, dass es nur noch an meiner Zustimmung lag. Das bezeugten Shapiro und Ken Adams später unter Eid. Diese Frage blieb jedoch umstritten, weil die Verhandlungen abgebrochen wurden.)

Ich empfand meine Entscheidung nicht im Geringsten als selbstgerecht. Ich konnte einfach nicht anders handeln. Schon gar nicht nach Emilys Reaktion.

Ich stellte mich erneut auf langes, sorgenvolles Warten ein und hoffte weiter auf einen Ausweg. Es wurde für mich immer schwerer, ein volles, freies Leben der Nachfolge zu führen, solange ich Tag für Tag meine Vergangenheit verteidigen musste, zumal mein Leben so sehr im öffentlichen Rampenlicht stand. So traf mich folgender Leserbrief im *Philadelphia Inquirer* ganz besonders:

Da hat also Charles W. Colson eine Art religiöse Erfahrung gehabt und nun behauptet er, »das Licht« zu sehen. Ich für meinen Teil kann ihm nicht abnehmen, er habe nun dem Geist des Guten Raum gegeben, während er im Herzen immer noch seine Kenntnis der Verbrechen zurückhält und nicht bereit ist, die Wahrheit ans Licht treten zu lassen.

Wenn er das nicht tut, ist er nichts anderes als ein frommer Heuchler, der seine Gebete in die Öffentlichkeit trompetet, was niemandem nützt außer ihm selbst – weil er hofft, er könne damit seine Haut retten.

Dan Tanner
Delran, N. J.

Welche Verbrechen waren in meinem Herzen verborgen? Unter Qualen überprüfte ich jede einzelne meiner Handlungen im Weißen Haus. Es gab grobe, erbarmungslose politische Entscheidungen – »schmutzige Tricks«, die einigen Menschen schadeten. Was in Gottes Augen vielleicht aber schwerer wog, waren Arroganz, Stolz und Egoismus. Mein bedingungsloser Gehorsam gegenüber meinem Oberbefehlshaber hatte mein Empfinden für Recht und Unrecht abgestumpft, das stand außer Frage. Aber wirkliche Verbrechen im Sinne des Strafgesetzbuches? Nein!

Ich konnte Tanner natürlich als einen blinden Eiferer gegen Nixon abtun. Wenn aber seine Reaktion typisch war, fügte ich dann der Sache Christi nicht weit mehr Schaden zu, als dass ich ihr nützte, wenn ich öffentlich zu meinem neuen Glauben stand?

Die Spannung nahm zu. Kaum ein Tag verging ohne neue Pressespekulationen über die längst fälligen Anklagen – wann würden sie kommen, wer würde angeklagt, was würden die politischen Auswirkungen auf die umstrittene Präsidentschaft Richard Nixons sein? Nixons Kraft nahm immer mehr ab, während der Untersuchungsausschuss des Kongresses im Blick auf die Amtsenthebung systematisch seine Arsenale für die erwartete Sommeroffensive auffüllte. Mit heroischen Anstrengungen waren die Nixon-Anwälte St. Clair und Fred Buzhardt bemüht, die einstürzenden Bollwerke abzustützen, während die anderen Mitarbeiter des Weißen Hauses noch tiefer im Morast versanken, sich in Eifersüchteleien und Intrigen zerstritten. Haig stellte sich regelmäßig bei Jaworski ein und beteuerte, dass seine einst verständnisvolle Haltung nun eher der Verdrossenheit wich, je mehr sich das politische Gleichgewicht verlagerte. In dem ganzen Vorgang schien eine historische Unausweichlichkeit zu liegen, die an den letzten Akt einer griechischen Tragödie erinnerte.

Auch mir standen noch weitere Schrecken bevor. So wurde ich eines Tages ins Weiße Haus gerufen, um mir Akten über die Beteiligung des CIA an der Watergate-Affäre anzusehen. »Wenn jemand wüsste, dass ich Ihnen dies zeige, würde ich fristlos entlassen«, flüsterte mir ein Mitarbeiter des Präsidenten zu, als er mir zwei gebundene fünfzehn Zentimeter starke Ordner mit den leuchtend blauen Buchstaben STRENG GEHEIM auf dem Einband überreichte.

Zwei Stunden lang saß ich da und las über die sorgfältig dokumentierte, aber selten erörterte Rolle des CIA im Watergate-Skandal. Hier wurde klargestellt, dass Howard Hunt für die Firma Robert R. Mullen & Co. arbeitete, was nach außen scheinbar nur irgendeine Werbefirma in Washington – in Wirklichkeit aber eine getarnte CIA-Abteilung war. Alle Aktivitäten Hunts waren vom CIA überwacht worden und der CIA schien in alle Ereignisse, die zu dem Watergate-Einbruch führten und darauf folgten, verwickelt zu sein.

Was mich am meisten aufrüttelte, war eine Reihe von Memoranden über die Bemühungen Robert Bennetts, des Präsidenten der Firma Mullen, mich in die Watergate-Sache hineinzuziehen, um die Aufmerksamkeit vom CIA abzulenken. Einem internen CIA-Memorandum vom 1. März 1973 war eine Fotokopie desselben *Newsweek*-Artikels beigefügt, den Patty und ich fast ein Jahr vorher in Wien gelesen hatten. Dann folgten Berichte, die bewiesen, dass der CIA die Reporter in Washington – darunter Robert Woodward von der *Post* – mit nachteiligen Informationen zu meiner Person versorgt hatte, von denen viele einfach falsch waren.*

Zweimal erörterte Präsident Nixon diesen Bericht mit mir und erklärte, dass er das Fehlverhalten der Agenten aufdecken werde. Andere Stimmen – vor allem General Haig – überzeugten ihn später, dass es besser sei, nichts gegen das Establishment des Geheimdienstes zu unternehmen. Shapiro ging mit den Informationen zur Staatsanwaltschaft, wo ihm versichert wurde, dass man der Sache nachgehen werde. Aber das geschah erst, als spätere Enthüllungen umfassende Anhörungen vor dem Kongress bewirkten. Die Firma Robert R. Mullen & Co. wurde später aufgelöst.

Dave glaubte, die Staatsanwälte würden mich vielleicht im Fall Ellsberg nicht anklagen, wenn ich mich einem weiteren Lügendetektortest unterzog, diesmal um zu beweisen, dass ich von dem Einbruch in die Psychiaterpraxis nichts gewusst hatte. So marschierte ich noch einmal in die schäbigen Praxisräume von Richard Arther und bestand meinen zweiten Test.

Dave war davon so beeindruckt, dass er einen dritten Test anberaumte, der mich von dem Verdacht reinigen sollte, dass ich Hunt oder seinen Anwälten Milde oder gar Straffreiheit zugesichert hatte, wenn sie im Fall Watergate nicht aussagten. Dieser Punkt, so hatte Shapiro erfahren, könnte Jaworski veranlassen, mich im Zusammenhang mit Watergate wegen Verschleierung anzuklagen.

Inzwischen hatte ich schon Übung darin, mich unbemerkt in Arthers Praxis zu schleichen – mit einem zerbeulten, tief über die Stirn gezogenen Hut und verstohlen nach allen Seiten spähend. Wer der Verbrecherwelt so nahe kommt, gewöhnt sich schnell an ihre Umgangsformen.

Vielleicht lag es an meinem kläglichen Gesichtsausdruck, vielleicht auch an meinem Puls, den Arther dreimal kontrollierte, jedenfalls riet er mir am Ende des nun schon gewohnten Rituals, mich keinem weiteren Test mehr zu unterziehen.

»Warum, bin ich durchgefallen?«, fragte ich und eine Adrenalinflut brachte mein Herz auf Touren und ließ mein Gesicht rot anlaufen.

»Nein, Sie haben bestanden. Ich habe auch nichts dagegen, Ihr Geld weiterhin einzustecken (350 Dollar pro Sitzung), aber die Tests mit Ihnen haben sich totgelaufen. Schon ohne Sie hier an die Drähte anzuschließen, weiß ich, dass Sie mir die Wahrheit sagen. Und wenn die Staatsanwälte es inzwischen nicht auch wissen, dann vergeuden Sie hier Ihre Zeit und gewinnen rein gar nichts dabei.«

Arther sollte Recht behalten. Merrill konnte sich nicht entschließen, den Testergebnissen Glauben zu schenken und schickte sogar einen FBI-Agenten nach New York, der Arthers Testmethode untersuchen sollte.

In der Zwischenzeit blieb uns nichts anderes übrig, als zu warten. Ich wurde wieder vor die Jury zitiert, lehnte das aber ab, weil ich doch nur auf Vorurteile stieß. Darauf erhielt ich sogar eine Vorladung unter Strafandrohung. Shapiro protestierte gegen dieses ungewöhnliche Verfahren – es hatte aber keinen Zweck. Zum zweiten Mal wurde ich gezwungen, mein Recht auf Aussageverweigerung in Anspruch zu nehmen, und machte diesmal wirklich den Eindruck eines Verbrechers, der seine böse Vergangenheit vor den etwa zwanzig Bürgern verbergen wollte, die in wenigen Tagen darüber zu befinden hatten, ob ich angeklagt werden sollte oder nicht.

Schließlich kündigte der Sonderstaatsanwalt die Anklageerhebung für Freitagmorgen, den 1. März, an. Eine ganze Woche lang schwirrten die wildesten Gerüchte durch Washington. Jeder Reporter besaß eine andere Liste mit Angeklagten. Dan Schorr von der CBS rief mich am Donnerstag an: »Tut mir Leid, Chuck, dass ich Ihnen diese schlechte Nachricht übermitteln muss. Sie sind einer von zweiundvierzig auf der Liste. Möchten Sie etwas dazu sagen?«

Das war lächerlich – zweiundvierzig Leute angeklagt; keiner konnte das ernst nehmen. Der zäh recherchierende Berichterstatter Jack Anderson teilte mir am selben Tag dagegen mit, es würden nur fünf auf der Liste stehen und ich sei nicht dabei. Meine Freunde im Weißen Haus erklärten, dass ich auf der Liste, die Jaworski »inoffiziell« mit dem Chef von Nixons Mitarbeiterstab Al Haig durchgesprochen habe, nicht gestanden hätte.

Unter diesen wirren Spekulationen konnte ich mir meine eigene Version heraussuchen und manchmal war es mir fast gleichgültig, wie die Liste aussah. Alles andere wäre leichter zu ertragen gewesen als diese Ungewissheit. Patty begleitete mich an jenem Freitag ins Büro, um bei mir zu sein, falls das Schlimmste eintreffen würde. Sicherlich würde die Presse dann sofort eine Erklärung erwarten, und dabei wollte sie mir zur Seite stehen. In meinem Innersten wusste ich, dass ich angeklagt werden würde. Alles deutete darauf hin. Äußerlich blieb ich ruhig, hoffte weiter und las immer wieder den 27. Psalm:

»Denn er deckt mich in seiner Hütte zur bösen Zeit,
Er verbirgt mich heimlich in seinem Gezelt
Und erhöht mich auf einem Felsen
Und wird nun erhöhen mein Haupt über meine Feinde,
Die um mich sind; ...
Gib mich nicht in den Willen meiner Feinde;
Denn es stehen falsche Zeugen wider mich
Und tun mir Unrecht ohne Scheu ...
Harre des Herrn! Sei getrost und unverzagt
Und harre des Herrn!«
Psalm 27, 5. 6. 12. 14

Um 9.30 Uhr betrat Shapiro mein Büro. Seine Augen verrieten Sorge und Schmerz. »Der Staatsanwalt hat gerade angerufen«, begann er und nach einer langen Pause zeigte er nur mit seinem großen Daumen nach unten. »Es tut mir Leid.«

Holly fing an zu weinen und Judd Best stützte Patty, die vergeblich mit den Tränen kämpfte und sich bemühte, ihr strahlendes Lächeln zu zeigen, das mich immer wieder aufgerichtet hatte.

Wir waren insgesamt sieben, die der Verschleierung des Watergate-Skandals angeklagt worden waren. Zwei Stunden später rief Merrill an: »Am nächsten Donnerstag wird die Ellsberg-Anklage erhoben, und Ihr Mandant wird auch auf dieser Liste stehen«, teilte er Shapiro mit. Was zunächst so ausgesehen hatte, als sollte ich nur unter Druck gesetzt werden, war nun Wirklichkeit geworden. In beiden Fällen sollte am Samstag, dem 9. März, im Bundesgericht des Distrikts die Anklage erhoben werden.

Als Sid Dickstein und ich an jenem Samstagmorgen im Taxi an der Ecke des Gerichtsgebäudes anlangten, sahen wir eine riesige Menschenmenge, die sich hinter der Absperrung drängte. Mehrere Reihen uniformierter Polizisten hielten die spottenden, grölenden Zuschauer zurück. Das erinnerte mich an die Tage der Antikriegsdemonstrationen vor dem Weißen Haus. *Hier schützen mich nicht einmal mehr starke Eisengitter,* dachte ich mit einem Anflug von Furcht.

Fernsehkamerateams und Reporter entdeckten uns und kämpften sich zu uns durch. Ein paar

Polizisten versuchten vergeblich, die wilde Jagd aufzuhalten. Ein Kameramann wurde niedergeschleudert und fiel über eine niedrige Hecke auf den Rasen des Gerichtsgebäudes. Ein anderer wurde beinahe unter ein um die Ecke kommendes Auto gestoßen.

In Sekundenschnelle waren wir umringt, Mikrofone an langen Stangen schossen wie Speere auf uns zu und von allen Seiten hagelte es Fragen. *Wirklich ein Wunder, wenn niemand in diesem Gewühl zu Tode getrampelt wird*, dachte ich. Die Zuschauer – nach Presseschätzungen waren es mehrere Hundert – schwangen wütend selbst gefertigte Plakate, auf denen etwa zu lesen stand: SIE HABEN PFERDEDIEBE GEHÄNGT, UND NIXON IST DER NÄCHSTE. Es kam sogar zu obszönen Szenen. Ein Mann mit einer riesigen Pappmascheenachbildung von Nixons Kopf wurde festgenommen, weil er sich von der Taille abwärts entkleidet hatte und durch die Menge »flitzte«. (Später stellte sich heraus, dass es der Rundfunksprecher eines örtlichen Funkhauses war.)

Der Aufruhr war vorauszusehen – die Presse hatte das Klima überheizt. Die *Newsweek* brachte auf ihrem Titelblatt vier große Porträts von Haldeman, Ehrlichman, Mitchell und Colson. In knallroten Lettern – größer als der Name des Blattes selbst – war das wie ein Stigma wirkende, lapidare Wort: ANGEKLAGT zu lesen. Die Fernsehnachrichten des ganzen Abends befassten sich fast ausschließlich mit dieser Sache. Viele Zeitungsberichte sprachen bereits von Schuld, alle riefen nach Verurteilung. Zwischen Anklage und Urteil wurde nicht mehr unterschieden. Wir waren das willkommene Ziel der sich hoch auftürmenden öffentlichen Leidenschaften. Die Stille im Gerichtssaal war eine Wohltat. Die Zuschauerbänke waren bis zum letzten Platz mit Presseleuten gefüllt. Als die Angeklagten einzeln durch die Seitentür eintraten, ging ein Raunen durch den Gerichtssaal. Die Reporter notierten emsig ihre Eindrücke, farbige Momentaufnahmen, die das Drama des lang erwarteten Augenblicks einfangen sollten. Der Reporter der *Times* sah mich als »selbstsicher«, während die *Post* in mir einen »Ausdruck von bösen Vorahnungen« erkannte. John Mitchell »sank in seinem Sessel zusammen ..., das Gesicht grau und ausgelaugt«. John Ehrlichman gab sich »süß-sauer«, Bob Haldeman trug »einen sorgfältig gebügelten und gut sitzenden hellblauen Anzug«. Auf riesigen, weißen Zeichenblöcken entstanden mit schnell hingeworfenen Bleistiftstrichen die Karikaturen, die am Abend auf Millionen von Fernsehschirmen erscheinen würden.

Als ich zu John Mitchell hinüberging, wusste ich nicht recht, wie ich ihm als Christ begegnen sollte. Viele Monate waren vergangen, seit ich mit Mitchell, meinem alten Gegenspieler aus dem Weißen Haus, zuletzt gesprochen hatte. Der ehemalige Justizminister saß mit versteinertem Gesicht da. Zuerst blickte er verblüfft, dann aber erfreut auf, als ich seine Schultern berührte, ihm die Hand schüttelte und alles Gute wünschte. Auch das Wiedersehen mit Haldeman und Ehrlichman war herzlich; es war nicht die Zeit für Bitterkeit und Hass.

Zu den drei weniger bekannten Personen, die unter Anklage standen, gehörte auch Gordon Strachan, Haldemans erst 27-jähriger Mitarbeiter. Außerdem der juristische Ausschussberater Kenneth Parkinson und der frühere Mitarbeiter Mitchells, Robert Mardian. Strachan, ein hoch aufgeschossener, gut aussehender junger Mann mit langem, blondem Haar und großen, blauen Augen, konnte nur mit Mühe die Tränen zurückhalten. Seine Augen starrten ins Leere. Ich konnte seinen Schmerz mitempfinden. Mächtigen Männern wie Haldeman hatte Gordon in blindem Gehorsam gedient und an die gerechte Sache geglaubt, eine Einstellung, die ich so gut kannte. Es schien ihm unglaublich, dass er sich nun plötzlich als Angeklagter im Gerichtssaal befand, dass er von einer aufgebrachten Menschenmenge bedroht worden war und dass ein ganzes Volk mit Empörung auf ihn sah.

»Wie ich hörte, lesen Sie in der Bibel«, sagte er, und seine Augen leuchteten kurz auf.

»Ja, das stimmt, Gordon«, antwortete ich. Schon diese wenigen Worte schienen ihn aufzurichten.

»Ich würde gerne etwas von Ihren Erfahrungen hören«, fuhr er fort.

Das war hier allerdings nicht gut möglich. Gerade marschierten Leon Jaworski und seine Stellvertreter herein und nahmen Platz. »Gerne, wenn wir uns einmal unterhalten können«, stimmte ich zu. »Kopf hoch, Gordon, Gott wird Ihnen Kraft geben, wenn Sie ihn darum bitten.« Er lächelte.

Wir standen auf, als Richter John Sirica mit wehender, schwarzer Robe und strengem Gesicht zu seinem Lederstuhl ging, von wo aus er die Sitzung führen würde. Es war das zweite Mal, dass ich ihm begegnete. Erst vor wenigen Monaten, nach zwanzig Jahren unauffälligen Dienstes als Richter des Distrikts von Columbia, war er von der Zeitschrift *Time* zum »Mann des Jahres« gewählt worden. 1971 waren wir uns bei einer kleinen Cocktailparty begegnet und der Richter hatte sich als ein liebenswürdiger Gesprächspartner erwiesen, als er von seinem eigenen Engagement für die Republikanische Partei sprach. Er erzählte mir auch von seiner Bewunderung für Präsident Nixon. Doch hatte der gütige Herr von damals keinerlei Ähnlichkeit mit dem entschlossenen Juristen vor mir, der nun mit Hartnäckigkeit den Deckel aufzusprengen versuchte, mit dem das Weiße Haus Watergate verschließen wollte.

Sirica rief uns nach vorne, und vor seinem Richtertisch mussten wir auf die Anklagen antworten, die uns jetzt vorgelesen wurden. Mich überkam ein Schauer bei den Worten: »Die Vereinigten Staaten von Amerika klagen gegen John Mitchell ..., Charles W. Colson ...«

In meinem ganzen Leben haben mich schon die Worte *die Vereinigten Staaten* wie Marschmusik elektrisiert. Es mag manchem eigenartig scheinen, aber ich habe mein Land immer sehr geliebt, habe es als Ehre empfunden, die Marineuniform zu tragen, und wenn ich das Sternenbanner sah, schwoll meine Brust vor Stolz. Jetzt klagten mich die lieb gewonnenen Worte an und erfüllten mich mit Scham. Ich wollte es hinausschreien, dass nicht die Vereinigten Staaten es waren, die sich gegen mich erhoben, sondern eine Gruppe von politisch Verblendeten. Nicht mein eigenes Land konnte mich anklagen – und doch war es so! Diese furchtbare Erkenntnis, der ich mich bis zu diesem Augenblick versperrt hatte, verursachte mir Übelkeit. Was immer mir angetan werden konnte – Prozesse, Gefängnis, Ruin –, nichts konnte sich so verheerend auswirken wie die Erkenntnis, dass das Land, das ich liebte, mich der Verletzung von Treue und Pflicht anklagte.

Auf einem anderen Gebiet erfuhr ich eine fast ebenso große Ernüchterung. Der Staat hat unbegrenzte Machtreserven: In Jaworskis Büro arbeiten vierzig hoch qualifizierte Anwälte, ungeheure Computer, die aufnehmen, speichern und auswerten und

Berge von Beweismaterial zusammentragen. Es sind ganze Armeen von Untersuchungsbeamten, die überall im Land recherchieren. Allein der Ervin-Ausschuss beschäftigte einhundert Untersuchungsbeamte und das war nur einer von einem Dutzend Kongressausschüssen, die sich in jeden Winkel und jede Spalte unseres Lebens hineingruben. FBI und IRS waren angewiesen worden, jeden Hinweis zu überprüfen, um der Staatsanwaltschaft Munition zu liefern.

Mit diesem Apparat konnten die Anwälte unserer Firma nicht konkurrieren. Wir konnten nicht einmal mit dem Schritt halten, was von den Hunderten von Leuten ausgesagt wurde, die in die sich ausweitende Affäre verwickelt waren. Mein Bankkonto würde in einem Jahr überzogen sein. Nun wurde mir erst klar, was es für eine Einzelperson bedeutete, allein der ungeheuren Macht des Staates gegenüberzustehen. Wie hatte ich in den vergangenen Jahren die Bedeutung der individuellen Rechte des Bürgers vernachlässigt.

Natürlich würde es weitere Gerichtsverhandlungen geben, die die Möglichkeit boten, meine Unschuld zu beweisen. Aber auch ein Freispruch könnte den hässlichen Flecken dieses Tages niemals auslöschen. Ich sah auf und begegnete Richter Siricas strafendem Blick.

Sein grimmiges Gesicht hob sich von der kalten,

schwarzen Marmorwand ab. Mein Mund war so ausgetrocknet, dass ich nicht sicher war, ob ich überhaupt verstanden wurde: »In allen Punkten der Anklage nicht schuldig!«

Ich senkte den Blick. »Weder Tod noch Leben, weder Engel noch Fürstentümer, noch Gewalten, können uns von Jesus trennen«, schrieb der Apostel Paulus den Christen in Rom (vgl. Röm. 8, 38 f.). Noch nie waren mir diese Worte so wichtig geworden wie in diesem Augenblick im Gerichtssaal. Als der geballte Zorn der Gewalten, die ich einst angebetet hatte, mich nun anklagte, spürte auch ich seine Gegenwart – auf ihn konnte ich mich auch jetzt verlassen, denn er kümmerte sich um mich.

In den vor mir liegenden Monaten sollte ich erfahren, wie diese Realität alles verändern konnte.

Kapitel 16

Die Entscheidung

■   Die Worte der Anklage klangen immer noch in meinen Ohren nach, als ich am nächsten Montag zum *Fellowship House* zu einer frühen Zusammenkunft fuhr. Der Schock einer weltweiten Veröffentlichung in den Sonntagszeitungen kam noch hinzu. Doug Coe begrüßte mich mit seinem üblichen fröhlichen Augenzwinkern. »Bruder, betrachten Sie doch einmal die guten Seiten. Wir haben einen Christen in den Nachrichten.«

Mein erzwungenes Lächeln misslang. Den vier Männern, die sich in der Bibliothek eingefunden hatten, legte ich nun die schwerwiegende Frage vor, die mich das ganze Wochenende über beschäftigt hatte: »Sollte ich nicht im Blick auf die Anklage aus dieser Gemeinschaft aussteigen? Zwei von euch haben ein öffentliches Amt inne, und diese Sache könnte euch schaden.«

»Wir sind Brüder«, entgegnete Quie beinahe beleidigt. »Wenn Sie angeklagt werden, Chuck, sind wir alle angeklagt. Wir gehören zusammen. So ist das nun mal.«

Hughes nickte. Beide konnte das jedoch teuer zu stehen kommen. Obwohl Hughes die Politik verlassen wollte, galt er doch als »Saubermann« bei enorm vielen Leuten im ganzen Land. Der Republikaner Quie musste sich im Herbst in einem Demokratischen Staat der Wiederwahl stellen und alle Zeichen deuteten auf einen erdrutschartigen Sieg der Demokratischen Partei hin. Und obwohl seine Anwaltspraxis auch unter dieser Sache leiden konnte, schien mein Vorschlag Graham Purcell am meisten entrüstet zu haben. »So leicht kommen Sie nicht von uns los, Partner«, erklärte er in breitem Texanisch.

In dem folgenden Gespräch und dem abschließenden Gebet verschwand die Verzweiflung des Wochenendes, indem ich wieder einmal die Kraft seiner Gegenwart entdeckte. Als ich später in mein Büro kam, war ich fast heiter gestimmt. Dave Shapiro sah mich aus übermüdeten Augen an und schüttelte seinen Kopf. »Wie machen Sie das bloß? Dies war das schlimmste Wochenende meines Lebens. Zwei Anklagen, eine lynchwütige Menschenmenge beim Gericht, jedermann hier schreit nach Ihrem Skalp – und Sie sehen aus, als seien Sie gerade vom Urlaub zurückgekommen.«

An diesem Morgen konnte ich mich sogar mit Shapiro anlegen. »Wenn ich das wirklich erklären soll, dann müssen wir 2000 Jahre zurückdrehen. Damals habt ihr Burschen nämlich das Boot verpasst.«

Shapiro grinste. »Wir wollen lieber arbeiten. Ich werde Sie aus dieser Gerichtssache herauspauken, Chuck, denn die Anklagen stehen auf äußerst wackeligen Füßen.«

Gestärkt durch das gemeinsame Gebet und Shapiros mutige Rede machte ich mich auf einen langen und erbitterten Kampf gefasst. Zuerst zog ich mich aus der Anwaltsfirma zurück und der Name wurde in DICKSTEIN, SHAPIRO UND MORIN geändert, obwohl Holly und ich unser Büro behielten. Dann erklärte ich all meinen Klienten, dass sie mir nicht länger verpflichtet waren. Zu meinem Erstaunen wählte der Schatzmeister der Transportgewerkschaft Dusty Miller fast die gleichen Worte wie Quie: »In der Arbeiterbewegung sind wir Brüder. Wenn Sie angeklagt sind, bin ich angeklagt. Das ist alles.« Brainerd Holmes und Tom Phillips von Raytheon boten ihre Hilfe an. »Wir werden mit unseren eigenen Juristen auskommen, bis Sie wieder aus der Sache raus sind. Das wird bald sein«, sagte Brainerd aufmunternd. Nicht ein einziger Klient entzog mir sein Vertrauen.

Weil St. Clair nicht mehr zur Verfügung stand und die meisten guten Strafverteidiger bereits mit Watergate zu tun hatten, leitete Dave Shapiro gemeinsam mit Dickstein und einem anderen begabten jungen Mitarbeiter, Ken Adams, meine Verteidigung. Wir konsultierten die Anwaltskammer, die uns ihre Genehmigung erteilte, weil ich nicht mehr Mitglied der Firma war und es schwierig sein würde, andere Anwälte zu finden.

Weil beide Verhandlungen unmittelbar aufeinander folgten – Ellsberg im Juli, Watergate im September –, war eine angemessene Vorbereitung für beide unmöglich. Außerdem fielen die Verhandlungen mit den Anhörungen für die Amtsenthebung zusammen, die ein denkbar schlechtes öffentliches Klima für unsere Verteidigung schaffen würden. Die Verschiebung einer oder beider Verhandlungen schien uns wesentlich; aber mit dem zunehmenden Ruf nach »schneller Gerechtigkeit« würden die Richter Sirica und Gerhard Gesell, dem der Ellsberg-Fall übertragen worden war, kaum darauf eingehen.

»Wir haben nur eine Chance«, folgerte Ken Adams, nachdem er die Akten studiert hatte. »Lassen Sie uns alle Zeitungsartikel zusammensuchen, die Sie in den letzten beiden Jahren irgendeiner Sache angeklagt haben. Diese bündeln wir, versehen sie mit einem Index und überreichen sie dem Richter. Dieser handfeste Beweis für die massiven Vorurteile könnte ihn zu einer Verschiebung bewegen.« Das Gesetz behält sich eindeutig eine solche Verschiebung vor, wenn es vor der Verhandlung zu solch einer überwältigenden negativen Berichterstattung kommt.

»Soll das ein Scherz sein?«, antwortete ich, »es muss Tausende von Artikeln geben, dazu brauchen wir fünfzig hauptberuflich danach forschende Leute. Das ist unmöglich.«

Ken Adams begann sofort damit, die meisten unserer Mitarbeiter zu mobilisieren. Sekretärinnen meldeten sich freiwillig, um abends unentgeltlich Zeitungsausschnitte von einem riesigen Berg Zeitungen auf dem Tisch im Konferenzzimmer herauszuschneiden und zusammenzustellen. Einige von den Frauen unserer Anwälte kamen jeden Abend dazu, als weitere Kisten alter Ausgaben der *Post* und des *Star* geöffnet wurden. Es sah immer hoffnungsloser aus, so, als wollte man in einem Schneesturm Schnee wegräumen; wenn eine Schaufel voll fortgeräumt worden war, waren zwei weitere gefallen. Manchmal war es sogar schwer, mit den täglichen Meldungen über die mögliche Amtsenthebung und die bevorstehenden Gerichtsverhandlungen Schritt zu halten.

Die Ergebnisse einer privat eingeleiteten Umfrage gaben unserer Arbeit neue Dringlichkeit. Der Meinungsforscher Alber E. Sindlinger stellte fest, dass überraschende 91 Prozent der Nation von den Anklagen wussten. Dies entsprach etwa der Zahl der Menschen, die bei den Präsidentschaftswahlen den Namen des Kandidaten nennen können! Im informationsgesättigten Washington lag der Prozentsatz sogar noch höher. Auf Landesebene hielten 75 Prozent der Befragten, die eine eigene Meinung äußerten, die Angeklagten für schuldig, 7 Prozent für unschuldig; in Washington war das Verhältnis 84:2. Im Falle Ellsberg sah das Ergebnis in Washington sogar noch überwältigender aus: 75:1. Nach den Gesetzen der Wahrscheinlichkeit war es deshalb unmöglich, dass eine objektive Jury gefunden werden konnte. Unsere einzige Hoffnung war ein Aufschub oder die Verlegung der Verhandlungen in eine Stadt, in der das *Impeachment-Fieber* nicht so um sich gegriffen hatte. Die Zeitungsausschnitte unterstützten unser Argument nachdrücklich.

Doug hörte von unserer Situation und kam eines Abends mit einem energiegeladenen ehemaligen Marineoffizier namens John Bishop zu uns. Bishop übernahm das Kommando wie ein Infanteriehauptmann, der er auch gewesen war. Zwei Mädchen vom *Fellowship House* bedienten die Telefone. Gegen Ende der Woche hatten sich fast 80 Freiwillige gemeldet und füllten unsere Büroräume. Sie saßen auf Schreibtischen, Tischen und im Indianersitz auf dem Fußboden – schnitten, klebten und ordneten. Die Arbeit wurde in Schichten eingeteilt; einige setzten sich tagsüber ein, die anderen abends. Eine Mannschaft blieb sogar oft bis zur Morgendämmerung. Als ich eines Morgens ins Büro kam, schliefen einige junge Männer auf dem Fußboden in der Bibliothek.

Ehe man sich über die belegten Brote und den Kaffee hermachte, der dreimal täglich ins Büro gebracht wurde, sammelten sich kleine Gruppen, um den Segen des Herrn zu erbitten. Oft stellten sich die freiwilligen Helfer vor der Arbeit im Kreis auf und baten Christus, ihre Gemeinschaft zu stärken und ihnen bei ihrer Arbeit zu helfen. Einmal stieß ich zu einer Gruppe, die in dem Zimmer, wo Ken Adams – der Jude ist – mit zwei Sekretärinnen arbeitete, zum Gebet zusammengekommen war.

»Tut mir Leid, Ken«, sagte ich nachher. »Ich wollte Sie nicht in Verlegenheit bringen.«

Aber Ken lächelte. »Macht nichts. Was diese Leute für Sie tun, ist so großartig, dass ich gerne daran teilhabe.«

Langsam schmolz der Zeitungsberg dahin und kleinere Berge von sorgfältig geordneten Zeitungsausschnitten entstanden, die dann in einem der 39 schwarzen Ordner, die Adams vorbereitet hatte, abgeheftet wurden. Die »Christen für Colson«, wie sich die Freiwilligen selbst nannten, hatten das Unmögliche fröhlich in Angriff genommen, und nach zwei Wochen war der Sieg in Sicht.

Was noch wichtiger war: Die Invasion hatte ihre Wirkung auf die ganze Anwaltskanzlei. Es war eine »gesunde Infektion«, von der auch C. S. Lewis schreibt. »Ich weiß nicht, was hier vorgeht«, murmelte Dave Shapiro eines Abends, »aber was es auch ist, es ist unglaublich. Ich habe gerade mit einem der jungen Männer, der fleißig mitarbeitet, gesprochen. Er sagte mir, dass er Ihre Politik nicht ausstehen könne, Sie aber trotzdem liebe. Können Sie mir das vielleicht erklären?«

Einige unserer Sekretärinnen, die schon seit Jahren bei der Firma waren und als chronische Meckerer bekannt waren, beobachteten mit ungläubigem Staunen, wie sich die freiwilligen Helfer auf die Arbeit stürzten, ohne jemals ein mürrisches Wort verlauten zu lassen – auch dann nicht, wenn die Klimaanlage abends abgeschaltet wurde, die belegten Brote ausgegangen waren oder wenn, was oft vorkam, etwas nicht richtig abgelegt worden war und die ganze Arbeit noch einmal gemacht werden musste. Je schwerer die Arbeit und je größer die Frustration, umso fröhlicher waren diese Christen und arbeiteten weiter. Langsam, aber sichtbar stieg die Arbeitsmoral in der geschäftigen Kanzlei. Einer der Mitarbeiter im Büro hatte zu der Zeit persönliche Schwierigkeiten und schüttete an einem Abend sein Herz einem jungen Mann vom *Fellowship House* aus, der gerade mit ihm an einer Vervielfältigungsmaschine arbeitete. Einige Wochen später nahm dieser junge Mitarbeiter dann an einer Gebetsgruppe unserer Gemeinschaft teil und nach einigen Monaten verließ er die Kanzlei, um eine Stelle als Verkäufer anzunehmen, die ihn mit Menschen in Berührung brachte, denen er nun seinerseits wieder helfen konnte. Er sagte mir, dass diese zwei Wochen sein Leben völlig verändert hätten.

Unser Antrag musste dem Gericht am 1. Mai vorliegen. Am letzten Apriltag waren sämtliche Papiere und Ordner noch im ganzen Büro verstreut und alle Unterlagen mussten noch kopiert und gebunden werden, um den Anforderungen des Gerichtes zu genügen. Vierzig Freiwillige mit rotgeränderten Augen arbeiteten fieberhaft die ganze Nacht hindurch und früh am nächsten Morgen waren die vier Bände gebunden und konnten in einem Kombiwagen zum Gerichtsgebäude gefahren werden. Jeder Satz der Bände war über zwei Meter hoch und enthielt Tausende von Zeitungsausschnitten.

Einige Tage später lehnten die Richter Gesell und Sirica das ganze eindrucksvolle Material und damit unseren Antrag ab. Sirica wollte sich nicht selbst disqualifizieren und den Fall einem anderen Richter übergeben, da er bereits öffentlich geäußert hatte, dass er »die da oben«, die jetzt angeklagt waren, schon bloßstellen werde. Beide Richter lehnten es ab, die Verhandlungen in eine andere Stadt zu verlegen, was sonst durchaus die Praxis war, um örtliche Feindseligkeiten zu vermeiden. Es war eine bittere Enttäuschung. Aber kein Gerichtsentscheid konnte mir vergällen, was ich an Liebe Christi durch die 80 Helfer, die mir sonst völlig fremd waren, erfahren hatte. »Das ist es wert gewesen«, sagte ich wieder einmal zu Holly, und diesmal schaute sie mich nicht verwirrt an. Auch sie machte selbst diese Entdeckung.

In der Zwischenzeit hatte der Präsident über

Fernsehen die Veröffentlichung einer ganz anderen Materialsammlung bekannt gegeben. Es handelte sich ebenfalls um schwarze, gebundene Ordner, die den Inhalt von 47 im Weißen Haus auf Tonband aufgenommenen Gesprächen enthielten. »Diese Dokumente«, so versicherte Nixon Millionen von Fernsehzuschauern, »werden ein für alle Mal klarstellen, dass alles, was ich im Blick auf den Watergate-Einbruch und dessen Vertuschung wusste, genau mit dem übereinstimmt, was ich von Anfang an dazu gesagt habe.«

Er sagte dies mit solcher Zuversicht, dass ich es für ein weiteres, noch rechtzeitig einsetzendes Überraschungsmanöver hielt, genau wie im Januar 1972, als er die Bombe platzen ließ und von den dreißig Monate dauernden Geheimverhandlungen über Vietnam sprach. *Endlich*, so dachte ich, *bringt er die Beweise, deren Existenz er mir immer wieder versichert hat.* Als ich den »alten« Nixon beobachtete, überkam mich ein neues Hochgefühl. Warum hatte er damit nur so lange gewartet?

Früh am nächsten Morgen stellte Holly eine Kopie der Tonbandabschriften sicher. Als ich das umfangreiche Material durchblätterte, kam Dave Shapiro und schaute mir über die Schultern. Die Worte vor meinen Augen und Shapiros lautes Stöhnen in meinen Ohren ließen meinen Mut sinken. »Das kann doch nicht wahr sein«, murmelte ich, als Seite um

Seite der Hinweis »Schimpfwort gelöscht« erschien und Richard Nixon somit als profanster Präsident der Geschichte ausgewiesen wurde.

»Für den frommen Süden ist er gestorben«, sagte ich zu Shapiro.

»Er ist gestorben, basta!«, erwiderte Shapiro. »Und nebenbei, Sie treuer Nixondiener, er hat auch Ihnen die Hucke voll gelogen.«

Als ich weiterlas, erfüllten mich Schmerz und das Gefühl, auf gemeine Weise verraten worden zu sein. Ich musste an eine Bemerkung denken, die Bob Haldeman gegen Ende des Wahlkampfes im Jahre 1972 gemacht hatte: »Richard Nixon wird jeden für seine Zwecke gebrauchen. Merken Sie sich das. Und wenn er Sie nicht mehr braucht, wird er Sie fallen lassen.«

Damals hatte ich die Bemerkung als Haldemans eigene Ansicht, wie ein Präsident seine Mitarbeiter behandeln sollte, abgeschüttelt. Damals sagte ich mir auch, dass ich nichts dagegen hätte, eines Tages überflüssig zu sein, wenn das der Preis dafür war, dem Mann und den Zielen zu dienen, die ich für so edel hielt. Und doch betrachtete ich mich selbst in der Tiefe meines Herzens als immun.

Durch diese Abschrift wurden Haldemans Worte wieder lebendig. Shapiro sah mich durchdringend an. Es blieb keine Zeit für bittere Gefühle. »Dave, Nixon muss zurücktreten, er muss einen guten Abgang finden. Das muss ich ihm sagen.«

Shapiro hielt es für unklug, anzurufen; die Staatsanwälte könnten etwas daraus konstruieren. So brachte er meine Botschaft zu Jim St. Clair, der sie allerdings sofort vom Tisch fegte. Juristisch gesehen würden die Abschriften eine Unterstützung bedeuten, war die Überzeugung von St. Clair. Aber es ist das Grundwasser der öffentlichen Meinung – nicht juristische Argumente –, wodurch Ereignisse und Nationen beeinflusst werden. Die Jury würde diesen Fall auf der moralischen Ebene entscheiden, und Nixon hatte sich hiermit selbst schuldig gesprochen.

Außer der Tatsache, dass die »Schimpfworte gelöscht« waren, wurde der Öffentlichkeit durch die Abschrift ein unentschiedener, schwankender und oberflächlicher Mann offenbart – Richard Nixons schlechteste Seite. Das war nicht der Führer, der mutige Entscheidungen getroffen hatte, um den Krieg in Vietnam zu beenden, nicht der Mann, der mit gütiger Empfindsamkeit von den Gefühlen anderer Menschen sprach, nicht der Idealist, der laut von seinen Träumen für Amerika und die Welt sprach.

Einen Augenblick lang gaben mir die Tonbandabschriften so etwas wie eine persönliche Genugtuung. Gespräche mit dem Präsidenten, in denen ich ihn gedrängt hatte, der Öffentlichkeit mitzuteilen, wer mit dieser Sache zu tun hatte, waren nicht aufgezeichnet. Der Präsident hatte mir beteuert, dass er es nicht wüsste. Jetzt schien es aber, dass er viel mehr gewusst hatte, als er damals zugeben wollte. Während ich auf Enthüllung gedrängt hatte, wies er Mitchell, Haldeman und Dean an, die Untersuchung zu blockieren.

Je weiter ich las, umso deprimierender wurde es. Dass Nixon mich angelogen und nicht die Charakterstärke ausgelebt hatte, die er besaß, war ein fürchterlicher Schlag, aber ich war immer noch um ihn besorgt. Was jetzt so sehr wehtat, war die Übelkeit erregende Erkenntnis, dass ich selbst mitgeholfen hatte, das Weiße Haus zu dem zu machen, was die Öffentlichkeit jetzt zu sehen bekam.

Es war nicht so sehr die profane Rede. Durch unsere raue Ausdrucksweise hatten wir gezeigt, dass wir es gegen die Welt aufnehmen konnten, dass wir geeignet waren zum Dienst an der äußersten Front. Das eigentliche Problem war der moralische Zerfall im Blick auf das Amt des Präsidenten, das, wenn schon nicht durch Adel, so doch durch eine hohe Zielbestimmung und Sinngebung ausgezeichnet sein sollte. Bei der Erinnerung an die selbstlosen und inspirierenden Worte Washingtons, Lincolns und Jeffersons, die vor uns diese Positionen eingenommen hatten, erschienen unsere Gespräche vergleichsweise wertlos und schmutzig. Und doch hatten alle Präsidenten auch eine private Seite; Ike war profan, Truman bissig und andere wiesen moralische Schwächen auf. Aber der Öffentlichkeit wird dieses Wissen weithin vorenthalten, denn die meisten Menschen wollen nur das Beste von ihren Führern sehen und glauben.

Und so begriff ich die erschütternde Wahrheit: Ich selbst hatte, ebenso sehr wie sonst irgendjemand, meine eigenen erhabenen – vielleicht unrealistischen – Vorstellungen vom Amt des Präsidenten beschmutzt, und dank des Aufnahmesystems war dies für alle Zeiten festgehalten worden. Die Begegnung mit dieser Wirklichkeit war ebenso niederschmetternd wie die Worte des Gerichtsschreibers: »Die Vereinigten Staaten gegen Charles Colson«. Ein zweiter, schwerer Treffer innerhalb von zwei Monaten.

Unmittelbar nach Nixons Veröffentlichung der Tonbandabschriften kam ein weiterer Schock – diesmal von völlig unerwarteter Seite. »Chuck, ich muss unbedingt mit Ihnen sprechen.« Es war Dick Howards besorgte Stimme am Telefon. Dick hatte zwei Jahre lang als überaus fähiger Verwaltungsassistent bei mir im Weißen Haus gearbeitet. Der große, gut aussehende Kalifornier, nur wenig über dreißig Jahre alt, wollte das Weiße Haus verlassen, um eine Stelle in der Industrie anzunehmen. Er und seine Frau Marcia mit den beiden vierjährigen Zwillingen gehörten fast zu unserer Familie.

»Mir wurde gesagt, ich solle nicht mehr mit Ihnen reden«, erklärte er, als wir uns in meinem Büro trafen. Dick, dem auch die größte Krise sonst nichts anhaben konnte, sah blass und ernst aus.

»Wer hat das gesagt?«, wollte ich wissen.

»Die Staatsanwälte. Sie sagten mir, ich würde sonst des Meineids angeklagt werden.« Seine Stimme zitterte.

»Warum denn das?« Meine eigene Stimme wurde plötzlich schrill und es drehte mir fast den Magen um. Howard erklärte, dass die Mitarbeiter des Staatsanwalts ihn durch die Mangel gedreht hätten und alles wissen wollten, was je in meinem Büro vor sich gegangen war. Ich nehme an, dass das zur Routine gehört, obwohl ich meine Zweifel hatte bei den hier angewandten Methoden.

Ein junges Mädchen, das sich bei uns mit Forschungsaufgaben beschäftigt hatte, berichtete mir, man habe sie als »unkooperativ« bezeichnet, als sie eine These der Staatsanwaltschaft nicht bestätigte. Am Ende eines langen Verhörs wurde sie von den beiden jungen Anwälten gefragt: »Wie konnte eine solch nette, junge Dame wie Sie nur für diesen schlechten Menschen arbeiten?« Alle paar Wochen wurden sie und auch andere Mitarbeiter, wie Joan Hall, meine Sekretärin im Weißen Haus, den verschiedensten Verhören ausgesetzt, was Tausende von Dollar an Gerichtskosten für sie bedeutete.

Holly, die Sekretärin, die mir während der Vorbereitung meiner Verteidigung am nächsten stand, wurde eines Tages von drei Staatsanwälten hart in die Zange genommen. Nach Stunden immer sich wiederholender Fragen reichte es der geduldigen und sanften Holly schließlich. »Das kann nicht den ganzen Tag so weitergehen«, entgegnete sie scharf, »ich kenne die Wahrheit, und mehr können Sie nicht aus mir herausholen.« Sie wurde nie mehr belästigt. Wenn auch die Staatsanwaltschaft hinter *mir* her war und nicht hinter meinen Mitarbeitern, so kostete es diese Leute doch Zeit, Geld und Nervenkraft. Schließlich stellte es sich heraus, dass die Staatsanwaltschaft nicht einen einzigen meiner früheren Mitarbeiter – und es waren fast dreißig – vorweisen konnte, der gegen mich aussagte.

Aber nun war Dick in die Schusslinie geraten. Eine Anklage würde seine Karriere zerstören. Immer und immer wieder wurde er über die Anschuldigung verhört, dass ich ein paar Gangster bezahlt hätte, um Ellsberg zusammenzuschlagen. Dick hatte das unter Eid bestritten, aber die Staatsanwälte glaubten ihm nicht. Man teilte ihm mit, er habe in zwei Wochen mit seiner Anklage zu rechnen. »Schauen Sie, Dick, Sie sagen die Wahrheit«, versicherte ich ihm. »Bleiben Sie bei den Tatsachen, dann kann Ihnen nichts passieren.«

Aber ich war gar nicht so zuversichtlich, wie ich mich gab. Den ganzen Tag konnte ich mich nicht mehr auf meine Arbeit konzentrieren, in Gedanken war ich immer wieder bei Dick und den anderen unschuldigen Menschen, die in diese Sache hineingezogen wurden. Ich verließ mein Büro und ging direkt zu Doug Coe.

»Für diese Sache müssen wir besonders beten«, antwortete Doug nüchtern, nachdem ich ihm Dicks Probleme geschildert hatte.

»Doug, ich kann dies Dick und seiner Familie nicht zumuten. Er hat kein Geld. Er wird seine neue Stelle verlieren. Er hat beim Weißen Haus bereits seine Kündigung eingereicht. Wenn es Dick aus dieser Sache herausbringt, dann lege ich ein Geständnis ab. Ich gebe alles zu, was sie nur wollen.« Meine Verzweiflung musste Doug sehr beunruhigt haben.

»Nein, das können Sie nicht tun. Wir müssen auf die Antwort des Herrn warten«, beharrte er. Dann beschrieb Doug König Davids Dilemma, als Gott ihn für seinen stolzen Ungehorsam bestrafte und ihm die Wahl ließ zwischen einer siebenjährigen Hungersnot, einer dreimonatigen Niederlage im Kampf und einer dreitägigen Plage über sein Volk. »Der Preis der Führerschaft kann unendliches Leiden bedeuten«, fuhr Doug fort. »Aber machen Sie sich keine Sorgen mehr über Dick. Es sind Brüder da, die ihm helfen werden. Sie werden jetzt auf die Probe gestellt. Öffnen Sie sich ganz dem Herrn. Er wird eine Antwort schenken.«

Weitere Hilfe erreichte mich in einem Brief von Michael Alison, einem jungen Mitglied des Britischen Unterhauses, den ich vor einem Monat im *Fel-*

lowship House kennen gelernt hatte. Alison empfahl mir ein »kurzes, kräftiges Krisengebet«, wie David es in seiner Auseinandersetzung mit Absalom gebetet hatte: »... Herr, ich bitte dich, verkehre den Ratschlag Ahitophels in Narrheit« (2. Sam. 15, 31).

»Dieses Gebet wurde sofort und auf dramatische Weise beantwortet«, schrieb Alison. »Dies ist auch mein Gebet für Sie und ich hoffe, dass Sie es im Blick auf diejenigen beten, die Sie in Misskredit bringen wollen.«

Jeden Tag erreichten mich weitere Berichte von früheren Mitarbeitern, die einer nach dem anderen vor Jaworskis Männer zitiert wurden. Der Druck nahm immer mehr zu und ich wiederholte das gleiche Gebet: »Herr Jesus, bitte verwandele den Rat meiner Feinde in Torheit. Hilf mir, *deine* Antwort zu finden, zeige mir *deinen* Willen.«

Wie das Öffnen der Schleusen eines anschwellenden Flusses, so brachte auch die Veröffentlichung der Tonbandabschriften vom Weißen Haus eine Flut von Geschichten, Fernsehsendungen und neue Aspekte für die Staatsanwaltschaft mit sich. Nixons Befürworter waren entsetzt, seine Gegner aber hatten Unmengen neuer Munition. Der Führer der Republikanischen Senatoren Hugh Scott bezeichnete die Abschriften als »schäbig«. Zwei leitende Männer des Hauses forderten den Rücktritt. Vizepräsident Gerald Ford sah in den Bändern eine Entlastung für

Nixon, sprach dann aber, als sich der Druck verstärkte, von einer »ernsten Situation«. Am 9. Mai war es dann so weit: Das *House Judiciary Committee* eröffnete die formalen *Impeachment*-Anhörungen. Wie eine Stampede drängte alles zur Verurteilung hin.

Als sich die Wellen der Watergate-Untersuchungen immer höher türmten, entdeckte ich ein neues und immer wiederkehrendes Thema in meiner Post. Obwohl der Ton in den Briefen herzlich und ermutigend blieb, gab es doch immer mehr Ermahnungen, meine christliche Pflicht zu tun. Dr. Vernon Grose, ein bedeutender Republikaner und guter Freund, fasste es folgendermaßen zusammen: »Seien Sie offen und völlig aufrichtig in Ihren Watergate-Verhandlungen und den damit verbundenen Anschuldigungen.«

Wieder einmal sah ich mich dem Dilemma gegenüber, dem ich seit meiner Bekehrung so oft ausgesetzt war: dem Versuch, in zwei Welten zu leben. Als Christ verlangte ich danach, alles zu erzählen und als Zeuge bei den Verhandlungen gegen den Präsidenten mit dem Ziel der Amtsenthebung (Impeachment) auszusagen, aber meine Anwälte – die die Weisheit dieser Welt repräsentierten – rieten mir, zu schweigen. Meine Freiheit stehe auf dem Spiel, sagten sie. Was ich auch auszusagen hätte, sollte für die Verhandlung aufgehoben werden, und auch dann sollte ich nur das aussagen, was meinem Fall nützen würde. Was noch schlimmer war: Meine Verteidigung vor Gericht würde sich mit meinem Leben vor meiner Begegnung mit Jesus Christus befassen. Der alte Colson war angeklagt und es gab viel in diesem früheren Leben, das ich nicht verteidigen wollte. Aber wie konnte ich beides trennen, wie in beiden Welten leben?

Mitten in dieser immer kritischer werdenden Situation teilte mir Harold eines Montagmorgens mit, Mike Wallace sei unserer Sache zugetan und wolle eine Fernsehsendung mit mir machen. Doug war begeistert von der Möglichkeit, vor Millionen von Menschen ein Zeugnis zu geben. Ich hatte meine Zweifel, ob ich die Sache Christi öffentlich wirklich gut vertreten könnte. Die Aufnahmen wurden für den 16. Mai angesetzt.

Schon das Wetter an diesem Tag war verhängnisvoll: heiß und schwül. Als ich in Harolds Haus eintraf, wo der Film gedreht werden sollte, war es bereits von Aufnahmewagen umstellt. Dicke, schwarze Kabel liefen über den Rasen, Lampen waren aufgestellt, Metallkisten standen auf den Wegen, und die Nachbarn starrten herüber. Harold, der einen karierten Anzug trug, den konservativsten, den er finden konnte, schwitzte bereits fürchterlich. Eva lief die Stufen rauf und runter und bot Kaffee und kalte Getränke an. Mike Wallace, der im Fernsehen immer so grimmig aussah, schien eigenartig sanft, als er sich vorstellte.

»Was ihr Männer tut, ist großartig, einfach großartig«, sagte er mit einem entwaffnenden Lächeln. Harold musste bei ihm einen besonderen Stein im Brett haben.

Wir beide zogen uns einen Augenblick ins Wohnzimmer zurück und baten Gott, über dem Interview zu wachen. Im Untergeschoss hatten Produzent und Techniker bereits ein Studio eingerichtet. Unter der sengenden Hitze der Lampen saß Harold in seinem liebsten Schaukelstuhl und ich auf einem antiken Sofa.

Die Worte der Produzenten: »Okay, Mike, Film ab«, waren für Wallace, was der Gong für den Boxer ist. Er schürzte seine Lippen, sein Blick wurde hart und durchdringend. Der sanfte, angenehme Bursche, mit dem wir uns eben noch so freundlich unterhalten hatten, hatte sich in einen zähnefletschenden Tiger verwandelt, der jeden Augenblick zuschlagen konnte.

»20 Millionen Menschen werden diese Sendung sehen«, hatte uns Wallace gesagt. *Gut*, dachte ich. Da ich schon sehr oft im Fernsehen gewesen war, bedeutete Lampenfieber für mich kein Problem mehr. Wie heiß die Lampen doch waren! Unter dem blendend weißen Licht konnte ich fühlen, wie sich kleine Schweißperlen wie kleine Kristalle auf meiner Oberlippe bildeten.

Mike stieß seine Worte in einem schnellen Stakkato hervor: »Senator Hughes, dies ist der Mann, der

Sie auf die ›Feindliste‹ des Weißen Hauses brachte, und nun sitzen Sie hier zusammen ...«

Hughes gab die Frage an mich weiter und ich versuchte zu erklären, dass nicht ich die »Feindliste« zusammengestellt hatte, dass dies aber auch jetzt gar nicht von Bedeutung sei. Christus heilt Wunden, er ist die alles durchdringende Kraft. Eins zu null für unser Zeugnis.

Danach bedrängte uns Wallace hart. »Haben Sie außer Beten noch etwas getan? Sind Sie als Zeuge aufgetreten? Haben Sie wieder gutgemacht, wo Sie anderen geschadet haben?«

»In meinem eigenen Herzen«, antwortete ich lahm.

»Aber haben Sie es wieder gutgemacht? ... haben Sie sich entschuldigt?«

»Es gab da einige Dinge ...«

»Bei wem?«, bohrte Wallace weiter.

Als ich nicht schnell genug antwortete, führte Wallace meine Sünden auf: die unfaire Behandlung von Burns, der Versuch, die Fernsehgesellschaft CBS vor der *Federal Communications Commission* einzuschüchtern, die öffentlichen Angriffe auf Jack Anderson. Wallace lehnte sich zurück und sinnierte: »Tut ein neuer Christ für solche Taten nicht Buße – oder spricht er lediglich mit Gott?«

Wallace hatte sich mit gekonnter Eleganz ins gute Licht gerückt. Er argumentierte mit scharfen, beißenden Worten. Meine Antwort, dass Christus uns vergibt, dass wir alle Sünder sind, schien kraftlos. Später kam dann aber noch der verhängnisvollste Teil des Interviews.

WALLACE: Wir wollen auf die Tonbänder des Weißen Hauses kommen. Wird im Ovalen Amtszimmer eigentlich nach Richtlinien der Moral gehandelt?

HUGHES: Sie entspricht nicht den Maßstäben, die ich im Ovalen Amtszimmer gerne vorfinden würde, nein.

WALLACE: Was meinen Sie, Mr. Colson?

COLSON: Ich werde nicht versuchen, mich selbst anhand dieser Aufzeichnungen zu charakterisieren, denn ich glaube nicht, dass man ...

WALLACE: Warten Sie einmal ...

COLSON: Ich war bei vielen Gesprächen im Ovalen Amtszimmer dabei, Mike, und ich wusste nicht, dass es ein Aufnahmesystem gab. Ich meine ...

WALLACE: Ist das moralisch zu rechtfertigen, Colson?

COLSON: Ich werde daraus kein moralisches Urteil ableiten ...

WALLACE: Warten Sie einen Augenblick. *Ich möchte etwas von dieser neuen Sache mit dem Christentum begreifen.* Sie sagen, dass Sie ein neuer Mensch in Jesus Christus sind. Es scheint aber, dass Ihnen Ihr vorheriger Glaube wichtiger ist als Ihr neuer Glaube.

Mit einem befriedigten Lächeln lehnte sich Wallace zurück. Er hatte wieder einmal gewonnen.

HUGHES: Mike, Sie legen einem Mann eine Last auf, der noch ein ganz junger Christ ist – wir könnten es mit einem Baby vergleichen. Ein Baby hat nicht die volle Reife, nicht das volle Verständnis. Ich würde sagen, dass es unmoralisch war, die Aufnahmen zu machen. Ich sage, dass es unmoralisch ist, eine solche Sprache zu verwenden, ob man nun hinter geschlossenen Türen sich befindet oder nicht. Und doch muss ich sagen, dass ich mich ähnlicher Dinge schuldig gemacht habe in meinem öffentlichen Amt.

COLSON: Ich glaube nicht, dass man sich als Richter über andere erheben kann, wenn man Christus annimmt und seiner Lehre entsprechend leben will. Christus lehrt uns das genaue Gegenteil. Gott allein ist unser Richter.

WALLACE: Nun, ich muss zugeben, dass Sie mich im Blick auf Ihren Glauben etwas verwirrt haben.

Da hatten wir es. Ich war bei der Frage nach den Tonbändern des Weißen Hauses in eine Falle gegangen und dann unbarmherzig festgenagelt worden. Ich hätte gerne gesagt: Sie sind grässlich; ich habe noch an vielen anderen ähnlichen Gesprächen teilgenommen. Aber ich tat es nicht, weil ich bei meiner Verhandlung vielleicht einige dieser Gespräche verteidigen musste, um mich durch den Irrgarten juristischer Spitzfindigkeiten hindurchzulavieren.

Als Wallace das Interview zusammenfasste, wischte ich mir nicht einmal mehr den Schweiß vom Gesicht. Die Wirklichkeit explodierte vor meinen Augen unter den grellen Fernsehlampen: ich konnte nicht gleichzeitig ein Angeklagter und ein Jünger Christi sein. Das schmerzliche Dilemma, in zwei Welten zu leben, war mir erneut bewusst geworden – und diesmal im Fernsehen, in Farbe und im ganzen Land zu sehen.

Nach den Fernsehaufnahmen flog ich nach Boston, um meinen Vater im Krankenhaus zu besuchen, wo er sich langsam von einem zweiten Herzinfarkt erholte. Es war ein schmerzlicher Anblick für mich: Schläuche waren in seine Venen eingeführt, er hatte eine kleine Sauerstoffkappe über der Nase und einen angstvollen Ausdruck in seinen Augen. Alle liebten meinen weißhaarigen Vater wegen seiner Freundlichkeit, seiner Sorge für andere Menschen und seinem ansteckenden Lächeln. Das fröhliche Gesicht war zwar immer noch da, aber doch konnte er seine Angst nicht ganz verbergen. Ich glaubte, dass mutige Worte ihn aufrichten könnten.

»Mach dir keine Sorgen, Papa, wir werden diese Anklagen schon abschütteln. Die Staatsanwälte werden keinen Schuldspruch erreichen.« Aber es hatte keine Wirkung; der Anwalt in ihm wusste es besser.

»Bist du unschuldig im Sinne der Anklage?«, bohrte er. Plötzlich begriff ich, dass es ihm darum ging, was er mir als Junge immer wieder gesagt hatte: *Sage immer die Wahrheit*. Meine Versicherung, dass ich nichts von dem Ellsberg-Einbruch gewusst hatte, trösteten ihn mehr als meine beruhigenden Worte. Ich hatte nicht gelogen; ich hatte nach seinem Ehrenkodex gelebt. Das war ihm wichtiger als das Urteil einer Jury.

Ich gab ihm ein Exemplar von *Mere Christianity*, das er gerne lesen wollte. Ehe ich ging, beteten wir noch zusammen. Ich wollte noch mehr sagen, ihm von der Frage erzählen, mit der ich mich im Blick auf mein Leben als Christ herumquälte, aber er war dazu nicht in der Lage. Eines Tages würde ich es ihm erklären können.

Am darauf folgenden Dienstagmorgen befand ich mich zur persönlichen Anhörung zum Fall Ellsberg, also noch vor der eigentlichen Verhandlung, im Gerichtssaal von Richter Gesell. Es ging um die Frage, ob das Argument der *nationalen Sicherheit* in der Verhandlung zulässig sein würde. Das war ein wichtiger Punkt der Verteidigung.

Dave Shapiro marschierte schon bald vor Gesell auf und ab, heftiges Kopfnicken unterstrich seine Argumente und seine Stimme erhob sich und donnerte durch den Saal. Manchmal sah der Richter so freundlich und gütig aus wie mein Vater. Dann wieder durchbohrten seine harten, forschenden Augen die Herzen derer, die vor ihm standen.

Plötzlich unterbrach ihn Richter Gesell. »Der ganze Fall ist, neben seinen unmittelbaren Zielen, darauf ausgerichtet«, stellte er fest, »die Aufmerksamkeit darauf zu lenken, dass es wünschenswert wäre, eine Regierung der Gesetze, nicht aber eine Regierung von Männern zu haben. Darum geht es doch.« Dann fuhr der Richter fort – und sein weißes Haar war so sorgfältig geordnet wie die Perücke eines englischen Richters –, Shapiro und den anderen Anwälten eine Grundsatzvorlesung über die Gravamina der Verfassung zu halten.

Daran konnte ich mich noch aus der Studienzeit erinnern. Dies waren die Grundprinzipien der politischen Ordnung Amerikas: das eigentliche Bollwerk gegen die Tyrannei der Menschen. Wenn die im Grundgesetz verankerten Rechte eines Menschen in Gefahr sind, dann kann ein solcher Angriff, auch wenn er sich hinter der Fassade der nationalen Sicherheit verbirgt, nicht toleriert werden. Ich wusste nicht, ob Gesell religiös war, aber während er sprach, musste ich immer wieder an Lewis' Worte denken, dass nämlich der Einzelne wichtiger ist als der Staat. Lewis und Gesell sangen dieselbe Melodie. Was war also gewonnen, wenn ich vorher nichts von dem Einbruch gewusst hatte? Falls ich das vor Gericht beweisen konnte, würde ich freigesprochen werden. Aber worum ging es denn wirklich? Als ich von dem Einbruch im Büro des Psychiaters hörte, hielt ich ihn für gerechtfertigt – und diese Rechtfertigung galt für ziemlich alles, was nötig war, um Ellsberg aufzuhalten. Warum sollte sich also meine Schuld oder Unschuld nur mit dem Tag befassen, an dem ich zuerst von dieser Untat gehört hatte? Solche juristischen Spitzfindigkeiten waren moralisch gesehen unsinnig.

In dem Augenblick tat Gott sein Werk in mir. Als ich am Abend nach Hause ging, kam die tiefste Niedergeschlagenheit über mich, die ich in all den dunklen Tagen und Nächten bisher erlebt hatte. Richter Gesell hatte seine Entscheidung noch nicht getroffen; er würde das gegen Ende der Woche tun, aber irgendwie war das jetzt nicht mehr wichtig. Nichts von dem, was er sagen könnte, würde meine Selbstverurteilung aufheben. Wie geschickt war ich doch in den Jahren meiner Regierungsarbeit gewesen. Was um mich herum geschehen war, berührte mich überhaupt nicht, solange ich nur meine eigene Weste sauber halten konnte. Ich hatte einfach meine Augen und Ohren und auch meinen Mund verschlossen. Wenn ich einer direkten Mittäterschaft im Falle Ellsberg entgangen war, dann nur rein zufällig. Ich hatte versucht, es ihm zu zeigen, ihn der Presse gegenüber so darzustellen, wie sie mich jetzt selbst behandelten und Geschichten über mich in Umlauf brachten.

Wenn ich das in der Geborgenheit des Weißen

Hauses ungestraft tun konnte, dann war niemand sicher. Ich hatte natürlich mein Ziel nicht erreicht, und ich wurde auch nicht des Rufmordes angeklagt; aber war das, *was* man mir vorwarf, etwa weniger verabscheuungswürdig als der Einbruch? *Kaum*, musste ich folgern. Es war sogar schlimmer, weil es um die Zerstörung geistiger Werte eines Menschen ging und nicht nur um Sachbeschädigung.

Vaters Frage auf seinem Krankenbett, der schlichte Idealismus in Richter Gesells unvorhergesehener Predigt, die Erinnerung an meine innere Einstellung im Weißen Haus – alles ist erlaubt, was nicht direkt gegen das Gesetz verstößt – die Fragen von Mike Wallace und die Erkenntnis meines eigenen kümmerlichen Christseins belasteten mich wie schwere eiserne Ketten. Ich kämpfte, zog und zerrte an ihnen, konnte sie aber nicht abschütteln. Ich konnte mich kaum mit Patty unterhalten.

»Was macht dir bloß zu schaffen, Chuck?«, fragte sie etwas verärgert, als ich neben unserem Swimmingpool saß und mit leerem Blick in das blaue Wasser starrte.

»Ich bin einfach müde, Schatz«, antwortete ich, aber ich wusste, es war mehr. Irgendwie musste ich die ganze Vergangenheit loswerden.

Um Doug einen Gefallen zu tun, hatte ich mich bereit erklärt, bei einer Jahresgebetsversammlung des kleinen Ortes Owosso in Michigan zu sprechen.

Das hätte zu keiner unpassenderen Zeit kommen können – Donnerstag, den 23. Mai. Immer noch wurde über die ausstehende Entscheidung des Richters diskutiert. In weniger als vier Wochen würden die Verhandlungen beginnen und jede Minute war kostbar. Meine Rechtsanwälte und ich konnten es nur schaffen, indem wir Tag und Nacht und auch an den Wochenenden arbeiteten.

Aber ich hatte zugesagt und so saß ich am Donnerstagmorgen im Auditorium des CVJM von Owosso, das an einer stillen, von Bäumen beschatteten Straße etwas außerhalb des Ortszentrums liegt. Die freundlichen Menschen des Mittleren Westens waren sehr früh aufgestanden und saßen schon Schulter an Schulter an langen Tischen. Es waren Oberschüler, Ehepaare in mittleren Jahren, ältere Menschen und hier und da ein Geistlicher. Neben dem Vierten Juli war diese Gebetszusammenkunft das wichtigste Ereignis des Jahres. Nachdem wir ein gewaltiges Frühstück zu uns genommen hatten, kam die offizielle Begrüßung, ein Eröffnungsgebet, eine Schriftlesung aus dem Alten und Neuen Testament, und dann wurde ich vorgestellt.

Ich hatte festgestellt, dass die Spannung in mir nachlässt, wenn ich den Heiligen Geist bitte, durch mich zu sprechen. An diesem Morgen kamen die Worte mutiger über meine Lippen als sonst. Gegen Ende meiner 30-minütigen Rede hatte ich den Eindruck, dass ich einige Erklärungen zu meiner Anklage geben sollte, damit sie die Wahrheit kannten und mein Zeugnis leichter abnehmen konnten.

»Ich weiß in meinem Herzen«, erklärte ich, »dass viele Anklagen ungerechtfertigt erhoben wurden, aber ...«

Ich stockte und überdachte, was ich gesagt hatte. »*Viele* Anklagen« – *aber nicht alle?*

Es folgte eine peinliche Stille. Ich sah auf mein Konzept, das mir aber auch nicht weiterhelfen konnte. Ich hatte es während meiner Rede kaum angesehen. Die Pause musste für die Zuhörer ebenso unangenehm sein wie für mich. Mein Gesicht lief rot an. *Die Presse ist hier,* sagte ich mir, *reiß dich zusammen!*

»Ähhh – ganz und gar unschuldig im Sinne der Anklage«, stammelte ich. Dann fuhr ich fort, aber alles Leben war aus meinen Worten gewichen.

Niemand schien meinen Schnitzer bemerkt zu haben. Nichts davon erschien in der Presse. Aber die Worte *viele Anklagen* dröhnten in meinem Kopf wie die Düsen des Flugzeuges, das mich zurück nach Washington brachte. Kam dieser *Fauxpas* aus dem Unterbewusstsein? Oder benutzte Gott meine Stimme? »Viele, *aber nicht alle* Anklagen, Chuck!«

Meine eigenen Worte hatten den Ausschlag gegeben; meine Bekehrung war nicht endgültig, solange ich noch als Angeklagter in dem Sumpf von Watergate steckte. Ich musste die Vergangenheit völlig hinter mir zurücklassen. Wenn dies Gefängnis bedeuten würde, dann musste es eben sein!

In seinem Buch über *Nachfolge* schreibt Dietrich Bonhoeffer von der radikalen Trennung: »Der erste Schritt, der auf den Ruf Christi folgt, schneidet den Jünger von seiner vorherigen Existenz ab. Der Ruf, sofort zu folgen, schafft eine neue Situation. In der alten Situation zu verharren macht Jüngerschaft unmöglich.«

Es hatte einmal so einfach ausgesehen, mit Gott ins Reine zu kommen, herauszufinden, wer Christus ist, und an ihn zu glauben. Aber jetzt konnte ich nicht länger der Frage ausweichen, ob ich zur Jüngerschaft bereit war oder nicht.

Zuallererst musste ich Pattys Zustimmung gewinnen. Wir redeten miteinander bis in die Nacht hinein – die Tränen wollten nicht versiegen. Sie war verletzt. Wir hatten so lange miteinander gekämpft und nun wollte ich mich einfach schuldig bekennen und ins Gefängnis gehen.

»Warum, warum musst du das tun?«, fragte sie immer wieder. »Dave sagt, dass man dich freisprechen wird. Dann wird unser Leben wieder normal werden. Du wirst als Anwalt arbeiten und wir können gemeinsame Reisen machen.«

»Es wird nie wieder so sein wie früher, Patty. Vertraue mir, denn nur so wird es besser werden. Ich muss es einfach tun.« Es war das Schwerste, was ich ihr je abverlangt hatte, aber schließlich stimmte sie schweren Herzens zu.

Daraufhin ging ich zu Harold. Wir sprachen in der vertrauten Umgebung seiner Diele miteinander, wo wir vor zehn Tagen die Fernsehsendung aufgenommen hatten. »Harold, ich habe eine Entscheidung getroffen«, sagte ich. »Ich werde mich dazu bekennen, dass ich Ellsberg geschadet habe, während er unter Anklage stand. Ich nehme an, dass die Staatsanwaltschaft dann die anderen Anklagepunkte fallen lassen wird. Das Schuldbekenntnis wird unserem Land gut tun; es könnte dergleichen Dinge in Zukunft verhindern helfen.« Schon als ich sprach, konnte ich den neuen Frieden empfinden, den ich bald erfahren würde.

Harold sah besorgt aus. »Wie lange wird Ihre Haft dauern?« »Höchstens fünf Jahre.« Irgendwie ließen mich die Worte nicht erschauern, wie das sonst der Fall gewesen war.

»Das ist hart. Ich glaube nicht, dass ich das tun könnte.«

»Ich werde es tun, Harold, wenn Sie und die anderen Brüder nicht dagegen sind. Ich bin überzeugt, dass ich es tun muss.«

Harolds Gesicht entspannte sich, und die Besorgnis machte einem breiten Lächeln Platz. »Halleluja!«, rief er. »Ich hätte Ihnen nie den Rat geben können, dies zu tun, aber ich habe auf diesen Tag gewartet. Es bringt mich beinahe um, es tut mir sehr weh – aber gleichzeitig füllt es mich mit unbändiger Freude.«

Dave Shapiros Reaktion war vorherzusehen, und ich hielt den Telefonhörer weit vom Ohr weg, als er explodierte. »Sie sind verrückt, übergeschnappt, ein absoluter Irrer, ja, das sind Sie!« Und dann legte er erst richtig los.

»Dave, beruhigen Sie sich. Ich habe diese Entscheidung getroffen und weiß, was ich tue.« Ich versuchte, nicht zu schreien; unsere Auseinandersetzungen waren meistens recht laut.

»Nun, wir werden ja sehen, ob auch der Psychiater der Ansicht ist, dass Sie wissen, was Sie tun. Ich bringe Sie jedenfalls am Montag zu einem Gehirnklempner.«

»Dave, ich möchte, dass Sie am Montag mit den Staatsanwälten sprechen. Suchen Sie Bill Merrill auf, machen Sie ihm klar, dass wir nicht handeln wollen und dass dies kein Trick ist. Sagen Sie ihm, ich bekenne mich schuldig, nachteilige Informationen über Daniel Ellsberg an die Presse weitergeleitet zu haben, während er unter Anklage stand.«

»Das ist kein Verbrechen. Wie kann ich das beantragen? Das ist noch nie jemandem zur Last gelegt worden.«

»Das sollte es aber. Wenn ich diesen Antrag stelle, wird das ein Präzedenzfall. Das wird solche Dinge in Zukunft verhindern.«

»Sie sind ein Idiot und werden noch im Irrenhaus landen.« »Ich weiß.«

»Ich werde es nicht tun.«

»Dann besorgen Sie mir einen Anwalt, der es tut.«

»Colson, Sie sind bescheuert. Das habe ich schon die ganze Zeit vermutet, aber jetzt weiß ich es. Lassen Sie uns erst einmal darüber schlafen. Wir werden morgen weitersehen. Jetzt brauche ich erst einmal einen steifen Drink.«

In dieser Beziehung kann Shapiro nichts vertragen. Ein Drink haut ihn bereits um. Der Gedanke daran ließ mich auflachen – zum ersten Mal seit vielen Wochen.

Kapitel 17

Schuldig –
hohes Gericht

■ Als Dave Shapiro am Montagmorgen erschien, sah er aus, als ob er eine Gummimaske trüge. Unter seinen traurigen Augen hatten sich große Säcke gebildet; seine fleckigen Wangen hoben sich stark von der weißen Stirn ab. Ich kannte *einen* Grund, warum er so verstört war. Dave ist es gewohnt zu siegen. Besonders vor Gericht. Dies bedeutete für ihn eine Niederlage.

»Wissen Sie auch wirklich, was Sie tun?«, fragte er zum letzten Mal. Patty hatte die gleiche Frage gestellt, als ich mich vor unserem Haus von ihr verabschiedete.

»Nie in meinem Leben bin ich bei irgendetwas sicherer gewesen, Dave«, versicherte ich ihm und entdeckte eine Gewissheit bei mir selbst, die ich wochenlang nicht gekannt hatte. Damit verließ mich Shapiro, um den stellvertretenden Staatsanwalt William Merrill aufzusuchen.

Alles hing davon ab, dass Bill Merrill und Richter Gesell sich einigten. Sonst konnte ich kein Geständnis ablegen und mein diesbezügliches Angebot würde mir in der Verhandlung sehr schaden, wenn es als Zeichen der Schwäche und Furcht vor einer Verurteilung gedeutet wurde. Auch hier musste ich im Glauben vorwärts gehen.

Nur Patty, Harold, Holly und Dave wussten, was auf dem Spiel stand. Eine voreilige Veröffentlichung könnte die Staatsanwälte zu einem Rückzieher veranlassen. Wir würden die anderen Brüder und Familienmitglieder erst dann um Rat fragen, wenn wir grünes Licht von der Staatsanwaltschaft hatten. Irgendwie müsste ich es auch meinen alten Freunden im Weißen Haus mitteilen, aber es würde nur schwer zu erklären sein. Der Präsident befand sich bereits in so großer Bedrängnis, dass er meine Entscheidung wahrscheinlich als Verrat betrachten würde.

Bill Merrill war ebenso entsetzt über meine Entscheidung, wie Dave es gewesen war. Für die Staatsanwaltschaft, die mit der Verhandlung beginnen wollte, war es eine willkommene Nachricht, weil dadurch der Fall – besonders im Blick auf John Ehrlichman – vereinfacht wurde. Die beiden Anwälte führten sofort ein Ferngespräch mit Richter Gesell, der sich eine Woche lang in seinem Sommerhaus in Maine ausruhte. Der Richter wollte sich aber am Telefon nicht festlegen.

»Verstehen Sie, Mr. Shapiro, *wenn* ich diesen Antrag annehme, dann entspricht es durchaus den Gepflogenheiten, auch bei hohen Regierungsbeamten

– eine Gefängnisstrafe zu verhängen«, warnte er.

»Das ist mir bewusst, Herr Richter, und auch Mr. Colson sieht das so«, antwortete Shapiro.

»Es kann in diesem Falle keine Absprache geben«, fuhr der Richter fort. »Wir können uns nicht vorher über das Strafmaß verständigen. Sie und Mr. Colson kommen jetzt freiwillig zu mir, und ich werde mich in keiner Weise dadurch in meinen Entscheidungen beeinflussen lassen.«

Die Worte des Richters hatten einen drohenden Klang. Bud Krogh, der die Verantwortung für den Ellsberg-Einbruch übernommen hatte, war zu 6 Monaten verurteilt worden. Was ich mir zur Last legte, war zwar ein geringeres Vergehen und sollte deshalb auch eine geringere Strafe nach sich ziehen. Aber ich war ein größeres Ziel und konnte leichter zu einem öffentlichen Beispiel gemacht werden. Trotzdem folgerten wir, dass Kroghs Strafmaß als logische Richtlinie gelten würde. Aber wie es bis jetzt aussah, konnte sich der Richter völlig anders verhalten. Fünf Jahre waren durchaus möglich.

Am Telefon wies Richter Gesell Shapiro und Merrill darauf hin, dass er zunächst davon überzeugt werden müsse, dass es sich bei meinem Geständnis überhaupt um einen Verstoß gegen die Gesetze handele. Dieser Antrag würde einen wichtigen Präzedenzfall schaffen. So nahm Shapiro die ganz ungewöhnliche Aufgabe in Angriff, juristische Argumente zu finden, um einen Richter davon zu überzeugen, dass sein Klient sich tatsächlich eines Verbrechens schuldig gemacht hatte. Gesell würde seine Entscheidung erst treffen, nachdem er nach Washington zurückgekommen war.

»Schatz, wirst du wirklich ins Gefängnis gehen müssen?«, fragte Patty am Mittwochabend.

»Ich befürchte, ja«, antwortete ich. »Aber es wird nicht lange dauern. Wahrscheinlich ein paar Monate, wie Bud. Er kommt in ein paar Wochen wieder nach Hause. Viereinhalb Monate vergehen wie im Flug.«

Aber wir wussten beide, dass es eigentlich nicht nur um die Zeit ging, sondern auch um die damit verbundene Gefahr. Die Berichte von Buds Freunden gaben uns zwar Hoffnung; er hatte sich gut eingelebt und arbeitete schwer als Traktorfahrer in Allenwood. So weit wir wussten, war sein Leben nicht bedroht worden. Howard Hunt hatte es schwerer getroffen. Er wurde eines Abends in seiner Zelle angegriffen und erlitt ein anderes Mal einen leichten Schlaganfall, wahrscheinlich weil er in Temperaturen unter dem Gefrierpunkt auf dem Bauernhof, der zum Gefängnis gehörte, Mist aufladen musste. Geschichten über homosexuelle Vergewaltigungen in diesem Gefängnis erschienen regelmäßig in den Zeitungen.

»Ich habe Angst, Chuck. Ich weiß nicht, ob ich das durchstehen werde.« Tränen standen in ihren weit geöffneten blauen Augen, als sie nach meiner

Hand griff. Patty verfügt sonst immer über eine große innerliche Stärke. Das ist ein Grund, warum ich sie so sehr liebe. Aber wir waren jetzt so eng zusammengewachsen, dass keiner mehr ohne den anderen leben konnte. Schon vor Jahren hatte ich die Entscheidung getroffen, Patty nie allein in unserem Haus zurückzulassen, das von Wald umgeben und weit von unseren Nachbarn entfernt ist. Wenn ich auf Reisen war, blieb Holly bei ihr. Tägliche Telefongespräche hielten uns verbunden und auf längere Reisen nahm ich sie immer mit. Wir waren in unseren zehn Ehejahren nie länger als zwei Tage getrennt gewesen. Und jetzt erkannte ich plötzlich, dass sie trotz aller Herzlichkeit und der mutigen Haltung, um die sie kämpfte, von Furcht gepackt war.

»Liebling, wir wollen darüber beten. Wir wollen Gott bitten, uns beide zu bewahren und uns zu helfen, das zu tragen, was auf uns zukommt.«

Für Patty war Christus zwar einmal eine Bedrohung für unser Verhältnis gewesen, jetzt wurde er aber auch ihr immer mehr zur Quelle der Kraft. Die Monate im Bibelkreis hatten ihr dabei geholfen. Sie hatte auch meine geistlichen Brüder und ihre Familien lieb gewonnen. Weil ich sie aber nicht zu etwas zwingen wollte, wozu sie noch nicht bereit war, bat ich sie an dem Abend nicht, laut mit mir zu beten. Wir beteten beide in der Stille. Später sprachen wir über einige der schweren Entscheidungen, die vor uns lagen: Wer würde zu ihr ziehen, wer könnte sich um das Haus kümmern, wie sollten wir es den Kindern sagen? Dabei gingen wir immer davon aus, dass Richter Gesell meinen Antrag annehmen würde.

Alle unsere Gespräche in jener Woche waren irgendwie von der Hoffnung geprägt, dass vielleicht doch noch ein Wunder geschehen könnte. »Ich kann es einfach nicht glauben«, sagte Patty jeweils am Schluss.

Die nötigen Unterlagen waren erst am Samstag zusammengestellt. Einige von Jaworskis Assistenten wollten meine Aussage schon vorher haben. Wir bestanden aber darauf, dass meine Aussage erst nach dem Urteil veröffentlicht wurde, mit Ausnahme einer eidesstattlichen Erklärung, die lediglich das wiederholte, was ich bereits an anderer Stelle ausgesagt hatte. Wir wollten vor dem Tag der Urteilsverkündigung nichts unternehmen, was eventuell als Beeinflussung des Richters hätte ausgelegt werden können.

Nachdem eine Übereinstimmung mit der Staatsanwaltschaft erreicht war, bestellte Richter Gesell Shapiro und Merrill pünktlich am Montagmorgen um 8.30 Uhr zu sich. Falls er überzeugt werden konnte, würde er meinem Antrag um 9.30 Uhr in der öffentlichen Verhandlung stattgeben.

Aber noch galt es, zwei Hindernisse zu überwinden. Das erste war eine Begegnung zwischen Bill

Merrill und mir. Dave legte einen Termin für Samstagnachmittag in seinem Büro fest. Merrill kam kurz nach 15.00 Uhr an und streckte mir seine Hand entgegen. »Chuck, ich bewundere Sie für Ihre Haltung.« Er lächelte nicht und seine Augen schienen fast traurig. *Der Sieger kann es sich leisten, dem Besiegten gegenüber freundlich zu sein,* dachte ich, musste aber bald erkennen, dass es bei Merrill tiefer ging.

»Ich wollte Sie gerne persönlich sprechen, Bill, damit es später kein Missverständnis gibt«, fing ich an. »Ich will mir mit meinem Geständnis keine Vorteile verschaffen. Ich will einfach die Wahrheit sagen.«

»Das wollen wir alle, die Wahrheit. Etwas anderes würde ich gar nicht von Ihnen erwarten.«

Ich fühlte mich nicht wohl in meiner Haut und klammerte mich deshalb an einen wichtigen Gedanken, der von mir ablenken würde. »Wenn dies alles vorbei ist, solltet ihr euch um das System kümmern, nicht nur um Menschen. Es gibt auch beim CIA, dem FBI und bei den Gerichten Missstände, nicht nur im Weißen Haus. Um unseres Volkes willen muss da manches in Ordnung gebracht werden.«

»Ich weiß, was Sie sagen wollen, Chuck«, antwortete er mit tiefer Bewegung in seiner Stimme. »Sie glauben, dass wir nur hinter Ihnen und Nixon her sind. Daraus mache ich Ihnen auch keinen Vorwurf. Aber Sie sollen wissen, dass einige von uns in dieser

Sache mitten drinstecken, weil es uns wirklich um die Verbesserung des Systems geht, um Dinge in Ordnung zu bringen, die nicht bleiben dürfen, wie sie sind. Und wir bleiben am Ball. Was Sie jetzt tun, hilft uns dabei.«

In der dann folgenden halben Stunde begannen einige der scheußlichen Wunden, die in den vergangenen Monaten aufgebrochen waren, zu heilen. Merrills Unnachgiebigkeit und harte Taktik bisher hatten mich verbittert, aber als wir uns an jenem Tag unterhielten, schmolz die Bitterkeit dahin. Er war nur ein Mensch, der eine schwere Pflicht zu erfüllen hatte. Aber er besaß die Fähigkeit, mit den Menschen zu empfinden – ob er sie nun zu Fall brachte oder sie beschützen sollte. Ich machte die Entdeckung, dass Christus mich erkennen lässt, was die Bitterkeit dieser Welt den Augen verbirgt.

Das zweite und noch größere Problem bestand darin, meinen vier Brüdern die Entscheidung vorzulegen. Wir trafen uns am Sonntagabend in unserem Haus. Al Quie, der zu einer Veranstaltung in Pennsylvania fahren musste, war von einem Unwetter aufgehalten worden.

Graham, Doug, Harold und ich gingen in mein holzgetäfeltes Studierzimmer und setzten uns um den Kaffeetisch, der aus einem Steuerrad gefertigt ist. Als ich mich daran erinnerte, wie lange und intensiv diese Männer gebetet hatten, wie viel die Freiwilligen für mich getan hatten, brachte ich meine Mitteilung kaum über die Lippen: »Ich habe mich entschlossen – falls Richter Gesell es erlaubt und ihr alle zustimmt –, morgen bei der Verhandlung ein Geständnis abzulegen.«

Graham, der auf die Bilder an der Wand starrte, wirbelte herum. »Sie werden was?« Aber Doug lächelte und ich sah, dass er sofort begriffen hatte. Harold saß still dabei, war aber offensichtlich einverstanden.

Ich sprach von den Schritten, die zu meiner Entscheidung geführt hatten: der »Versprecher« bei meinem Vortrag in Owosso, meine Frustration, dass ich bei den Anhörungen zur Amtsenthebung nicht aussagen durfte und in erster Linie die Erkenntnis, dass mein Zeugnis für Christus behindert wurde. Ich konnte mich nicht weiter so durchmogeln, wie ich das in dem Interview mit Mike Wallace getan hatte. »Ich wusste nach jenem Interview, was ich zu tun hatte«, bekannte ich ihnen.

Graham sprach zuerst. »Aber was Sie auf sich nehmen, ist kein Verbrechen, und auch die anderen Anklagen können nicht aufrecht erhalten werden. Sie können sich nicht einfach entscheiden, ins Gefängnis zu gehen. Ich glaube nicht, dass Christus das von Ihnen fordert.«

Harold schüttelte seinen Kopf. »Ich habe die ganze Woche dafür gebetet, dass Chuck bei dieser

Entscheidung bleiben würde, denn in meinem Herzen weiß ich, dass es so richtig ist. Es könnte andere dazu führen, ähnlich zu handeln, und Gott weiß, dass unser Land aus diesem Abgrund herausgeführt werden muss.«

Doug stimmte von ganzem Herzen zu, aber Graham schreckte zurück, als ich von dem möglichen Urteil sprach und dass es wahrscheinlich Ausschluss aus der Anwaltskammer bedeuten würde. »Ihr könnt doch nicht von mir erwarten, dafür zu beten, dass der Richter so etwas akzeptiert?«, protestierte er.

»Genau das möchte ich aber«, erwiderte ich, »allerdings nur, wenn Sie wirklich damit einverstanden sind. Shapiro gibt uns eine Chance von 50 Prozent, dass Gesell einverstanden ist. Wir brauchen das Gebet.«

Auf Harolds Vorschlag hin schrieben wir genau auf, was ich am nächsten Tag sagen würde – vorausgesetzt, meinem Antrag würde stattgegeben. Doug hatte in der Zwischenzeit Quie telefonisch erreichen können. Seine Entscheidung kam schnell. »Ich halte das für großartig«, sagte er mir. »Ich habe das von Ihnen erwartet und ich stehe ganz und gar hinter Ihnen, Gott segne Sie, Bruder.«

Nur Graham hielt sich noch zurück. Er schritt vor dem großen Kamin auf und ab und musste sich oft abwenden, um seine Gefühle zu verbergen. Der ehemalige Richter aus Texas konnte die dunklen Betonhöhlen, in die er früher selbst Menschen geschickt hatte, nicht aus seinen Gedanken verdrängen. Schließlich nickte er mit dem Kopf. »Wenn dies nötig ist, damit Sie inneren Frieden finden, dann stimme ich zu. Aber es tut weh, Mann, es tut weh.«

Wir beteten lange. Es war bereits nach Mitternacht, als der liberale Demokratische Senator von Iowa schließlich auf die möglichen politischen Implikationen zu sprechen kam. »Wie wird sich dies auf den Präsidenten und seine mögliche Amtsenthebung auswirken?«, fragte er, als ich ihn zu seinem Wagen begleitete. »Es hilft einerseits, schadet aber andererseits«, antwortete ich.

»Das dachte ich mir auch«, sagte Harold leise und griff fest nach meiner Schulter. Dann stieg er in sein Auto und fuhr in die Nacht hinaus.

Um 9.00 Uhr am Montagmorgen saß ich an meinem Schreibtisch, schob Papiere hin und her, las meine Aussage immer wieder durch und starrte erwartungsvoll auf das Telefon vor mir. Patty unterhielt sich mit Holly in ihrem kleinen Büro. Es war fünf Minuten nach neun – und noch immer kein Anruf. Hatte Shapiro Schwierigkeiten mit Richter Gesell? Ich wusste, dass fünf Kilometer weiter westlich Harold, Doug, Al und Graham auf den Knien lagen und den Herrn um seine Leitung anflehten.

Zwölf Minuten nach neun klingelte das Telefon. Shapiros Stimme klang ernst: »Okay, kommen Sie.

Es war knapp. Aber beeilen Sie sich!«

Die Fahrt zum Gerichtsgebäude im Stadtzentrum dauert 15 Minuten, aber vorher musste noch ein Anruf erledigt werden. Die bekannte, freundliche Stimme in der Telefonzentrale des Weißen Hauses teilte mir mit, dass der Präsident Besucher in seinem Amtszimmer habe. »Dann verbinden Sie mich bitte mit Fred Buzhardt. Es ist dringend.«

Buzhardt war bei einer Besprechung der leitenden Mitarbeiter, kam aber Sekunden später an den Apparat. »Fred, sagen Sie es dem Präsidenten bitte sofort, damit er es zuerst von mir hört: Ich bekenne mich heute Morgen schuldig, aber ich richte mich damit nicht gegen ihn. Ich sage lediglich die Wahrheit.«

Am anderen Ende war es einen Augenblick lang still. »Aber warum?«

»Nur die Wahrheit, Fred, ich muss es tun. Ich werde es später erklären.«

Im Gerichtssaal sah ich die bekannten Gesichter der Reporter und Karikaturisten und noch viele Neugierige. Ein ernst blickender Shapiro erwartete mich, als ich durch die hüfthohe Absperrung vor den Richtertisch trat. Patty konnte sich unbemerkt auf die hinterste Zuschauerbank setzen. John Ehrlichman stand in der Nähe und sprach mit seinen Anwälten, während er sich immer wieder langsam mit der Hand über sein Kinn fuhr.

Am Tisch hatte auch der rätselhafteste Mann des ganzen Watergate-Spektakels Platz genommen: Gordon Liddy, ein Idealist mit einer Kamikaze-Mentalität, der den Einbruch durchgeführt hatte. Trotz der monatelangen Untersuchungshaft und einer Gefängnisstrafe von zwanzig Jahren, die Sirica in Aussicht gestellt hatte, verharrte er in stoischem Schweigen. Als er mich sah, sprang Liddy auf und grüßte zackig. Er hatte sich geschworen, kein einziges Wort im Gerichtssaal zu sagen, aber in seinen Augen brannte ein herausforderndes Feuer. In mir sah er einen Hohen Priester der Regierung, den er verehrte, weil ich mich nicht gegen den Präsidenten gewandt hatte. Wie sehr hatte doch der Dämon von Watergate das Leben und die Wertmaßstäbe der Menschen entstellt! Nur noch wenige Minuten würde mir die Achtung dieses stolzen Mannes gehören.

»Dieses Ehrenwerte Gericht ...«, ertönte die Stimme des Gerichtsdieners. Richter Gesell kam zu einem Eingang hinter dem Richtertisch herein. Mein Herz klopfte. Ich wusste, was ich tat, und doch kostete es große Überwindung. Dieser Mann hielt in diesem Augenblick mein Leben in seinen Händen und konnte damit tun, was er für richtig hielt. So hilflos ist der Angeklagte angesichts solch absoluter Macht.

Der Richter gab bekannt, dass noch ein »Punkt« zu klären sei, ehe die angesetzte Strafsache verhandelt werden könne. Die Anwälte wussten sofort, dass es sich um ein Geständnis handeln musste, und ihre Augen glitten suchend durch den Raum. Als Richter Gesell Staatsanwalt Merrill nach vorne bat, erhob sich ein erstauntes Gemurmel.

Merrill vertrat die Anklage gegen Charles W. Colson. Shapiro und ich gingen zur Anklagebank und standen unmittelbar neben Merrill, der dem Gerichtsschreiber die Dokumente aushändigte, der sie ganz mechanisch dem Richter überreichte. Die Gerichtsdiener und Schreiber sind durch jahrelange Gewöhnung an Diebstahl, Mord und Vergewaltigung völlig abgestumpft und zeigen keinerlei Emotionen mehr. Wie Roboter bewegen sie sich im Gerichtssaal, händigen Unterlagen aus und begleiten Zeugen. Aber heute hielten sie plötzlich inne und starrten mich an. In diesem kurzen Augenblick wurde ich durch das aufleuchtende Mitleiden in den Augen einer Gerichtssekretärin ermutigt.

Jetzt stellte mir der Richter einige Fragen. Verzichtete ich auf die Jury?

»Ja, Herr Richter«, antwortete ich und war erleichtert, den festen Klang meiner Stimme zu hören, denn meine Knie waren weich geworden.

Dann las Bill Merrill aus einem Dokument vor: »Wir klagen Mr. Colson an, nachteilige Informationen über Daniel Ellsberg gesammelt und verbreitet zu haben mit dem Ziel, Mr. Ellsbergs öffentliches Ansehen und seine Glaubwürdigkeit in Misskredit zu bringen ...« Nur Merrill, Shapiro und ich wussten, dass ich dieses Schreiben selbst aufgesetzt, das Material besorgt und um diese Anklage nachgesucht hatte. Jetzt hallten die Worte dumpf und drohend durch den Saal. »... um die Gerichtsverhandlung gegen Daniel Ellsberg zu beeinflussen und den Lauf der Gerechtigkeit zu behindern.« Behinderung der Gerechtigkeit ist die unehrenhafteste Anklage, die man gegen einen Rechtsanwalt erheben kann. *Jetzt bin ich befreit von der Vergangenheit*, musste ich mir immer wieder sagen, als mich die Worte wie spitze Pfeile trafen.

Richter Gesell sah mich grimmig an. »Indem Sie geständig sind, verzichten Sie auf Ihre verfassungsmäßigen Rechte, und dem Gericht bleibt nur noch die Verurteilung. Ist Ihnen das klar?«

»Yes, Sir«, erwiderte ich. Dann kam meine Aussage. Jetzt zitterte meine Stimme doch. »Ich bin zutiefst davon überzeugt, dass die von offizieller Seite kommende Bedrohung einer fairen Gerichtsverhandlung der Angeklagten – wie das aus dem Inhalt der Anklageschrift hervorgeht – verhindert werden muss. Mit diesem Antrag, hohes Gericht, nehme ich alle nötigen Konsequenzen auf mich, um dazu beizutragen, dass dies in Zukunft nicht mehr geschieht.«

»Wollen Sie noch immer auf ›schuldig‹ plädieren?«, fragte Gesell ein letztes Mal.

»Ja, das will ich, Herr Richter.«

Es waren weniger als zehn Minuten vergangen. Das Urteil sollte am 21. Juni verkündigt werden. Es blieb kaum genug Zeit, alle Briefe und Empfehlungen zu besorgen, die den Richter milde stimmen könnten. Eile war Not. Bald würde ich als Zeuge vor dem *House Judiciary Committee* erscheinen müssen, und ich wollte vorher verurteilt sein, damit meine Zeugenaussage nicht – auch nicht unterbewusst – davon beeinflusst sein würde, welchen Eindruck sie auf den Richter machte. Richter Gesell wies mich an, mich sofort bei dem Bewährungsbeamten zu melden, und ließ mich, nach Merrills Zustimmung, ohne Kaution frei.

Die Presseleute rannten aus dem Saal und eilten zu den Telefonen. Ich war nun der Erste aus dem kleinen Kreis um den Präsidenten, der umfiel, und es hatte keinerlei Andeutungen vorher gegeben. Obwohl Washington im Blick auf neue Eröffnungen im Fall Watergate abgehärtet war, würde diese Geschichte ihre Wirkung nicht verfehlen – hoffentlich auch eine gute.

Bill Merrill kam als Erster auf mich zu. »Alles Gute, Chuck, das ist mir ernst«, sagte er und griff nach meiner Hand. St. Clair stand nur wenige Schritte hinter ihm. Er hatte mir vor einigen Monaten gesagt, dass er mir, obwohl er an meine Unschuld glaube, nur eine 50:50-Chance einräume.

Jetzt hatte er die herkulische Aufgabe übernommen, Richard Nixon zu retten, dessen Chancen noch geringer waren. »Ich wünsche Ihnen das Beste«, sagte er und kämpfte um Worte.

In dem kleinen Bewährungsbüro mit seinen kahlen Wänden ging das Gefühl der Betäubung rasch vorbei, und ich wusste bald, wie einem Verurteilten zumute ist. Ein Beamter würde meine Personalien aufschreiben, so wie er das jeden Tag bei Straßenräubern, Sittenstrolchen, Autodieben und Drogenhändlern tat. Ich hatte mich selbst in diese Situation gebracht, aber dieses Wissen machte auch nichts angenehmer. Jetzt befand ich mich in den Händen der Bewährungsbeamten, der Polizei und der Gefängniswärter. Das Gefühl, nicht mehr selbst für Leib und Leben voll verantwortlich zu sein, hatte ich bisher nie richtig erlebt oder gar verstanden.

Ich hatte mich fest in der Hand gehabt, aber als ich Doug Coe sah, der mir durch die Tür zuwinkte, die von zwei uniformierten Beamten bewacht wurde, schluchzte ich auf. Er war immer dann zur Stelle, wenn er am meisten gebraucht wurde. Ich bat die Polizeibeamten, Doug durchzulassen, und mit ihm kam noch eine kleine Gruppe vom *Fellowship House*, darunter auch Dr. John Curry mit seiner Frau und Betsy, die wochenlang rund um die Uhr in unserem Büro Zeitungsausschnitte sortiert hatte. Als wir uns umarmten, fragte ich mich, ob die Schaulustigen wohl verstehen könnten, was es bedeutet, solche Freunde zu haben.

Kapitel 18

Warten –
auf das Urteil

■ Als ich den Reportern vor dem Gerichtsgebäude meine Erklärung vorlas – dass ich schuldig plädiert hatte, damit ich die Wahrheit sagen konnte, ob sie anderen nun half oder schadete – hatte ich das Gefühl, dass sie mir kaum zuhörten. Fred Graham vom CBS stellte die einzige Frage, die sie interessierte: »Werden Sie gegen den Präsidenten aussagen?« Auf diese Frage konnte ich lediglich versuchsweise klarstellen, dass es nicht statthaft für mich wäre, vor meiner Verurteilung irgendwelche Erklärungen abzugeben.

COLSONS SCHULDGESTÄNDNIS LÄSST DAS WEISSE HAUS ZITTERN verkündete der *Boston Globe* am folgenden Morgen. COLSONS SCHULDGESTÄNDNIS BEREITET WEISSEM HAUS SORGEN berichtete die *Post*.

Die Leitartiklerin Mary McGrory interviewte Hughes, Quie, Purcell und Coe und schrieb dann von unserem Treffen an jenem Sonntagabend: »Die Gebetsstunde, die zum Schuldgeständnis führte.« Im letzten Abschnitt ihres Artikels schrieb McGrory, deren beißende Nixon-Kritik ihr einst einen prominenten Platz auf der »Feindliste« verschafft hatte: »Für Richard Nixon war Colsons Gesinnungswandel vielleicht das Schlimmste, was ihm widerfahren konnte, seit John Dean ausgepackt hat.«

Der Bericht über die Gebetsstunde löste weitere Geschichten und Karikaturen aus. Oliphant von der *Denner Post* stellte mich in Mönchskutte dar, wie ich vor dem Weißen Haus mit einem Schild auf und ab marschierte, auf dem zu lesen war: TUT BUSSE!

Es herrschte im Allgemeinen die Ansicht, dass mich meine Bekehrung dazu bewegt hatte, auszupacken, und dass ich alle möglichen grässlichen, dunklen Geheimnisse hütete. Ich musste befürchten, dass man die Echtheit meiner Bekehrung an der Zahl und Schändlichkeit meiner vergangenen Sünden, die ich jetzt bekannte, messen würde.

Wer nun glaubte, ich würde mich mit meinem Geständnis gegen meinen früheren Chef wenden, war am eifrigsten dabei, mir saubere Motive zuzuschreiben. Carl Rowan zum Beispiel frohlockte: »Wenn der Teufel Colson zu seinen Taten antrieb und der liebe Gott ihn jetzt gestehen lässt, dann sind wir vielleicht dem Ende des Watergate-Alptraums nahe ... Ich habe so ein Gefühl, dass der Mensch, den wir für einen der dreckigsten Charaktere hielten, die sich je in Nr. 1600 der *Pennsylvania Avenue* niedergelassen haben, nun dazu beitragen wird, dass die schmutzige Wahrheit bekannt und diese Nation wieder gereinigt wird.«

Der *Boston Globe*, der einige Monate vorher meine Bekehrung belächelt hatte, begrüßte sie jetzt und pries Jaworskis »Geschick«, dass er mich auf seine Seite gebracht hatte. Viele andere Anti-Nixon-Zeitungen schlossen sich dem an.

In der Woche, die auf mein Geständnis folgte, schickten die Demokraten ein Mitglied des Rodino-Komitees zu Senator Harold Hughes, von dem sie glaubten, er sei auf ihrer Seite. Sie dachten, er würde ihnen mitteilen, wie sie mein Geständnis als Waffe gegen Nixon gebrauchen könnten. Leicht amüsiert erklärte Hughes seinem Kollegen: »Colson geht es nicht darum, irgendjemandem auf den Pelz zu rücken. Er wird ganz einfach die Wahrheit sagen. Wenn das für jemanden unangenehm werden sollte, sei es nun der Präsident oder jemand anders – zu dumm.« Hughes Kollegen im Kongress glaubten ihm ebenso wenig wie die Presse mir glaubte.

Als der Präsident seinen Oberkommandierenden, General Alexander Haig, schickte, um die Lage auszukundschaften, versuchte ich ihn davon zu überzeugen, dass ich keine dunklen Motive oder schlechte Absichten hatte. »Ich möchte lediglich über die Tatsachen aussagen können.«

Am Tag meines Geständnisses schickte mir Nixon eine handgeschriebene Notiz.

Aber schon am nächsten Tag richtete Nixon sein Hauptaugenmerk auf die Strategie der Anklage. Er rief mich am Abend kurz nach neun an. »Sagen Sie Ihren Jungs, dass sie auf ihren Vater sehr stolz sein dürfen«, lobte er. »Es ist ein Verbrechen, dass Ellsberg straffrei ausgeht, während Sie schuldig plädieren. Sie hatten mit diesen Dingen nichts zu tun, Sie waren unschuldig.«

Der Präsident schien von den moralischen Kräften, die in Amerika am Werk waren und die er durch seine eigenen Tonbandabschriften mit ausgelöst hatte, erstaunlich wenig zu merken. Ich erklärte ihm, dass ich das, was ich eingestanden hatte, auch *wirklich getan hatte*; jeder von uns hatte sich von seinem eigenen Gewissen leiten lassen. Obwohl er die Kräfte, die sich gegen ihn versammelt hatten, unterschätzte, war Nixon so scharfsinnig und engagiert wie eh und je und zählte jede Stimme, mit der er im *House Judiciary Committee* rechnen konnte, das sich mit der Möglichkeit der Amtsenthebung befasste.

Gegen Ende der Unterhaltung erklärte ich ihm, dass ganz gleich welche Fehler er auch begangen habe, ich es seiner Präsidentschaft zu verdanken hätte, dass, meine Söhne nicht in den Krieg ziehen mussten. Für mich wog das alles Leid, selbst einen Gefängnisaufenthalt, wieder auf. Es war mir ernst damit. Seine moralische Urteilsfähigkeit war einge-

chränkt gewesen; trotzdem konnte ich nicht vergessen, mit welchem Mut er sich darum bemühte, auf
ange Sicht eine stabilere Ordnung in der Welt zu
chaffen. Ich wusste zu diesem Zeitpunkt noch
nicht, dass auf den zahllosen Tonbändern, die in den
Archiven des Weißen Hauses verborgen waren, der
Beweis für Betrug und Irreführung zu finden war,
der für diesen Mann und seine Träume ein baldiges
Ende bedeuten würde.

Der Präsident interpretierte meine Bemerkungen dahingehend, dass ich immer noch auf seiner
Seite kämpfte und dass mein Geständnis vielleicht
ein letzter verzweifelter Akt von Loyalität war,
durch den ich mich ins eigene Schwert stürzte. Am
nächsten Tag teilten die Mitarbeiter des Weißen
Hauses der Presse mit, dass Mr. Nixon von Colsons
Aussage nichts zu befürchten habe.

Um dem *House Judiciary Committee* entgegenzu-
kommen, arrangierte Shapiro zwanglose Gespräche
zwischen John Doar, seinen Angestellten und mir.
Frage – Antwort, Frage – Antwort. Den ganzen Tag
lang. »Wann haben Sie zuletzt etwas vom Präsidenten gehört?«, fragte mich Bernie Nussbaum, John
Doars Hauptassistent, am zweiten Tag.

»Vergangene Woche«, antwortete ich.

Nussbaum sah mich erstaunt an: »Oh?«

»Er rief mich an«, erklärte ich und wiederholte
dann den Inhalt unserer Unterhaltung. Nussbaum

sah mich ungläubig an. »Er schrieb mir auch einen Brief«, fügte ich hinzu.

Nussbaum bat mich, ihm den Brief zu zeigen. Lange sah er ihn schweigend an. Dann legte er ihn auf Shapiros Tisch und blickte mir verblüfft in die Augen.

»Aber – wie können Sie denn da noch freundlich bleiben?«

Am Abend erfuhr ich, dass mich das *Judiciary Committee* von der Zeugenliste gestrichen hatte.

Als die Nachricht, dass das Komitee mich nicht als Zeuge hören wollte, das Weiße Haus erreichte, verlangte St. Clair sofort, dass ich dann als sein Zeuge aufgerufen werden sollte. In den nächsten zwei Wochen stritt sich das Komitee über die Frage, wessen Zeuge ich denn nun sein sollte. Mittlerweile wurde ich weiter von Untersuchungsbeamten des Komitees besucht, und in über fünfzig Stunden versuchten sie alles, was ich über die gegen Nixon vorliegenden Beschuldigungen wissen konnte, aus mir herauszukriegen. Erst am Vorabend der letzten Anhörungen beschloss das Komitee, dass ich doch als ihr Zeuge auftreten sollte, *trotz* der freundlichen Gefühle, die ich immer noch dem Präsidenten gegenüber hegte.

Inmitten dieser Frustration, die der Kampf der feindlichen Lager um meine Aussage mit sich brachte, erhielt ich eine gute Nachricht.

Die Staatsanwälte teilten Dick Howards Rechtsanwalt mit, dass gegen ihn nicht weiter ermittelt würde. Marcia Howards jubelnde und erleichterte Stimme am anderen Ende des Telefons war das Beste, was wir seit Monaten gehört hatten.

Aber für mich nahm die schmerzhafte Spannung zu. Die Bewährung, die dem ehemaligen Justizminister Richard Kleindienst am 7. Juni gewährt wurde, stellte eine beunruhigende Entwicklung dar. Kleindienst hatte einem Komitee des Kongresses Lügen aufgetischt und war nach seinem Antrag auf mildernde Umstände lediglich eines »Vergehens« für schuldig befunden worden. Richter Harts Milde verursachte eine Empörung und löste eine Welle von Angriffen in den Zeitungen aus, die härtere Strafen forderten. Obwohl ich mich für Dick freute, war ich mir der Tatsache bewusst, dass ich in der Reihe der nächste Kandidat von Watergate sein würde.

Manchmal wuchs meine Hoffnung, wenn ich von den vielen Briefen hörte, mit denen Richter Gesell überflutet wurde, die um Milde mir gegenüber baten. *Vielleicht würde Gesell meine Strafe auf Bewährung aussetzen!?* Einer dieser Briefe stammte von einem jungen Schwarzen, den ich vor fünf Jahren als vom Gericht ernannter Anwalt vertreten hatte und von dem ich eine Kopie erhielt:

Lieber Herr Richter Gesell!

Mr. Colson half mir, als ich in ernsten Schwierigkeiten mit dem Gesetz war und in meinem Leben wirkliche Führung brauchte. Ich wurde als Jugendlicher des Einbruchs in ein Kloster angeklagt. Zu jener Zeit war ich ein schlechter Schüler, interessierte mich nicht für die Schule und hatte das Gesetz viele Male gebrochen.

Sehr viel wichtiger noch als das, was Mr. Colson für mich als Anwalt tat (die Anklagen wurden fallen gelassen), war die persönliche Hilfe, die er mir gab. Nach der Gerichtsverhandlung machte er mir klar, wie es noch nie jemand zuvor getan hatte, dass mein Leben auf eine Katastrophe zusteuerte. Er sprach von Ehrlichkeit, Wahrheit, Ehrgeiz und Verpflichtung anderen gegenüber in einer solchen Art und Weise, dass ich mich von da an wirklich daran gehalten habe. Ich bin nie wieder mit dem Gesetz in Konflikt geraten. Ich bin jetzt verheiratet, habe einen Beruf, der mir meinen Lebensunterhalt einbringt, und bin ein verantwortungsbewusster Bürger.

Hochachtungsvoll
Richard Austin

Der Bericht der Anklage war für mich auch sehr ermutigend, denn in ihm wurde anerkannt, dass die meisten der gegen mich vorliegenden Anklagen auf Beweismaterial basierten, das ich selbst zur Verfügung gestellt hatte: »Colson stellte der Staatsanwaltschaft eine Reihe von Dokumenten zur Verfügung, obwohl sie ihn möglicherweise belasten konnten ...

(sie hätten) ... die Anklage vielleicht nie erheben können ... wenn Colson sie nicht zur Verfügung gestellt hätte.« In dem Bericht wurde der Schluss gezogen, dass mein Geständnis »von größter nationaler Bedeutung« dadurch sein würde, dass es half, »die Unverletzlichkeit des gerichtlichen Prozesses« in Bezug auf die Rechte der Angeklagten in berühmten Fällen sicherzustellen. Shapiro wäre bei diesem Bericht beinahe vor Freude in die Luft gesprungen.

Der Staatsanwalt gab der Presse gegenüber sogar zu: »Colsons angebliche Rollen in der Vertuschungsaffäre und dem Einbruch wären schwieriger nachzuweisen gewesen als die der anderen angeklagten Verschwörer ..., weil dieser Mann nicht offen beteiligt war.« All das bereitete mir jetzt wenig Trost. Meine Entscheidung war unabhängig davon gewesen, wie hoffnungsvoll mein Fall in einer Gerichtsverhandlung ausgesehen hätte.

Alle verurteilten Angeklagten eines Kriminalfalles müssen sich von einem Bewährungsbeamten des Gerichtes verhören lassen, dessen Bericht wiederum die Grundlage für das Urteil des Richters bilden sollte. Der Angeklagte wird bei dem Verhör von so vielen Familienangehörigen begleitet wie möglich. Das gehört zum Ritual und soll ihm angeblich helfen. Ich wollte Patty nicht dieser Qual aussetzen, aber Judd Best, der Experte unserer Firma in Urteilsfragen, bestand darauf.

Patty, Judd und ich wurden in ein einfaches Büro geführt, in dem Horace Smith, ein Mann mit gerötetem Gesicht in den Fünfzigern, in Hemdsärmeln hinter einem überhäuften, ramponierten Eichenholzschreibtisch saß. Wir setzten uns auf harte, unbequeme Stühle, während der Bewährungsbeamte auf einem quietschenden Holzdrehstuhl hin und her schaukelte. Smith ist ein großer Mann, ein Kettenraucher, den die Jahre, in denen er sich notvolle Geschichten, übertriebene Beschreibungen harter Umstände und klägliches Flehen um Barmherzigkeit anhören musste, vorzeitig altern ließen.

Er stellte uns zunächst eine Reihe von Routinefragen.

»Beschreiben Sie mir die Anklagen, die gegen Sie vorliegen«, sagte er, als er zu einer der leeren Zeilen auf dem umfangreichen Formular kam. Ich tat mein Bestes, während Smith sich am Kopf kratzte und auf das Blatt vor sich starrte, ohne etwas zu schreiben. »Ich weiß nicht, wie ich das formulieren soll«, sagte er. »Es ist ein wenig ungewöhnlich.« Danach beantwortete Patty Fragen über unser Familienleben.

Als das Formular fast vollständig ausgefüllt war, lehnte sich Smith plötzlich in seinen Stuhl zurück und blickte zu dem gardinenlosen Fenster hinaus. »Obwohl es vielleicht unnötig erscheint, weil ich so viel über Sie in den Zeitungen gelesen habe – aber erzählen Sie mir doch von Ihrem religiösen Erlebnis und von Senator Hughes und Ihrer Gemeinschaft.«

Das war keine der Routinefragen. Etwas in meinem Inneren sagte mir, dass sich Smith wirklich dafür interessierte, aber ich wusste, dass ich meine Bekehrung nicht dazu verwenden durfte, seine Sympathie zu wecken. »Nun, es hat eigentlich nichts mit dem zu tun, was wir hier zu besprechen haben«, wandte ich ein. »Wenn Sie sich aber dafür interessieren, dann könnte ich vielleicht einmal zurückkommen und Ihnen davon erzählen.«

»Nein«, sagte er, »ich würde jetzt gerne davon hören. Erzählen Sie mir alles so, wie es sich ereignet hat.«

Ich gab einen ziemlich abgekürzten Bericht, da ich entschlossen war, sachlich zu bleiben, damit man mir auf keinen Fall vorwerfen könnte, aus meinem Glauben Kapital zu schlagen. Als ich erwähnte, was sich bei Tom Phillips ereignet hatte, wurde ich von Smith unterbrochen: »Etwas langsamer, Mr. Colson, ich möchte wirklich genau wissen, was da geschehen ist.«

Plötzlich geschah etwas Seltsames in dem kahlen Zimmer. Das harte Äußere dieses abgebrühten Bürokraten wurde weich. Er schob das Formular beiseite. Vor uns saß ein durstiger Mann, der nach *dem* suchte, der lebendiges Wasser geben kann. Meine Aufgabe bestand darin, den Becher weiterzureichen. Ich beendete die Geschichte nach zwanzig Minuten.

Smith hatte seine Augen nicht von mir gewandt. »Das ist die Antwort«, sagte er. »Das ist die Antwort auf alle hässlichen Probleme, die wir in der Welt haben.« Seine Stimme klang heiser, als er hinzufügte: »Ich verstehe, was Gemeinschaft bedeutet. Ich bin ein ehemaliger Alkoholiker.«

Der Bewährungshelfer entschuldigte sich, uns so lange aufgehalten zu haben, wünschte mir alles Gute und meinte dann ziemlich nachdenklich, er glaube, Senator Hughes könne ihm helfen. Am nächsten Tag verbrachten Harold und Horace Smith drei Stunden zusammen im Gespräch und Gebet. Wie ich später erfuhr, bestätigte Smiths Bericht die Echtheit meiner Bekehrung und fügte Auszüge von fast 150 deutlichen und bewegenden Briefen bei. Der Bericht kam zu dem Schluss, dass eine Gefängnisstrafe völlig unnötig sei, aber empfahl dann, dass der Angeklagte Colson wegen des internationalen Interesses an diesem Fall trotzdem verurteilt werden sollte. Mein Zeugnis hatte also keinen Einfluss auf Smiths Bericht, aber Christus hatte trotzdem das Leben eines Menschen berührt.

Meine Brüder waren mir während der 18 Tage gespannter Erwartung näher als je zuvor. Wir trafen uns häufig in Hughes' Büro oder im *Fellowship House*, und oft kamen sie auch mit ihren Frauen bei uns zu Hause vorbei. Ihre Gebete und ihr Dasein erinnerten mich ständig neu daran, dass die gegenwärtige Situation nur eine Zwischenstation auf dem Weg war, den ich entschieden gehen wollte. Bald würde ich frei sein, die Vergangenheit hinter mir gelassen haben. Harold formulierte es immer wieder so: »Der Sieg gehört Jesus!«

Doug Coe löste eines meiner dringlichsten persönlichen Probleme: Seine hübsche, dreiundzwanzigjährige Tochter Paula und eine Freundin vom College würden bei Patty wohnen, sobald die Jungen ins College gingen.

Auch die Colsons rückten zusammen. Wendell, der zur Rudermannschaft von Princeton gehörte, sollte im Sommer in die Schweiz fahren, um an einem internationalen Wettkampf teilzunehmen. Dafür ausgewählt zu werden, war eine ganz besondere Auszeichnung, und Wendell hatte sich schon sehr auf die Reise gefreut. Ohne mit Patty oder mir darüber zu sprechen, sagte er ab und zog für den Sommer nach McLean. So könnte er bei der Urteilsverkündung dabei sein und neben seiner Sommerarbeit als Zimmermann meine Hausarbeiten übernehmen.

Emily und Chris kamen auch nach Washington. Emily hatte von ihren Kameraden in der zehnten Klasse und einigen Nixon-feindlichen Lehrern manches einstecken müssen. Weil sie ein sehr sensibles Kind ist, machte ich mir um sie am meisten Sorgen. Ich richtete es so ein, dass sie vor der Verurteilung wieder bei ihrer Mutter sein konnte.

Ehe sie das Flugzeug nach Boston bestieg, nahm ich sie beiseite. »Emily«, sagte ich, »ich hoffe, dass du dich meiner nicht schämst. Reg dich nicht darüber auf, was man dir vorwerfen wird. Ich habe einiges getan, was falsch war, aber ich bemühe mich jetzt umso mehr, das Richtige zu tun.«

»Daddy«, rief sie aus, »ich bin stolz auf dich!« Das fünfzehnjährige Mädchen warf seine Arme um mich, und zum ersten Mal ließen wir unseren Gefühlen, die wir bislang sorgfältig kontrolliert hatten, freien Lauf, und wir beide schämten uns unserer Tränen nicht. Chris blieb jedoch ungewöhnlich still und niedergeschlagen; er staute seine Traurigkeit in sich auf. Damals bemerkte ich noch nicht, dass er am meisten litt.

Unterstützung und Hilfe erreichte uns auch von anderen; von alten Freunden, aber auch von dort, wo man es nicht vermutet hätte. Ken Belieu, mein alter politischer Gefährte, jetzt ein Bruder in Christo, rief mich eines Abends an: »Chuck, ich habe keine Zeit für Gefühlsduseleien. Ich wollte dir nur sagen, dass wir ein Gästezimmer für Patty, einen Wagen und ein paar tausend Dollar auf der Bank haben. Das gehört dir, wenn du es haben willst.« Ich lehnte das Angebot höflich ab, aber die Worte, nach denen mein Herz suchte, konnte ich nicht finden.

Andere Freunde machten ähnliche Angebote, unter ihnen mein ehemaliger Assistent Mike Balzano, der mir seine ganzen Ersparnisse schenken wollte.

Arthur Burns nahm einen Anruf von einem Reporter entgegen, der auf der Suche nach Colsonfeindlichem Material für seine Artikelserie war, die in mehreren Zeitungen veröffentlicht werden sollte. Der Journalist wollte eine Episode aus dem Jahre 1971, als ich Burns verleumdet hatte, neu aufwärmen und dachte, Burns könne ihm ein paar unbekannte Einzelheiten dazu liefern. Stattdessen berichtete Burns ihm von meiner Entschuldigung, unseren gemeinsamen Gebeten und der darauf folgenden Aussöhnung. Burns ließ ihn wissen, er hielte meine Bekehrung für echt. Der überraschte Reporter nahm dies alles in seinen Bericht auf, fügte aber hinzu, dass der ehemalige »Henker des Weißen Hauses« viele ebenfalls fällige Entschuldigungen noch nicht ausgesprochen hätte *(Washington Post* vom 18. Mai 1974).

Jack Anderson hatte mich in seinen Artikeln jahrelang aller möglichen Untaten beschuldigt. Im Weißen Haus galt er als einer unserer Erzfeinde, und ich hatte einmal eine Überprüfung Andersons vorgeschlagen. Weil wir das Geld gebrauchen konnten, willigte ich in eine Fernsehdiskussion mit Jack ein. Die Sendung verlief, wie es vorherzusehen war, aber was sich hinter den Kulissen ereignete, werde ich nie vergessen. Während der Kosmetiker mich mit Puder und Rouge beschmierte, bat Jack Patty, sich mit ihm kurz allein zu unterhalten. »Sagen Sie Chuck nichts davon – er ist zu stolz, aber wenn Sie Geld für die Familie brauchen, während er fort ist, dann rufen Sie mich einfach an. Der Herr ist gut zu mir gewesen. Ihr seid ordentliche Leute. Das könnte jedem passieren, und wenn ich helfen kann, will ich das gerne tun.« Erst später erfuhr ich, dass Jack Anderson ein tief religiöser Mensch ist – eine Seite seiner Persönlichkeit, die er aus den Zeitungen herausgehalten hat.

Als sich ähnliche Ereignisse häuften, wurde Shapiro immer optimistischer. »Das Maximum dürfte meiner Ansicht nach neun Monate sein – ich würde aber auf sechs wetten.« Patty glaubte immer noch, meine Strafe würde auf Bewährung ausgesetzt. Keine Ermahnung zur Nüchternheit vermochte es, ihre Erwartungen zu dämpfen. Sie betete dafür, und ich machte mir Sorgen darüber, ob eine harte Strafe ihrem Glauben schaden könnte.

Mitte Juni wurde Bud Krogh aus dem Gefängnis entlassen und Patty und Susanne bereiteten uns einen ruhigen, gemeinsamen Abend. Es war ein heißer Juniabend, schwül, wie es in Washington im Sommer meist ist, als wir an dem Ziegelsteinhaus am Rande eines von der schwarzen Mittelklasse bewohnten Stadtteils ankamen. Als Krogh Mitarbeiter des Weißen Hauses wurde, war seine erste Aufgabe, eine gute Zusammenarbeit mit dem Distrikt von Columbia sicherzustellen. Mit charakteristischem Idealismus glaubte Bud, auch an Ort und Stelle wohnen zu müssen.

Bud kam die Stufen zu seinem Haus herab auf unseren Wagen zu. Man konnte keine Gefängnisblässe feststellen, seine Augen waren klar und hell, sein Händedruck stahlhart. Bei den Kroghs schien alles normal zu sein. Die beiden Kinder unterbrachen uns während des Abendessens einige Male, um zu fragen, ob sie im Haus eines Nachbarn spielen dürften, und später las die Mutter ihnen etwas vor. Susanne servierte Steaks, wobei mir Gewissensbisse kamen, denn ich ahnte, wie tief die Kroghs verschuldet sein mussten.

»Die Zeit der Trennung war gar nicht so schlimm«, meinte Susanne beim Essen. Sie hatte in einer Schule unterrichtet und Artikel geschrieben, um für Miete und Lebensmittel aufkommen zu können.

Jedes Wochenende hatten sie und die Kinder in ihrem alten Volvo die siebenstündige Fahrt nach Allenwood auf sich genommen. Die Abgespanntheit stand immer noch in Susannes jungem Gesicht zu lesen. »Die Besuche waren sehr anstrengend«, gab sie zu. »Man wird ständig beobachtet und manchmal wird man auch von den Wachen beleidigt. Aber in dieser Zeit machten Bud und ich einen Bibelkurs mit. Jede Woche studierten wir die gleiche Lektion und am Wochenende unterhielten wir uns darüber. Das brachte uns wirklich näher zusammen.«

Während Patty und Susanne nach dem Essen in die Küche gingen, saßen Bud und ich im Wohnzimmer. »Okay, mein Freund«, sagte ich. »Die Frauen können uns jetzt nicht hören; da kannst du mir mal erzählen, wie es wirklich war.«

»Es ist die Hölle, Chuck. Aber du bist zäh, dir wird es schon nichts ausmachen. Pass auf, mit wem du zusammen bist. Du wirst eine Menge hässlicher Dinge sehen – einem Typ wurde zum Beispiel der Schädel eingeschlagen, weil er mitten in einer Fernsehsendung auf ein anderes Programm umschaltete. Halte dich da raus und kümmere dich um deine eigenen Angelegenheiten. Die Schwarzen werden dich auf die Probe stellen. Bleib ihnen gegenüber standhaft, wenn sie dich bedrohen; sollten sie bei dir irgendeine Schwäche entdecken, dann ist der Ofen aus.«

Die Staatsanwälte hatten mir mitgeteilt, dass ich in Fort Holabird, einem ehemaligen Militärstützpunkt in Baltimore, festgehalten würde, solange ich in Washington noch als Zeuge benötigt würde. »Das ist ein furchtbares Loch«, gestand mir Bud. »Der Stacheldrahtzaun ist direkt am Gebäude und das Gefängnis steckt voller Spitzel. Ich war während der ersten zwölf Tage im Gefängnis in Montgomery County. Dort waren raue Kerle, die darauf warteten, wegen Mordes verurteilt zu werden – und zwölf jeweils in einer Zelle. Ich schlief auf dem Fußboden, direkt neben der Tür zur Toilette; eines Nachts urinierte einer der Burschen über mir. Das hätte schlimm ausgehen können, aber die anderen standen zum Glück hinter mir, darum redete ich einfach mit ihm und Gott sei Dank ist es nicht wieder vorgekommen.«

Bud sprach offen über das Gefängnis, war aber im Blick auf andere Themen seltsam still. Er hatte sich offenbar von der Außenwelt losgelöst und auf sich selbst zurückgezogen. Als wir die Nachrichten im Fernsehen verfolgten, hatte Bud das Zimmer verlassen. Ich konnte es mir nicht verkneifen, ihm eine Frage zu stellen, die mich sehr beschäftigte. »Bud, wie kommt es, dass du die Dinge um uns herum überhaupt nicht verfolgst? Es sieht aus, als würdest du dich gegen die Welt abkapseln.«

Er dachte einen Augenblick darüber nach. »Es scheint mir das Richtige zu sein, Chuck. Ich betrachte das Gefängnis als eine Zeit der Läuterung und der Selbstprüfung. Ich brauchte das. Wenn du es so siehst, wird dir die Zeit gut tun. Aber das bedeutet, dass du dich von allem loslöst, was du hinter dir zurücklässt, außer der Familie natürlich. Für mich bedeutete dies eine bewusste Entscheidung.«

Als wir wieder nach Hause fuhren, fragte ich Patty, ob sie bei Bud irgendeine Veränderung beobachtet hätte. »Natürlich«, antwortete sie. »Es schien, als ob er ständig woanders wäre.« – »Das erschreckt mich wirklich, mein Schatz. Ich kann es kaum glauben, dass ein paar Monate Gefängnis einem Mann mit einem so eisernen Willen wie Krogh das antun können.«

Das Gefängnis hatte zwar nicht Bud gebrochen. In mancher Hinsicht schien er sogar stärker geworden zu sein, aber es war, als ob er auf einer Wolke schwebte, weit von allem entfernt – als ob er nur noch in seiner eigenen Welt lebte. Würde es mir genauso ergehen?

Das darf einfach nicht geschehen, sagte ich mir.

Für mich wäre das der langsame Tod von Geist und Seele. Vor einigen Jahren, als der Gedanke an Gefängnis jenseits meiner wildesten Träume lag, erklärte mir ein enger Freund, der unter ehemaligen Strafgefangenen arbeitete, dass Männer nach einer Haft nie wieder dieselben sind. »Ein Jahr genügt«, meinte er und tippte sich beziehungsvoll an den Kopf. »Wenn sie eingesperrt werden, dann brennt bei ihnen die Sicherung durch.« Obwohl mich die Veränderungen bei Bud beunruhigten und Angst in mir aufkommen wollte, konnte ich mir an jenem Abend keine Vorstellung davon machen, welch ein Kampf mir bevorstand.

Kapitel 19

Der Hammer fällt

■ Am 21. Juni kamen Patty und ich kurz nach 9 Uhr im Gerichtssaal Nr. 6 an. Die Luft knisterte vor Spannung. Vor lauter Gratulanten, Freunden und Büroangestellten unserer Anwaltsfirma hatte die Presse fast gar keinen Platz mehr. Es waren nur wenige Anwälte da, denn heute gab es keinen juristischen Kampf. David Shapiro sollte lediglich ein letztes Plädoyer für mich halten. Einige Vertreter der Anklage würden schweigend zuhören. Dann würde der Richter seine Entscheidung verkünden.

Es war vereinbart worden, dass Harold, Al, Doug und Graham in dem Teil des Raumes sitzen konnten, der normalerweise für Anwälte reserviert ist. Um 9.15 Uhr waren sie alle eingetroffen und saßen mit ernsten Gesichtern auf der langen Bank.

Ich versuchte meine Freunde fröhlich zu begrüßen. Einige Sekretärinnen, die für mich im Weißen Haus gearbeitet hatten, waren da und ebenso viele von Pattys Freunden. In ihren Gesichtern war Sorge oder Trauer zu lesen. Ich sprach mit Dick Howard und seiner Frau Marcia, deren dunkle Augen Mut machend funkelten. Dick brachte ein schwaches Lächeln zustande.

Marion Goldin, Mike Wallaces Produzentin, saß hinten bei den Zuschauern. Ich fragte mich nach dem Grund, denn sie hatte nichts mit Nachrichtensendungen zu tun. War sie sich vielleicht der Rolle bewusst, die ihre Show in dieser ganzen Sache gespielt hatte?

Zwei unserer besten Freunde, Tom und Kay Easely aus Boston, wären gerne dabei gewesen, aber ich hatte sie gebeten, nicht zu kommen, damit Kay im Krankenhaus verhindern konnte, dass mein Vater die Nachricht im Fernsehen hörte. Ich würde sie anrufen, und sie konnte es ihm dann schonend mitteilen.

Patty nahm mit Wendell in der ersten Reihe Platz, wo einige Sitze für die Familie reserviert waren. *Wie die erste Reihe bei einem Begräbnis,* musste ich denken. Mein ältester Sohn hatte in diesen Wochen eine Reife erlangt, die weit über das hinausging, was man sonst von einem Zwanzigjährigen erwarten darf. Dave Shapiro saß am Verteidigungstisch, blätterte in einem dicken, schwarzen Notizbuch und ging zum letzten Mal seine Argumente durch. Dave glaubte so fest daran, dass seine letzten Worte ihren Eindruck auf Gesell nicht verfehlen würden, dass er den Richter bereits gebeten hatte, sein Urteil nicht unmittelbar nach dem Plädoyer zu verkünden, sondern sich noch einmal zurückzuziehen, um ein letztes Mal die Entscheidung zu überdenken.

Nach dem Aufruf schritt Richter Gesell majestätisch zum Podium und raffte seinen schwarzen Talar zusammen, als er sich auf seinem Richterstuhl niederließ. Es wurde gemunkelt, dass sehr viel von Gesells Laune am Tage des Urteilsspruchs abhängen würde, dass er unberechenbar sei und noch beim Betreten des Gerichtssaales seine Meinung ändern konnte. Wenn das zutraf, dann stand der Tag unter einem schlechten Zeichen. Der Richter blickte finster drein, als er seinen Platz einnahm, sah sich zornig im Gerichtssaal um und verkündigte schroff, welche Anträge zu behandeln seien. Dann rief er barsch: »Okay, Mr. Shapiro, würden Sie und Mr. Colson bitte nach vorne kommen?«

Ich machte meine Aussage und begründete meinen Antrag als »richtig vor dem Gesetz und richtig vor dem Gewissen«. Ich zeigte noch einmal die Umstände auf, die mit der Veröffentlichung der Pentagon-Papiere verbunden waren, warum Henry Kissinger, Präsident Nixon und ich Ellsbergs Verhalten als »Verrat« angesehen hatten, und zeichnete Schritt für Schritt in chronologischer Reihenfolge meine Handlungen nach. Dann kam ich zu der Tat selbst.

»Bei mehreren Gelegenheiten drängte mich der Präsident, nachteilige Informationen über Daniel Ellsberg weiterzuleiten«, gestand ich. Das war nicht neu, denn ich hatte das bereits an anderer Stelle ausgesagt. Von den Reportern kam ein Raunen. Ich konnte nicht ahnen, wie diese Aussage auf *Capitol Hill* einschlagen und zu neuen Forderungen nach der Amtsenthebung des Präsidenten führen würde. Wenn ich dieses Verbrechens schuldig war, so argumentierten seine Gegner, dann war es Nixon auch.

Ich schloss meine Aussage mit den Worten ab: »Ich bedaure, was ich getan habe, und ich werde mich ein Leben lang bemühen, ein besserer Mensch zu sein.«

Gesell nickte mechanisch, begann zu lächeln, wurde aber wieder ernst und wandte sich Shapiro zu: »Wie ich höre, haben Sie um das Wort gebeten. Bitte.«[*]

Ich ging zu dem Tisch der Verteidiger zurück und setzte mich. Shapiro begann mit leiser Stimme. Ich sah meine Brüder an – ihre Köpfe waren gebeugt, zum Gebet, hoffte ich.

»Ich sage, dass Charles Colson zu Unrecht angeklagt wurde«, rief Dave und seine Stimme wurde laut vor Entrüstung. Er argumentierte, eine Gefängnisstrafe würde nur wegen der öffentlichen Erwartungen in diesem Fall ausgesprochen werden. »Täuschung – Irreführung, Herr Richter – die schändlichste Art von Propaganda, die den Namen dieses Mannes mit jeder nur vorstellbaren Untat und jedem schmutzigen Trick in Verbindung gebracht hat – und zum größten Teil handelt es sich dabei um Verleumdungsgeschichten, die von der Regierung zielstrebig lanciert wurden.« Shapiro hatte eine lange Liste von Lügengeschichten vorbereitet, die über mich verbreitet worden waren. Er hoffte den Richter davon zu überzeugen, dass die öffentliche Forderung nach einer Strafe künstlich »gemacht« worden war.

Aber Richter Gesell wollte nichts davon hören. »Sie befinden sich auf einem Holzweg, Mr. Shapiro«, unterbrach er. »Mich kümmern die öffentlichen Erwartungen überhaupt nicht. Das hat nichts mit meinem Urteil zu tun.« Mein Magen drehte sich fast um. Gesell hatte seine Entscheidung längst getroffen, und Shapiros Argumente *ärgerten ihn* sichtlich.

Erschreckt von dieser richterlichen Zurechtweisung klammerte Dave sich mit beiden Händen an sein Pult; seine Augen offenbarten sein ungläubiges Staunen.

Gesell unterdrückte seine Ungeduld, aber nicht seinen Ärger. »Sie können fortfahren«, sagte er, »aber Sie müssen begreifen, dass Sie hier auf dem Holzweg sind ... Sie vertreten diesen Mann und Sie können sagen, was Sie sagen wollen, und ich werde Ihnen zuhören, aber Sie sollten dies wirklich begreifen.«

Shapiro nahm einen neuen Anlauf, aber seine Stimme hatte alle Leidenschaft verloren. Der letzte

Schimmer von Hoffnung, dass es vielleicht doch keine Gefängnisstrafe für mich geben würde, war zerronnen. Die einzige Frage war – wie schlimm würde es werden? Sechs Monate? Neun Monate? Länger? Zehn Monate war die Höchststrafe, die Gesell bislang verhängt hatte, und dabei hatte es sich um einen Watergate-Angeklagten gehandelt, der des doppelten Meineids überführt worden war. Und gewöhnlich sind Strafen, die nach einem Gerichtsverfahren verhängt werden, härter als bei einem Geständnis.

Aber ich hatte dem Präsidenten näher gestanden als alle bisher Angeklagten. Und Gesell hatte seinem Unmut gegenüber dem Präsidenten bereits vorher Ausdruck verliehen. Er hatte ihn sogar der Strafvereitelung bezichtigt, weil dieser die Akten des Weißen Hauses dem Bericht nicht zugänglich machen wollte. Er war es auch gewesen, der über die Klage der Nixon-Regierung, die sich gegen die Veröffentlichung der Pentagon-Papiere in der *Washington Post* wendete, zu Gericht saß. Gesell entschied damals gegen uns und zugunsten der *Post*. Trotzdem war er als fairer Richter bekannt. *Was sich in der Vergangenheit ereignet hatte*, überlegte ich mir, *würde ihn heute nicht beeinflussen.* Shapiro fuhr fort – nunmehr rein mechanisch –, die falschen Anklagen aufzuzählen, die gegen mich Tag um Tag in den Schlagzeilen erhoben worden waren; er nannte auch die gut dokumentierte Tatsache, dass die CIA unwahre Geschichten über mich in Umlauf gebracht hatte. Seine Schlussworte, die voller Leidenschaft hätten sein sollen, klangen jetzt genauso frostig, wie es die Atmosphäre war, die sich im Gerichtssaal ausgebreitet hatte: »Wenn Sie, Herr Richter, mit mir darin übereinstimmen, dass die höchste Pflicht dieses Gerichts – in der Tat, die höchste Pflicht jedes Gerichts – darin besteht, sich zwischen den Angeklagten und die aufgebrachte Menge zu stellen, dann machen Sie das bitte deutlich!«

Als er mir in der vergangenen Woche dieses Argument vortrug, hatte Shapiro den letzten Satz so dramatisch zugespitzt, dass er unwillkürlich die Vorstellung einer stampfenden Menge, von Blasmusik in der Ferne und einem Richter, der sich vom Podium herabbeugte, um ihm die Hand zu schütteln, heraufbeschwor. Aber jetzt herrschte eine eisige Stille im Saal. Der Richter bat Shapiro und mich wieder zu sich. Wir warteten jetzt nur noch auf den gefürchteten Augenblick, wo der Hammer fallen musste.

Richter Gesell zog sich vor dem Urteilsspruch nicht mehr zurück mit der Begründung, dass ein anderer Fall warte. Seine Stimme war ohne Gefühl, als er nüchtern und kalt erklärte, dass »das absichtliche Fehlverhalten des Angeklagten den Verlauf eines schwebenden Verfahrens beeinflusst« habe. Ich schauderte – dessen war ich nie angeklagt worden; die Anklage hatte lediglich festgestellt, dass ich den

Versuch unternommen hätte, gab aber zu, dass ich mein Ziel nicht erreicht hatte.

»Moral ist eine größere Kraft als die Zweckmäßigkeit«, fuhr Gesell fort und blickte auf die vor ihm liegenden Notizen. »Das Gericht erkennt durchaus an« – sein Ton wurde etwas sanfter bei diesen Worten –, »dass Mr. Colsons Image in der Öffentlichkeit etwas verzerrt worden ist ... ein gründlicher Überblick über Mr. Colsons Leben ... zeigt Beispiele von nützlichem öffentlichen Dienst. Oft empfand er Mitleid für andere, die in Schwierigkeiten steckten, Qualitäten, die dem Angeklagten ganz zu Recht die Zuneigung seiner Familie, seiner engen Freunde und von Klienten, denen er geholfen hat, zukommen ließ.«

Shapiro drückte verstohlen meine Hand. Er wusste auch, was nun folgen würde. Diese freundlichen Worte sollten den kommenden Schlag etwas dämpfen. Ich holte tief Luft, um meiner selbst Herr zu bleiben. *Ich darf meine Gefühle nicht zeigen*, sagte ich mir, als ich hinter mir ein leises Schluchzen vernahm. Der Richter erklärte, dass er seine Entscheidung unter Berücksichtigung aller anderen Fälle von Strafvereitelung in diesem Jahr gefällt hatte.

Gesell hob den Hammer: »Das Gericht erkennt auf eine Strafe von ein bis drei Jahren Gefängnis und eine Geldbuße von fünftausend Dollar.« Holz schlug auf Holz. Ein halbunterdrückter Schrei war hinten im Saal zu hören, eine schrille Stimme rief: »Oh, nein!« Dann herrschte wieder absolute Stille. Ein prickelndes Gefühl lief durch meinen Körper, als würde ich von tausend Nadeln gestochen. Dann überkam mich eine entsetzliche Übelkeit. Shapiro drückte meine Hand stärker. Ich biss auf meine Unterlippe und betete, dass es nicht Pattys Stimme gewesen sein möge, die geschrien hatte.

Was Gesell sonst noch zu sagen hatte – die Strafanstalt, das Datum des Strafantritts, die Abweisung anderer Anklagen – hörte ich nicht mehr. Dave drückte meine Hand immer noch, als er dem Richter antwortete. Seine Stimme klang heiser. Wieder fiel der Hammer hart auf den Richtertisch.

Richter Gesell verließ den Saal. Als ich mich umdrehte, sah ich Dornetha, eine schwarze Sekretärin unserer Kanzlei, völlig in Tränen aufgelöst. Andere versuchten sie zu beruhigen; sie war es auch gewesen, die den Schrei ausgestoßen hatte. Dann begegnete ich Pattys Blick, voller Trauer, aber ohne Tränen. Wendells Gesichtsausdruck war vor Schreck erstarrt. Meine Brüder saßen immer noch mit gesenkten Köpfen da. Andere standen bewegungslos im Saal.

Diesmal gab es keinen Wettlauf der Presseleute aus dem Saal; die Reporter verließen das Gebäude langsam. Was sie hier gesehen und gehört hatten, war schon schlagzeilenreif – die härteste Strafe, die

bislang gegen einen Watergate-Angeklagten verhängt worden war –, aber ein paar Minuten mehr
oder weniger vor Redaktionsschluss am Nachmittag
schienen jetzt nichts mehr auszumachen.

Ich ging zum Tisch der Verteidiger zurück, um
meine Papiere zusammenzuraffen. Shapiro murmelte: »Ich kann es nicht glauben, ich kann es einfach
nicht glauben.« Patty kam schnellen Schrittes durch
die Schwingtür, die letzten Meter lief sie fast und
versuchte zu lächeln, obwohl sie mit sich kämpfen
musste. »Es wird schon alles gut werden, du wirst sehen«, sagte sie, als sie mich umarmte.

Die Beamten stellten uns einen kleinen, fensterlosen Warteraum zur Verfügung. Meine treuen Brüder, Patty, Wendell und ich wurden hineinbegleitet,
damit wir ein paar Minuten alleine sein konnten. Es
gab nicht viel zu sagen; Worte waren überflüssig. Ein
erstaunliches Gefühl der Liebe erfüllte unsere Herzen. Selbst Wendell, dem es nie behagt hatte, wenn
er unversehens in eine Gebetsgemeinschaft geriet,
wurde getröstet, als wir in diesem Augenblick des
Schmerzes Gott um Kraft baten.

Harolds Besorgnis, dass ich bitter werden könnte,
war unnötig. »Aus irgendeinem unerfindlichen
Grund hatte ich sogar Verständnis für Richter Gesell«, sagte ich leise. »Was werden Sie der Presse erzählen?«, fragte er. »Um ganz ehrlich zu sein, ich
habe keine Ahnung.« Ich hatte keine Erklärung vor-

bereitet, und selbst wenn ich das getan hätte, so weiß ich nicht, ob ich sie hätte vorlesen können.

»Dann lassen wir uns durch den Heiligen Geist leiten«, erklärte Harold.

Als wir den langen Korridor entlangschritten, konnten wir durch die Glastür hindurch eine große Menschenmenge sehen – Kameras, Scheinwerfer und noch mehr Reporter als sonst. Die Beamten, die uns begleiteten, boten uns an, durch einen anderen Ausgang zu entwischen, aber ich wusste, dass ich der Presse jetzt nicht ausweichen durfte. »Was sich heute im Gericht ereignet hat«, so hörte ich mich sagen, »war der Wille des Gerichts und der Wille des Herrn – ich habe mein Leben Jesus Christus übergeben und ich kann im Gefängnis ebenso gut für ihn arbeiten wie anderswo.«

Das waren die Worte, die mir geschenkt wurden, und mit ihnen begann ein ganz neues Kapitel in meinem Leben.

Kapitel 20

Hinter Schloss und Riegel

■   Der Lärm von Fernsehteams, die ihre Ausrüstung auf dem Kiesweg vor unserem Haus aufbauten, weckte mich. Es war der 8. Juli und zum letzten Mal für ein Jahr oder länger konnten Patty und ich die stille Zweisamkeit unseres Schlafzimmers und ein ruhiges, gemeinsames Frühstück genießen. Ich rieb mir den Schlaf aus den Augen und öffnete das Fenster: »Ich gehe nicht vor 2 Uhr nachmittags. Kommen Sie dann wieder. Ich werde nicht kneifen, das verspreche ich Ihnen.«

Ein ABC-Kameramann mit einem runden, freundlichen Gesicht und einer amerikanischen Flagge auf dem Revers lächelte mich an. »Okay, Mr. Colson, bis um zwei also.«

Die Mannschaft packte ihre Ausrüstung wieder zusammen und fuhr davon. Früher hätten sich die Männer nicht von der Stelle gerührt. *Ist es nicht komisch*, musste ich denken, *dass sie mir jetzt, wo ich als Verbrecher ins Gefängnis gehen muss, plötzlich Glauben schenken?*

Beim Frühstück sahen wir uns die »Today«-Show

an, die den Abschluss eines dreiteiligen Interviews, das ich vor einer Woche gegeben hatte, ausstrahlte. Barbara Walters schaltete sich am Ende live ein: »Diese Interviews mit Mr. Colson wurden vergangene Woche in unseren Studios gefilmt, als er mit seiner Frau Patty hier war, einer charmanten Frau, die ihren Mann so treu unterstützt. Manchmal denken wir nicht an die persönlichen Tragödien, die sich hinter den Kulissen abspielen, aber ich muss heute an die Colsons denken.« Sie blickte direkt in die Kamera und fuhr fort: »Und darum sage ich Ihnen, Mr. Colson, falls Sie dieses Programm sehen können, und besonders Ihnen, Mrs. Colson: Wir fühlen mit Ihnen.«

Patty und ich hatten unsere Gefühle zurückgehalten, damit dieser Morgen so wie jeder andere sein würde, aber das Mitleid in Barbaras Gesicht war doch zu viel. Meine Frau hatte mich durch ihre Stärke in den letzten Tagen, die ich noch in Freiheit erlebte, überrascht, aber wir waren beide nicht gefühllos.

Graham Purcell hatte sich erboten, uns nach Baltimore zu fahren, wo ich mich den Beamten im Fort Holabird-Gefängnis stellen sollte. Pünktlich zur verabredeten Zeit erschien er. Er sah mitgenommen und nervös aus. Ich wusste schon lange, dass dieser harte Texas-Cowboy ein Herz besaß, so groß und so weich wie eine reife Melone. Gemeinsam mit Judd

Best, der alles für meinen Haftantritt arrangierte, nahmen Patty und ich in Grahams großer Limousine Platz und bewegten uns auf die Reporter und Kameras zu, die jetzt den Eingang versperrten. Als die Reporter mich mit Fragen beschossen, schienen mir humorvolle Antworten am Platz zu sein. Wie fühlte ich mich nun, da ich ins Gefängnis musste? Wie der Mann, den Lincoln einst beschrieb, der geteert und gefedert aus der Stadt gefahren wurde. Als man ihn fragte, wie er sich fühle, sagte er: »Wenn es nicht um die Ehre ginge, dann wäre ich lieber zu Fuß gegangen.«

Ein Reporter rief: »Was für Bücher nehmen Sie mit?«

»Nur zwei Ausgaben der Bibel«, antwortete ich.

Als dies veröffentlicht wurde, rief es eine Flut von Bibelsendungen hervor, die ich dann an andere Gefängnisinsassen weitergab. Der Wortwechsel war freundschaftlich; die Verbissenheit vergangener Konfrontationen verflogen.

Graham, den die Menge und die große Anzahl von Wagen, die uns verfolgten, ungerührt ließen, raste die *Ballantrae Lane* mit einer Geschwindigkeit von 110 Stundenkilometern entlang zur Hauptstraße 123, der verkehrsreichen Ost-West-Verbindungsstraße durch McLean.

Es bestand wohl kaum Grund zur Heiterkeit, aber wir konnten uns ein Lachen nicht verkneifen, als wir uns die möglichen Schlagzeilen am nächsten Morgen vorstellten: COLSON AUF DEM WEG ZUM GEFÄNGNIS IN AUFFAHRUNFALL VER-WICKELT. Ich glaube, man nennt das Galgenhumor.

Die Regierungsbeamten hatten versucht, Fort Holabird mit einer Aura der Geheimhaltung zu umgeben und sprachen nur von einer »Haftanstalt in der Baltimore-Washington-Gegend für Regierungszeugen«. Da viele der Gefangenen dort Syndikatsbosse waren, die sich bereit erklärt hatten, gegen andere Typen der Unterwelt auszusagen, war es unbedingt notwendig, einen sicheren, geheimen Ort zu haben, um sie zu schützen. Holabird war als vorübergehender Aufenthaltsort für alle Watergate-Strafgefangenen ausgesucht worden, die in den kommenden Prozessen aussagen mussten.

Vier Bundesbeamte erwarteten uns in einem Hotel in Baltimore, wo es noch einmal hoch herging; Kameraleute, die uns gefolgt waren, schossen Bilder, und ich verabschiedete mich von Patty und meinen beiden Freunden. Nun war ich offiziell ein bewachter Häftling und wurde auf den Rücksitz eines unauffälligen Wagens gedrängt, der durch die schäbigen Nebenstraßen raste, bis wir an den einst so stolzen Toren des jetzt fast verlassenen Holabird-Stützpunktes ankamen.

Als wir hineinfuhren, erinnerte mich das Ganze

an eine Geisterstadt in einem alten Hollywood-Western. Rote Ziegelsteinhäuser aus der Zeit des Ersten Weltkrieges standen inmitten rußbedeckter, grüner Baracken aus dem Zweiten Weltkrieg. Der riesige Stützpunkt war dem langsamen Verfall preisgegeben. Die Fenster waren mit Holzbrettern vernagelt; um die meisten Gebäude, selbst die ehemals prächtigen Offiziershäuser, wucherte hohes Gras und undurchdringliches Buschwerk. Die Straßen lagen wie leer gefegt vor uns. Unser Wagen hielt vor einem einstmals grünen Gebäude, das sich von den anderen auf zweierlei Weise unterschied. Zunächst einmal wurde es von einem drei Meter hohen Zaun abgesichert, der mit aufgesetztem Stacheldraht einen abschreckenden Anblick bot. Eine Insel des Lebens in dem sonst verlassenen Stützpunkt.

Aus einem kleinen Wächterhäuschen kamen zwei untersetzte Männer mit 38er Pistolen an den Hüften, um das Tor aufzuschließen. Zwischen dem Zaun und dem Gefängnisgebäude lag eine kleine, sechs Meter lange Grasfläche. Ich erinnerte mich an Bud Kroghs Worte: »Der Zaun kommt mit der Zeit immer näher.« Wir verließen den Wagen und gingen durch das Tor, das hinter mir zugeschlagen wurde.

Die Militärbaracken sahen innen so deprimierend aus wie von außen. Die Farbe blätterte von den Wänden, Dampfrohre liefen durch den langen Korridor in der Mitte des Gebäudes, das nur von schwachen

Glühbirnen beleuchtet wurde, die alle zehn Meter von der Decke hingen. Ein schaler Fettgeruch kam aus der winzigen Küche auf der rechten Seite. Direkt hinter der durchlöcherten Vordertür lag ein kleines Esszimmer.

Der *Chief Deputy* führte mich in den Kontrollraum, ein verglastes Büro in der Mitte des Korridors auf dem ersten Stock. Die Routine begann: Fingerabdrücke, Polaroid-Fotos, Inspektion meiner privaten Habe, eine genaue Durchsuchung nach Drogen und sonstigen Dingen, die ich hätte hereinschmuggeln können, und das Ausfüllen endloser Formulare.

»Wie lautet Ihre Nummer?«, fragte mich der Deputy.

»Ich habe keine Nummer.«

»Was soll das heißen, Sie haben keine Nummer? Jeder Gefangene hat eine Nummer.«

»Vielleicht sollen Sie mir eine geben, Sir.«

»Diese Leute in Washington«, murrte der Deputy. »Wissen die denn nicht, was für einen Laden ich hier verwalten muss?«

Dann machte ich den Fehler und entgegnete schlagfertig: »Ich habe jedenfalls keine Ahnung. Können Sie mir etwas darüber erzählen?«

»Nein! Das Wichtigste ist, dass Sie sich an nichts erinnern. Niemand weiß, dass diese Einrichtung hier existiert. Sie werden hier einige sehr ungewöhnliche Männer kennen lernen. Diskutieren Sie Ihre Probleme nicht mit ihnen, kümmern Sie sich einfach nicht mehr darum. Wenn Sie entlassen werden, vergessen Sie, dass Sie jemals ihre Bekanntschaft machten. Sie werden ohnehin nur ihre Vornamen erfahren. Beachten Sie die Bestimmungen und kümmern Sie sich um Ihre eigenen Angelegenheiten.«

Dann wurde ich Joe übergeben, einem dunkelhäutigen Mann mit struppigem Haar, der nur wenig Englisch sprach.* Er wies mich in mein Zimmer, ein drei mal vier Meter großer Raum unter dem schrägen Dach, mit einem Holzbett, einem angeschlagenen Nachttisch und einem kleinen hölzernen Schreibtisch. Der mit Inschriften übersäte Tisch zeugte von Generationen, die in diesem Zimmer gehaust hatten – von jungen Armeeleutnants ebenso wie von Sträflingen. Die Temperatur musste auf 40 Grad gestiegen sein; Baltimore war von der schlimmsten Hitzewelle des Jahres erfasst worden.

Als andere Gefängnisinsassen an uns vorbeigingen, stellte mich Joe ihnen vor. Pete, ein junger Italiener, erzählte mir, er sei auch bei der Marine gewesen; Angle, ein offenherziger, freundlicher Kerl, stammte aus New Yorks »Klein-Italien«. Patty und Andy waren, wie ich erfuhr, ehemalige Mitglieder eines Verbrecherclans und zentrale Gestalten in einem großen Drogenring. Eddie und Jimmy mussten von den anderen getrennt hausen, weil beide ehemalige Polizisten aus Baltimore waren. Gangster und frühere Polizeibeamte, in dasselbe kleine Gebäude gepfercht, ergaben eine seltsame Mischung.

Mike war ein Muskelpaket mit langem, wallendem Blondhaar und einem unverwechselbaren Boston-Akzent. Eine Vielzahl von Nationalitäten war vertreten: Italiener, Kubaner, Franzosen, und einer von ihnen war von oben bis unten farbenprächtig tätowiert.

Als ich Joe fragte, wie ich meine Tür abschließen könnte, lehnte er sich zurück und brüllte vor Lachen. »Keine Schlösser hier; wir sind eine große glückliche Familie.« Ich hatte den Film *Der Pate* noch nicht gesehen – sonst hätte der Ausdruck *Familie* noch entnervender auf mich gewirkt.

Es gab einen Mann in Holabird, den ich schon vorher kannte – Herb Kalmbach, der persönliche Anwalt des Präsidenten, der eine Woche vor mir hier eingeliefert worden war und der wie ich darauf wartete, bei dem *Impeachment*-Prozess als Zeuge vernommen zu werden. Joe zeigte mir sein Zimmer. Als ich hineinblickte, stand Herb, ein großer, weltgewandter und gut aussehender Mann in den Fünfzigern von seinem Stuhl auf. »Gut, Sie zu sehen! Nicht in diesem Loch natürlich, aber es tut gut, einen alten Bekannten zu begrüßen.« Es war die Erneuerung einer Freundschaft, die für uns beide wichtig werden sollte.

Ich nahm die Warnung des Deputy ernst und unterdrückte meine Neugierde über die anderen Insassen. Da es keine Möglichkeit zur körperlichen Betätigung gab, ging die Zeit nur langsam vorbei. Langsam konnte ich verstehen, warum Bud Krogh sich wie eine Schnecke in ihr Haus zurückgezogen hatte. Jimmy, der junge ehemalige Polizist, der im Gefängnis saß, weil er Schmiergelder angenommen hatte, half mit seinem Geplauder, die drückende Last etwas zu erleichtern, besonders bei den Mahlzeiten.

Eines Abends beim Abendessen war der kleine Pete auffällig laut. Seine hohe Stimme gellte durch den Raum, in dem zwanzig von uns eingepfercht waren. Jimmy flüsterte mir zu: »Sei vorsichtig mit dem; der fängt manchmal an zu spinnen. Er war einer der größten Drogenhändler von New York.«

»Dieser kleine Kerl?«, fragte ich.

»Dieser kleine Kerl!«, antwortete Jimmy. »Er war einer der Bosse. Seine Aussage soll an die hundert Leute ans Messer liefern. Lass ihn in Ruhe. Es würde ihm überhaupt nichts ausmachen, dir mit einem dieser Messer die Kehle durchzuschneiden.« Jimmy nickte in Richtung eines großen Brotmessers auf der Mitte des Tisches, das in der Nachmittagssonne funkelte. Jimmy zeigte auf Mike: »Das war einer ihrer Schläger.«

»Der nie seinen Mund aufmacht? Der große Typ aus Boston?« Mike saß auf der anderen Seite des Tisches und aß mit ausdruckslosem Gesicht, seine Augen kalt und stahlhart.

»Ich dachte, du wüsstest Bescheid über Mike«, fuhr Jimmy fort.

»Du bist doch aus Boston, nicht wahr? Es war groß in den Zeitungen, als er festgenommen wurde. Man sagt, dass er 28 Menschen umgebracht hat.« Ich starrte Jimmy fassungslos und ungläubig an. »Menschen – 28 Menschen?«

»Das ist der Job eines Schlägers. Bringt Leute um.«

»Warum verurteilt man einen 28fachen Mörder denn nicht zum Tode?«

Jimmy zuckte die Achseln: »Sie haben ihn hier, um ihn zu beschützen. Er ist der Regierung lebend mehr wert als tot.«

Während ich mich bemühte, Mike nicht anzustarren, sehnte ich mich nach einer Zelle mit einem Türschloss.

Als die Tage so langsam vergingen, stärkten Besuche von Patty und den Brüdern meinen Glauben, obwohl die Besuchsbedingungen sehr umständlich und eingeschränkt waren. Für Patty und mich war es besonders schwer – die langen Tage der Trennung, unterbrochen von einigen Stunden, in denen wir so taten, als sei alles normal, jedoch die Augen ständig auf die Uhr gerichtet, denn der Schmerz des Abschieds kam immer mit dem Gongschlag. Aber langsam gewann unser Glaube an Bedeutung.

Wir konnten in unserem Verständnis der Bibel Fortschritte verzeichnen, aber ich wollte sie immer noch nicht mit einem Gebet überfordern.

Eines Tages im späten Juli schrieb mir Patty nach einem angespannten Besuch einen Brief: »Liebling, ich habe auf dem Weg nach Hause die meiste Zeit für uns beide gebetet. Es wäre doch schön, wenn wir von jetzt ab zusammen beten würden, ehe wir uns verabschieden ...« Ich erhielt den Brief am darauf folgenden Tag und wäre vor Freude fast in die Luft gesprungen! Die ganze Nacht hindurch war ich dieses schmerzliche Gefühl, dass alles doch sinnlos sei, nicht losgeworden. Von dem Tag an hielten wir uns jedes Mal bei den Händen und beteten laut miteinander – ob wir allein waren oder nicht. Diese geistliche Einheit sollte uns Kraft geben für noch schwerere Tage.

Das Ende von Richard Nixons Präsidentschaft war seit Monaten unabwendbar. Der Mann, der im August vor drei Jahren in einer heißen Sporthalle ausrief: »Nicht verlieren ist unehrenhaft, sondern *aufgeben*!«, kämpfte einen langen und einsamen Kampf mit sich selbst. Das war auch der Mann, der eines Nachts im Juli 1973 verhalten davon gesprochen hatte, dass es für das Land besser sei, »wenn ich abtrete«, und einige Monate später vorschlug: »Vielleicht will Amerika einen netten, sauberen Jerry

Ford.« Der wahre Nixon jedoch war der Mann in der Sporthalle, der Mann, der nicht aufgeben wollte.

Ich konnte seine Abdankung allerdings nicht mit »aufgeben« gleichsetzen. Er wurde vielmehr langsam aus seinem Amt gedrängt, nachdem alle, außer seiner Familie und zwei eisernen Mitarbeitern, Ken Clawson und Rose Woods, die unumgängliche Notwendigkeit erkannten, das Amt freizugeben. Al Haig, sein Personalchef, hatte mir im Januar 1974 mitgeteilt: »Wenn das *Impeachment* unvermeidlich ist, dann gehen wir besser in Frieden. Wir dürfen nicht die ganze Regierung in Mitleidenschaft ziehen.« Haig arbeitete zwar monatelang an den nötigen Vorbereitungen in der Hoffnung auf ein Wunder, aber er bereitete sich auf den Tag vor, der schließlich im August kam.

»Das System hat funktioniert«, verkündete stolz ein Politiker nach dem anderen, als Nixon seinen Rücktritt bekannt gab. Ich bin mir dessen nicht so sicher. Die Regierung sah sich nicht mehr in der Lage, entscheidende Handlungen zu vollziehen, der Senat verstrickte sich monatelang in harte Debatten, in den Gerichten wurde die Arbeit blockiert und auch der Präsident war in dieser Zeit handlungsunfähig. Zu keiner Zeit ist, nach meiner Sicht, die amerikanische Regierung in größerer Gefahr gewesen – selbst damals nicht, als das Kapitol von General Lees Armeen bedroht wurde, die bereits den Potomac überschritten.

Während die gesamte Regierung ziellos umhertrieb, war es ein Viersternegeneral, der in den letzten Tagen von Mr. Nixons Präsidentschaft die ganze Maschinerie funktionsfähig hielt, mit dem Nachfolger seines Chefs verhandelte, das Pentagon anwies, keine Befehle des von der Verfassung bestimmten Oberbefehlshabers entgegenzunehmen, und in den letzten Stunden mit großem Einfühlungsvermögen die Fäden in der Hand behielt, damit der Außenminister und die führenden Männer des Kongresses den Präsidenten von der Notwendigkeit des Rücktritts überzeugen konnten. Ähnliche Umstände haben in anderen Ländern zu Aufständen geführt. Glücklicherweise hatte Amerika in General Haig einen Mann von hohem Pflichtgefühl und Integrität.

So kam es, dass Mr. Nixon, durch seine letzten verzweifelten Kämpfe erschöpft, auch am Ende die Lüge nicht erkennen konnte, die er ausgelebt hatte, auch nicht die apokalyptischen Kräfte, die dadurch heraufbeschworen wurden. Das Gute, das Nixon gewollt hatte, machte die in seinen Augen geringfügigen Gesetzesübertretungen einiger Mitarbeiter mehr als wett. Er glich einem Mann, der sich in einem tosenden Fluss an einen Felsen klammert, dessen Kräfte aber langsam schwinden und der nach einer letzten, verzweifelten Anstrengung loslassen muss, um von den reißenden Wassern fortgespült zu werden.

Bei seiner ersten Amtseinführung ruhte Nixons Hand auf den Seiten seiner Familienbibel, auf einer besonders ausgewählten Stelle im Propheten Jesaja, die ihm als Richtlinie für seine Friedenspolitik dienen sollte: *Da werden sie ihre Schwerter zu Pflugscharen und ihre Spieße zu Sicheln machen* (Jes 2, 4). Tragischerweise kannten weder er noch wir, die wir ihm ergeben dienten, die Warnungen, die wenig später ausgesprochen werden: »Denn alle hoffärtigen Augen werden erniedrigt werden, und die stolze Männer sind, werden sich beugen müssen ...« (V. 11). Wir hatten alle versagt. Ob der Fluch, der über seiner Präsidentschaft lag, von Mr. Nixon selbst ausging oder ob er nur dessen Opfer war – das war in jenen düsteren Augusttagen nicht die Frage. Die Würde, mit der er schließlich ging, zeugte von seiner hohen Einschätzung des Präsidentenamtes und beleuchtete eine Seite seines Charakters, die ich so sehr bewunderte.

Die Unvermeidbarkeit des Rücktritts konnte die Alptraumhaftigkeit des Vorganges nicht mindern – besonders wenn man es auf einem kleinen Fernsehschirm beobachtete, hinter Stacheldraht, in einem improvisierten Gefängnis. Es war mir klar, dass Gott über jene letzten Tage der Präsidentschaft sorgsam wachte, denn es wäre sehr gut möglich gewesen, dass anstelle von General Haig ein Mann aufgetreten wäre, der weniger ehrenhafte Ziele verfolgt hätte. Es bedurfte keiner besseren Demonstration, dass die Herzen der Menschen den Verlauf der Geschichte zum Guten oder Bösen beeinflussen, nicht aber die von Menschen geschaffenen Organe der Regierung. Obwohl ich in diesem Augenblick der Qual sehr viel Mitleid für den Präsidenten empfand, musste ich doch erkennen, dass diejenigen, die ihm gedient hatten, auch sehr viel erleiden mussten. Vor vielen Monaten hatte er mir erklärt: »Eines Tages werde ich reinen Tisch machen.« Ich wusste, was er meinte: Ein Kommandeur lässt seine Truppen nicht im Stich. Sobald er wieder auf festem Boden stand, würde er seine Mitarbeiter, die wegen Watergate im Gefängnis saßen, begnadigen.

Unsere Hoffnungen wurden zerschlagen, als Nixons Hubschrauber zum allerletzten Mal vom Südpark abhob. Nach Präsident Fords überraschender Ankündigung einer uneingeschränkten Begnadigung für Richard Nixon liefen bald Gerüchte um, dass wir als Nächste an der Reihe wären. Fords Pressesekretär kündigte zwei Tage später an, die Möglichkeit der vollen Begnadigung für alle Beteiligten werde untersucht.

Die Begnadigung von Richard Nixon rief einen Ausbruch öffentlichen Ärgers hervor, der an die Entlassung von Archibald Cox erinnerte. Eine sofortige Meinungsumfrage von NBC ergab, dass zwei Drittel der Bevölkerung gegen Fords Haltung Stellung bezogen. Unsere Hoffnung sank. Die nächste Umfrage zeigte dagegen wieder, dass jetzt mehr als 50 Prozent unsere Entlassung befürworteten. Unsere Hoffnung stieg beträchtlich.

Patty hatte noch nie in ihrem Leben ein Fernsehinterview gegeben, aber sie willigte tapfer ein, um meinetwillen in der *Today-Show* aufzutreten. Die Begnadigungsfrage hatte das Land aufgewühlt. Freunde von der Presse riefen uns an, die Entscheidung sei innerhalb von Stunden zu erwarten, wir würden freigelassen werden. Die Presse belagerte schon Tag und Nacht unser Haus, um die jubelnde Heimkehr ja nicht zu verpassen. Aber das politische Feuer bedrohte Fords junge Präsidentschaft. Er verkündigte zuletzt, es würde keine Begnadigungen mehr geben. Wer jetzt im Gefängnis saß, würde dort bleiben, der Watergate-Prozess würde stattfinden. Präsident Ford war es nicht gelungen, Watergate hinter sich zu bringen.

Auf Patty und den anderen Ehefrauen lastete dieses Auf und Ab von Hoffnung und Enttäuschung besonders schwer.

Mitten in meiner Verzweiflung erinnerte ich mich an Worte, die ich irgendwo einmal gelesen hatte: *Je dunkler es um uns her zu sein scheint, je größer die Verzweiflung in unserem zeitlichen Leben, umso mehr Licht wird Gott uns schenken, umso mehr erfahren wir die Kraft des Heiligen Geistes in uns.*

Da stand es mir wieder lebendig vor Augen – ein Hinweis auf die Kraft des Heiligen Geistes. Ich wusste nur wenig über diese dritte Person der Gottheit, aber ich begriff, dass ich diese Kraft wirklich brauchte. Seit der Entscheidung in Maine hatte sich etwas in mir getan. Bedeutete dies, dass der Heilige Geist bereits am Werk war? Oder handelte es sich um ein Erlebnis, das ich suchen sollte?

Mein Verlangen nach innerer Stärke wurde durch meine Einsamkeit, meine täglichen, meist ungemütlichen Begegnungen mit Mitgliedern des organisierten Verbrechertums noch größer und meine Gefühle der Verzweiflung im Blick auf die Zukunft nahmen zu.

Die Gefahr, dass einer der Mitgefangenen mich überfallen könnte, hing ständig über mir.

Eines Nachts war ich noch spät auf, um meine Zeugenaussage für den nächsten Tag vorzubereiten. Es war etwa 1 Uhr, als ich den Vorhang zuzog, damit das Scheinwerferlicht vom Dach her nicht mein Zimmer erhellte, und ich ins Bett taumelte. Da hörte ich draußen ein Geräusch. Als meine Augen die Dunkelheit durchdrangen, sah ich, wie die Türklinke langsam heruntergedrückt wurde. Mein Herz begann wild zu schlagen. Ein Mitternachtsattentäter?

Ich betete: »Lieber Herr, erspare mir dies oder gib mir wenigstens etwas, womit ich zuschlagen kann.« Patty hatte mir eine kleine Plastiklampe gekauft, die nicht mehr als ein Pfund wog, damit ich nachts lesen konnte. Sie war als Waffe völlig untauglich, aber als Geschoss würde sie vielleicht meinen Angreifer erschrecken und die Wache aufmerksam machen.

Die Tür öffnete sich langsam, und jetzt konnte ich die Silhouette einer ungeschlachten Figur erkennen. Ich träumte nicht; mein Herz klopfte heftig, jeder Muskel meines Körpers verkrampfte sich. Ich musste mich entscheiden. Sollte ich um Hilfe rufen? Ihn plötzlich anspringen? Mit der Lampe werfen?

Die Gestalt betrat das Zimmer, hielt einen Augenblick inne und bewegte sich dann auf mein Bett zu. Ich sprang auf, ergriff die Lampe und rief: »Wer da?« Die Silhouette schrumpfte förmlich zusammen. »Oh nein! Es tut mir Leid.«

Ich machte Licht, und vor mir stand bleich und zitternd ein Wärter. Stammelnd versuchte er sich zu entschuldigen. Ich hatte ihm sehr viel mehr Angst eingejagt als er mir. Was wäre ihm wohl passiert, wenn ich Mike gewesen wäre?

Er erklärte mir, dass er Nachtdienst hatte und geglaubt hätte, mein Zimmer sei leer. Hier wollte er ein Bett finden, um sich kurz hinzulegen. Er war deshalb so leise hereingekommen, um nicht von dem Nachtaufseher gehört zu werden.

Bei der nächsten Mahlzeit erzählte ich den anderen mein Erlebnis. Mit Humor gewürzt ließ sich eine gute Story daraus machen, dass sogar die Burschen des Verbrecherclans mich anstarrten. Ich schnitt etwas auf und schilderte mich als furchtlosen und kaltblütigen Mann, der drauf und dran gewesen war, einen Eindringling zusammenzuschlagen.

Ein Wärter teilte mir eines Tages mit, dass John Dean nach Holabird kommen würde. Watergate hatte John und mich zu Erzfeinden werden lassen: John, der Ankläger des Präsidenten, ich sein Verteidiger. Nach den ersten Tagen der Vernehmungen durch den Ervin-Ausschuss stieg in mir schon bei der bloßen Erwähnung seines Namens der Zorn hoch. Hegte ich noch die gleichen Gefühle? Als ich mich mit dem Gebot Christi auseinander setzte, meinen Feinden nicht nur zu vergeben, sondern sie zu lieben, schien mich mein innerer Zorn zu verlassen. Die Vergebung war nicht so schwierig. In gewisser Weise bewunderte ich John für seinen Mut, sich gegen die Ehrfurcht einflößende Macht des Präsidenten aufzulehnen. Aber John zu lieben – das war nicht so einfach.

Er kam eines Abends an, als gerade die Dunkelheit hereinbrach. Ich hielt mich im Esssaal auf, als John in Begleitung von fünf Beamten vorbeiging. Da sie mit ihrem Starzeugen kein Risiko eingehen wollten, hatten die Watergate-Anwälte die besondere Anweisung gegeben, dass Dean mit den anderen Häftlingen von Holabird nicht in Berührung kommen durfte, dass er isoliert gehalten und rund um die Uhr bewacht werden musste. »Sie können ihn doch nicht den ganzen Tag lang allein in ein Zimmer sperren«, lachte der junge Pat.

»Er würde ja durchdrehen!«

Dieser Gedanke durchbrach die letzte Barriere, die ich zwischen mir und John aufgerichtet hatte. Am späten Abend kam Dean mit einem Beamten, der mit einer Pistole herumfuchtelte, in die Küche. Ich rannte in die Küche und streckte ihm meine Hand entgegen. »Was auch in der Vergangenheit geschehen ist, John, wir wollen es vergessen. Wenn ich Ihnen irgendwie helfen kann, lassen Sie es mich wissen.«

Dean war genauso überrascht wie der Beamte und konnte kaum eine Antwort zusammenstottern: »Chuck, ich bin Ihnen wirklich dankbar. Ehrlich!« Der Beamte trennte uns schnell, aber in diesen kurzen Augenblicken heilten ein paar alte Wunden.

John und ich konnten manchmal ein paar Augenblicke zusammen verbringen, wenn ein freundlicher Beamter die Augen zudrückte. Unsere Gespräche drehten sich nicht um Watergate oder die Vergangenheit, sondern um unser Leben und die Zukunft. Ich machte die Entdeckung, dass er einmal an einem Forschungsprojekt gearbeitet hatte, das die Bearbeitung der Bibel zum Ziel hatte, und er sie darum ganz intensiv studieren musste. Die Erfahrungen, die er jetzt machte, stärkten seinen Glauben an

Gott. Es war der Anfang einer ganz neuen Verbundenheit.

Ich erschrak, als ich eines Montagmorgens Patty im Warteraum sah. Besuchern war es nie gestattet, das Gebäude vor vier Uhr zu betreten. Die Trauer in ihren Augen bereitete mich auf das Schlimmste vor.

»Es ist Vater, nicht wahr?«, fragte ich.

»Ja, Chuck, er ging im Frieden heim – heute Morgen.«

Ich drückte sie an mich und kämpfte darum, meine Gefühle zurückzuhalten. Hundert Gedanken schossen mir in diesem Augenblick durch den Kopf. Kummer, dass er nicht mehr da war, Dankbarkeit, dass er nicht lange leiden musste. Ich erinnerte mich an meinen letzten Besuch bei ihm im Krankenhaus, als wir über mein Geständnis gesprochen hatten. Dann kam die Sorge um meine Mutter, die jetzt ganz allein dastand. Aber vor allem erfasste mich eine tiefe Reue, weil er mit dem Bewusstsein sterben musste, dass sein einziger Sohn im Gefängnis saß. Welch ein Gegensatz zu dem stolzen Augenblick, als der Präsident seinen Sonderberater lobte.

Er starb in den Armen meiner Mutter, als sie – gegen die Anordnung seines Arztes – zusammenpackten, um mich zu besuchen. Der Schock über meine Verurteilung war für sein schwaches Herz zu viel gewesen.

Die Telefonleitungen zwischen Washington und Holabird liefen an dem Tag heiß, als meine Bitte um Urlaub den Amtsschimmel in Bewegung setzte. Am Nachmittag lehnte Washington meine Bitte, an der Beerdigung teilnehmen zu dürfen, ab. Es wäre »unangemessen«, einen Watergate-Sträfling zu beurlauben. Ich könnte dem Begräbnis nur dann beiwohnen, wenn es im Familienkreis stattfände und ich ständig unter der Bewachung zweier Beamter stünde. Sie würden mir auf meine Kosten zugewiesen werden.

Ein Beamter flog mit Patty und mir nach Boston. Am Logan-Flughafen begleiteten uns zwei breitschultrige Männer zu einem wartenden Auto. In den nächsten Tagen verfolgten uns diese Männer auf Schritt und Tritt; sie schliefen in unserem Wohnzimmer, sahen uns beim Essen zu und nahmen auch an unserem Kummer teil.

Als ich Vaters persönliche Dinge durchsah, erfuhr ich mehr über ihn. Ich hatte mir Sorgen darüber gemacht, dass meine Verurteilung seinem empfindsamen Wesen schaden könnte. Zu meiner Überraschung entdeckte ich, dass er in den späten 30er Jahren, als er zwölf Stunden pro Tag arbeitete und außerdem noch eine Abendschule besuchte, ein großes Interesse an der Gefängnisreform bekundet hatte. In seinen Papieren fand ich bewegende Briefe, die er für Männer, die wegen kleinerer Vergehen inhaftiert worden waren, an den Gouverneur geschrieben hatte.

Zu meiner Verblüffung stellte ich fest, dass die Einrichtung von Diskussionsrunden in Gefängnissen auf seinen Plan zurückging. Er beteiligte sich damals aktiv in der reformbewussten *United Prison Association*.

Als ich seine Akten durchging, musste ich an meine eigene Zukunft denken. Für mich enthielten sie gute Gründe, diesen Teil seiner Arbeit weiterzuführen, über den wir uns aus irgendeinem seltsamen Grund nie unterhalten hatten.

Die Tragödie führte auch dazu, dass meine Mutter und ich uns näher kamen, als wir die Einzelheiten des Begräbnisses und ihre Zukunft planten. Der Gottesdienst wurde in der anglikanischen Johannes-Kirche in Winthrop gehalten, wo mein Vater, seine Schwester und sein Bruder getauft worden waren. Die kleine Kirche zeigte ein kleines Stück von Neu-England – mit hohen, bunten Glasfenstern, rauen Steinwänden, braunen Dachschindeln und dem verwitterten Aussehen der Küste. Sie lag in einer engen Straße in der Altstadt, zwischen zwei- und dreistöckigen Fachwerkhäusern.

Meine Mutter und ich beteten gemeinsam vor dem Sarg meines Vaters. Ich legte die amerikanische Flagge mit hinein, die er vor seinem Haus jeden Morgen gehisst und bei Sonnenuntergang wieder eingeholt hatte. Nach dem einfachen Gottesdienst standen Patty und ich gemeinsam mit einigen Freunden und den beiden Beamten am offenen Grab. Schweigend sahen wir zu, als der Sarg versenkt wurde.

Von dort konnte man die Oberschule sehen, die Vater besucht, und den Sportplatz erkennen, auf dem er in seiner Jugend gespielt hatte. Die leichte Brise wehte frische Salzluft von der nahe gelegenen Küste herüber, die in seinem und meinem Leben eine so große Rolle gespielt hatte. Der beste Freund, den ich in meinem Leben gehabt hatte, war nun nicht mehr da.

Am Abend befand ich mich wieder im Gefängnis und dachte darüber nach, was der Apostel Paulus wohl meinte, wenn er sagte, »... dass wir durch viel Trübsal müssen in das Reich Gottes gehen«. Diese Worte galten mir. Mein geliebter Vater war von mir gegangen, der Mann, den ich vier Jahre lang fast angebetet hatte, war aus seinem Amt gezwungen worden, und auf mich wartete in naher Zukunft ein sehr viel strengeres Gefängnis in Alabama.

Ich hätte mich eigentlich untröstlich und elend fühlen müssen – und doch empfand ich eine innere Ausgeglichenheit und tiefen Frieden. Patty und ich waren uns noch näher gekommen, die Versöhnung mit John Dean hatte stattgefunden – und in mir wuchs die Gewissheit, dass der Herr einen Plan für

mein Leben hatte, den er mir nach und nach offen-
baren würde ...

»Halt dich da raus!«

■ Meine Verlegung von Fort Holabird zum Ge-
fangenenlager bei dem Luftstützpunkt Maxwell verlief ohne Zwischenfälle. Die beiden Beamten und
ich wurden am Montgomery-Flughafen von dem
örtlichen *Marshal* in Empfang genommen. Ich atmete auf, als ich mich auf den Rücksitz des Wagens
setzte und er keine Anstalten machte, mir Handschellen anzulegen – eine schmerzhafte, tierische
Prozedur, die Strafgefangene über sich ergehen lassen müssen, wenn sie verschickt werden. Unsere
Fahrt führte am Luftwaffenstützpunkt, an mehreren
Golfplätzen und einem verwahrlosten, baumbestandenen Gebiet vorbei zu einer Gruppe niedriger
Stuckbauten. Ein großes Schild mit weißen Buchstaben verkündete: STRAFGEFANGENENLAGER
DES BUNDES.

Außerhalb des Gefängnisses umgab mich ein Gefühl der Weite – die schönen Ziersträucher, die Ro-
sen und hohe, schattige Bäume bestimmten das Bild.
Im Verwaltungsgebäude übernahmen streng blickende Wächter in blauen Uniformen die Kontrolle. Sie

führten mich an zwei schwarzen Stahltüren vorbei, die eine kleine, von einem Stahlgitter bedeckte Öffnung aufwiesen. Ich warf einen schnellen Blick hinein und sah dunkle leere Zellen mit nackten Wänden, die lediglich eine Bank und eine Toilette enthielten. Man sagte mir, es handele sich hier um das »Loch«, in das Sträflinge, die sich irgendetwas zuschulden kommen ließen, zu Disziplinarzwecken gesteckt würden. Die angenehme Weite hatte sich verflüchtigt.

Ein paar Schritte vom »Loch« entfernt lag ein steriles, fensterloses Empfangszimmer. In einer Ecke befand sich eine Dusche, unter der alle neuen Sträflinge von oben bis unten gründlich abgeschrubbt wurden, um die Läuse loszuwerden, die sie oft von städtischen Gefängnissen mitschleppten. In der anderen Ecke wartete eine Polaroidkamera. Weitere Aufnahmen folgten und auch meine Fingerabdrücke wurden wieder sichergestellt. Hinter einer Art Ladentisch saß ein jovialer, breit lächelnder Mann – Mr. Bleven, der Kleideroffizier.

»Zieh dich aus!«, kommandierte er. Rauschgiftschmuggel ins Gefängnis kommt häufig vor, und Sträflinge besitzen ein großes Geschick, den »Stoff« irgendwo am Körper zu verbergen. Bleven sah sich jedes Kleidungsstück und jeden persönlichen Gegenstand, den ich mitgebracht hatte, gründlich an. »Das geht zurück, dies hier und das auch«, sagte er und zählte die Gegenstände auf, die wieder nach Hause geschickt werden mussten.

»Nein«, meinte er, nachdem er einen Augenblick lang mit sich selbst über meine Shorts diskutiert hatte. »Die kannst du nicht behalten, du darfst sie höchstens dann tragen, wenn es hier keine passenden für dich geben sollte.« Die Liste füllte bereits zwei Seiten. Als Nächstes kamen meine Brieftasche, alle persönlichen Papiere und Bilder von Patty und den Kindern an die Reihe. Es fiel mir schwer, mich von meinen Papieren zu trennen. »Der Schmuck muss entfernt werden«, brummte Bleven in fast entschuldigendem Ton und sah auf meinen Ring.

»Ich trage ihn als Ehering und bin mir gar nicht sicher, ob ich ihn überhaupt runterkriege«, protestierte ich. Patty hatte ihn mir geschenkt.

»Tut mir Leid, das sind nun mal die Bestimmungen. Du musst ihn mir geben.« Ich erwähnte das Silberkreuz und die Taube, die an einer Kette um meinen Hals hingen, nicht, und er fragte auch nicht danach.

»Probier dies hier!« Bleven warf mir eine ausgebeulte Unterhose mit einer Nummernserie zu, die auf die Vorderseite gedruckt und wieder ausgestrichen worden war. Ich wagte nicht daran zu denken, wie viele Männer diese Unterhose schon vor mir getragen hatten, sondern war froh, überhaupt etwas anziehen zu können, dass ich kein Wort über die zu enge Hose verlor. Dann wurden mir ausgetretene Socken, ein Taschentuch und schließlich schokoladenbraune, ausrangierte Luftwaffenarbeitskleidung verpasst. Der erste Schritt auf dem Weg zur wohl durchdachten Entindividualisierung war getan. Andere sollten folgen.

»Hierher, Colson«, kommandierte eine Stimme aus der Halle, und ich wurde zum Kontrollraum zurückgeführt, von wo man durch dicke Glasfenster das ganze Gefängnis überblicken kann. Was man mir jetzt zuwies, würde für lange Zeit mein tägliches Leben bestimmen:

Baracke G und meine Gefängnisnummer: 23 226.

Der Wächter vom Dienst, ein großer Mann namens Prather, war emsig damit beschäftigt, durch die Lautsprecheranlage des Lagers Befehle zu brüllen.

Einen Augenblick lang konnte ich durch die Fenster auf den Hof blicken. Betonmauern und zwei Reihen einstöckiger Baracken umgaben die winzigen Grasflächen. Ganz am Ende befand sich der Speisesaal. 250 Männer lebten hier, und wenn man sie durch das Fenster beobachtete, dann sah es aus wie ein Stummfilm in Zeitlupe. Dürre Männergestalten mit herabhängenden Schultern trieben ziellos und langsam ins Freie; andere lehnten sich gegen die Wände der Gebäude und einige wenige saßen zusammengedrängt auf den Bänken. Nicht nur die Uniformen bestimmte ein eintöniges Braun – die

gleiche Eintönigkeit zeichnete auch die Gesichtsausdrücke.

Hier ist etwas ganz komisch. Dann bemerkte ich es
– *niemand lächelte.* Obwohl der Himmel klar war,
schien kein Sonnenstrahl auf den Hof zu fallen. Die
Farben schienen – wie die Gesichtsausdrücke – seltsam verwaschen.

Prathers dröhnende Stimme zerriss die unheimliche Stille. »Colson, schreib deine Adresse auf dieses
Paket«, rief er und zeigte auf meinen Koffer, der jetzt
in braunes Papier gewickelt auf dem Boden hinter
mir lag. Ich kniete hin und schrieb Pattys Namen
und unsere Adresse sorgfältig auf das Papier; dabei
bemühte ich mich, nicht an sie oder an zu Hause zu
denken.

»Colson, du wirst hier schon zurechtkommen«,
sagte er. »Hör nur auf meinen Rat. Behalte deine
Gedanken dort, wo deine Nase ist. Die Zeit wird
schnell vergehen, wenn du das tust; wenn du an Zuhause und an die Außenwelt denkst, wird es dir hier
zur Hölle werden.«

Ich konnte nur mühsam nicken. Es durchlief
mich eiskalt. Prathers Standardratschlag für neue Insassen kannte ich bereits von Bud Krogh. Denk nicht
nach! Passe dich an. Zieh dich auf eine Insel zurück.
Nein, danke, Mr. Prather, dachte ich. *Mein Denken
wird lebendig bleiben.*

Als ich über den Hof schritt, hatte ich das Gefühl,

dass die Gefangenen schon über den neuen Watergate-Häftling informiert waren.

Die Unterhaltung versiegte plötzlich, und die Männer starrten mich an. Meine dürftigen Versuche, ihnen zuzulächeln, wurden durch misstrauische Blicke erwidert. Ich würde mir ihr Vertrauen erst verdienen müssen.

Von außen sah Baracke G wie alle anderen Gebäude in Maxwell aus, eine sahnefarbene Stuckstruktur mit roten Dachziegeln, äußerlich recht gut erhalten. Als ich eintrat, schlug mir ein Dunst von Schweiß und abgestandenem Rauch entgegen. Alles war von einer dicken Staubschicht überlagert. An den Wänden in der engen Eingangshalle befanden sich Schließfächer für die wenigen persönlichen Dinge der Gefangenen. Auf der einen Seite lagen zwei Aufenthaltsräume. In dem einen wurde offenbar gelesen und Karten gespielt; die Tische waren mit Illustrierten voller Mädchenbilder bedeckt, und Reinigungsgeräte standen in der Ecke. Der andere Raum war größer und mit reparaturbedürftigen Plastikstühlen voll gestopft. Hier stand auch ein alter Schwarzweißfernseher.

Hinter der überladenen Eingangshalle fing der offene Schlaftrakt an. Zwei Reihen von Stahlbetten liefen an der Außenwand entlang, zwei weitere, durch eine meterhohe Gitterwand getrennt, in der Mitte. Jede dieser Pritschen war durch einen eisernen Nachttisch von den andern getrennt. Der offene Toilettenbereich befand sich am hinteren Ende des Raumes.

In Einrichtungen wie Maxwell, mit geringem Sicherheitsrisiko, werden die Insassen in Schlafsälen und nicht in Zellen untergebracht. Angeblich soll das bequemer sein, aber bald wurde mir klar, dass die Gefangenen damit nicht übereinstimmten. In den Zellen hat man wenigstens ein bisschen Privatleben, und es ist einigermaßen ruhig. In den Schlafsälen bleibt man ständig zusammengepfercht, und der Lärm hört nie auf. Jüngste Untersuchungen haben ergeben, dass Schlafsäle die Nachteile nicht ausräumen. *Kampf um Gerechtigkeit (Struggle for Justice*, herausgegeben von dem *American Friends Service Committee)* zufolge kann das Leben in Schlafsälen »für die Insassen grauenvoll« sein.

Heute war Waschtag und die Matratzen wurden abgezogen. Auf einigen Pritschen lagen Männer, die schliefen oder einfach in die Luft starrten. Ein großer, surrender Ventilator wirbelte mehr Staub als Luft durch die Gegend. Von den rußigen, gelben Wänden blätterte die Farbe ab. Für ein Jahr oder länger würde dies also mein Zuhause sein.

Jimmy, ein freundlicher junger Schwarzer, stellte sich als »Hausmann« vor; er fungierte praktisch als Hausmeister und besorgte verschiedene notwendige Dinge. Indem er mir half, meine Pritsche ausfindig zu machen, gab er mir einige freundschaftliche Tipps: »Die Kantine ist nur mittwochs geöffnet, sieh also zu, dass du dann genug bekommst. Lass deine Uhr nie rumliegen. Bewahre alles Wertvolle im Schließfach auf.« Als ich meine wenige persönliche Habe auspackte, sah Jimmy meine Bibel. »Die ist sicher. Die wird hier niemand klauen.« Er grinste, das erste Lächeln, das ich hier gesehen hatte.

»Colson, Colson, bei der Kontrolle melden«, ertönte eine Stimme im krächzenden Lautsprecher. Prather hatte mich gewarnt. Wenn ich nicht sofort reagierte, würde das eine Krise auslösen; man müsste alle Insassen abzählen, um sicherzugehen, dass niemand ausgerückt war. Der verhasste Lautsprecher dröhnte fast ständig. Ich eilte über den Hof zum Kontrollraum und musste dort auf einer Bank warten; der Aufseher würde gleich kommen. Ich war froh für den Augenblick der Ruhe und dachte über die Ratschläge nach, die man mir erteilt hatte.

»Du bist Colson?« Neben mir stand ein hoch gewachsener, langsam kahl werdender Mann mit einem sehr selbstsicheren Blick und streckte mir seine Hand entgegen. Ohne die braune Uniform hätte ich ihn für einen Aufseher gehalten.

Lächelnd stellte er sich als »Doc« Krenshaw vor. Ich hatte von ihm gehört. Als Funktionär der *American Medical Association* (Amerikanische Ärztekammer) wurde er in einen Wertpapierschwindel verwickelt, wofür er jetzt seine Zeit absaß. Er hatte bereits neun Monate hinter sich, aber es hatte ihn nicht umgeworfen. Sein Lächeln verschwand plötzlich: »Eine Zeit lang wird das Gefängnis für dich recht hart sein. Hier muss man ein Mann sein. Meine Zeit ist bald um, aber ich will dir ein paar Tipps geben«, bot er mir freundschaftlich an und schielte durch seine dicke Brille. »Mach dich auf alles gefasst. Du wirst hier wahrscheinlich Menschen draufgehen sehen. Hast du jemals einen Mann sterben sehen?«

»Ja«, erwiderte ich. »Ich habe fast alles im Leben gesehen.«

»Nun, Colson, das Gefängnis hast du noch nicht gesehen. Du wirst über manche Dinge, die dir und anderen widerfahren, schockiert sein. Erinnere dich bloß an eines: *Halt dich aus allem raus!* Beschwer dich nicht. Kümmere dich um deine eigenen Angelegenheiten, und alles ist okay. So habe ich es geschafft.«

»Hierher«, winkte der Wächter vom Büro her. Ich starrte Krenshaw einen Augenblick lang an und ging dann auf das Verwaltungsgebäude zu. Seine Worte klangen immer noch in meinen Ohren: »Halt dich da raus.« Krogh hatte mich beschworen, mich um meine eigenen Angelegenheiten zu kümmern. Insassen in Holabird hatten mir gesagt: »Traue niemandem.« Prather hatte das auf seine Weise getan – und jetzt Doc.

Dieser Ratschlag enthielt mehr als ein Gefängnisklischee; das war eindeutig die Überlebensformel. Ich hatte es mit gewalttätigen Männern mit einer ganz eigenen Lebensanschauung zu tun. Wenn ich je wieder nach Hause kommen wollte, um mein Leben neu zu beginnen, dann wäre es wohl besser, auf den Rat derer zu hören, die durch Gefängniserfahrung klug geworden waren.

Ich rechnete damit, dass das Büro des Aufsehers so kalt und eintönig wie der Rest des Gefängnisses sein würde. Das war aber keineswegs der Fall. Weder er noch sein Büro passten in das Gesamtbild des Gefängnisses. Robert Grunska, ein gut aussehender Mittfünfziger, begrüßte mich freundlich. »Setzen Sie sich, Mr. Colson, äh ... Colson – und machen Sie es sich bequem.« Damit zeigte er auf einen gepolsterten Stuhl, der direkt bei der Tür des getäfelten Büros stand.

»Wir verfügen im Augenblick über nicht sehr viele Männer«, meinte Grunska klagend. Er saß aufrecht hinter seinem Schreibtisch und spielte nervös mit seinem Bleistift. »Aber es läuft ein Vertrag mit der Luftwaffe, und demzufolge müssen wir täglich 150 Leute zur Verfügung stellen, die bestimmte Arbeiten verrichten – Rasenmähen, Säuberungsarbeiten und dergleichen.«

Grunska suchte irgendwie nach einem gemeinsamen Nenner. Ein Hinweis auf die Funktion des Gefängnisses, seine Beziehung zum Luftwaffenstützpunkt und die Rolle des Aufsehers bildeten einen ganz guten Einstieg. Ich entdeckte später, dass es sich bei Maxwell um nichts anderes als ein Arbeitslager handelte. Die Regeln des Gefängnisses, Urlaub, Arbeitsprogramme und Ausbildung, die für die Häftlinge und ihre Rehabilitierung von so großer Bedeutung sind, wurden den Erwartungen der Luftwaffe von 150 kostenlosen Arbeitskräften pro Tag untergeordnet.

Dann fügte er mit freundlichem Lächeln hinzu: »Meine Tür steht immer für Sie offen. Wenn Sie mich sprechen wollen, kommen Sie einfach her.«

Ich weiß nicht, was mich dazu bewog, denn dieser Mann war mir gegenüber sehr anständig gewesen, aber ich stieß hervor: »Gilt das für alle Insassen?«

»Warum – natürlich. Ich empfange jeden, der mich sprechen will, soweit es geht. Hier gibt es immer viel zu tun.«

Ich erklärte ihm, dass es für mich schwierig genug sein würde, von den Insassen akzeptiert zu werden, und dass ich wie jeder andere behandelt werden wollte. Die Unterhaltung ging etwas stockend weiter, und er erklärte mir noch einige Aspekte des Gefängnislebens und erwähnte das Problem der allgemeinen Stimmung unter den Gefängnisinsassen, besonders im Blick auf Urlaub. »Sie werden da viel Genörgel hören«, meinte er. »Achten Sie nicht darauf. Wenn jemand Urlaub braucht, kriegt er ihn. Wenn Sie einen brauchen, um vor Gericht auszusagen, dann ...«

Grunska unterbrach sich. »Keine Angst; ich werde dafür sorgen, dass Sie genauso behandelt werden wie alle anderen auch. Die Presse wird Fragen über Sie stellen, und genau das werde ich ihnen auch sagen. Wir haben hier ganz einheitliche Bestimmungen. Nur so kann man durchkommen.«

Dann begleitete mich der Aufseher zur Tür. Er war gut gekleidet, trug ein frisch gestärktes blau gestreiftes Hemd, eine leuchtend blaue Krawatte und gut gebügelte Hosen, während ich mich bemühte, mein zerlumptes braunes Hemd, dem zwei Knöpfe fehlten, zusammenzuhalten und die braunen Hosen etwas nach unten zu ziehen, weil sie 10 cm zu kurz waren. Er griff nach der Türklinke und hielt dann inne. »Ein paar Leute haben mich über Ihr Christentum gefragt – über die Berichte, die sie gelesen haben. Soll ich etwas darüber sagen?« Ich hatte bemerkt, dass er eine silberne Krawattennadel mit einem Fisch trug, ein Symbol der Christen des ersten Jahrhunderts. Es freute ihn offensichtlich, dass ich ihn daraufhin ansprach.

Ich erklärte ihm dann, dass ich mich als einen wieder geborenen Christen betrachte. »Ich nehme an, Sie haben Bibelleseprogramme für die Gefangenen?«

»Ja, und Sie könnten dabei helfen«, antwortete Grunska. In den ersten Wochen gab es aber lediglich ein paar Gottesdienste, die Pfarrer von draußen hielten.

Obwohl mir der Aufseher ein freundlicher und sanfter Mensch zu sein schien, hatte ich schon Beschreibungen wie »herzlos«, »kaltblütiger Tyrann« und »Sadist« gehört. Ich hatte auch festgestellt, dass die Häftlinge alle Gefängnisbeamten hassen, besonders aber den Aufseher. Sie sehen in ihm lediglich eine kommandierende Gestalt, die täglich zur Inspektion durch das Lager stolziert, ein Symbol totaler Autorität. Die menschlichen Qualitäten der Gefängnisverwalter, die, wie in allen Berufen, unterschiedlich sind, interessieren gar nicht. Zu »denen« oder dem System allgemein gehören Anwälte, Staatsanwälte, Richter, Geschworene, Bewährungshelfer und schließlich Gefängnisaufseher. Das System bestraft, fügt Leid zu, es will dem Angeklagten etwas antun. Groll ist der harte Mörtel, der die unsichtbare Mauer zwischen den Beamten und den Sträflingen zusammenhält.

Zweifellos hatte ich mit dem Aufseher mehr gemein als mit den meisten Sträflingen, aber ich wusste, dass schon bei dem leisesten Verdacht, ich hielte es mit dem »Feind«, größte Schwierigkeiten entstehen konnten: »Ratten« geht es dreckig. Was Grunska gesagt hatte, ließ mich ahnen, dass ich als Sekretär im Büro arbeiten könnte, wenn ich es wollte. Aber gleichzeitig sagte mir eine Stimme, dass ich keinerlei

Vergünstigungen suchen durfte.

Vom Büro des Aufsehers brachte man mich zu einem der beiden Fürsorger, die sich mit persönlichen Fragen und Verwaltungsproblemen aller Insassen befassen. Ben Brown, ein stämmiger Mann mit breitem Lächeln, händigte mir eine lange Liste mit Anweisungen aus und warnte: »Betätige dich nicht als Rechtsanwalt.« Als einer der beiden Anwälte im Gefängnis würde ich mit Bitten um Hilfe geradezu belagert werden, aber die Bestimmungen gestatten es nicht. Browns Anweisung bestätigte, was man mir von allen Seiten geraten hatte: nicht aufzufallen.

Als ich das Verwaltungsgebäude verließ, bemerkte ich einen jungen Schwarzen mit einem breiten Grinsen auf dem Gesicht und einem Stück Papier in der Hand. Er schritt auf und ab, während eine Sekretärin für ihn Formulare ausfüllte. Niemand im Gefängnis lächelte – wie ich später entdeckte –, außer am Tag der Entlassung. Später erfuhr ich, dass dieser junge Mann auf Grund einer Anordnung Präsident Fords entlassen wurde, der alle Deserteure begnadigt hatte.

Ich freute mich für den jungen Mann und war glücklich, wenn jemand freigelassen wurde, aber die Ironie war trotzdem schmerzlich. Ein ehemaliger Marinehauptmann, der die Hälfte seines Erwachsenendaseins im Dienste des Militärs oder der Regierung verbracht hatte, nahm im Maxwell-Gefängnis die Stelle eines Fahnenflüchtigen ein, der auf Anordnung des Präsidenten entlassen wurde.

Draußen fing es an zu dämmern, und die schwüle Hitze des Tages wich einer sanften Brise, die vom Alabama-River herüberwehte, der eine der Grenzen des Gefangenenlagers bildete. Um etwas mehr über den eingezäunten Gefängnisbereich zu erfahren, ging ich an einem Sportplatz vorbei und dann an einem hohen Zaun hinter den Baracken entlang. Schließlich gelangte ich auf einen eingezäunten Hof hinter dem Verwaltungsgebäude, der für Besucher gedacht war. Metalltische standen in ordentlichen Reihen unter hohen Bäumen. Ich starrte in den Hof, und meine Gedanken waren weit weg, als die Stille plötzlich von einem lauten Ruf durchbrochen wurde: »Colson, mach, dass du da wegkommst!« Ein hoch gewachsener Wächter in blauer Uniform kam auf mich zu. »Mach, dass du verschwindest. Der Zutritt dort ist verboten.«

Zuerst dachte ich an einen Scherz. Niemand hatte mir von verbotenen Bereichen erzählt. Doch sein Gesichtsausdruck überzeugte mich. »Verschwinde jetzt«, knurrte er und begleitete mich zurück zum Gefängnishof. Der Grund für diese Regel bestand darin, dass für Insassen, die sich nach Kontakt mit der Außenwelt sehnten, die Versuchung bestand, sich ständig in diesem Bereich aufzuhalten. Ich entschuldigte mich für meinen Fehler, aber der Wächter knurrte immer noch. »Lies die Bestimmungen, Colson«, brummte er und wandte sich ab. Kopfschüttelnd ging er zum Kontrollraum zurück.

Ein Sträfling, der die ganze Angelegenheit beobachtet hatte, kam zu mir und meinte: »Reg dich über diesen blöden Büttel nicht auf. Er ist einer der schlimmsten ... hier.« Ich hatte schon früher gehört, dass Gefängniswärter mit Büttel bezeichnet wurden, hielt das aber für übertrieben verächtlich. Von nun an sprach ich auch nur noch von »Bütteln«. Insassen und Wärter sind schon bald in einer Situation, in der sie nur noch sehr negativ voneinander reden und denken.

Als die Nacht hereinbrach, wurde mir so richtig bewusst, was es heißt, im Gefängnis zu sitzen. Ich fühlte mich bedrängt und furchtbar einsam, obgleich ich von vierzig anderen Männern umgeben war. Ich hatte schon vorher Zeiten der Einsamkeit erlebt – einmal, als ich zwölf Jahre alt war, in einem Internat; dann wieder als Angehöriger der Marine in einem fernen Land, und einmal, als ich mich beinahe im Urwald verlaufen hatte. Es war nicht etwa Heimweh, das mich bedrückte, sondern die Öde um mich her, die ausgehöhlten Männer, das durchdringende Gefühl der Verzweiflung, das den staubigen, schwach erleuchteten Schlafraum erfüllte.

Die Männer lagen mit leerem Blick auf ihren Pritschen und starrten ins Nichts. Ich konnte hier und da albernes Geschwätz hören, aber es gab kein Lachen, keine Witze, keinen gesunden Humor. Das hatte ich noch nie erlebt. Ein Schimpfwort, ein zorniger Ausbruch, das Scheppern der Metallspinde, die geöffnet und wieder verschlossen wurden – das waren die bestimmenden Geräusche.

Ich saß auf dem Rand meiner Pritsche und versuchte, dies alles in einem Brief meinen Brüdern im *Fellowship House zu* schildern. Obwohl ich wusste, dass sich die Eintönigkeit dieses Schlafsaales für immer in mein Bewusstsein eingraben würde, so würde ich mich doch auch bald daran gewöhnen, nachdem meine Empfindsamkeit etwas abgestumpft war. »Ich möchte, dass ihr mir das wieder vorlest, wenn ich hier raus bin und vielleicht den ersten Schock vergessen habe«, schrieb ich. »Ich möchte daran erinnert werden, wie groß das Bedürfnis der Strafgefangenen ist, ihre Identität und Würde als Menschen zu bewahren. Mein Herz krampft sich zusammen ...«

Als der Brief fertig war, wollte ich einige dieser Männer näher kennen lernen. Der Kleideroffizier, Mr. Bleven, hatte mir einen freundlichen Rat erteilt: »Such dir einen alten Landstreicher, so 'nen richtigen Dorftrottel, und unterhalte dich mit ihm am ersten Abend.«

Dann würde sich schon herumsprechen, dass ich nicht der hochmütige Bonze war, für den sie mich hielten. Ein junger Kerl namens Paul Kramer lag auf seiner Pritsche neben der Tür. Er sah recht anständig aus und trug ein großes Kreuz um den Hals, das Zeichen der Christen. Ich hatte schon kurz mit ihm gesprochen. Ich hatte das Gefühl, dass wir Freunde werden könnten, aber nicht heute Abend. Er war nicht der Typ eines Trottels.

Die meisten Schwarzen hatten sich in einer Ecke des Schlafraumes in meiner Nähe versammelt, aber sie erwiderten mein Lächeln nicht. Ein direkter Versuch, sich ihnen zu nähern, wäre nicht ratsam, sie würden eher misstrauisch werden. Der ältere Mann auf der nächsten Pritsche kam vielleicht infrage. Er hatte weißes Haar, ein schroffes Gesicht, raue, sehnige Hände und war vermutlich ein Schwarzbrenner. Er hatte mir bereits die Hände geschüttelt und sich mit »Homer Welsh« vorgestellt. Er schien recht argwöhnisch und scheu zu sein. Als er mit mir gesprochen hatte, war er immer weiter zurückgewichen. Jetzt schlief er bereits.

Auf der anderen Seite des Schlafraumes lagen einige Männer, auf die ich nun zuging. Sie schienen offen zu sein, besonders der drahtige junge Mann namens Jed, der eine alte schmutzige Kappe bis über die Augenbrauen gezogen hatte. Jed fiel mir auf, weil er mich unaufhörlich angrinste und dabei seine Zahnlücken zeigte. Mit seinem kleinen Kinn und dem Dauergrinsen sah er aus wie ein Gangster in einem drittklassigen Film. Wir waren bald in eine tiefe

Unterhaltung verwickelt, und er faszinierte mich mit seinen Berggeschichten. (Blevens Rat war nützlich gewesen: am nächsten Tag, als die Geschichte von meiner Unterhaltung mit Jed die Runde machte, verringerte sich die Feindseligkeit mir gegenüber.)

Mein Schlaf war unregelmäßig. Das Schnarchen, Stöhnen und andere Geräusche der Männer hörten nie auf. Viele Strafgefangene finden überhaupt keinen Schlaf, stehen auf, legen sich wieder hin; andere rauchen ununterbrochen. In der Dunkelheit konnte man ständig irgendwelche Bewegungen wahrnehmen. Die Luft stank widerlich nach Rauch, Schweiß, Urin und Staub.

In der ersten Nacht weckte mich der Lärm der Wärter, die durch den Schlafraum gingen und mit einer Lampe alle zwei Stunden in meine Augen leuchteten. Das gehörte zum Ritual der Abzählung, die Tag und Nacht durchgeführt werden musste; eine Pfeife ertönt, und alle Insassen eilen, wo immer sie sich in diesem Augenblick auch befinden, sofort zu ihren Pritschen. Jeder Schlafsaal wurde durchgezählt, dann bei der Kontrolle Bericht erstattet und schließlich ertönte aus dem Lautsprecher: »Alles klar.« Zunächst war es nur eine lästige Störung. Bald gehörte es zu der nervenzermürbenden Langeweile, vergleichbar mit der chinesischen Wasserfolter: ein Tropfen macht nichts aus, aber wenn es tagelang ununterbrochen weitergeht, dann ist jeder Tropfen wie ein Donnerschlag.

Eines Nachts wachte ich auf und glaubte fest, alles sei nur ein böser Traum. Erst später erfuhr ich, dass manche Sträflinge oft monatelang diese verwirrenden Zustände erleben. Sie wachen plötzlich in der Dunkelheit mit der festen Überzeugung auf, sich in Freiheit zu befinden.

Eine willkommene Unterbrechung der Routine erfreute mich immer wieder: der regelmäßige Besuch von Edmon Blow, einem örtlichen Baptistenprediger, der jeden Dienstagabend kam. Dreißig Männer versammelten sich in einer Halle. Ein tragbarer Altar, mit rotem Vinyl überzogen, wurde nach vorn geschoben; auf dem Altar stand ein schiefes Metallkreuz mit der Inschrift U. S. GOVERNMENT (Regierung der Vereinigten Staaten). Auch ein altes Klavier stand zur Verfügung.

Bruder Blow ist ein hoch gewachsener, grobknochiger Mann, der die Ermahnung der Heiligen Schrift, den Glauben mit Zuversicht zu verkünden, ernst nimmt. Es ertönten in dieser einen Stunde mehr »Amens«, »Hallelujas« und »Preist den Herrn«, als ich bisher in meinem ganzen Leben gehört hatte. Aber zu meiner Überraschung sang ich laut mit und lebte richtig auf.

»Oh, wie ich Jesus Christus liebe«, rief Bruder Blow mit lauter Stimme und streckte seine Arme gen Himmel und seine Jacke, die ohnehin zu eng war, zog sich über seiner Brust zusammen. »Er ist *mein* Erlöser – unser Erlöser.« Seine Stimme erreichte ein zitterndes Crescendo, als er verkündete: »Dank sei dir, Herr Jesus, für die Erlösung dieses armseligen, elenden Sünders.«

Dann ließ er seine Arme nach unten fallen und beugte schweigend den Kopf. Tränen quollen aus seinen geschlossenen Augen. *Dieser Mann scheint tatsächlich mit Jesus zu sprechen*, musste ich denken.

Die würdevollen Pfarrer meiner Kirche hatten das auf diese Weise nie getan, und ehe die Stunde vorbei war, stimmte ich laut in das Amen mit ein.

Als ich den Raum verlassen wollte, entdeckte mich Bruder Blow. Zu meinem Erstaunen kam er auf mich zugeeilt und umarmte mich herzlich. »Halleluja, dass Sie ausgerechnet hier sind!«, rief er. »Halleluja, Preis sei dem Herrn!« Er zog das Wort »Preis« stark in die Länge. Seine hervorstehenden Backenknochen unterstrichen die Herbheit seines ledernen Gesichtes; es war das verwitterte Antlitz eines Mannes aus dem ländlichen Alabama. Aber seine Augen strahlten vor Herzlichkeit und Liebe.

Bruder Blow sollte noch an den überraschenden Ereignissen der kommenden Wochen Anteil haben. Für diesen Abend war es genug, dass ich einen Bruder gefunden hatte, als ich ihn am dringendsten brauchte.

Kapitel 22

Keine Vergünstigungen, bitte

■   In den ersten Tagen war ich einem Schock nach dem anderen ausgesetzt, aber der größte lag noch vor mir. Als ich gegen Ende der Woche bei der Essensausgabe in der Reihe stand, lehnte sich einer der Helfer über die Theke, blickte nach beiden Seiten und flüsterte: »Ich muss mit dir sprechen – um deinetwillen.«

Irgendetwas sagte mir, dass er es ehrlich meinte. Als ich Jerry gleich nach dem Mittagessen draußen traf, zeigte er auf den Sportplatz, den einzigen Ort, an dem die Gefangenen sicher sein konnten, dass ihre Unterhaltung nicht mitgehört wurde. Als wir langsam darauf zuschlenderten, musterte ich ihn. Jerry war ein schmächtiger Typ, vielleicht in den späten 30ern.

Sobald wir eine sichere Entfernung zurückgelegt hatten, verlangsamte Jerry seinen Schritt und fragte: »Hast du hier irgendwelche Feinde?«

»Ich weiß nicht. Warum?«

»Ich meine jemanden, der dir wirklich an den Kragen will!?«

»Meinst du, mich umbringen?« Mein Herz raste und in meinem Nacken empfand ich wieder diese Nadelstiche.

Jerry nickte. »Es geht mich nichts an, und ich weiß nicht, warum ich es dir sage, aber du scheinst ein anständiger Typ zu sein, besser als wir ursprünglich gedacht haben.«

Ich überlegte, ob das vielleicht nur ein Trick war, um mich zu testen. Das oberste Gebot des Strafgefangenen ist es, sich in nichts einzumischen. Warum tat Jerry aber genau das?

Als ob er meine Gedanken erraten hätte, zuckte Jerry mit den Schultern. »Ich bin blöd, dass ich meine Nase da hineinstecke, aber jedenfalls hörte ich, wie einer dieser Jungs seinem Freund erzählte, dass er dich ins Jenseits schaffen will. Manchmal sagen sie das einfach so, aber es hörte sich an, als ob der es ernst meinte.«

»Kannst du mir sagen, wer es ist?«, fragte ich.

»Auf keinen Fall. Ich bin keine Ratte.«

Ich hatte ihm während dieses Wortwechsels in die Augen geblickt. Er schien es todernst zu meinen. Wenn er mich nur auf die Probe stellte, war es am besten, gelassen zu erscheinen. »Wenn ich das den Bütteln sage, würdest du das dann bestätigen?«, fragte ich eiskalt.

Jerry sah mich unglücklich an und scharrte mit den Füßen im Sand. »Schau, Colson, ich brauchte mich um dich überhaupt nicht zu kümmern. Ich dachte nur, dass ich dich warnen sollte. Das ist alles. Du kümmerst dich um die Sache, und ich ziehe mich zurück. Okay?«

Zum ersten Mal lächelte ich ihn an: »Vielen Dank, Jerry, dass du das gewagt hast. Ich kann schon auf mich aufpassen.« Als wir schweigend zur Baracke zurückgingen, wäre ich gerne so zuversichtlich gewesen, wie das geklungen hatte. Wer war es? Jemand, der einen Hass gegen Nixon hegte? Ich musste an Mike, den Schläger, denken! Hier gab es einen Killer, der mir an den Kragen wollte. Und wenn ich Jerry Glauben schenken durfte, dann war es diesem Kerl ernst.

Erst am späten Nachmittag konnte ich meine Arbeit beenden und hatte Zeit, nachzudenken. Ich setzte mich ins Gras neben der Baracke. Die Gedanken blitzten durch meinen Kopf. Wie sollte ich auf Jerrys Warnung reagieren?

Ich konnte natürlich zum Dienst habenden Offizier gehen oder es am nächsten Tag dem Aufseher melden. Aber wie würden sie reagieren? Jerry würde nichts zugeben. Wenn das Ganze nur ein Witz war und ich ging zu den Wärtern, dann würde das kommende Jahr für mich zur Hölle werden. Die Wärter konnten mich ohnehin nicht schützen; es war unmöglich, zu verhindern, dass sich ein Sträfling in der Nacht in einen dunklen Schlafsaal schlich, um einen anderen Gefangenen im Schlaf kaltzumachen. Mir war natürlich schon zu Ohren gekommen, dass so etwas in Maxwell und anderswo tatsächlich vorkam. Es gab zahllose Gelegenheiten, sich an das Opfer heranzumachen, selbst tagsüber. Was würde es deshalb nützen, wenn ich diese Drohung meldete? Vielleicht würde man mich in ein anderes Gefängnis verlegen. Aber die Presse hatte bereits berichtet, dass ich in Maxwell inhaftiert war – wie würde man meine Verlegung begründen? Die Gefängnisbehörde würde vermutlich der Günstlingswirtschaft beschuldigt; oder man könnte mir unterstellen, Maxwell hätte mir nicht zugesagt, und ich hätte darum eine Verlegung arrangiert. Was noch schlimmer war, ich konnte in ein Gefängnis für besonders schwere Fälle geraten, um dann ständig bewacht zu werden. Da wäre ich zwar sicher aufgehoben, aber zu welchem Preis!

Ich kam zu dem Schluss, dass ich keine Wahl hatte. Ich musste es einfach durchstehen und hoffen, dass der Herr mir helfen würde. Wieder einmal flehte ich zu ihm um Hilfe. Vor dem Einschlafen betete ich an diesem Abend um die Gegenwart Christi und um seinen Schutz. Mein Glaube war wohl noch sehr schwach, denn obwohl ich physisch völlig erschöpft war, wälzte ich mich die ganze Nacht hin und her. Manchmal nickte ich ein, wachte aber bei dem leisesten Geräusch wieder auf. Angespannt starrte ich in die Dunkelheit, schloss wieder meine Augen und versuchte zu schlafen. Am Morgen erhob ich mich müde und gereizt.

Um es noch schlimmer zu machen, beobachteten mich die Gefängniswärter und die 250 Häftlinge ständig. Ich fühlte es überall. Wie würde ich auf das Essen reagieren – das ich übrigens überraschend gut fand? Welche Freundschaften schloss ich? Wie viel Post bekam ich? Wurden meine Briefe wie alle anderen geöffnet und überprüft? (Sie wurden es.) Um welche Arbeit würde ich mich bemühen? Hier würde sich am deutlichsten zeigen, wenn ich mich um Vergünstigungen bemühte. Sie würden sich begeistert auf das kleinste Zeichen von Bevorzugung stürzen. Damit wäre bewiesen, was die meisten ohnehin fest glaubten, dass nämlich das System nichts taugt oder dass die Bonzen den Knast nicht ertragen können – vielleicht auch beides.

Überraschung machte sich breit, als sich herumsprach, dass ich mich nicht um einen der beliebten Jobs bemüht hatte. Das war natürlich Absicht gewesen. Alle Gefangenen versuchten nämlich, einen der besseren Jobs zu ergattern, wobei es vor allem darum ging, schwere Arbeit draußen und Küchendienst zu vermeiden. Wenn das Arbeitskomitee eine Sitzung hatte, um den Gefangenen ihre Aufgaben zuzuteilen, gab es fast Epidemien von chronischen Rückenleiden, geheimnisvollen Schmerzen und anderen Krankheiten; sonst völlig apathische Männer konnten auf einmal mit enormen schauspielerischen Leistungen aufwarten.

Ich nahm alle Arbeiten an und legte mich voll ins Zeug; ich bohnerte Fußböden, harkte Laub zusammen, leerte Mülleimer – so als ob mein Leben davon abhinge, und in gewisser Weise glaubte ich das auch. Es war mir jetzt genauso wichtig, mich zu beweisen und »Anerkennung« zu finden wie vor dreißig Jahren, als ich mich gegen das intellektuelle Establishment in Boston auflehnte, oder später, als ich der Marine zeigen musste, dass ich »gut genug« war. Ich musste mir alles erarbeiten und diesmal würde es härter sein als je zuvor. Diesmal ging es darum, mein von der Presse geprägtes Image zu überwinden und auch die erstickende Atmosphäre des Misstrauens zu durchdringen, die jedes Gefängnis erfüllt.

Das Leben im Gefängnis wird oft mit dem Leben beim Militär verglichen. Es gibt natürlich gewisse Ähnlichkeiten – das Leben in engen Baracken, die Gruppenregeln, das Gefühl der Unterdrückung durch die Vorgesetzten. Aber es gibt doch beträchtliche Unterschiede. Im Gefängnis kann es vorkommen, dass der Mann, mit dem man sich befreundet, einem die sauberen Socken stiehlt. Inhaftierte lassen selten in ihrer Wachsamkeit nach, selbst denen gegenüber nicht, die sie gut kennen.

Das eine große Ziel besteht darin, zu überleben, die Zeit totzuschlagen, Schwierigkeiten aus dem

Weg zu gehen und schließlich wieder rauszukommen. Rauskommen ist das Allerwichtigste, und da ist jeder ganz auf sich gestellt. Die Mitgefangenen können die Chancen der Freilassung mitunter verringern, indem sie einen in ihre Untaten verwickeln. Aber sie können nur wenig tun, dass man die Freiheit schneller zurückgewinnt. Die Ausbildung beim Militär hingegen zielt auf Zusammenarbeit ab. Im Kampf sind die Einzelnen aufeinander angewiesen. Das Überleben hängt auch von den Kameraden ab.

»Colson, wo willst du denn nun arbeiten?« Ben Brown, der Fürsorger mit dem runden, immer leicht lächelnden Gesicht, starrte mich an. Neben ihm saßen der Beamte, der für die Ausbildung zuständig war, zwei Offiziere und der andere Fürsorger. Das Arbeitskomitee musste jetzt entscheiden.

»Ganz was Sie wollen!«

»Das ist deine letzte Chance, einen guten Job zu ergattern!«

»Ich weiß.«

Brown bat mich, draußen zu warten. Nach ein paar Minuten wurde ich zurückgerufen. »Colson, du wirst in der Wäscherei arbeiten.« Danach teilte man mir mit, was ich im Einzelnen zu tun hatte.

Beinahe wäre mir die Frage herausgerutscht, ob es eine Verbindung gab zwischen dem Eignungstest am ersten Tag und dieser Arbeitszuteilung. Ich konnte nicht einmal unsere Waschmaschine zu Hause bedienen. Und wer beobachtet hat, wie ich die Haube meines Wagens öffne, weiß, dass ich mich mit technischen Dingen überhaupt nicht zurechtfinde. Je mehr ich aber darüber nachdachte, umso glücklicher war ich. Die Männer hatten einen Kompromiss zwischen einem netten Bürojob und der verhassten Müllabfuhr gefunden. Jetzt würde den anderen Insassen jedenfalls deutlich werden, dass ich nicht zu den Lieblingen der Aufseher zählte.

Die Wäscherei befand sich in einem großen lagerhausähnlichen Gebäude, in dem es schrecklich heiß wurde. Dabei mussten wir ständig verschwitzte Unterwäsche und braune Arbeitsuniformen aussortieren, die Maschinen bedienen und den anderen Gefangenen die saubere Wäsche aushändigen. Es gab aber auch Vorteile. Ich arbeitete unter Mr. Bleven, einem freundlichen Mann, der mich ganz zu Anfang hier eingewiesen hatte. Außerdem konnte ich auch dafür sorgen, dass meine eigenen Kleider stets sauber waren, was für die Erhaltung der Gesundheit von großer Bedeutung ist. Manchmal zwang man uns auch, draußen im Regen zu arbeiten – und das mitunter bei strömendem, subtropischen Regen, sodass wir oft bis über die Knöchel im Wasser standen. Regenmäntel existierten hier nicht – lediglich ein Handtuch. Dazu erhielten wir ein Hemd und ein paar Socken pro Tag. Als ich einmal zwei Tage im Regen arbeiten musste, erkältete ich mich derartig, dass ich zwei Wochen lang krank war.

Meine Einweisung in die Wäscherei war darüber hinaus ein weiterer Schritt auf dem Weg, mein Ich zu demütigen. Wenn man die schmutzige Wäsche anderer Leute waschen muss, hat man kaum Gelegenheit, hochmütig zu werden – es ist gar nicht so weit von einer Fußwaschung entfernt.

Falls diese Arbeitszuteilung die Feindseligkeit meiner Mitgefangenen abgebaut hatte, so wurde dies jedenfalls nicht deutlich. Jetzt stichelten sie: »Der Bonze vom Weißen Haus wäscht meine Socken, ha, ha!« Es gab zwar ein paar schüchterne Annäherungsversuche, aber die meisten Männer verhielten sich mir gegenüber immer noch misstrauisch. Ich sehnte mich sehr nach der Freundschaft und Unterstützung, die ich im *Fellowship House* erfahren hatte. Und dann fiel mir wieder der junge Typ ein, der das große Kreuz um den Hals trug.

Paul Kramer war 27 Jahre alt und der beste Baseballspieler in unserer Gefängnismannschaft. Er machte einen offenen und ehrlichen Eindruck. Nach seiner Marinezeit in Vietnam hatte er ein College in seiner Heimatstadt Atlanta in Georgia besucht. Um die verlorene Zeit wieder aufzuholen und seinen Unterhalt zu verdienen, nahm er zwei Jobs zur selben Zeit an. Dann gab es mit seiner Braut Probleme, und bald wurde Paul alles zu viel. Er geriet an Drogen und handelte auch damit. Nach vier Monaten wurde er erwischt, verhaftet und zu drei Jahren verurteilt. Im Gefängnis in Texarkana, so erzählte mir Paul, hatte er dann ernsthaft über sein verpfuschtes Leben nachgedacht und »Jesus Christus angenommen«.

»Paul, wir könnten doch hier eine kleine Gruppe starten«, schlug ich ihm vor. »Wir könnten uns mit ein paar anderen Christen treffen, über unsere Probleme miteinander reden und gemeinsam beten.«

Paul überlegte. »Ich weiß nicht, Chuck, hier werden ›Jesusspinner‹ einfach ausgelacht. Man kann keine Bibel mit sich herumtragen, ohne zum Spott der ganzen Meute zu werden. Das geht hier einfach nicht.«

»Vielleicht sollten wir es doch versuchen«, beharrte ich. »Du müsstest allerdings damit anfangen, denn ich bin neu und will nicht riskieren, dass man denkt, ich wolle mich aufspielen. Nun, was meinst du?«

Aber er schüttelte den Kopf. »Nein, das kann man nicht organisieren. Vielleicht sollten wir aber darüber beten und sehen, was der Herr will.«

Diese Absage überraschte mich, aber ich wollte ihn nicht drängen.

In jener Nacht beteten wir dann zusammen. Nur wir beide, ganz allein draußen in der Dunkelheit vor unserer Baracke. Wir baten Gott, dass er doch die Männer im Gefängnis zusammenführen möge – ein Gebet, das auf eine Weise beantwortet werden sollte, die mich bis in die Tiefen meines Seins erschütterte.

Die ganze Woche über freute ich mich auf Pattys Besuch. Vor 6 Uhr stand ich schon auf, denn ich wusste, dass Patty um 8 Uhr bereits am Tor stehen würde. Nach einer besonders gründlichen Rasur besserte ich noch schnell die Falten meiner geliehenen Uniform auf. Vergeblich suchte ich das viel zu kurze Hemd herunterzuziehen. In dem mit Zahnpasta und Rasierschaum voll gespritzten Spiegel konnte ich dann das Bild begutachten, das sich Patty bieten würde. Ich hoffte nur, dass meine Sorgenfalten nicht zu sehr auffallen würden.

Nur drei oder vier Gefangene bereiteten sich auf Besucher vor – ich war richtig stolz. Andere Männer verbrachten bereits Monate, manche sogar schon Jahre hier und sie hatten die langen Wochenenden, an denen die Zeit noch langsamer verging. Manche Gefangene zogen es sogar vor, keine Familienangehörigen oder Freunde kommen zu lassen; sie wollten in dieser trostlosen Gegend von niemandem gesehen werden. Andere glaubten wieder, es wäre einfacher, sich gar nicht erst der Wiedersehensfreude und dann wenig später wieder dem Schmerz des Abschieds auszusetzen. Aber bei den meisten waren wirtschaftliche Gründe maßgebend. Ihre Familien hatten einfach nicht das Reisegeld. Diese Häftlinge hatten keine Wahl, sie mussten sich treiben lassen von dem endlosen Kreislauf, wo Stunden zu Tagen,

Tage zu Wochen, Wochen zu Monaten wurden – wie eine lange, traumlose Nacht.

Patty und ich hatten beschlossen, so viel Zeit wie nur irgend möglich zusammen zu verbringen. Vielleicht gewöhnte man sich wirklich leichter an das Leben im Gefängnis, wenn man nicht vom emotionalen Gipfel des Wochenendes wieder in die unbarmherzige Tiefe der langen Wochentage gestürzt wurde – aber ich wollte kein Gefängnisroboter werden. Schon eine Stunde vor der Besuchszeit ging ich auf dem Hof auf und ab.

Die Besucher hatten sich zunächst am Eingang des Verwaltungsgebäudes zu melden. Nach den Bestimmungen musste jeder durchsucht werden (obwohl das oft nicht geschah). Die Besuche erforderten im Voraus eine Genehmigung, und jeder Sträfling hatte eine Liste mit Besuchern anzufertigen, die er erwartete. Ohne besondere Erlaubnis durften die Sträflinge nichts mit in den Besucherraum bringen und auch außer vier Päckchen Zigaretten nichts annehmen. Nichts durfte ausgetauscht werden. Eine zweiseitige Liste klärte uns über die Verhaltensregeln auf – so durfte man sich nur bei der Begrüßung und der Verabschiedung umarmen. Nachdem der Gefangene seinen Besuch begrüßt hatte, durfte er den Besuchsraum nicht mehr verlassen – sonst galt der Besuch als beendet. Die Besuchszeit dauert bis um 16 Uhr.

Genau um 8 Uhr tönte der Lautsprecher: »Colson, Besuch!« Eifrig wie ein Schüler, der eine Eins nach Haus bringt, rannte ich zum Besuchsraum und vergaß, mich im Kontrollraum zu melden. Ein verärgerter Wärter rief mich zurück, durchsuchte mich mit militärischer Gründlichkeit und ließ mich dann abziehen.

Patty, in grünen Hosen und einem lustigen Pullover, strahlte, als ich den Besuchsraum betrat. Es fiel uns schwer, unsere Gefühle zurückzuhalten – aber meist gelang es. Natürlich erzählte ich nichts von den Unbequemlichkeiten und von der Bedrohung meines Lebens. Ich sagte ihr aber, dass die meisten Menschen hier auch Opfer ihrer jeweiligen Umstände zu sein schienen. Patty wandte keinen Blick von meiner zerlumpten Kleidung, und ich wusste, dass es ihr wehtat.

Später wurde eine Besucherin gebeten, das Gefängnis zu verlassen, und der Gefangene, den sie besucht hatte, musste sich bei der Kontrolle melden. »Was ist los?«, fragte Patty bestürzt.

»Schwer zu sagen. Vermutlich hat sie versucht, etwas hereinzuschmuggeln.«

»Was wird jetzt mit ihm geschehen?«

»Der kommt vermutlich ins Loch.«

»In was?«

»In eine kleine Zelle – Einzelhaft.«

Pattys Stimme klang gedrückt, aber bald hatte sie

sich wieder unter Kontrolle. Es gab so viel zu erzählen, von zu Hause, von unseren Freunden, vom *Fellowship House* und Pattys Bibelkreis. Bis zum Nachmittag hatten wir eine ganze Reihe der Insassen und ihre Frauen kennen gelernt und wir scherzten sogar über meine grüne Unterwäsche und die braunen Khakihosen.

Obwohl es Herbst und die Luft schon merklich kühler geworden war, saßen wir den ganzen Tag draußen an einem der runden Tische. Nur die ständig auf und ab schreitenden Wächter erinnerten uns daran, wo wir uns eigentlich befanden. Für mich bedeutete es eine ungeheure Erleichterung, Patty diese beiden Tage bei mir zu haben und mit ihr am Sonntagmorgen den Anstaltsgottesdienst zu besuchen. Aber wir lernten auch die emotionale Belastung kennen, von der Bud und Susanne gesprochen hatten. Als ich am Sonntagabend wieder ganz allein im Schlafsaal lag und die schreckliche Einsamkeit mich überfiel, fragte ich mich bestürzt, wie viele solcher Wochenenden wir wohl durchhalten konnten.

Mit der Zeit gewöhnte ich mich an vieles: die Kakerlaken, die in dem Schließfach neben meinem Kopf herumliefen, den Gestank, der bereits nach wenigen Tagen meine Kleider durchdrungen hatte, und beide Arten von Ratten – die wirklichen und die Verräter, die man als »Ratten« bezeichnete. Als ich aber an jenem Sonntagnachmittag verfolgte, wie

Patty ihren Wagen aus der Parklücke lenkte, konnte ich dem Gefühl der Niedergeschlagenheit nicht Herr werden. Patty wohnte zwar nur ein paar Meilen weiter in einem Motel, aber ich war doch von ihr getrennt und konnte nicht zu ihr eilen, falls sie mich brauchte. Ich musste wieder eine ganze Woche in der bedrückenden Unwirklichkeit des Gefängnisses verbringen und auf das nächste Wochenende warten.

Während Pattys Besuch hatten wir miteinander in der Bibel gelesen – das war das erste Mal, dass ich seit meiner Einweisung ins Gefängnis die Bibel geöffnet hatte. Ich hatte deswegen wirklich ein schlechtes Gewissen und stand am Montagmorgen früh auf, um mit einem Bibelkurs der Navigatoren, den Doug Coe mir gegeben hatte, zu beginnen.

Der erste Bibelabschnitt dieses Kurses stand im Hebräerbrief, im 2. Kapitel, wo ich »wertvolle Informationen über das Menschsein Jesu« finden sollte.

Den aber, der eine kleine Zeit niedriger gewesen ist als die Engel, Jesus, sehen wir durch sein Todesleiden gekrönt mit Preis und Ehre, auf dass er aus Gottes Gnade für alle den Tod schmeckte. Denn so ist Gott, um deswillen alle Dinge sind und durch den sie alle sind, dass er den, der da viel Kinder zur Herrlichkeit geführt hat, als den Herzog ihrer Seligkeit, durch Leiden vollendete.

Denn weil sie alle von einem kommen, beide, der da heiligt und die da geheiligt werden, darum schämt er sich auch nicht, sie Brüder zu heißen ... (Hebr 2, 9–11).

    Denn er nimmt sich ja nicht der Engel an, sondern der Kinder Abrahams. Daher musste er in allen Dingen seinen Brüdern gleich werden, auf dass er barmherzig würde und ein treuer Hoher Priester vor Gott ... Denn worin er selber gelitten hat und versucht ist, kann er denen helfen, die versucht werden (Hebr 2, 16–18).

    Als ich diese Worte zum ersten Mal und dann immer wieder las, wusste ich, dass Gott zu mir sprach. Ich befand mich im Gefängnis, weil ich hier sein musste – es war ein wesentlicher Schritt in der Überwindung des alten Lebens – ein Preis, den ich zahlen musste, um wirklich frei zu sein und ein neues Leben zu beginnen. Er bereitete mich auf das zukünftige Leben vor und züchtigte mich auch – aber worin lag der Sinn dieser Führung Gottes *jetzt?* Ich spürte in meinem Innern, dass sich die Antwort unmittelbar vor meinen Augen befand. *Lies es, denke darüber nach, es zeigt dir, warum Gott in Christus Mensch wurde: um seine Kinder zu verstehen, damit sie seine Söhne und Brüder werden konnten. Dieses Beispiel hat dir etwas zu sagen.*

    Auf einmal leuchtete mir eine wunderbare Wahrheit aus diesem Abschnitt entgegen. Gott, so hatte ich bereits erkannt, hatte uns nach seinem Bild als seine Stellvertreter geschaffen. Wir sollten ihm dienen. Aber nach dem ursprünglichen Akt des Ungehorsams im Garten Eden und dem sich fortsetzenden

Widerstand der Menschen gegen Gott durch die ganze Geschichte hindurch, konnte der Mensch nicht mehr die Erwartungen Gottes erfüllen. Anstatt nun seinen Zorn auf die Menschheit auszugießen oder die Verbindung ganz abzubrechen, wurde Gott einer von uns, lebte er mit seinen Geschöpfen, um unsere Versuchungen und Sünden zu verstehen, unsere Ängste zu empfinden, um in unserer Sprache mit uns zu reden, um uns schließlich zu vergeben und den Weg zur Erlösung anzubieten. Welch ein Ehrfurcht gebietender Gedanke: in Jesus Christus kennen wir Gott als unseren *Bruder!* Welch eine unglaubliche, persönliche Gemeinschaft hat er dadurch ermöglicht. Allein der Gedanke daran flößte mir tiefe Ehrfurcht ein.

Zum ersten Mal wurde die Dreieinigkeit für mich persönlich bedeutungsvoll. Gott war zuerst der Schöpfer und der Vater. Als Jesus, als der Sohn, lebte er unter uns. Nachdem er unsere Not im Fleisch erfahren hatte, schenkte er uns den Heiligen Geist als Tröster und Fürsprecher. Bislang hatte ich die Dreieinigkeit als Lehrsatz geglaubt, hatte aber die dritte Person nur gelegentlich in mein Bewusstsein aufgenommen. Nun sah ich im Heiligen Geist mehr und mehr eine Quelle der Kraft, ich erkannte sein Wirken und sah darin den logischen Plan Gottes. Auch früher schon hatte ich Jesus Christus gebeten, mich durch seinen Heiligen Geist zu führen, aber erst jetzt wurde mir ganz deutlich, dass er das wirklich tat.

Dann kam mir ein weiterer, mich persönlich noch stärker betreffender Gedanke. Wenn es für Gott nötig wurde, Mensch zu werden, um seinen Kindern zu helfen, konnte es dann nicht sein, dass ich ein Strafgefangener werden musste, um das Leid der Häftlinge zu begreifen? Vielleicht war es ein Teil des göttlichen Planes, dass ich als Sünder ins Gefängnis kam, um die Männer als einer der ihren kennen zu lernen. Als Besucher wäre ich ihnen fremd geblieben, hätte sie nie wirklich verstanden. Niemand begreift, was in einem Häftling vorgeht, wenn er nicht selbst einer war, die Angst verspürt, die Hilflosigkeit erfahren, die Trostlosigkeit ausgekostet hat. In einem ganz kleinen Maßstab geschah mit mir, was auch Jesus erlebt hatte, als er zu uns kam.

Natürlich, musste ich denken, *natürlich bin ich aus gutem Grund hier. Vielleicht steht ein Auftrag Gottes dahinter.* Als Christ glaubte ich fest an das, was auch C. S. Lewis unterstrichen hat, dass nämlich der einzelne Mensch unendlich viel wichtiger ist als der Staat. Und dazu gehört ganz sicher auch der einzelne Häftling.

Ich würde nie wieder vergessen, was es heißt, im Gefängnis zu sitzen. Ich kannte die langsame Zersetzung der Seele, den Prozess der Persönlichkeitszerstörung. Und wie Gott sich nicht schämte, mich in Jesus Christus Bruder zu nennen, so sollte auch ich mich nicht schämen, jeden meiner Mithäftlinge als Bruder anzunehmen, ja, ich sollte sie von Herzen lieben. Wäre das ohne mein Hiersein möglich? *Niemals*, das musste ich mir eingestehen.

Aus diesem Gedanken wuchs die Gewissheit, dass mir ein Dienst an den Strafgefangenen übertragen werden sollte – schon jetzt als Häftling, dann aber auch später, wenn ich wieder frei war. Ich konnte bereits jetzt erkennen, dass das Leben im Gefängnis nicht die notwendigen Möglichkeiten bot, um die Häftlinge auf ein kreatives, selbstverantwortliches Leben in der Freiheit vorzubereiten. Wir wurden vielmehr als Arbeitskraft betrachtet, notfalls bestraft, nie aber nach unseren Gedanken oder Gefühlen gefragt.

Der Abschnitt im Hebräerbrief hatte mir einen inneren Stoß versetzt und ließ mich die Frage, ob ich mich um die Angelegenheiten meiner Mithäftlinge kümmern sollte, neu überdenken. Dem gleichen Konflikt hatte ich gegenübergestanden bei der Frage, ob ich ein Geständnis ablegen sollte oder nicht: Der Weg der Welt und der Weg Christi hatten vor mir gelegen. Damals hatte ich den Weg Jesu gewählt. Verfiel ich jetzt wieder auf die Methoden dieser Welt? Natürlich war Doc Krenshaws Rat vernünftig – aber möglicherweise diente er mir auch dazu, meine eigene Verantwortung hinwegzurationalisieren.

Dann erinnerte ich mich an die Worte, die mir

nach meiner Verurteilung vor dem Gerichtsgebäude als Antwort an die Presseleute geschenkt worden waren: »Ich kann für Jesus im Gefängnis genauso gut arbeiten wie draußen.« Wenn das der Weg Gottes war – und das schien mir an diesem Tag unmissverständlich klar zu sein –, dann war ich bereit, mich zu engagieren und von ihm den nötigen Mut und die Weisheit zu erbitten.

Kapitel 23

Wo zwei oder drei sich versammeln...

■ Um 6.00 Uhr morgens durchbrachen ein schrilles Läuten und krächzende Lautsprecher die nächtliche Stille. Das Gefängnis schien zu seufzen und zu ächzen, als es langsam zum Leben erwachte. Von Schlafsaal zu Schlafsaal flackerten Lampen auf; Männer drängten sich in die Duschräume; Kantinenhelfer, die Augen noch voll Schlaf, setzten die Kaffeemaschinen in Gang; Wärter in blauen Hemden schritten das Gelände ab.

Das war jeden Morgen dasselbe. Aber am Montag der folgenden Woche schien das Lager erstarrt und voll Spannung. Es lag wie statische Elektrizität in der Luft und zeigte sich in den gespannten Mienen und der unnatürlichen Stille in Schlafsälen und Kantinen. Es gab nur ein Gesprächsthema: die Verhandlungen über Entlassung auf Bewährung, die heute beginnen sollten.

Einmal alle zwei Monate kam ein Prüfungsgremium von drei Beamten des mittleren Dienstes aus Atlanta für vier Tage ins Lager, um über die etwa 40 Begnadigungsaspiranten zu entscheiden. Die Gefangenen werden dann einer nach dem anderen, wie am Fließband, zur Befragung an den Prüfern vorbeigeführt, und mit einem Federstrich wird dem einen ein Dreijahresurteil auf ein Jahr verkürzt und dem anderen die »Verbüßung der Gesamtstrafe« – so der gefürchtete offizielle Ausdruck – für seine fünf Jahre auferlegt.

Die ängstliche Anspannung ist begründet. Bei der allgemein üblichen Praxis zeitlich nicht genau festgesetzter Strafen wird der Angeklagte zu einer Mindest- und zu einer Höchststrafe verurteilt – in meinem Fall ein bis drei Jahre. Die Bewährungsvorschriften verlangen, dass nach Abbüßung der Mindeststrafe geprüft wird, ob der Gefangene für eventuelle Bewährungsentlassung infrage kommt. Diese Maßnahme soll bewirken, dass Männer entlassen werden, die sich im Gefängnis gut geführt haben und nicht als unzumutbar für die Gesellschaft gelten. Aber wie jeder bürokratische Apparat hat das Bewährungskomitee umfangreiche Richtlinien erlassen, die für bestimmte Straftaten eine Mindeststrafe festlegen. So kann es durchaus vorkommen, dass die Prüfung wie eine zweite Verurteilung ist, zumal die Freilassung nur selten nach dem ersten Drittel der Haftdauer gewährt wird. Die Richtlinien ändern sich ständig, und dadurch wird die Bewährungsfrage zum großen Ratespiel und bedeutet eine qualvolle Unsicherheit für jeden Gefangenen und eine maßgebliche

Ursache des Ärgers und der Beunruhigung in den Gefängnissen.

An den Tagen vor Ankunft der Prüfer konzentriert sich alle Aufmerksamkeit auf die zur Verhandlung anstehenden Fälle. Die Häftlinge sind erstaunlich gut über alle Einzelheiten informiert. Die Ergebnisse besitzen nicht nur für die Bedeutung, deren Freiheit unmittelbar auf dem Spiel steht, sondern auch für die anderen, die erst später von entsprechenden Entscheidungen betroffen werden können.

Als an jenem Montag die Prüfer ankamen und die Vernehmungen begannen, jagten bruchstückhafte Informationen durch das Nachrichtennetz des Lagers: die ersten drei Fälle zurückgewiesen; Pop kriegt noch eine Verhandlung; Smitty hat bloß fünf Minuten Redezeit bekommen und ist abgewiesen worden. Die be ... Richtlinien machen alles kaputt.

Gegen 16.00 Uhr warfen die Ergebnisse des ersten Tages einen düsteren Schatten über das Gefängnis. Nur zwei der ersten zwölf Aspiranten bekamen Bewährung. Die Vorahnungen des Morgens waren am Abend zur verzweifelten Gewissheit geworden. Ich war bestürzt, denn wie 99 Prozent der Männer meines Berufes hatte ich in ahnungsloser Treuherzigkeit angenommen, dass Bewährung eine praktisch automatische Sache sei, besonders bei »kleinen« Straftätern, die ein Gefängnis bevölkern, das nur mit Mindest-Sicherheitsvorkehrungen ausgestattet ist.

Wenn mir in der ersten Nacht der Schlafsaal dunkel und niederdrückend vorkam, so hatte er sich an diesem Abend in ein schwarzes Loch verwandelt. Alles, einschließlich der Nerven der meisten Männer, schien von der gleichen Spannung gepackt zu sein. Es bedurfte nur eines kleinen Anlasses, um die überstrapazierten Nerven in einer Schlägerei sich entladen zu lassen. Eine große Anzahl Häftlinge, sogar in Gefängnissen wie Maxwell, haben ein Gewalttatenregister vorzuweisen. Die meisten Tätlichkeiten gehen im Grunde auf Lappalien zurück: Einmal geht es um die Wahl des Fernsehprogramms, ein andermal um den Abstand zwischen den Pritschen – jeder Millimeter ist kostbar – oder auch um das Zuknallen einer Tür, während jemand zu schlafen versucht. Einmal hörte ich einen großen, stämmigen Häftling kreischen, er werde den Kerl, der die Seife aus seinem Spind gestohlen habe, »umbringen«.

Als ich an jenem Abend einige Sachen in meinen Spind packte, brach in der Nähe ein Kampf zwischen zwei jungen Häftlingen aus. Später erfuhr ich, dass beide lange Straftatenregister aufzuweisen hatten. Diese beiden schweren Jungs waren stark tätowiert, trugen viele Narben zur Erinnerung an frühere Schlachten und es fehlten ihnen einige Zähne. Es begann mit harmlosem Geschubse und freundlichen Püffen, wurde aber bald ernst. Ich sah einen Moment lang zu, festgefroren auf dem Rand meiner Koje. Als die Schläge bösartig wurden, sprang ich dazwischen. Sofort wandten sie sich beide gegen mich. Beide erhoben ihre Fäuste. Ich lächelte; sie fletschten mit den Zähnen.

Im Schlafsaal wurde es schlagartig still; die Männer rochen Blut, so wie Haie, die den Schwingungen des Wassers folgen. Blut, und zwar meines, würde fließen. Einer spuckte auf den Boden und rieb sich die Hände. Ein Schauder überlief mich. Könnte einer von diesen beiden gedroht haben, mich zu töten? Wenn ja, dann hatte ich ihm jetzt die beste Gelegenheit gegeben.

»Was ist denn mit euch los?«, fuhr ich sie an, in der Hoffnung, dass sie mein Herz nicht klopfen hörten. Keiner rührte sich. Keiner machte Anstalten, mir zu Hilfe zu kommen. »Habt ihr nicht eben den Wärter beim Fenster vorbeigehen sehen? Ihr werdet beide noch heute Abend im Loch landen!« Das war eine Lüge, eine reine Selbstverteidigungsmaßnahme.

Als die Worte verklangen, entspannten sich die geballten Fäuste. Die beiden ließen ihre Arme schlaff herunterhängen. »Warum haste das nich' gleich gesagt?«, fragte einer, als ich mich langsam verdrückte. Der Kampf war vorbei. Beide gingen davon, Arm in Arm, verblüfft über mein sonderbares Verhalten. Auch ich ging zu meiner Koje zurück. Meine Knie zitterten.

Warum hatte ich das getan? Ich hatte instinktiv

reagiert – und dabei den obersten Grundsatz verletzt: »Halt dich da raus.« Entsprach meine Handlung dem Heiligen Geist in mir, der mich nötigte, Blutvergießen zu verhindern? Wenn ja, dann war es doch wohl kaum der Geist, der mir eine Lüge eingab, um mich selbst zu schützen. Gott würde doch nicht den Grundsatz der Wahrheit verletzen, musste ich mir sagen.

Je mehr ich über die Szene nachdachte, desto mehr kam ich zu der Ansicht, dass mein Motiv, die Gewalttat zu vermeiden, gut gewesen war, dass ich mich aber, um Unannehmlichkeiten zu entgehen, wieder auf meine alte Colson'sche Gewitztheit verlassen hatte. Richtig wäre es gewesen, schloss ich, Gott im Augenblick der Gefahr zu vertrauen und den beiden Kämpfern völlig ehrlich gegenüberzutreten.

Vertrauen. Wie viel ich doch hier noch zu lernen hatte. Das wäre der Schlüssel zur Befreiung von meinen angsterfüllten Nächten – Vertrauen auf den Herrn. Er würde mir helfen, die Angst vor einem plötzlichen Angriff eines unbekannten Gewalttäters abzulegen. Er könnte mir helfen, der Versuchung zu widerstehen, tagsüber zu schlafen und meine Müdigkeit durch seine Kraft ersetzen.

Schlaf bedeutete für viele Gefangene eine Falle. Ein junger Mann in der Nähe meiner Pritsche hatte folgende Routine entwickelt: Morgens stand er im allerletzten Augenblick auf. Nach dem Mittagessen lag er dann regelmäßig wieder lang ausgestreckt auf seiner Koje, bis um 12.30 Uhr zur Nachmittagsarbeit gerufen wurde; nach dem 16.00 Uhr-Essen ging er wieder zu seiner Pritsche zurück und schlief bis gegen 19.00 Uhr. Dann las er vielleicht ein oder zwei Stunden lang pornografische Zeitschriften, ehe er wieder für die Nacht entschlummerte.

Ich staunte zwar über seine Fähigkeit, so viel zu schlafen. Aber ich sah auch, dass seine Kraft mit jedem Tag weiter zurückging. Sein Gang verlangsamte sich, seine Schultern hingen herab und nur selten verriet sein blasses Gesicht eine Gemütsbewegung. Ich fragte mich, ob er wohl nach seiner Gefängniszeit jemals wieder den Ehrgeiz aufbringen könnte, der schon für die täglichen Notwendigkeiten des Lebens erforderlich ist, ganz zu schweigen von einer Arbeitsstelle und familiärer Verantwortung.

Und er stellte nicht etwa einen Einzelfall dar; andere im Schlafsaal verbrachten auch ihre freien Stunden auf ihren Pritschen und starrten, wenn sie nicht schliefen, wie in Trance gegen die Decke. Manche beschäftigten sich stundenlang mit einer sinnlosen Tätigkeit, polierten etwa eine Gürtelschnalle. Und das stundenlang! »Zeit aufbauen« nennt man das, wie die Männer ihre leeren Tage verbringen; jeder entwickelt da seine eigene Methode. Auch das langsame Gehen gehörte fest zum Gefängnisleben; besonders die »Schläfer« schlurften wie in Zeitlupe herum. Wie eine Invasion von Heuschrecken fressen die unausgefüllten Stunden am Personkern des Menschen, und er verliert bald völlig die Orientierung. Er starrt auf die Uhr, aber die Zeiger stehen still – er verliert die Beziehung zu Zeit und Raum.

Einem der »Dauerschläfer« gehörte die Pritsche beim Eingang. Er hieß Lee Corbin und war einem der härtesten Arbeitskommandos zugeteilt. Er musste den ganzen Tag lang eine schwere Sense schwingen und taumelte abends schweißtriefend und erschöpft in den Schlafsaal. Als ich ihn eines Abends die Bibel lesen sah, sprach ich ihn an.

»Ich kenne dich«, antwortete er. »Das mit deiner Bekehrung, das war gut. Ich war auch mal Christ.«

»*War* Christ?«

Er lehnte seinen Kopf zurück und ein breites Lächeln erschien auf seinem runden, frischen Gesicht. »Ha, wenn du wüsstest! Ich bin abgefallen, ganz und gar – für mich gibt es kein Zurück.«

Dem wollte ich nachgehen. Kaum vorzustellen, dass dieser freundliche, schwer arbeitende Mann die Sünde begangen haben sollte, die keine Vergebung findet. »Lass uns mal darüber sprechen«, schlug ich vor.

»Ich glaube zwar kaum, dass es lohnt, aber ich habe nichts dagegen«, antwortete er. Doch jeden Abend, wenn ich an seiner Pritsche vorbeikam, schlief er. Aber ich wusste, die Zeit würde kommen.

Als ich die Häftlinge beobachtete, die wie im Schlaf durchs Gefängnis zu wandeln schienen, ähnlich Männern im Weltraum, traf ich bewusst die Entscheidung, mich tagsüber niemals hinzulegen. Ich wollte so viel wie eben möglich in der Nacht schlafen. Es gab Tage, an denen ich gegen schwere Augenlider und den Drang, einfach auf die Koje zu fallen und ein, zwei Stunden vergehen zu lassen, ankämpfen musste. Aber ich widerstand; ich leistete selbst dann Widerstand, wenn ich wusste, dass ich den Schlaf brauchte.

Als ich später Dietrich Bonhoeffers Briefe aus dem Gefängnis las, stellte ich fest, dass er die gleiche Entscheidung getroffen hatte. Er beschreibt seinen unnachgiebigen, selbst auferlegten Tagesplan: jeden Morgen früh aufstehen, ein kaltes Bad nehmen, den ganzen Tag ohne Schlaf arbeiten. Als er in Einzelhaft kam, nahm er sich vor, nie dem Bedürfnis nachzugeben, sich zurückzulehnen, weil er wusste, dass seine Orientierung damit in Gefahr geriet und dies die »erste Stufe der Kapitulation« bedeuten könnte.

Wer sich aber weigert, ein Teil des Systems zu werden, wer erbittert kämpft, um seine eigene Persönlichkeit zu erhalten, verfällt nur zu leicht der Gefahr, gegen alles und jeden zu kämpfen – schließlich nur noch um des Kampfes selbst willen. Daraus entspringt im Allgemeinen Rebellion, die sich dann in Hass verhärtet; und Hass vergiftet die gesamten Wertvorstellungen des Menschen – zuerst in Bezug auf das Gefängnissystem, dann auf die Gesellschaft als Ganzes.

Es bedarf dann nur eines kleinen Anstoßes, um diese Menschen in den Abgrund zu treiben; der innere Aufruhr kann die Saiten, die einen Menschen als Vernunftwesen zusammenhalten, bis zum Zerreißen anspannen. Ich habe das beobachten müssen. Er hieß James Howard und war ein gut aussehender Mann Anfang 30, mit glänzenden, blauen Augen und rotblondem Haar, ein außergewöhnlich aufgeweckter, munterer Mensch. Ohne Gefängniskleidung könnte ich ihn mir als Börsenmakler oder unternehmungsfreudigen, jungen IBM-Angestellten vorstellen. Paul Kramer, mit dem ich gemeinsam die Bibel las, bat mich eines Abends, für Howard zu beten. »Seit ein paar Tagen ist er nicht mehr er selbst. Schlimme Belastungen. Will auch nicht viel reden.« Mit diesem Hinweis musste ich mich begnügen.

Als ich Howard am nächsten Mittag allein in der Kantine sitzen sah, setzte ich mich zu ihm. Nach dem üblichen, müßigen Geschwätz und einleitenden Fragen entstanden lange, peinliche Pausen. Nur einmal zeigte er eine Gemütsbewegung, und zwar als er energisch seine Schuldlosigkeit an dem ihm zur Last gelegten Autodiebstahl beteuerte. Ich hatte das unbehagliche Gefühl, dass meine Worte völlig an ihm vorbeigingen und seine Gedanken ganz woanders hinschweiften.

Howard lebte in Dr. Krenshaws Schlafsaal. Als ich den Doc nach ihm fragte, warf er mir diesen »Halt dich da raus«-Blick zu. Er sagte: »Es ist besser, nicht darüber zu reden, Chuck. Es wäre schlecht für ihn, wenn etwas rauskommt und die Leute dann anfingen, ihn aufzuziehen.«

»Aber ich will ihm doch nur helfen.«

Als ich das sagte, warf mir der Doc einen schmerzerfüllten Blick zu und erklärte, dass seiner Meinung nach Howard einen Nervenzusammenbruch erlitten habe. Er hatte an ein und demselben Tag schlechte Nachrichten im Blick auf seine Bewährung und einen »Abschiedsbrief« von seiner Frau erhalten. Und das war zu viel für ihn gewesen. »Chuck, das könnte jedem passieren. Ich versuche, Hart, den Gefängnissanitäter, zu bewegen, ihn zur Beobachtung ins Krankenhaus zu verlegen, aber Hart kann nicht beurteilen, ob jemand einen Nervenzusammenbruch gehabt hat. Er hält uns alle für verrückt, und vielleicht hat er Recht.«

Doc ging näher darauf ein. Howard war vor drei Tagen um Mitternacht mit einem markerschütternden Schrei erwacht. Niemand schenkte diesem Zwischenfall größere Beachtung; Alpträume sind in einem Schlafsaal von 40 Männern an der Tagesordnung. Seitdem erschien Howard verwirrt, teilnahmslos, als ob alles Leben aus ihm herausgesaugt worden sei. »Was der Mann braucht, Chuck, ist psychiatrische Behandlung, aber die wird er nicht bekommen. Hier bringen sie keinen raus, es sei denn mit den Füßen zuerst oder wenn jemand Ärger macht. Vergiß es! Sei einfach freundlich zu ihm!«

Einige Tage später wurde Howard in die kleine Krankenstation verlegt. Sein Zustand wurde nicht richtig diagnostiziert, und er kam in seinen Schlafsaal zurück. Beim Mittagessen versuchte ich wieder mit ihm zu reden. Einmal lehnte er sich über den Tisch und flüsterte: »Was hast du in meinen Akten gefunden?«

Ich war verblüfft: »In was für Akten, Howard?«

Er sah sich vorsichtig um und flüsterte wieder: »Du weißt schon, kürzlich nachts, als du oben im Büro warst und meinen Schnellhefter rausgezogen hattest. Ihr habt doch alle darüber geredet. Was hast du gefunden?«

»Ehrlich, Howard, ich habe deine Akte nie gesehen. Ich schwöre dir, ich weiß überhaupt nichts davon.«

Er nickte mit selbstgefälligem, wissendem Ausdruck: »Ich verstehe schon. Du darfst nicht darüber reden, nicht wahr?« Meine Zuversicht schwand; Paranoia hatte ihn ergriffen. Krenshaw konnte nichts tun; die Verwaltung wollte nichts tun. Ich gelobte, ihm irgendwie zu helfen, aber es war eine Qual zusehen zu müssen, wie Körper und Geist dieses jungen Mannes von Tag zu Tag weiter auseinander trieben.

Ich machte allgemein die Entdeckung, dass nur sehr wenige Gefangene in der Lage waren, sich ihr Gespür für persönliche Identität zu erhalten, ohne sich gegen die Ungerechtigkeiten, die sie um sich herum sahen, aufzulehnen. Die Ursachen der Bitterkeit gingen über das Gefängnisleben hinaus und waren tief verwurzelt im System der Strafjustiz selbst. Nach all den Jahren als Anwalt und meinem Studium der Gesetzesideale sah ich nun das Wirken des Gesetzes in einem völlig neuen Licht. Sicher, Gefangene übertreiben; ich stellte mich auch darauf ein, viele der Geschichten mit Vorbehalt aufzunehmen. Aber zu meinem Schrecken stellte ich ebenso fest, dass viele der tragischen Berichte den Tatsachen entsprachen.

Da war zum Beispiel ein junger Mann aus dem ländlichen Nord-Carolina. Er hatte sich vor Jahren einen alten Abschleppwagen gekauft. Aus dieser kleinen Zelle hatte sich ein blühendes Netz von Autowerkstätten und Tankstellen entwickelt. Eines späten Abends löste er eine Zahlungsanweisung der Regierung in Höhe von 84 Dollar für einen Kunden ein. Der Scheck platzte, und der FBI klärte ihn über die Rechtslage auf. Es stellte sich heraus, dass der Scheck gestohlen war. Obwohl dieser junge Geschäftsmann vorher nie straffällig geworden war, wurde er zu sechs Monaten Gefängnis verurteilt. Verloren waren 6000 Dollar Anwaltsgebühren für einen Anwalt, der zugab, noch nie vor einem Bundesgericht gestanden zu haben, verloren waren 84 Dollar für den faulen Scheck, verloren waren sechs Monate seines Lebens.

Das war ein Extremfall, aber durchaus kein Einzelfall. Einer meiner Schlafsaalkameraden, ein kleiner Geschäftsmann aus Süd-Carolina, war verurteilt worden, weil er es dreimal versäumt hatte, seine Steuererklärung abzugeben. Ich erfuhr, dass er seinen Richter mit einer trotzigen Bemerkung erzürnt hatte. Dieses Vergehen, das, wenn überhaupt, nur höchst selten eine Gefängnisstrafe nach sich zieht, brachte meinem Freund 18 Monate ein. Der Richter schrieb dem Bewährungskomitee, sie sollten die Ablehnung der Bewährung empfehlen – und seiner Bitte wurde entsprochen.

Ein anderer Häftling, mit dem ich mich erst später anfreundete, saß drei Jahre wegen Steuerhinterziehung ab. Der IRS* hatte ihm Gelegenheit gegeben, ein Geständnis abzulegen und eine Strafe zu zahlen, aber mein Freund bestand auf seiner Unschuld. Nach drei Jahre dauernden Verhandlungen und trotz Freisprechung von den meisten Anklagepunkten war er von dem erschöpften Richter zu dieser harten Strafe verurteilt worden.

Es mögen vielerlei Faktoren in diesen Fällen eine Rolle gespielt haben – und viele, die wirklich ein Urteil verdient hätten, werden freigesprochen. Aber als ich mit immer mehr Fällen bekannt wurde – und ich habe sie nachgeprüft, so gut ich konnte – wurde mir deutlich, dass die so verschiedenen Maßstäbe bei der Verurteilung den Hauptgrund bilden für die alles durchdringende Verbitterung im Gefängnis. Die Ungerechtigkeit des Systems, die besonders schmerzlich empfunden wird, wenn man das Opfer von Angesicht zu Angesicht kennen lernt, ist der Brutofen für die Gesetzesverachtung, der sogar diejenigen verfallen, die eine verdiente Strafe empfangen.

Besonders stark wuchs in mir das Verlangen, den weniger gebildeten Männern bei ihren Eingaben zu helfen, aber ich hielt mich an die strenge Auflage, im Gefängnis nicht juristisch aktiv zu werden. Rechtsanwälte, die das tun, so sagte man mir, werden sofort in andere Gefängnisse verlegt. Krenshaw durfte sich nicht als Mediziner betätigen, obwohl es im nahen Stützpunkt an Ärzten mangelte und es keinen Arzt im Gefängnis gab. Die Regeln sind streng. Auch das sollte ich noch am eigenen Leibe erfahren.

Um der erdrückenden Atmosphäre im Schlafsaal am ersten Tag der Bewährungsverhandlungen zu entgehen, ging ich zur Bibliothek, die sich in einem kleinen Raum des hinteren Kontrollgebäudes befindet. Dort sind an einer Wand winzige Schreibpulte aufgestellt, an den anderen stehen Bücherregale, die voll gestopft sind mit alten Taschenbüchern, einem zerfetzten Lexikon, überholten Bänden des Strafgesetzbuches, Zeitungen und alten Illustrierten. Die Häftlinge versammeln sich im Allgemeinen um zwei große Tische in der Mitte des Raumes und unterhalten sich über Schreiben oder Eingaben, die irgendein unternehmungslustiger Gefangener ausgearbeitet hat. Andere spielen Karten oder lesen. Trotzdem war es hier ruhiger als in den Schlafsälen und außerdem auch heller. Die weißen Wände ließen den Raum sauberer erscheinen. Paul Kramer war der Bibliothekskalfaktor und verbrachte die meisten Abende hier.

Wenn ich mich ganz auf meine Schreibarbeit konzentrierte, konnte ich den Lärm der Unterhaltung um mich herum ignorieren. Aber an diesem Abend fiel mir auf, dass sich eine kleine Gruppe von Häftlingen in einer Ecke des Raumes um Paul versammelte. Der Wortführer war ein Mann namens Tex, ein temperamentvoller Mensch und früherer Evangelist, der jahrelang als Erweckungsprediger unterwegs gewesen war. Diesen Dienst und den Herrn hatte er verlassen, um mit gestohlenen Autos zu handeln. Während seiner sechsmonatigen Haft hatte er sich Christus wieder mit dem Eifer eines Neubekehrten übergeben.

Tex war eine rotköpfige Ausgabe von *Popeye*, mit kurzem, schwellendem Bizeps und vorstehendem Kinn. Bei ihm standen zwei weitere Gefangene. Der eine, ein großer, gut aussehender Schwarzer von dominierendem Äußeren, kam aus dem Baugewerbe. Während er von einer Haftstrafe für ein früheres Drogenvergehen auf Bewährung entlassen war, fand man ein Sportgewehr in seinem Besitz. Die Bewährung wurde automatisch widerrufen, und er saß nun erneut für neun Monate. Der andere, ein stiller Mann mit hohem lockigen Haarbusch, hielt sich oft in der Bibliothek auf; er las in der Bibel oder arbeitete an Bibel-Fernkursen.

Tex beschrieb in lautem Flüsterton die Notlage eines Häftlings namens Bob Ferguson, dessen Bewährungsverhandlung am nächsten Tag anstand. »Bob befindet sich in üblem Zustand. Er kriecht heute Abend auf dem Zahnfleisch. Wir müssen ihm helfen. Armer Teufel, Frau und fünf Kinder und kein Geld. Wenn er keine Bewährung kriegt, werden sie das nicht durchstehen. Gelobt sei Gott, wir müssen ihm helfen. Vielleicht mit ihm beten. Er verliert noch den Kopf.«

Ich ging zu der kleinen Gruppe hinüber. »Tut mir Leid, ich konnte nicht vermeiden, das von Ferguson mit anzuhören. Ich würde auch gerne mit euch beten«, bot ich mich an.

Tex packte mich mit leuchtenden Augen fest beim Arm. »Komm, Bruder. Komm mit. Gelobt sei Gott!« Einer der Männer holte Ferguson herbei. Paul schickte nach seinem Freund Amos, einem Apotheker aus Atlanta, der sechs Monate abbüßte, weil er auf Anordnung eines Arztes ein Rezept ausgestellt hatte, das die erlaubte Höchstmenge an Betäubungsmitteln überschritt. Innerhalb von Minuten waren wir eine Gruppe von sieben Mann. Wir berieten einen Augenblick lang, wo wir hingehen sollten. Die Wachen hatten immer ein besonderes Auge auf kleine Gruppen, die sich in dunklen Ecken versammelten, denn das bedeutete meist, dass Marihuana geraucht wurde. In der Bibliothek konnten wir nicht beten, weil sie mit anderen Häftlingen überfüllt war. Auch die Schlafsäle schieden aus. Zum Versammlungsraum war der Zutritt verboten. Paul besaß die Schlüssel für zwei kleine Unterrichtsräume gleich neben der Bibliothek, die nachts verschlossen und ebenfalls nicht zu betreten waren.

Die Unterrichtsräume schienen am geeignetsten zu sein. Wir schoben uns Mann für Mann hinein und verschlossen die Tür hinter uns. Erinnerungen an meine Tage in der Grundschule überfluteten mich. Die Reihen einfacher, polierter Holztische, Stühle sauber nebeneinander gereiht, ein Lehrerpult, dahinter die große Tafel, unbeholfen voll gekritzelt: »John läuft – John hat eine Katze – Die Katze ist grau.« Lesen und Schreiben wurde regelmäßig unterrichtet für die etwa 15 Prozent der Gefängnisinsassen, die Analphabeten waren. Das waren meist Leute vom Gebirge und vom Land, Schwarzbrenner aus den winzigen Appalachen-Dörfern in Alabama,

Tennessee, Kentucky und den Carolinas. Im Großen und Ganzen waren es gottesfürchtige Leute, und ihr schlichtes Verständnis von Gut und Böse konnte sich nicht messen mit den verwickelten Theorien des Einkommenssteuergesetzes, den komplexen Gesetzen der Gesellschaft und den Scharen von Bundesbeamten.

Ferguson war solch ein Mann vom Land – ein Mann in den Dreißigern; die Hälfte seiner Schneidezähne fehlte, seine Augen waren gerötet, und er trug einen verwirrten und sorgenvollen Gesichtsausdruck. Ferguson sprach kein Wort. Und das war auch nicht erforderlich. Sein gehetzter Blick rief um Hilfe. Wir erfuhren, dass auch auf Paul am nächsten Tag die Bewährungsprüfung zukam. Tex gab grimmig die Erfahrungen derer wieder, die bereits heute ihre Verhandlung durchgemacht hatten. Für morgen waren die Aussichten nicht besser; das Bewährungsgremium zeigte wenig Gnade und hielt sich genau an seine Richtlinien.

Jemand las einige Psalmen und Abschnitte aus dem Johannes-Evangelium, die verdeutlichen, was Jesus für uns getan hat. Dann schlug Tex vor, still oder laut zu beten, wie wir wollten, und bald knieten wir alle sieben auf dem kalten Fliesenboden. Tex begann. Im Geist konnte ich ihn vor mir sehen, an einem heißen Sommerabend unter einem Zeltdach, umringt von einer Schar der Landbevölkerung, die ihm mit aufgerissenen Augen folgten, wie er alle versammelten Sünder aufforderte, nach vorne zu kommen und ihre Sünden zu bekennen, wenn sie nicht auf ewig in die Hölle fahren wollten.

»Oh, Gott«, rief er, »schone die Männer, über deren Bewährung morgen entschieden wird. Wir preisen dich, Herr. Wir bitten dich, in Jesu Namen. Wir sind alle Sünder, aber wir sind hier auf die Knie gefallen, um dich anzurufen. Wir wissen, lieber Herr, du wirst uns hören.« Zwischen seinen Blitzbitten holte Tex tief Luft, seufzte und dann begann er von neuem mit vor Erregung zitternder Stimme.

Paul schloss sich an mit einem kurzen, stillen Gebet. So hielten es auch die anderen. Ich war zuletzt dran: »Herr, erweiche die Herzen dieser Bewährungsrichter, die in jahrelanger unpersönlicher Behandlung von Kriminellen so hart geworden sind«, betete ich. »Bitte gib ihnen Weisheit, Liebe und Mitleid.«

Leise gingen wir einer nach dem anderen hinaus und kehrten in kleinen Gruppen von zwei oder drei Mann in unsere Schlafsäle zurück, gerade rechtzeitig zum 22.15 Uhr-Appell. Kein Wärter hatte uns gestört. Welch ein seltsamer Anblick hätte sich auch dem geboten, der zufällig hereingeplatzt wäre!

Am nächsten Nachmittag verbreitete sich die Nachricht wie ein Lauffeuer: Fünf Mann haben Bewährung bekommen, Ferguson ist einer von ihnen.

Nur wenige hatten das erwartet, denn nach den Richtlinien stand ihm das eigentlich nicht zu. Das Ergebnis erstaunte uns alle: Fünf von sieben Männern waren durchgekommen – eine dramatische Wendung gegenüber dem Vortag. Selbst die »alten Hasen« konnten sich an keinen so guten Tag erinnern. Am Mittwoch hielt die Glückssträhne an: Weit über die Hälfte der Aspiranten kam durch, Paul gehörte auch dazu.

Paul hatte sich nicht in der üblichen Weise auf die Prüfung vorbereitet. Niemand hatte ihm Hilfestellung geleistet. Er hatte sogar freiwillig eingestanden, dass er zwar verheiratet sei (diese Tatsache ist ein Pluspunkt für den Gefangenen), aber auf die Scheidung warte. Als er über seine Zukunft befragt wurde, versuchte er nicht, seine Lage durch eine übertrieben optimistische Sicht der Dinge zu beschönigen; er erklärte einfach, er habe Jesus angenommen und glaube, dass der ihn nun führen werde. Paul berichtete, das Prüfungsgremium sei sprachlos gewesen; trotzdem habe man für ihn eine erneute Anhörung für März angesetzt.

Paul schien an diesem Nachmittag, als er zum Schlafsaal zurückkehrte, wie abwesend und betäubt. »Ich kann es nicht glauben, Chuck, ich kann es nicht glauben. Nach den Richtlinien ist für mich unter zwei Jahren nichts drin. Aber sie haben mir gesagt, dass sie meinen Fall im Frühjahr prüfen werden.

Wenn ich mir nichts zuschulden kommen lasse, bin ich frei. Das ist zu schön, um wahr zu sein. Ich fühle überhaupt nichts mehr, ich bin wie betäubt.«

Wirklich: zu schön, um wahr zu sein! Mit dem guten Ausgang der Verhandlungen besserte sich die Stimmung im ganzen Gefängnis. In der Kantine sah man nur lächelnde Gesichter. Unsere Gebetsversammlung vom Montagabend sprach sich auch bei allen rum. Einige von uns sieben waren die Zielscheibe von allerlei Spott und Spaß am Dienstag, aber schon am Abend hörten die Scherze auf. Am Mittwoch empfanden sogar die zynischsten Zweifler Ehrfurcht vor dem, was in dem kleinen Klassenzimmer am Montag geschehen war. Viele glaubten einfach, dass es etwas mit dem Gebet zu tun hatte – wenn sie es auch nicht recht begreifen konnten.

Auch die Bibel stand wieder hoch im Kurs. »Sieh dich jetzt bloß vor, dass sie dir niemand klaut!«, warnte mich Jimmy mit einem Lächeln.

Kapitel 24

Eine helfende Hand

■ »Stimmt es, dass ihr jeden Abend zusammen betet?« Vor mir an der Kantinentür stand Lee Corbin, der Mann, der mir eines Abends anvertraut hatte, dass seine Sünden zu groß seien, um Vergebung zu finden. »Weißt du, ich glaube wirklich an das, was ihr da macht«, sagte Corbin gedankenverloren.

»Mach doch mit«, drängte ich ihn. Unsere erste Gebetsgemeinschaft im Schulzimmer ermutigte uns alle derart, dass Paul, Amos und ich uns am nächsten Abend wieder trafen, um für Tex zu beten, der in dieser Woche entlassen werden sollte. Wir hatten so viele Gebetsanliegen, dass wir uns einfach weiterhin regelmäßig trafen.

In dieser Nacht sprachen Lee und ich noch miteinander, lange nachdem die Lichter schon gelöscht waren. »Ich habe so viele Menschen betrogen«, bekannte er mir. »Selbst wenn ich genügend Geld hätte, um alles zurückzuzahlen, was ich ihnen abgegaunert habe, könnte ich sie gar nicht mehr ausfindig machen.« Corbin erstaunte mich mit seinem Bericht über seinen Werdegang. Er begann als »falscher«, aber erfolgreicher Prediger. Wegen seiner tiefen, klingenden Stimme und seiner Bibelkenntnis wurde er schon bald gebeten, für mehrere Radiostationen in Alabama die wöchentliche Predigt zu übernehmen. »Ich predigte nicht Christus, sondern Lee Corbin«, gestand er.

Bald verwickelte er sich so sehr in geschäftliche Unternehmungen, dass er seine geistliche Rolle gänzlich fallen ließ. In der Folgezeit bediente er sich einer Reihe Tricks zum Reichwerden: Bankdarlehen für nicht mehr existierende Unternehmen, gefälschte Verkaufsautomaten-Konzessionen, falsche Kreditkarten – und jede neue Betrügerei zeichnete sich durch noch größeren Einfallsreichtum aus. »Das war schlimm, Chuck, und ich war mir dessen die ganze Zeit über bewusst. Aber ich konnte nicht zurück wegen meines 100 000-Dollar-Hauses, dem neuen Wagen und der Yacht. Es sah auch alles so kinderleicht aus. Ich bedauerte die armen Leute, die ich betrog, und ich hasste mich selbst, aber trotzdem konnte ich nicht aufhören.«

Sieben Jahre lang reiste Lee kreuz und quer durch den Süden und hinterließ in seiner Spur verwirrte, niedergeschlagene, manchmal bankrotte Opfer und eine Menge aufgebrachter Polizeistationen. Mit einem Schlag brach aber alles zusammen; verschiedene Anklagen wurden gegen ihn erhoben, und er musste fliehen. Ironischerweise nahm man ihn ausgerechnet bei einer Erweckungsveranstaltung in Süd-Carolina fest.

»Gott fischte mich direkt aus der Menge heraus. Ich hatte es verdient«, fügte er hinzu.

Corbin machte sich auf eine Unzahl von Anklagen gefasst: Postbetrug, Unterschlagung, Fälschung. »Sie hätten mich für den Rest meines Lebens einlochen können, und ich glaube, ich sah das auch kommen.« Überraschenderweise wurde Corbin nur einer einzigen Betrügerei angeklagt und zu einem Jahr Haft verurteilt. Die anderen Anklagepunkte wurden fallen gelassen.

»Aber ich kann nie allen Leuten zurückgeben, was ich ihnen abgenommen habe«, beharrte er. »Auch nicht, wenn ich bis zu meinem letzten Tag schufte. Wie kann Gott mich annehmen, bevor meine Schulden wieder zurückgezahlt sind?«

Wir sprachen an diesem Abend über Vergebung. Corbin schien das Alte Testament besser zu kennen als das Neue. Das Gebot aus 3. Mose 5, 21–24 hatte sich tief in sein Gewissen eingebrannt: Wenn jemand das Gut seines Nächsten mit Unrecht an sich gebracht hat, soll er es alles ganz wiedergeben und noch den fünften Teil draufzahlen.

Ich lenkte Lees Blick auf die Frohe Botschaft, und wir richteten unsere ganze Aufmerksamkeit auf Jesus, der gekommen ist, die Sünder zu retten. Er löschte unser Sündenregister, als er ans Kreuz ging.

Als wir uns an diesem Abend in der Bibel vorwärts tasteten, kamen wir beide zu dem Schluss, dass Jesus von Lee weiter nichts als ein offenes Herz verlange, ein umfassendes Geständnis, Wiedergutmachung so weit wie möglich und eine erneute Übergabe.

Als wir das 7. Kapitel im Römerbrief lasen, konnten wir das Problem noch besser verstehen. Dort beschreibt Paulus die Lage der Menschen in alttestamentlicher Zeit: Sie kannten das Gesetz, wollten es treu halten und taten doch genau das Gegenteil, weil sie nicht in der Lage waren, ihre menschliche Unvollkommenheit zu überwinden. »Denn das Gute, das ich will, das tue ich nicht, sondern das Böse, das ich nicht will, das tue ich. So ich aber tue, was ich nicht will, so tue nicht ich es, sondern die Sünde, die in mir wohnt« (Röm 7, 19–20). Was Paulus hier deutlich macht: Gerade der Versuch, nach dem Gesetz zu leben, schafft in uns die Sünde, der wir doch durch Einhaltung eben dieses Gesetzes entgehen wollen.

Aber es genügte Corbin nicht, die Falle zu erkennen, in die er geraten war. Er musste daraus befreit werden. Den Schlüssel hierzu fanden wir im nächsten Kapitel des Römerbriefes: »Denn das Gesetz des Geistes, der da lebendig macht in Christo Jesu, hat mich frei gemacht von dem Gesetz der Sünde und des Todes« (Röm 8, 2).

Mit dieser Frage mühte ich mich nun schon ab,

seit ich Christus angenommen hatte: Ich hatte bereits das Wirken des Geistes in mir erfahren. Doch fehlte mir die letzte Erkenntnis darüber, wie ich mein sündiges Ich aus dem Wege räumen und somit dem Geist das Steuer überlassen könnte. Erstaunlich, dass ich die Antwort auf diese Frage ausgerechnet im Gefängnis finden sollte.

Corbin nahm bald auch an unseren abendlichen Gebetsgemeinschaften teil. Am vierten gemeinsamen Abend bat Paul, Lee möchte doch alles vor Gott hinlegen, um Vergebung bitten und dem Heiligen Geist wieder Raum in seinem Leben geben. Lee betete so inständig und herzlich, wie ich nie einen Menschen habe beten hören. Er bat Gott, ihn wieder anzunehmen und Herr seines Lebens zu werden.

An den folgenden Tagen erlebte ich aus nächster Nähe, wie er sich veränderte. Corbin verschlief nicht mehr seine Abende, sondern las in der Bibel. Er war voller Tatkraft und neuer Lebensmut erfüllte ihn. Ob ich das nun biblisch oder theologisch erklären konnte, ich wusste, es war echt. Ich hätte mich ihm ohne Bedenken anvertraut – so zuverlässig und treu war er plötzlich geworden.

Unsere Gruppe zählte nun vier, die sich regelmäßig zum gemeinsamen Gebet trafen. Ermutigt durch die Kraft unserer Gemeinschaft, beschlossen wir, auch andere einzuladen. Wir kamen überein, Gott vor jeder Mahlzeit um seinen Segen zu bitten, ganz gleich, mit wem wir in der Kantine zusammensaßen. Wir standen mit unseren Tabletts in der Schlange, suchten uns einen freien Stuhl und senkten den Kopf, um Gott für seinen Segen zu danken.

Zuerst starrten uns die anderen entgeistert an. Aber niemand spottete oder neckte uns. Bald zog dies Kreise: einer hier, dort ein anderer, und sie sprachen alle ebenfalls ein Tischgebet. Wenn ich mich an einen Tisch setzte, an dem man schon mitten im Essen war, wurde zu meiner Überraschung mit Sprechen und Kauen aufgehört, und jeder beugte mit mir den Kopf. Plötzlich war aus dem Maxwell-Gefängnis so etwas wie ein Brückenkopf Gottes geworden!

Obwohl wir uns jeden Abend im Schulzimmer trafen, zogen es die meisten neuen Teilnehmer doch vor, nur am Montag zu kommen. Und innerhalb weniger Wochen wurde aus diesen Abenden ein richtiger, organisierter Bibelkreis. Mit Genehmigung des Aufsehers gesellte sich Martin Gay, Mitarbeiter einer Gemeinde in Montgomery, zu uns, um den Unterricht zu leiten.

Betrachteten uns die anderen Häftlinge als »Jesus-Freaks«, als ausgeflippte Jesus-Jünger? Einige sicher. Aber das machte nichts. Ich richtete mein Hauptaugenmerk jetzt auf andere Dinge. Bei der Hausreinigung rempelte mich eines Abends ein kräftiger, junger Häftling absichtlich an, als wir gerade den Boden mit Bohnermaschinen bearbeiteten. »Das hast du wohl im Weißen Haus nicht zu tun brauchen, was?«, höhnte er.

Ich grinste ihn an. »Das habe ich schon gemacht, als es dich noch gar nicht gab.«

Er lächelte flüchtig und verwundert und machte sich wieder an die Arbeit. Einer der »Veteranen« nahm mich beiseite. »Du brauchst dich nicht so anzustrengen«, meinte er. »Wir wissen, warum du's tust, aber du hast es nicht nötig. Wir haben darüber gesprochen. Du bist okay.«

Nun war es endlich so weit. Okay – das war das Zauberwort. Bei den meisten Häftlingen hatte ich die »Prüfung« bestanden. Nichts Formelles natürlich, aber ein schweigendes Übereinkommen besagte, dass ich angenommen war. Das bedeutete das Ende der spöttischen Bemerkungen, der neugierigen Blicke, der Verdächtigungen. Freilich, ich würde mich weiterhin gegen die Einzelgänger behaupten müssen, die Männer, die nicht zum System gehörten. Die Bedrohung meines Lebens kam höchstwahrscheinlich ohnehin von dieser Seite, vielleicht von einem »Verrückten«. Aber jetzt konnte ich zumindest mit einigen Verbündeten rechnen. Die meisten Männer würden sich jetzt um mich kümmern, wenn es sein musste. Seltsam, dass ich gerade in dem Augenblick angenommen wurde, als ich mich nicht mehr krampfhaft darum bemühte.

Seit meiner ersten Woche im Gefängnis kämpfte ich mit mir im Blick auf die Warnung, meinen Mithäftlingen nicht bei Rechtsproblemen zu helfen. Zwar sprachen sicher gute Gründe für diese Regel, aber bei dem ungeheuren Mangel an Rechtsbeistand im Gefängnis schien mir das eine Vergeudung menschlicher Gaben zu sein. In den Augen der Gefangenen war dies ein weiteres Beispiel für vorsätzlich betriebene Entmenschlichung; Menschen, die ihres Selbstwerts und ihrer Würde beraubt sind, kann man leichter kontrollieren. Andererseits änderte sich meine Rolle im Gefängnis durch die Erkenntnis, die ich beim Lesen des 2. Kapitels im Hebräerbrief gewonnen hatte. Seitdem hielt ich mich nicht mehr »aus allem raus«.

Homer Welsh, der schüchterne, weißhaarige Mann auf der Pritsche neben mir, gab mir die Hilfestellung, um dieses scheinbar ausweglose Problem zu lösen. Homer lebte in ständiger Unsicherheit, sodass er jedes Mal, wenn ich ihn ansprach, aufsprang. Er redete mich auch dann noch mit »Sir« an, als ich ihn dringend bat, das doch zu unterlassen. Langsam entlockte ich ihm einige Einzelheiten seines Lebens: Von Beruf war er Bergmann in den Kohlebergwerken von Ost-Tennessee gewesen. Mit seiner Frau und seinen erwachsenen Kindern lebte er glücklich in einem eigenen Haus zusammen. Unglücklicherweise hatte er sich Whiskybrennen als Nebenbeschäftigung ausgesucht.

Schwarzbrennen wird bei diesen Gebirglern als ehrbarer, angesehener Beruf betrachtet. Große Gewinne lassen sich im Allgemeinen nicht damit erzielen, zumindest stehen sie in keinem Verhältnis zu der erforderlichen körperlichen Arbeit. Viele alte Schwarzbrenner kennen überhaupt kein anderes Geschäft; ihre Kunst und Kenntnisse vererben sich von Generation zu Generation. Den Steuerfahndern ein Schnippchen zu schlagen gehört zum Beruf; sie wissen zwar, dass sie ungesetzlich handeln, betrachten das aber nicht als unmoralisch. Viele werden, wenn sie erwischt werden, nicht verurteilt, denn es gibt oft ungeschriebene »Verträge« zwischen örtlichen Richtern und professionellen Schwarzbrennern. Die dann wirklich ins Gefängnis müssen, können nicht verstehen, dass sie mit Männern in einen Topf geworfen werden, die lügen, betrügen und stehlen – und trotzdem nur etwa die gleiche Strafe abzubüßen haben wie sie. Schwarzbrenner sind im Allgemeinen hart arbeitende Männer.

Solch ein Mann war auch Homer. Abends las er in einer abgenutzten, ledergebundenen Bibel. Nachdem ich ihm meine Phillips-Übersetzung des Neuen Testaments angeboten hatte, lieh er sie manchmal aus, aber nie ohne vorher förmlich um Erlaubnis zu bitten. Während einer unserer Unterhaltungen über meine Bibel raffte Homer all seinen Mut zusammen, um eine Bitte an mich zu richten.

»Mr. Colson, wenn Sie es nicht tun wollen, kann ich das verstehen, aber können Sie mir vielleicht bei einem Brief an meinen Richter helfen? Er hat mir gesagt, ich hätte nur vier Monate. Meinen Sozialhelfer kriege ich nicht zu sehen, und die vier Monate sind nun schon um. Ich glaube kaum, dass ich Bewährung bekomme, wie der Richter gesagt hat. Ich habe gedacht, ich sollte ihm mal schreiben. Vielleicht bügelt er die Sache aus. Ich habe einen Job, da kann ich im November anfangen, wenn ich hier herauskomme, aber wenn nicht, werden sie nicht auf mich warten. Könnten Sie mir helfen, Sir?«

Ich erklärte ihm die Gefängnisregeln, und er entschuldigte sich sofort. »Wollte Sie nicht belästigen, Sir. Ich verstehe. Ich hoffe, Sie sind mir nicht böse wegen der Frage.«

Homers Frage beschäftigte mich die ganze Nacht. Er war mein Pritschennachbar und ein ordentlicher Mann. Einen Rechtsanwalt konnte er sich offensichtlich nicht leisten, aber selbst wenn er das geschafft hätte, wären die zur Beauftragung eines Anwalts erforderlichen Schritte sicherlich jenseits seiner Möglichkeiten gewesen. Die Sozialhelfer waren viel zu sehr in Anspruch genommen, um ihm beizustehen. Und Arbeit ließ sich für Männer seines Alters schwer finden. Außerdem lief er noch Gefahr, sein Haus zu verlieren. Am nächsten Morgen schlug ich Homer eine Lösung vor. Zwar könnte ich den

Brief nicht für ihn schreiben, aber wenn er ein grobes Konzept machte, wollte ich es durchsehen – und ihn beraten.

Das Gesicht des alten Mannes leuchtete auf. »Ja, Sir. Das mache ich. Gleich heute mache ich mich an die Arbeit. Danke, Mr. Colson.«

Abend für Abend saß Homer nun auf dem Rand seiner Koje und machte sich mit einem Stück weißen, linierten Papiers zu schaffen. *Muss der ein weitschweifiges Elaborat verfassen*, dachte ich bei mir. Eine Woche verging, bis ich ihn fragte, wie er denn vorankomme. »Ich glaube, ich habe alles zusammen«, antwortete er, griff nach seiner Nachttischschublade und zog ein einzelnes Blatt Papier hervor. Die kaum leserliche Schrift bedeckte nur die halbe Seite. Es waren aneinander gereihte Wörter, nicht einmal Sätze. »Besser kann ich es nicht«, erklärte er zaghaft. »Aber die Tatsachen sind alle da drauf.«

Wie blind war ich gewesen! Homer konnte nicht schreiben! Abend für Abend hatte er mühsam gekämpft, um überhaupt Wörter aufs Papier zu bekommen – und er hatte sich geschämt, es mir zu sagen. Wir eilten zusammen zur Bibliothek. In 20 Minuten hatte ich mit einfachen Worten einen Brief an seinen Richter geschrieben, in der Hoffnung, er sähe darin Homers eigenes Werk. Paul tippte ihn ab und er ging am nächsten Morgen mit der Post hinaus.

Nun war mein neuer Kurs festgelegt: Ich konnte

die Bitten um Hilfe nicht zurückweisen. Es waren doch meine Brüder. Gott hatte den Weg gewiesen, und ich folgte. Jetzt verbrachte ich die meisten Abende damit, für andere Häftlinge Bewährungs- oder Urlaubsanträge zu stellen und die verschiedensten Eingaben zu verfassen, die nötig sind, um Freiheit oder gerechte Behandlung zu erlangen. Ich grenzte meine Tätigkeit insofern ein, als ich keine Akten gegen die Gefängnisbeamten anlegte, denn das wäre ein klarer Verstoß gegen die Regeln gewesen.

Eines Tages, ich stopfte gerade ganze Berge von Wäsche in die Maschinen, kam ein neuer Häftling in die Wäscherei, ein junger Mann aus Tennessee namens Dan. Er fragte nach dem »Anwalt«, dem »Watergate-Mann«. Verärgert über sein leichtsinniges Reden in unmittelbarer Nähe der Wärter beschied ich ihm, ich dürfe keine Rechtsfragen behandeln. Sein strahlendes Lächeln verschwand und machte einem so Mitleid erregenden, einfältigen Ausdruck Platz, dass ich mich erweichen ließ und hinzufügte, er solle nach der Arbeit bei mir vorbeikommen. Dans Gesicht hellte sich wieder auf. »Danke. Danke.«

Am Abend wartete Dan mit seinem breiten Lächeln an der Tür auf mich. Wir fanden einen ruhigen Platz, und ich fragte ihn nach seinem Problem. »Wissen Sie, ich weiß nicht, wie lange ich sitzen muss, und ich dachte, vielleicht, – ein paar Jungs haben mir gesagt – Sie würden mir helfen, an den Richter zu schreiben.«

»Erzähl mir doch keine Geschichten«, unterbrach ich ihn ungeduldig. »Jeder weiß, wie lange er sitzen muss. Weswegen bist du denn verurteilt worden?«

»Das weiß ich auch nicht, ehrlich, keine Ahnung«, stammelte er.

Ich war müde und muss verärgert gewirkt haben, denn Dan sagte immer wieder: »Ehrlich, ehrlich.« Nachdem ich nun wochenlang mit Opfern des Systems gesprochen hatte, mit Männern, die auf oft bizarre Weise mit dem Gesetz in Konflikt geraten waren, hätte mich nichts mehr wundern sollen. »Hast du keinen Anwalt?«, fragte ich ihn.

»Der Richter hat mir einen gegeben; der hat mir gesagt, was ich tun soll. Er sagte, er habe mit dem Ankläger was für mich ›verhackstückt‹. Dann gingen wir vor den Richter. Der sah mich so böse an, dass meine Knie gar nicht mehr aufhören wollten zu zittern. Keine Ahnung, was er eigentlich gesagt hat. Irgendwas von vier Jahren. Das klang nicht besonders gut. Dann sagte er was über eine Bewährungsfrist. Das klang besser. Jedenfalls sagte mein Anwalt, es sei gut. Aber dann führten mich zwei Männer in Handschellen ab. Den Anwalt habe ich nie wieder gesehen. Und hier bin ich nun.«

Ich starrte ihn an. Dan sagte die Wahrheit, davon

war ich überzeugt. Ich wusste wohl, dass so etwas tatsächlich vorkommt. Manche vom Gericht bestellten Rechtsanwälte finden solche Fälle lästig, vereinbaren mit dem Ankläger ein schnelles Geständnis und liefern so den nichts ahnenden Angeklagten der Gnade des Gerichts aus. Was mich besonders schmerzte, war, dass ich hier einem ordentlichen jungen Mann von gesundem Aussehen gegenüberstand, der im Gefängnis saß und noch nicht einmal wusste, warum und für wie lange. Als Dan mir später seine Papiere brachte, klärte sich der Fall: er hatte vier Jahre Haft für den Kauf eines gestohlenen Wagens bekommen. Es war schwer vorstellbar, dass dieses Vergehen eine derartige Strafe nach sich ziehen konnte. Ich versprach, ihm nach Kräften zu helfen.

Der Entschluss, Dr. Krenshaws Rat nicht zu befolgen, bewirkte einige tief greifende Veränderungen in mir:

Mein Ärger über das System, das mich ins Gefängnis gebracht hatte, verminderte sich. Ich erlebte aus allernächster Nähe, dass Ungerechtigkeit ein Teil des Lebens ist. Weil ich selbst davon betroffen war und auch, weil ich etwas für die traurigen Fälle tun konnte, blieb mir weniger Zeit zum Grübeln über mich selbst. Gleichzeitig kam mir ganz neu zum Bewusstsein, dass ich gebraucht wurde. Bald hatte ich fast keine Zeit mehr für mich selbst und fand noch weniger Schlaf als früher, weil ich meist nach langen

Stunden in dem nur dürftig erleuchteten und verqualmten Arbeitsraum noch aufblieb, Unterlagen bearbeitete und Ratschläge erteilte.

Viele Tage lebte ich nun schon mit dem Damoklesschwert der Morddrohung über mir. Ich schlief unruhig und schaute nach den hasserfüllten Augen aus, die mir meinen möglichen Mörder anzeigen könnten. Da aber Gottes Geist jetzt im Gefängnis so lebendig geworden war, konnte ich mich ihm sogar hierin ganz anvertrauen. Wenn es so weit war, würde ich diesem Mann gegenüberstehen und mich mit ihm messen können. Bis dahin war mir andere Arbeit aufgetragen.

Eine weitere Veränderung in mir zeigte sich durch ein neues Dankbarkeitsgefühl meiner Familie und meinen Freunden gegenüber. Ich wusste, dass immer noch viele Menschen draußen lebten, die den »Henker« hassten. Aber wie viel bedeutete es mir doch, dass aufmunternde Briefe aus allen Teilen des Landes mich erreichten. Familie Charles Givler aus Beaver Falls, Pennsylvania, schrieb mir, dass sie sich meiner annehmen wollten, als gehöre ich zu ihnen. Jede Woche kamen Briefchen von ihren Kindern, mit Buntstift gemalte Bilder, lustige Karten, Bücher, kleine wohltuende Geschenke – alles Zeichen der Liebe Christi.

Pattys regelmäßige Wochenendbesuche blieben immer der Höhepunkt der Woche. Zum Geburtstag erfüllte sie mir einen lange gehegten Wunsch: ein Hochzeitsring mit der Inschrift: »4. April 1964 – für immer.« Das mag ein seltsames Geschenk sein für ein so lange verheiratetes Ehepaar, aber dieser neue Ring sollte mich jeden Tag an unser Bündnis erinnern, und die Worte »für immer« hatten jetzt eine neue Bedeutung für uns.

Dann kam ein Brief vom ehemaligen Präsidenten. Er hatte ihn an meinem Geburtstag geschrieben.

16. Oktober 1974

Lieber Chuck,
während der zwei Monate, die wir seit dem Rücktritt in Kalifornien verlebt, und in der Zeit, für die mich die Ärzte aus dem Gefecht gezogen haben, wollte ich Sie immer schon wissen lassen, dass ich in Gedanken und im Gebet in dieser schweren Zeit bei Ihnen war.

Wenn ich an den großartigen Dienst denke, den Sie der Regierung geleistet haben, an Ihre Treue mir persönlich gegenüber und an Ihre Freundschaft, dann wendet sich mein Herz Ihnen zu in dieser für Sie so kritischen Zeit.

Glücklicherweise sind Sie ein junger Mann, ein starker Mann und ein guter Mann, und einmal wird dies alles vorübergehen und wir werden leben, um einem neuen Tag zu begegnen.

Gott segne Sie, und lassen Sie uns in Verbindung bleiben.

Herzlichst

R. N.

Ein Geburtstagsbesuch von zwei Freunden und früheren Partnern, Charlie Morin und George Fender, war auf andere Weise denkwürdig. Als Rechtsanwälte konnten sie mich mit einer Sondererlaubnis während der Woche besuchen. Da der Besucherhof geschlossen war, wurden wir in einen Raum geführt, der »Chefzimmer« genannt wurde. Er war geschmackvoll eingerichtet, mit einem großen Holztisch in der Mitte. Obwohl ich gleichzeitig befürchtete, ein Opfer von Gefängnis-Verfolgungswahn zu werden, konnte ich doch den Verdacht nicht abschütteln, dass das Chefzimmer »verwanzt« war, dass es also abgehört wurde. Der Raum stand für Disziplinarverfahren zur Verfügung, die mit ziemlicher Sicherheit mitgeschnitten wurden.

Ich wusste, dass alle von Gefangenen geführten Telefongespräche abgehört und vielleicht aufgenommen wurden, weil einer der Häftlinge das Aufnahmegerät gesehen hatte. (Die Telefonfreiheit ist in den verschiedenen Gefängnissen unterschiedlich. In Maxwell durften wir von den zwei öffentlichen Telefonen aus unbegrenzt Gespräche führen, aber nur während bestimmter Stunden des Tages. Da immer lange Schlangen vor den Telefonen anstanden, hielt jeder die Sprechdauer von höchstens 10 Minuten genau ein. Die allgemeine Verfügbarkeit des Telefons war ein wichtiger moralischer Faktor.)

Alle ankommende und ausgehende Post, mit Ausnahme der Anwaltsbriefe, wurde geöffnet und gelesen. Dieses Gefühl, ständig beobachtet, belauscht und kontrolliert zu werden, war eine der beunruhigendsten Seiten des Gefängnislebens. Während George Fender im schönsten Überschwang Späße und lustige Geschichten aus der Firma erzählte, suchte ich in Gedanken den Raum nach verborgenen Abhörgeräten ab. Ich schob Charlie Morin eine Notiz zu: »Dieser Raum ist möglicherweise verwanzt.«

Charlie las das und nickte verständnisvoll. George las es über Morins Schulter hinweg und versuchte dann, den Schreibtisch hochzuheben, aber der war am Boden festgeschraubt. Er kritzelte auf das Papier: »Sie haben Recht – Standardmethode – Mikrofondrähte verlaufen durch die verschraubten Tischbeine unter dem Fußboden.«

Jetzt konnte ich meine Neugier nicht mehr unterdrücken. Ich ging in das angrenzende Büro mit dem Vorwand, die Sekretärin nach einem Telefon zu fragen, das Morin benutzen könnte. Sie schien aus der Fassung gebracht, sprang auf und begleitete mich aus dem Raum hinaus – aber vorher hatte ich noch ein großes Tonbandgerät auf ihrem Schreibtisch entdeckt, dessen Spulen sich langsam drehten.

Dann erinnerte ich mich, dass die einzigen Besucher, die ich sonst noch an Wochentagen empfangen hatte, auch jeweils in diesen Raum geführt wurden. Wally Henley, ein Prediger, den ich von der gemeinsamen Arbeit im Weißen Haus her kannte, war häufig bei mir gewesen und wir hatten jedes Mal in diesem Raum gemeinsam für eine schwierige Situation, in der ich mich damals befand, gebetet. Wenn ich vom Aufseher oder einem anderen Gefängnisbeamten über einen Gefangenen ausgefragt wurde, wie konnte ich dann, ohne meine Mitgefangenen zu »verpfeifen«, trotzdem die Wahrheit sagen? Obwohl auf andere Gefangene Druck ausgeübt wurde, versuchte man das bei mir nie. Lag der Grund darin, dass sie unsere Gebete abgehört hatten?

Unsere gemeinsamen Stunden brachten nicht die Entspannung, auf die wir uns gefreut hatten. Mich in Gefängniskleidung zu sehen, dabei unbeschwert und natürlich zu erscheinen, das bekümmerte meine Freunde nur noch mehr. Und mit zwei Freunden zusammen zu sein und zu wissen, dass sie jederzeit ungehindert hinausgehen konnten, ließ plötzlich die Sehnsucht nach der Freiheit in mir aufsteigen: Das Bewusstsein, dass unsere Unterhaltung möglicherweise mitgeschnitten wurde, dämpfte unsere Laune noch mehr. Da kam mir plötzlich eine Idee.

Hier könnte sich die von Gott gegebene Gelegenheit bieten, Howard zu helfen. Zur Überraschung meiner Freunde erfasste mich plötzlich ein heiliger Zorn: »Dieser Gefangene, Jim Howard, hat im Gefängnis einen Nervenzusammenbruch erlitten, und keiner der Beamten kümmert sich darum. Das ist kriminell«, fuhr ich pathetisch fort. »Howard wird hier nie mehr herauskommen, wenn er nicht stirbt oder Selbstmord begeht. Das ist fahrlässige Tötung – kriminelle Fahrlässigkeit. Der Aufseher ist so damit beschäftigt, der Luftwaffe Sklaven zuzutreiben, dass ihn der einzelne Mensch überhaupt nicht interessiert. Jetzt kann ich daran nichts ändern, aber wenn ich hier rauskomme, werde ich die Sache in die Hand nehmen, darauf könnt ihr euch verlassen.« In der Hoffnung, dass der Aufseher meine Worte hören würde, legte ich die ganze Verantwortung auf seine Schultern. Meine Freunde durchschauten schnell, was hier vorging und spielten mir eifrig die Bälle zu.

Am nächsten Morgen nahm Mr. Bleven in der Wäscherei die telefonische Anweisung entgegen, schnell Kleidung und Wäsche für einen Gefangenen zu beschaffen, der sofort verlegt werden sollte. Er kam aus seinem Büro heraus, schüttelte den Kopf und murmelte vor sich hin: »Verstehe nicht, was das nun wieder soll. Muss schon was Komisches sein. Gibt's doch sonst nicht, dass jemand so schnell verlegt wird.«

Am Nachmittag wurde Jim Howard unter Bewachung ins Gefängnishospital von Atlanta gebracht. Und am Abend dankten Paul, Amos, Lee und ich dem Herrn von ganzem Herzen dafür.

Patty blieb in dieser Woche in Montgomery und fuhr nicht nach Washington zurück. Seit Jahren durften Frauen, die in der Nähe wohnten, an Bruder Blows Gottesdiensten am Dienstagabend und an den methodistischen Gottesdiensten am Donnerstagabend teilnehmen. Häftlinge und ihre Frauen saßen nebeneinander, aber die Frauen gingen sofort nach dem Gottesdienst wieder nach Hause. Ich bemerkte, mit welcher Sorgfalt die Regeln eingehalten wurden. Kein Besuch, sondern Zeit zur gemeinsamen Anbetung.

Patty kam am Dienstagabend kurz vor sieben in Begleitung von Bruder Blow und seiner Frau an. Es goss gerade sturzbacahrtig. Obwohl es im Versammlungsraum kalt und feucht war, erwärmte uns der Gottesdienst schnell. Der Baptistenprediger sprach sehr lebendig, und für Patty war es genauso neuartig wie für mich damals am ersten Abend. Die Verwaltung musste von Pattys Teilnahme am Gottesdienst gehört haben, denn am nächsten Tag wurde ich ins Büro beordert. »Die Frauen der Gefangenen dürfen nicht am Gottesdienst teilnehmen«, bellte der Beamte.

»Ich habe aber gehört, dass sie schon seit Jahren kommen«, erwiderte ich. »Irgendetwas läuft da falsch«, knurrte der Beamte. »Wenn die Frauen zu den Gottesdiensten gekommen sind, dann werden wir dem jetzt ein Ende setzen.«

Ich ließ den Kopf hängen. Hatten Patty und ich den anderen alles verdorben?

»Die Männer sind hier, um bestraft zu werden«, schnauzte er mich an und schlug klatschend mit der rechten Hand auf den Rücken der linken – eine Geste, die nur zu oft ausdrückte, was man hier von Rehabilitierung hielt. »Wenn Gefangene mit ihren Frauen während der Woche zusammen zur Kirche gehen, ist das Besuch«, schloss er.

Ein Häftling, der Helfer des Gefängniskaplans, brachte die Sache vor den Aufseher. »Sie sollten kommen und Bruder Blow selbst anhören, Mr. Grunska. Er steht wirklich mit Gott in Verbindung.«

»Das hoffe ich für ihn – er wird Gott brauchen, wenn ich ihn mir vorknöpfe«, antwortete Grunska steinern.

Es folgte ein heftiger Wortwechsel. Dann entschied der Aufseher: Gottesdienste sind eine Vergünstigung, kein Recht. Frauen von Häftlingen sind nicht erwünscht. Ob diese übertriebene Reaktion mit der Sache Howard zusammenhing?

Die Nachricht, dass die Frauen von den Wochentagsgottesdiensten ausgeschlossen worden waren, verbreitete sich schnell im Gefängnis. Ich war besonders niedergeschlagen, weil die meisten wussten, dass diesem Brauch ausgerechnet wegen Pattys Teilnahme ein Ende gesetzt wurde. Die Anordnung des Aufsehers versetzte der Moral im Gefängnis einen schweren Schlag. Es waren zwar nicht viele, die gemeinsam mit ihren Frauen zum Gottesdienst gegangen waren, aber die Verweigerung einer Vergünstigung, und sei sie noch so klein, wurde ernst genommen. Sie war eine Bedrohung des sorgfältig ausgewogenen Verhältnisses zwischen Häftlingen und Verwaltung und obendrein ein Vorzeichen dafür, dass Schlimmeres bevorstand.

Von nun an wurden auch unsere Besucher in verstärktem Maße schikaniert. An einem Wochenende kamen Doug Coe und Fred Rhodes anstelle der erschöpften Patty von Washington heruntergeflogen. Fred, damals Vorsitzender des US-Postgebühren-Ausschusses, wurde von einem bärbeißigen Wärter angehalten, der barsch seine Aktenmappe forderte, sie durchsuchte und ihn dabei unablässig anknurrte. Fred blieb die Freundlichkeit selbst. Die Unhöflichkeit des Beamten beunruhigte uns, nicht die Taschenkontrolle, bei der nur ein paar erlaubte Lebensmittel zutage kamen.

Fred folgerte daraus, dass einige der Wärter unfreier waren als die Gefangenen selbst. »Lass uns für sie beten, Chuck.« Und das taten wir auch, gleich dort im Besucherhof. Es war sicher das erste Mal, dass für diese Wärter gebetet wurde – mit Ausnahme der Gebete für ihre Versetzung in ein anderes Gefängnis. Später beteten wir weiter für sie in unserer Gefängnis-Gebetsgemeinschaft.

In der Zwischenzeit hatte Doug in seiner gewinnenden Art mit fast allen erreichbaren Häftlingen gesprochen, sie ermahnt, aufgemuntert und ihre Freundschaft gewonnen. Fred nahm sich Lee Corbin beiseite zu einem stillen Gespräch. Dann gesellte sich Jim Hiskey, der Seelsorger der amerikanischen Berufsgolfspieler, zu Doug und Fred. Die drei brachten den Geist der Liebe ins Gefängnis, trotz aller Hindernisse. In jener Woche arbeitete Lee Corbin eine ganze Nacht lang an einem Segelschiffmodell, einem wunderschönen Stück, das er dann Fred Rhodes schickte. Fred sandte ihm seinerseits eine Scofield-Bibel. Der Vorsitzende des Postgebühren-Ausschusses und ein wegen Postbetrugs verurteilter Häftling teilten so ihren Glauben mit – per Post.

An diesem Abend schrieb ich Doug: »Ich kann dir nicht sagen, wie viel mir diese Besuche bedeutet haben. Ich komme mir oft so vor, als sei ich in einem einsamen Grenzland, fern von der geistlichen Heimat unserer Gemeinschaft. Ich weiß, dass es Gottes Plan ist, und ich nehme diesen Auftrag gerne an. Aber genauso wie ich mein Zuhause bei Patty vermisse, so vermisse ich auch meine geistliche Heimat bei dir und den Brüdern. Gott wirkt hier mit solcher Macht – und es gibt wohl wenige Orte, wo seine Gegenwart notwendiger wäre als bei dieser Anhäufung verlorener Seelen. Ein ähnlicher Notstand muss auch in anderen Gefängnissen herrschen ...«

Bruder Blow hatte mich, als wir uns das erste Mal trafen, gebeten, auf einer der Dienstagabend-Versammlungen zu sprechen. Ich hatte das abgelehnt, und zwar mit der Begründung, dass die Männer mich erst akzeptiert haben müssten. Die Ereignisse der vergangenen Woche überzeugten mich, dass es nun so weit sei und ich versuchen könnte, meinen Mitgefangenen zu erklären, wie ich zum Glauben an Jesus Christus fand. So sagte ich zu, am kommenden Dienstag zu sprechen.

Die Maßnahme des Aufsehers, die Frauen von den Wochentagsgottesdiensten auszuschließen, bewirkte, dass sich die Häftlinge geschlossen hinter Bruder Blow stellten. Doppelt so viele Häftlinge wie sonst und außerdem noch eine große Anzahl Glieder seiner Kirchengemeinde waren am folgenden Dienstag bei unserem Gottesdienst anwesend. Je näher die Zeit rückte, desto nervöser und besorgter wurde ich. Den Schwarzbrennern und Leuten vom Lande meine Erfahrungen im Weißen Haus nahe zu bringen, war eine schwierige Sache. Wie könnte ich ihnen eine Hilfe sein?

Begeistert wie immer eröffnete Bruder Blow den

Gottesdienst. Wir sangen Lieder, ein Häftling spielte Gitarre, Bruder Blow hielt eine kurze Predigt, und dann wurde mir der Abend übergeben.

Ich betete zuerst um die Leitung Gottes. Dann kamen die Worte wie von selbst. Zuerst noch etwas stockend, als ich erklärte, wie ich von Gott durch meinen Stolz und meine Selbstsucht getrennt war und wie mich meine Sünden gefangen hielten, doch bald floss die Rede immer freier. Ich konnte bezeugen, dass ich jetzt, nur 18 Monate später, äußerlich zwar ein Gefangener, aber doch ein freier Mann war.

»Preis dem Herrn!«, riefen Bruder Blow und andere Zuhörer.

Zum Abschluss sagte ich: »Preis dem Herrn, dass ich im Gefängnis bin und diese Gelegenheit habe, Jesus Christus zu bezeugen.«

Bruder Blow sprang vom Stuhl auf, lief zum Altar und erstickte mich fast in seiner Umarmung. Er legte seinen Arm um mich, betete und forderte dann jeden Einzelnen auf, die Erlösung durch Jesus Christus anzunehmen.

Das Schlusslied brauste so mächtig auf, dass es der Aufseher in seinem Wohnzimmer, einige Hundert Meter außerhalb der Gefängnistore, gehört haben muss. Das Echo bei Bruder Blows Gemeindegliedern war positiv – wie aber war mein Zeugnis von den Häftlingen aufgenommen worden? Hatte ich über ihre Köpfe hinweg gesprochen? Hatte ich mich selbst zu wichtig gemacht? Sahen sie mich nicht als einen der Ihren an? Ich ging nach hinten, wo sich die meisten Gefangenen versammelt hatten. Lee, Paul und Amos standen dort und lächelten so herzlich und strahlend, wie ich noch nie jemanden habe lächeln sehen. Damit waren meine bangen Fragen beantwortet.

In der folgenden Woche wuchs das Interesse der Mithäftlinge an unserer Gebetsgemeinschaft. Gott hatte das Zeugnis gesegnet. Die Männer suchten. Angst und Spannung, das war mir klar, würde es immer noch geben, aber in den Bedrängnissen des Gefängnislebens hatten wir das Wirken des Heiligen Geistes unter uns erlebt. Immer deutlicher konnte ich sehen, wie Gott mein Leben führte. Diese Erkenntnis war ein Fundament der Zuversicht für die rauen Tage, die vor mir lagen.

Kapitel 25

Ein unerwartetes Geschenk

■ Als die erste frische Herbstkälte in der Luft lag, wies Mr. Bleven mich an, allen Gefangenen die Winterkleidung auszuteilen, besonders die dunkelbraunen, ausrangierten Kampfjacken der Armee. Wir öffneten Kiste um Kiste und zum Vorschein kam die schäbigste Sammlung elender Lumpen, die ich je gesehen habe; der Armbund der fadenscheinigen Jacken bestand meist nur noch aus langen Fransen, die Ellbogen waren durchgewetzt, überall klafften große Risse. Die Sachen mochten einmal bessere Zeiten gesehen haben, aber mittlerweile war alle Wärme aus ihnen herausgewaschen, und sie waren so abgenutzt, dass sie wenig Schutz gegen den rauen, feuchten Winter in Alabama bieten konnten.

Als wir die Sachen austeilten, hielt ich wieder nach den feindlichen Augen Ausschau, die mir verraten könnten, wer mich zu ermorden gedroht hatte. Es war sinnlos. Fast alle zeigten Wut in ihren Gesichtern – aber diesmal über den erbärmlichen Zustand der Winterkleidung.

Noch etwas beschäftigte uns: Im Reservelager

entdeckten wir Kisten voller gut erhaltener, daunengefütterter Fliegerjacken, die ein tüchtiger Versorgungsbeamter aus dem Luftwaffen-Ausschuss gerettet hatte. Leider konnten wir sie nicht verwenden; sie waren nämlich hellgrün, und nach den Gefängnisvorschriften mussten alle Kleidungsstücke schokoladenbraun eingefärbt werden. Wir kamen auf den Gedanken, uns selbst zu helfen, packten je zwei Jacken in eine Waschmaschine und fügten dunklen Farbstoff hinzu. Mit Erfolg. Was wir aus den Maschinen zogen, waren zwar eingelaufene Zerrbilder der Originale – aber sie waren dunkelbraun. Wir verzichteten gerne auf elegante Passformen, wenn sie nur warm waren.

Das nächste Problem legte uns der Farbstoff auf. Auf der Versorgungsliste stand er nicht, und Blevens Kasse war leer. Nur ein bisschen fehlender Farbstoff stand zwischen 250 halb erfrorenen Häftlingen und 250 mollig warmen Jacken. Als sich die Nachricht von den Jacken und meinen Versuchen, sie einzufärben, herumsprach, erschienen immer wieder Häftlinge in der Wäscherei, meist am Montagmorgen, und brachten kleine braune Päckchen mit. Bleven war uns wohlgesonnen und drehte sich jedes Mal um, wenn ein Gefangener nach dem anderen mir das Schmuggelgut in die Hand gleiten ließ. Mitte Oktober hatte sich daraus ein blühendes, freilich keinerlei Verdienst abwerfendes Geschäft entwickelt. Es beunruhigte mich, dass der Farbstoff eingeschmuggelt werden musste; aber unsinnige Bestimmungen zu umgehen, hatte mich schon immer gereizt, und den Männern zu helfen war nun der Hauptzweck meines Lebens geworden.

In meiner Begeisterung spannte ich Woodie mit ein. Woodie war ein gebildeter, gut aussehender junger Mann, der 18 Monate für Autohehlerei abzusitzen hatte. In seinem Verlangen, auch eine Fliegerjacke zu besitzen, hatte er mir seine Hilfe beim Schmuggel angeboten.

An einem Wochenende Mitte Oktober brachte Patty widerstrebend sechs Päckchen Farbstoff von Washington mit. Während der Besuchszeit waren Patty, Woodie, seine attraktive junge Frau und ich zusammen im Hof. Woodie vergewisserte sich, dass kein Aufseher zusah, ließ sich zwei Päckchen von Patty unterm Tisch zuschieben und steckte sie in seine Hosentaschen. Ich hatte keinerlei Gewissensbisse dabei; je mehr Jacken, umso besser für die Gefangenen. Persönliche Kleinigkeiten hereinzuschmuggeln war ohnehin fast schon eine Routinesache, wenn auch nicht ungefährlich. Wer dabei erwischt wurde, musste mit Verlegung in ein anderes Gefängnis rechnen; im günstigsten Falle erwarteten den ertappten Kandidaten ein paar Nächte Einzelhaft.

Patty machte sich Sorgen, aber Woodie bestand ganz unbekümmert darauf, den Farbstoff einzuschmuggeln, da man ihn nie kontrollieren würde. Die Aufseher machen im Allgemeinen Stichproben unter den Männern, die den Besucherhof betreten oder verlassen, aber meistens durchsuchen sie nur solche, die wegen Drogendelikten verurteilt wurden. Am Abend verließen Woodie und ich den Besucherhof gemeinsam und gingen auf dem kürzesten Wege zu der vertrauten Stelle, von wo wir die Straße überblicken und unseren Frauen zum Abschied zuwinken konnten. Als wir am Kontrollraum vorbeikamen, ging Woodie gerade ein paar Schritte voraus. Plötzlich traten zwei Aufseher auf ihn zu.

»Hier herein«, befal der eine. Der andere packte Woodie am Arm und zerrte ihn durch die Tür. Ich wagte nicht stehen zu bleiben, aber ich verlangsamte meine Schritte und konnte gerade noch hören, wie einer der Aufseher kommandierte: »Zieh dich aus!«

Musste er ins »Loch«? Hatte jemand beobachtet, wie Patty ihm das Päckchen zusteckte? Hatte jemand »gesungen«? Ich verlor allen Mut, als ich daran dachte, dass Woodie im nächsten Monat vor dem Bewährungskomitee stehen würde. »Was habe ich da angestellt?«, murmelte ich vor mich hin. Mein Magen wollte sich mir umdrehen. Wenn sich mein junger Freund jetzt in großen Schwierigkeiten befand, dann wegen mir. Er war fast noch ein Kind, aber von mir konnte man Reife erwarten. Die ganze Sache war dumm und falsch gewesen. Ganz gleich, wie unsinnig die Vorschriften mir auch scheinen mochten, sie waren der verlängerte Arm der Obrigkeit, der ich gelobt hatte untertan zu sein.

Ich ging in den Schlafsaal und erzählte Paul die ganze Geschichte. Mittlerweile hatte man den Farbstoff ganz bestimmt gefunden, und Woodie steckte bereits in der Einzelzelle. Der nächste Tag war ein Feiertag; Woodies Frau würde um 8.00 Uhr morgens da sein und sich auf die gemeinsamen Stunden mit ihrem Mann freuen. Ich könnte den Anblick nicht ertragen – den Schmerz in ihren Augen und auf ihrem hübschen Gesicht, wenn sie die Wahrheit erfuhr. Es lag durchaus im Bereich des Möglichen, dass ihr Mann noch heute Nacht ins städtische Gefängnis überführt wurde, wo er bis zu seiner Verlegung bleiben müsste. Das wurde oft so gehandhabt und die betroffenen Familien verloren sich manchmal wochenlang aus den Augen.

»Was mache ich nun?«, fragte ich Paul. »Ich muss die Verantwortung übernehmen. Ist es meine Pflicht, mich zu melden und alles zu berichten?«

Paul schüttelte den Kopf. »Damit erreichst du nur, dass du verlegt wirst, und Woodie ist damit auch nicht geholfen. Der Aufseher wird bei dir bestimmt keine Ausnahme machen. Schmuggel nimmt er ernst. Lass uns zuerst mal sehen, was mit Woodie los ist.«

Sicher käme Woodie sofort in unseren Schlafsaal, wenn man ihn freiließe. Die Minuten schlichen dahin. Keine Spur von ihm. Ich machte mich auf das Schlimmste gefasst. Wir saßen während der ganzen Essenszeit herum und warteten auf ihn. Paul erbot sich, in Woodies Schlafsaal nachzusehen, um ganz sicher zu gehen, und dann in die Einzelzelle zu schauen. Wenn ein anständiger Wärter Dienst hatte, könnte Paul ihn vielleicht sprechen. Ich hatte mich schon mit meinem Schicksal abgefunden. Wenn sie Woodie Einzelhaft aufgebrummt hatten, würde ich mich stellen. Es musste sein.

Paul kam nach zehn Minuten niedergeschlagen zurück und brachte die befürchtete Nachricht: »Er steckt im Loch, aber er möchte dich sehen. Er wird verlegt.«

Die nächsten Augenblicke waren qualvoll. Warum war ich nur so hirnverbrannt gewesen, alles zu zerstören, was ich in Maxwell langsam aufzubauen begann? Ich wollte selbst nicht beachten, was ich in dieser Woche in mein Tagebuch geschrieben hatte – eine Ermahnung an mich selbst, nicht den kleinen Verführungen des Gefängnislebens zu erliegen. »Als Christ kann ich mich nicht an den kleinen Unregelmäßigkeiten beteiligen, die unter den Gefangenen üblich sind, und mit denen sie sich das Leben hier ein bisschen erträglicher machen«, so stand es da. »Ich muss mich vor den kleinen Verdrehungen und Beugungen der Vorschriften hüten, vor den kleinen Lügen.«

Wie konnte ich so heuchlerisch sein, mir selbst etwas vorzumachen und nicht meinen schönen Worten entsprechend zu handeln? Die Wahrheit ist, dass die Häftlinge lügen, die Tatsachen aufblähen, künstlich Notlagen hervorrufen, um sich einen Urlaub zu verschaffen. Die Gefängnisbeamten rechnen direkt damit – und ermutigen einen sogar dazu –, um auf dem Führungsbogen die entsprechenden Eintragungen machen zu können. So wird auch im Gefängnis Katze und Maus gespielt, und beide Parteien halten sich an die gleichen Spielregeln.

Als ich so auf meiner Pritsche saß und Paul trübsinnig anstarrte, schoss mir ein neuer, niederschmetternder Gedanke durchs Bewusstsein. Hatte ich von Watergate nichts gelernt? Wie konnte ich vergessen, dass eine Reihe kleiner »Notlügen« den Blick trüben kann, wenn es darum geht, bei wichtigen Fragen ethisch richtige Entscheidungen zu treffen? Vor Monaten schon hatten wir in unserem Montagskreis im *Fellowship House* erkannt, dass kleine Lügen den Charakter des Menschen ebenso zersetzen wie große; es ist nur eine Frage des Gradunterschiedes und der Zeit. Jetzt war ich selbst in diese Falle geraten.

Ich teilte Paul meinen Entschluss mit, und wir gingen zusammen zum Büro des Dienst habenden Offiziers. Die schrecklichsten Gedanken jagten mir durch den Kopf. Paul gab sich die größte Mühe, mich zu trösten: Vielleicht geben sie dir noch einmal eine Chance, Chuck. Vielleicht verlegen sie Woodie und dich in den gleichen Knast.«

Als wir den Hof fast überquert hatten, kamen wir an Woodies Schlafsaal vorbei. Paul ergriff meinen Arm. Er hatte einen rätselhaften Ausdruck im Gesicht. »Gehen wir erst mal hier rein, Chuck«, drängte er.

»Es hat keinen Sinn, die Dinge vor sich herzuschieben, Paul. Wir wollen es hinter uns bringen«, brummte ich finster.

Aber Paul gab nicht nach. Schließlich überzog sich sein Gesicht mit einem breiten Grinsen. »Wir holen erst mal Woodie, und dann könnt ihr beide euch gemeinsam stellen.«

Ich starrte ihn an und spürte, dass alle Farbe aus meinem Gesicht gewichen war. »Du machst Witze.«

»Komm schon«, lachte er. »Woodie hält sein Nachmittagsschläfchen.«

Mein Freund war noch einmal davongekommen. Die Wachen hatten nach Drogen gesucht und den Farbstoff überhaupt nicht beachtet. Paul lachte, wie ich ihn sonst nie habe lachen hören. Er zeigte auf mein kalkweißes Gesicht und krümmte und bog sich. Ich war viel zu erleichtert, um wütend zu sein, emotional viel zu ausgedörrt, um zu sprechen.

Das war eine Lektion, die ich begriffen hatte. Wie leicht ist es doch, zurückzufallen, den Versuchungen des Augenblicks zu erliegen. Meine ganze Sorge war es gewesen, den anderen zu helfen – so meinte ich wenigstens –, aber zum Teil war es doch auch der alte Colson, der in Aktion trat. *Chuck wird's schon schaffen.* Das war der Satz, den ich im Weißen Haus so gern gehört hatte.

Es geht oft merkwürdig zu im Gefängnis. Als ich dem Farbschmuggel ein Ende machte, sorgte Mr. Bleven dafür, dass Farbstoff in ausreichender Menge gekauft wurde, und in kürzester Zeit konnte jeder Gefangene eine warme Jacke anziehen.

Die Leichtigkeit, mit der ich in meine alten Verhaltensmuster zurückgeglitten war, erschütterte mich sehr. Wie konnte das geschehen? Das gemeinsame Gebet mit Christen gehörte zu unserer Gemeinschaft. Normalerweise hätte mich einer aus der Gruppe warnen müssen: »Chuck, die Sache mit dem Farbstoff – ist es wirklich richtig, was du da machst? Ich weiß, es ist für einen guten Zweck, aber kann deshalb fünf gerade sein?« Diese Frage hätte mich zur Besinnung gebracht. Das war ein neues Watergate. Der Zweck heiligt die Mittel – welch eine Falle diese Lebensanschauung sein kann!

Darum muss es einen anderen Weg geben, das Gute zu tun, ohne in verschwommene Moralbegriffe abzurutschen. Wie befähigt uns Christus dazu? Er hatte mir die Antwort gegeben durch das, was ich in den vergangenen 15 Monaten intensiver Arbeit über sein Leben gelernt hatte. Aber ich konnte das Gelernte noch nicht verwirklichen. So forschte ich wieder in der Bibel. Im ersten Kapitel der Apostelgeschichte fand ich, was ich suchte. Jesus sagte zu seinen Jüngern: »... ihr werdet die Kraft des Heiligen Geistes empfangen, welcher auf euch kommen wird ...« (Apg. 1, 8).

Ich hatte Gott gebeten, mich zu leiten und zu stärken. Aber dann erkannte ich, dass ich Gott noch nie gebeten hatte, mich mit der Kraft des Heiligen Geistes zu erfüllen.

Und dann zeigte Gott mir wieder, wie vollkommen sein Zeitplan ist. Am folgenden Montagabend kündigte Martin Gay an, dass wir das nächste Mal über die Kraft des Heiligen Geistes sprechen würden. »Wir dürfen«, erklärte der Prediger mit seiner sanften Stimme, »Gott im Gebet um die Führung des Heiligen Geistes bitten. Er wird es tun. Wir müssen uns ihm nur ganz anvertrauen.«

In den Tagen vor der nächsten Bibelarbeit überdachte ich noch einmal alles, was ich über den Heiligen Geist wusste. Mit der Apostelgeschichte fing ich an. Die Jünger, das wurde mir klar, waren eigentlich alle nur bedingt brauchbar gewesen, bis sie das Erlebnis im »oberen Zimmer« hatten. Auf einmal wurden ängstliche Männer kühn. Wo früher Furcht herrschte, war Mut eingekehrt. Sie hatten Kraft empfangen, um die Gemeinde Jesu Christi zu bauen.

Aber in den folgenden Jahrhunderten wirkten die

Worte »Heiliger Geist« eher abschreckend auf die Menschen oder sie waren für viele Kirchen eine leere theologische Formel. Und doch hat es immer wieder Menschen gegeben, die durch die Kraft des Heiligen Geistes neue Wege gingen, Gottes gewaltige Verheißungen in Anspruch nahmen und so zu seinem Werkzeug wurden.

Am folgenden Montagabend ging Martin Gay das Thema nicht vom Intellekt her an. »Bittet darum«, sagte er, »und der Heilige Geist wird die Herrschaft in eurem Leben übernehmen. Christus wird sich eurer annehmen, wenn ihr euch ganz zur Verfügung stellt und nach ihm *verlangt* – das persönliche Verhältnis zu Jesus Christus geht so viel tiefer als die bloße Anerkennung Gottes.«

Ich betete, während Gay Fragen beantwortete, die ihm zwei zweifelnde, wissbegierige Männer vom anderen Ende des langen Tisches her zuwarfen. »Vater«, bat ich leise, »bitte übernimm durch deinen Heiligen Geist die Herrschaft in meinem Leben. Fülle mich so aus, dass nichts anderes mehr in mir Platz hat, weder Hass noch Bosheit, weder Bitterkeit noch Erschöpfung. Zieh mich näher zu dir, Vater ...«

Ich hielt meinen Kopf gesenkt, bis Paul, der neben mir saß, mich mit dem Ellbogen anstieß: »Schläfst du?«, flüsterte er.

»Wenn das Schlaf ist, solltest du auch öfter schlafen.« Ich schaute auf, um Paul anzusehen, der den

Zeigefinger auf die geschürzten Lippen gelegt hatte. Ich bemerkte, dass ich zu laut sprach. Gay spähte durch seine dicken Brillengläser zu uns herüber.

»Bruder Gay, heute haben wir viel gelernt«, reagierte ich spontan und schwieg dann wieder. Die anderen Männer am Tisch waren noch immer in das Thema vertieft, und ich wollte sie nicht stören. Dies war ein denkwürdiger Tag für mich. Wieder einmal hatte ich die besondere Nähe meines Gottes erfahren. In der Bindung an ihn begriff ich immer besser die Freiheit des Geistes.

Nun bat ich Gott, mir die Angst vor der Bedrohung meines Lebens zu nehmen oder mir den betreffenden Häftling zu zeigen. Dieses Damoklesschwert hing nun schon allzu lange drohend über mir. Manchmal ertappte ich mich noch immer dabei, wie ich in den Gesichtern zu lesen versuchte. Jetzt brachte ich dieses Anliegen ganz direkt vor Gott: »Ist es dieser, Herr?«, fragte ich, als ich am Frühstückstisch ein finster blickendes Gesicht sah. »Dieser, Herr?«, als ich auf dem Hof an einem Gefangenen vorbeikam, der meinen Gruß nicht erwiderte.

Einmal erwachte ich plötzlich mitten in der Nacht und richtete mich ruckartig auf, überzeugt, in Gefahr zu sein. Mein Herz klopfte wie rasend. Ich sah nur die Umrisse der Schlafenden, die schnarchten, husteten und im Traum murmelten.

Zunächst erwartete ich die Drohung nur von einem Schwarzen, weil diese als Gruppe eine tiefe Abneigung gegen die Politik Nixons hegten. Sie isolierten sich, waren zum Teil still und mürrisch, aber im Laufe der Zeit entstanden doch Freundschaften.

Immer wieder fragte ich Jerry, ob er sich vielleicht nur einen Scherz mit mir erlaubt habe. Aber jedes Mal wiederholte er seine Geschichte mit aller Entschiedenheit; ebenso entschieden weigerte er sich, mir den Häftling zu nennen, der gedroht hatte, mich umzubringen.

Ein paar Tage nach meinem Gebet im Schulraum befand ich mich gerade auf dem Wege zu meinem Schlafsaal, als vor mir Seite an Seite zwei Häftlinge gingen. Der eine war ein gut aussehender junger Mann mit schwarzen Haaren und dunkler Sonnenbrille, die er nie absetzte; der andere war vielleicht Mitte vierzig, ein muskulöser Mann mit breiten Schultern und einem Stiernacken. Dunkelhäutig und mit schwarzen, stechenden Augen waren sie möglicherweise osteuropäischer Abstammung. Die beiden – ehemalige Polizisten, wie ich hörte – konnte man immer zusammen sehen. Sie lächelten nie. Als ich mich ihnen von hinten näherte, schien mir eine innere Stimme zu sagen: »Jetzt, Chuck.«

Ich beschleunigte meine Schritte, bis ich sie eingeholt hatte und hörte mich sagen: »Wolltet ihr mich sprechen?«

Der ältere, vierschrötige Mann wirbelte herum, sein Gesicht rötete sich, seine schielenden Augen glühten.

»Ich wollte schon lange mit euch reden«, fuhr ich fort.

Einen Moment lang starrte er mich sprachlos an, und sein Blick verfinsterte sich noch mehr. Der große, jüngere Mann wandte sich zu ihm und sagte: »Mach schon. Erkundige dich. Frag ihn!«

Der Ältere fixierte mich immer noch. Dann fragte er mit tiefer, rauer Stimme: »Weißt du, warum ich hier sitze?«

»Vielleicht«, antwortete ich. »Du bist ein aufgeflogener Bulle, nicht?«

»Nein, ein aufgeflogener Polizeileutnant aus Chicago. Und aufgeflogen wegen euch Politikern in Washington. Geteert und gerädert von deinem dreckigen Weißen Haus. So ist das.«

»Und mir gibst du die Schuld?«, fragte ich.

»Erstaunt dich das? Du hast doch die Untersuchung in Chicago angeordnet, oder?« Der Ärger über die bitteren Erinnerungen ließ seine Stimme immer lauter werden.

»Sehen Sie, Leutnant«, sagte ich ruhig, »ich bin genau informiert über die Untersuchung im Zusammenhang mit Bürgermeister Daley. Ich weiß auch, wer sie veranlasst hat. Nicht das Weiße Haus, sondern das Justizministerium. Wenn es dafür politische

Gründe gab, dann hatte ich nichts damit zu tun. Das ist die Wahrheit; Sie können's glauben oder bleiben lassen.«

Als ich in sein gespanntes, wütendes Gesicht schaute, hatte ich endlich die Gewissheit, dass dies der Mann war, den Jerry belauscht hatte. »Und im Übrigen«, fügte ich hinzu, »ich weiß, was es heißt, eine politische Zielscheibe zu sein. Glauben Sie mir, ich weiß, was Sie empfinden.« Das sagte ich mit tiefem Mitgefühl.

»Das glaube ich schon. Ja, das glaube ich.« Seine Stimme wurde sanfter, aber seine Augen bohrten sich immer noch in meine.

Wir erzählten uns gegenseitig von den Qualen unserer Gerichtsverhandlungen. Er berichtete, wie gegen ihn ausgesagt worden war, wie andere gelogen und ihn in die Sache hineingezogen hatten, wie er sich aus der Affäre hätte ziehen können, indem er seine Vorgesetzten belastete, und sich geweigert hatte, das zu tun. Ich erzählte ihm von meinen Anklägern, den wütenden, bitteren Verhören, dem Druck, der auf meine Leute ausgeübt worden war und wie ich Nixon hätte belasten können und es nicht tat.

»Ich glaube, wir haben das Gleiche durchgemacht«, sagte er schließlich. Und als wir uns die Hände schüttelten, zeigte mir sein stählerner Griff, dass wir nicht länger Feinde waren. Den wirklichen Ernst dieser Bedrohung werde ich vielleicht nie ermessen können. Aber dank des Wirkens des Heiligen Geistes konnte ich meinen Verfolger erkennen und Feindschaft in Verständnis verwandeln.

Kapitel 26

Der geistliche Kampf

■ Homer Welsh, der gutmütige, weißhaarige Mann aus den Bergen, wurde in der dritten Oktoberwoche krank. Grippe, vermuteten wir. Man stellte ihn für mehrere Tage von der Arbeit frei, und so lag er Stunde um Stunde auf seiner Pritsche. Homer nahm jetzt auch an unseren Gebetsabenden teil, und deshalb verlegten wir unseren Kreis an seine Pritsche und beteten mit ihm, bis die Lichter gelöscht wurden. Paul versorgte ihn mit Essen, was er meistens aber nicht anrührte, und kalten Getränken, um die er ständig bat.

Als Homers Gesundheit sich nicht besserte, wurde er zur Untersuchung ins Krankenhaus gebracht und anschließend in das winzige, kahle Zweibettzimmer gleich neben der Krankenstation verlegt. Dort blieb er; jedoch sein hohes Fieber widerstand hartnäckig auch der stärksten Medizin.

Als die Untersuchungsergebnisse vom Laboratorium eintrafen, flüsterte uns einer der Häftlinge von der Krankenstation die entmutigende Nachricht zu, Welsh habe Flecken auf der Lunge, im günstigsten

633

Falle Lungenentzündung; kein gutes Zeichen für einen Mann, der lange Jahre seines Lebens in Bergwerken zugebracht hat. Man fand Blut im Urin und der Anteil weißer Blutkörperchen in seinem Blut erhöhte sich ständig. Die Aussichten standen schlecht.

In der gleichen Woche erlebten wir in schneller Folge eine Reihe von Rückschlägen und Gewalttätigkeiten. Es war verheerend und bestürzend zugleich und ließ mich die Nähe des unsichtbaren Feindes ganz unmittelbar erfahren. Vor meinem Christsein wiesen in unseren Kreisen Gespräche über den Teufel oder Satan immer einen scherzhaften Unterton auf. Ich vertrat die Ansicht, alle bösen Taten des Menschen seien Teil seiner Natur. Selbst nachdem ich Jesus Christus angenommen und erkannt hatte, dass sein Geist auch heute noch bei uns ist, sah ich in der Dämonenlehre so etwas wie schwarze Magie.

Im Gefängnis änderte sich meine Meinung radikal. Ich stellte bald fest, dass sich zwischen bösen und guten Menschen keine klare Trennungslinie ziehen lässt. Viele, denen man Güte und Anstand nicht absprechen konnte, hatten schwere Sünden begangen, weil irgendeine böse Macht sie gefangen hielt. Die Vorstellung, dass manche Menschen einfach von Natur aus böse sind, wurde für mich unhaltbar. Alle Menschen, so lehrt die Bibel, sind Sünder und sie kämpfen zwischen zwei Mächten: Gott und Satan, gut und böse. Es ist bedeutungslos, ob wir uns Satan nun als eine gehörnte Gestalt oder als unsichtbare Macht vorstellen. Wie man ihn auch benennen mag, in der Welt wirkt eine böse Macht und sie greift nach dem Leben der Menschen.

Doug Coe bemerkte einmal, Satan verschwende seine Zeit nicht an die Ungläubigen, die auf den Wegen der Welt wandeln; sie landen wie von selbst in seinen Händen. Wer aber Jesus Christus wählt, ist Satans Hauptfeind und stellt die eigentliche Bedrohung seiner Macht dar. Wie jeder gute Schlachtenführer spart der Teufel seine besten Waffen für die stärksten Einheiten seines Feindes auf. So sind die standhaftesten Gläubigen der Geschichte auf die Probe gestellt und gezwungen worden, Satans ungestümen Angriffen zu widerstehen.

Offensichtlich betrachtete Satan unser Gefängnis schon lange als sein Hoheitsgebiet und er war nicht bereit, es kampflos aufzugeben. Ein paar religiöse Veranstaltungen ab und zu hatten ihn nicht gestört, aber die Veränderung der Herzen der Männer musste er ernst nehmen. Dass der Heilige Geist in Maxwell Zugang gefunden und Männer es auf sich genommen hatten, im Gebet füreinander und für die Gefängnisbeamten einzustehen – das forderte einen vernichtenden Gegenschlag heraus.

Ein kleiner Zwischenfall, kaum mehr als ein harmloser Schülerstreich, brachte den Stein ins Rollen. Eines Abends schlichen sich zwei Häftlinge aus ihren Schlafsälen, holten aus dem Arbeitsschuppen eine Dose gelber Farbe, machten sich an die Arbeit und schmierten beleidigende, gegen den Aufseher gerichtete Parolen auf die Gebäudewände und den altersschwachen Gefängnisbus. Früh am nächsten Morgen erschien der Aufseher mit zusammengepressten Lippen auf der Bildfläche und sah sich die Bescherung an. Kaum fähig, seinen Ärger zu zähmen, ging er mit großen, entschlossenen Schritten in sein Büro zurück. Nach einer Stunde wurde die erste offizielle Strafmaßnahme über Lautsprecher bekannt gegeben: »Ab sofort ist nach Eintritt der Dunkelheit der Zugang zu allen Bereichen hinter den Schlafsälen und allen Rasenflächen jenseits der Fahrstraße verboten. Diese Einschränkung ist gültig bis zum Widerruf.«

Trotz emsiger Nachforschungen machte der Aufseher die verantwortlichen Häftlinge nicht ausfindig. Selten gibt es zwischen Gefangenen und Beamten wirkliche »Entspannung«. Was wie Frieden aussieht, entpuppt sich meist als eine unbehagliche Kampfpause. Der aufgestaute Zorn, der in jedem Gefängnis schwelt, heizte sich nun schnell auf.

In der folgenden Nacht stritten sich zwei Gefangene in einem anderen Schlafsaal über irgendeine Nichtigkeit. Bald entwickelte sich daraus ein Boxkampf, bei dem der eine seinen Gegner über mehrere Pritschen warf. Sie stellten den Kampf erst ein, als die Wärter kamen. Beide Männer brachte man ins Krankenhaus, wo eine Platzwunde über dem Auge des Jüngeren genäht werden musste. Dann kamen beide ins Loch. Am nächsten Morgen wurde Gefängnisjustiz geübt. Wer den Kampf begonnen hatte, schien unwichtig. Verhör, Berufung, Bewährungsmöglichkeit gab es nicht. Beide Männer wurden in Ketten abgeführt und noch am gleichen Nachmittag der Polizei zum Abtransport in andere Gefängnisse übergeben.

Patty hatte die junge Frau des einen Häftlings kennen gelernt. Sie erfuhr später, dass er sie nicht mehr anrufen durfte, obwohl sie in Montgomery lebte. Es dauerte Wochen, bis die junge Frau ihren Mann wieder fand. So arbeitet die zuständige Stelle für die Verlegung von Gefangenen. Das System erscheint durchaus vernünftig, aber in der Praxis erweist es sich als eine der strengsten Strafformen.

Wenn ein Gefangener verlegt werden soll, benachrichtigen die zuständigen Beamten die Zentrale Verlegungsstelle in Washington, wo die entsprechenden Daten einem Computer eingefüttert werden. Auch die Belegungsdaten der Gefängnisse werden eingegeben. Belegung und einzuweisende Häftlinge werden gegeneinander aufgerechnet. Das mag wirtschaftlich sein und auch theoretisch prächtig funktionieren, in der Praxis aber werden die Gefangenen wie Gepäckstücke herumgeschoben und gehen oft in den örtlichen Gefängnissen wochenlang regelrecht verloren, bis sie endlich von der Behörde abgeholt und an ihren Bestimmungsort gebracht werden.

Bei diesen völlig überflüssigen Aufenthalten in mit gewalttätigen Kriminellen voll gestopften Durchgangszellen kommen die jungen, unerfahrenen Häftlinge in Berührung mit Dingen, die verheerende Auswirkungen auf ihr ganzes Leben haben. Das Fulton County-Gefängnis in Georgia ist ein bevorzugter Umschlagplatz für Männer von Maxwell. In dieser überfüllten, hundert Jahre alten Einrichtung, wo es im Sommer glühend heiß und im Winter eiskalt ist, werden zeitweilig bis zu 16 Häftlinge in einer einzigen, viel zu kleinen Zelle tagelang zusammengepfercht. Diese Zelle hat keine Fenster, nur eine Toilette, ein Waschbecken und vier Reihen Holzpritschen. Die Häftlinge setzen sich vielleicht zusammen aus betrunkenen Landstreichern, Mördern, die auf ihren Prozess warten, oder auch Gefangenen auf Zwischenstation. Ich habe Männer getroffen, die nach ein paar Tagen in solch einem Loch in schwere Depressionen fielen. Einige hatten im Rahmen dieses Belegungssystems Monate in Durchgangszellen zugebracht und waren dort unbeschreiblichen Situationen ausgesetzt. Dauerschäden lassen sich in solchen Fällen kaum vermeiden.

Einige Abende später – wir suchten noch immer nach Möglichkeiten, um den Frauen der verlegten Gefangenen zu helfen – krächzte wieder der Lautsprecher: »Alle Mann in die Schlafsäle; Kontrolle.« Dann gellte die schrille Alarmpfeife. Zehn Minuten Zeit, genug für die übliche Kontrolle, vergingen. Wir ahnten Schreckliches, gingen zur Tür und spähten nach draußen. Im Hof rannten die Aufseher hektisch hin und her und riefen etwas zum hell erleuchteten Kontrollraum hinüber. Ein Häftling war entflohen.

Wir stellten bald fest, dass es sich um einen hageren, stillen Schwarzen handelte, der 15 Monate in einem Gefängnis mit der höchsten Sicherheitsstufe hinter sich hatte. Obwohl er nur noch wenige Monate abzusitzen hatte, verlor er die Nerven. Er konnte die Haft einfach nicht mehr ertragen. Als er einige Tage später wieder eingefangen wurde, verlängerte man seine Haftzeit um Jahre.

Für Anfang der Woche war Doc Krenshaws Entlassung vorgesehen. Am letzten Tag entdeckte er, dass die erforderlichen Unterlagen nicht vollzählig vorlagen. Als er vor dem Schreibtisch des Gefängnisbeamten stand, geriet er außer sich vor Wut und fing an zu schreien. »Ich hätte ihn beinahe geschlagen, Chuck – ich hatte fast die Kontrolle über mich verloren«, erzählte er mir am Abend. So ungeheuer schwer lastet der Druck während der letzten Hafttage auf einem, dass selbst ein so ausgeglichener Mann wie der Doc beinahe die Nerven verloren hätte.

Die Spannungen nahmen immer mehr zu und wurden hauptsächlich von einem Häftling namens Knight angeheizt, der ein Jahr wegen Scheckbetrugs abzusitzen hatte. Knight entpuppte sich als ein aufgeweckter, streitlustiger Rebell. Schon kurz nach seiner Einlieferung eröffnete er in der Bibliothek sein »Büro«. Bald produzierte er für sich selbst und ein Dutzend anderer Häftlinge reihenweise Eingaben ans Gericht. Ich beobachtete ihn jeden Abend, wie er sich methodisch auf den Angriff vorbereitete, mit anderen Häftlingen diskutierte, die sich ungerecht behandelt fühlten, wie er sorgfältig die zerfledderten Rechtsvorschriften in der Bibliothek studierte. Wie wild hämmerte er auf eine alte Schreibmaschine ein, trug logische Argumente gegen die übliche Bearbeitung von Urlaubsanträgen zusammen, protestierte gegen die unzureichenden medizinischen Einrichtungen, den Bewährungsprozess und gegen alles, was das Leben eines Gefangenen ausmacht.

Knight fand ein unnatürliches und grausames Vergnügen darin, sich den Aufseher zum Feind zu machen. In jener hektischen Woche verfasste er täglich maschinengeschriebene Bekanntmachungen, in denen er seine Eingaben, die Reaktionen der Verwaltung und ihre repressiven Gegenmaßnahmen be-

schrieb. Abends schlug er an jedem Schlafsaalein-
gang eine Kopie seines Tagesberichts an. Die Aufseher hasteten dann durch das Gefängnis und rissen sie
wieder ab.

Eines Tages kontrollierte der Aufseher selbst die
Schlafsäle. Ich sah ihn wütend die Glastüre auf-
reißen, auf die der Tagesbericht geklebt war, hastig
das Papier herunterreißen, es in der Hand zerknül-
len, die Tür zuknallen, dass beinahe das Glas zerbrochen wäre, und davonstürmen. Eine Untersuchung
aller Schreibmaschinen wurde veranlasst, um herauszufinden, auf welcher die Berichte geschrieben worden waren. Dann kam eine neue Anordnung heraus:
Schreibmaschinen durften nur noch zu offiziellen
Zwecken benutzt werden.

Selbst ehrliche Bemühungen um Verständigung
schienen unter einem schlechten Stern zu stehen. Eines Tages stand ich in der Kantine hinter einem
großen Häftling. Aufseher Grunska inspizierte gerade eine große Pfanne mit Schmerfleisch. Als der
Mann vor mir dem Aufseher gegenüberstand, schaute Grunska auf. Ihre Augen trafen sich. »Na, wie
geht's?«, fragte Grunska heiter.

Der Mann war so verblüfft – er hatte vorher
wahrscheinlich noch nie Gelegenheit, mit dem Aufseher zu sprechen –, dass er einen Augenblick lang
stotterte und dann erwiderte, der Fernsehapparat in
seinem Schlafsaal sei seit einer Woche kaputt. »Be-

steht Aussicht, dass er repariert wird?«, fragte er schüchtern.

Das Lächeln des Aufsehers erstarb. »Sobald die Leute hier lernen, sich zu benehmen!«, fuhr er ihn an. Damit drehte er sich um, marschierte davon und ließ den jungen Mann mit verständnislos aufgerissenen Augen zurück.

Einen anderen Häftling, einen Texaner mittleren Alters, traf es ebenso Schlag um Schlag. Schon bei seiner Einlieferung wurde deutlich, dass es sich um einen Alkoholiker handelte, der psychiatrische und medizinische Hilfe brauchte. Nachts saß Rodriguez Ketten rauchend auf seiner Pritsche, und sein Körper wurde von unkontrollierbaren Krämpfen geschüttelt; hin und wieder stand er auf und ging nervös auf und ab. Er hatte bereits zwei regelrechte Anfälle hinter sich.

Am Anfang dieser entmutigenden Woche glitt Rodriguez im Schlafsaal aus. Der Krankenwagen vom Lagerhospital kam, und zwei Sanitäter trugen ihn auf einer Bahre davon. Er bekam starke Beruhigungsmittel und kehrte am nächsten Tag ins Gefängnis zurück. Am folgenden Morgen verwickelte er sich in der Kantine in einen Streit mit einem riesigen Häftling, der ihn mit einem Fausthieb gegen die Schläfe zu Boden schlug. Der Vorfall wurde im Kontrollraum gemeldet, und zwei Aufseher schleppten Rodriguez in die Einzelzelle. Dem Angreifer geschah nichts. Er war ein Liebling der Verwaltung.

Rodriguez verbrachte diesen Tag im Loch und schrie fast unablässig vor Schmerz. Er spähte durch die kleine, mit Maschendraht verschlossene Öffnung in der Tür und bat um einen Arzt. Niemand beachtete sein Rufen. Am späten Nachmittag fuhr draußen ein Polizeiwagen vor. Zwei muskulöse Wärter öffneten die Tür zu Rodriguez' Zelle und legten ihm Handschellen an. »Wo komme ich hin?«, rief er. Gefangenen, die aus disziplinarischen Gründen verlegt werden, sagt man im Allgemeinen nicht, wohin sie kommen. Aber einer der Aufseher antwortete: »Ins Stadtgefängnis Montgomery.«

»Nein, bitte nicht«, flehte Rodriguez. »Holt einen Arzt. Seht ihr nicht, dass mein Ohr blutet?« Dunkelrotes Blut floss aus seinem Ohr über sein Ohrläppchen den Hals hinab und tränkte seinen zerfetzten Kragen.

Die zwei Wärter betrachteten Rodriguez' Ohr, schauten sich dann gegenseitig an und zuckten die Achseln. Einer übernahm barsch das Kommando: »Im Moment hat kein Arzt Dienst. Wir haben Befehl, dich sofort mitzunehmen. Der Wagen wartet. Wir können wegen dir nicht den ganzen Betrieb aufhalten.« Ich stand in der Nähe und sah hilflos zu, wie die beiden Männer den sich wehrenden Gefangenen zur Tür zerrten. Rodriguez wandte sich mit angstverzerrtem Gesicht zu mir um und rief laut: »Du siehst doch, dass ich blute, nicht wahr, Colson?«

»Jawohl, das sehe ich«, antwortete ich bestimmt. »Du brauchst einen Arzt.«

Beide Wärter hielten plötzlich inne, drehten sich um und starrten mich an. Einen Augenblick lang hoffte ich, sie kämen mit Rodriguez zurück, um ihn auf die Krankenstation zu legen. Aber sie besannen sich nur kurz. Dann legten sie ihre Hände unter Rodriguez' Achselhöhlen, hoben ihn hoch und trugen ihn zu dem wartenden Fahrzeug. Nur ein paar Blutflecken auf dem Boden blieben zurück. Ich fühlte mich schwindlig und hilflos. Ich habe nie wieder etwas von diesem armen Menschen gehört.

Gegen Ende dieser stürmischen Woche suchte mich Paul in der Wäscherei auf. Seine Augen waren voll Schmerz, und ohne ein Wort zu sagen, warf er mir ein Stück Papier zu. Es war eine kurze, bündige Mitteilung des Regionaldirektors des Bewährungsausschusses: »Da uns keine besonderen Umstände ermächtigen, die für Ihr Vergehen festgelegten Richtlinien zu umgehen ... müssen Sie Ihre Gesamtstrafe abbüßen. Bewährung ist nicht möglich.« Dieses Stück Papier widerrief die Entscheidung, die erst vor wenigen Wochen im Blick auf Paul getroffen worden war, und verurteilte ihn zu zwei weiteren Gefängnisjahren.

Wir mussten daran denken, wie unsere Gebete für Paul und Ferguson so wunderbar erhört worden waren, und in uns beiden blitzte gleichzeitig der Gedanke auf: *Könnte Gott Paul nun verlassen haben? Könnte er seine eigene Verheißung widerrufen?* Kaum. Wir wurden auf die Probe gestellt.

»Lass den Kopf nicht hängen, Paul. Wir werden dagegen angehen und sie schlagen«, ermunterte ich ihn. »Mittlerweile bin ich der beste Gefängnisanwalt der ganzen Gegend.« Paul konnte sich bei meinem krampfhaften Humor nicht einmal ein Lächeln abringen. Die Herausforderung an uns stand fest: mit Gottes Hilfe für Pauls Freiheit kämpfen.

Als Nächster war Lee Corbin an der Reihe. Eines Abends, ich saß gerade in der Bibliothek, sah ich ihn näher kommen. Sein Gesicht war aschfahl, seine Lippen zuckten. »Was ist los, Lee?«, trat ich an ihn heran.

»Chuck, ich muss dich sofort sprechen. Ich brauche Hilfe.« Wir gingen vor die Tür der Bibliothek, wo es dunkel war. »Chuck, es geht um meine Frau. Sie will mich verlassen. Ich weiß nicht, was ich machen soll.«

Der große, stämmige Ex-Seemann zitterte von Kopf bis Fuß und seine Schultern hoben sich, als er gegen die Tränen ankämpfte. Es tat weh, seine Geschichte zu hören. Als er verhaftet wurde, hatte er sein großes Haus in Atlanta verkauft und seine Frau und zwei kleine Kinder in eine kleine Stadt bei Asheville, Nord-Carolina, gebracht, weil dort seine Verwandten wohnten. Lees Frau fand Nachtschichtarbeit in einer Textilfabrik, wo sie gerade genug verdiente, um die Kinder zu ernähren und die Raten für den Wohnwagen zu zahlen, den Lee noch mit seinen letzten Dollars angeschafft hatte, bevor er ins Gefängnis musste. Zunächst schrieb sie treu, dann immer seltener, bis die Briefe ganz ausblieben. Sie konnte ihn im Gefängnis nicht besuchen, weil ihr altes Auto nicht mehr fahrtüchtig war. Ein Telefon besaßen sie nicht. Besorgt hatte Lee seinen Schwager angerufen, der ein paar Meilen entfernt wohnte, und von ihm die schlechte Nachricht erfahren.

»Ich verdiene es wohl«, schluchzte er. »Es ist nicht ihre Schuld. Ihr Bruder sagt, sie liebt mich noch, und ich liebe sie so sehr. Sie ist jetzt unterwegs zu ihren Eltern. Ich muss dort hin, sonst verliere ich sie. Sie und die Kinder sind alles, was ich noch auf der Welt habe; sie brauchen mich. Wenn ich bloß hier raus könnte, dann wäre meine Ehe gerettet.«

Sicher würden die Gefängnisbeamten seinen Fall als Notlage einstufen, dachte ich. Einer der in den Bestimmungen für Urlaub angegebenen Gründe ist »Aufrechterhaltung von Familienbanden«.

Aber als Lee den Dienst habenden Beamten um Ausnahmeurlaub bat, wurde er abgewiesen. »Bei einem schweren Unfall oder wenn jemand auf Leben oder Tod erkrankt ist und der Arzt ruft uns an, dann kann ich mich an den Aufseher wenden«, sagte der Beamte kurz angebunden. »Andernfalls bin ich dazu nicht berechtigt.«

Lee, durch die Zurückweisung ernüchtert, kehrte zu mir zurück. »Ich haue heute Nacht ab. Ich gehe über den Zaun. Du weißt von nichts. Ich will nicht, dass du Schwierigkeiten kriegst. Aber ich muss es tun.«

Corbin war ruhig, seine Worte waren wohl überlegt und kalt wie Eis. Er war seit dem Frühjahr im Gefängnis und hatte noch nicht einen einzigen Verweis in seiner Akte. Seine Zeit würde in ein paar Monaten abgelaufen sein. Er wusste, was für Fluchtversuch stand, aber jetzt wollte er nur bei seiner Familie sein – alles andere war ihm gleichgültig. Lee war groß und kräftig; ich hätte ihn niemals zurückhalten können.

Es gab nur eins, was ihn vielleicht ernüchtern konnte: »Lee, wenn du mir nicht bei Gott schwörst, dass du das nicht tust, gehe ich zu dem Beamten und erkläre ihm alles. Ich lasse dich heute Nacht in die Einzelzelle sperren. Ich werde nicht zusehen, wie du dein Leben zerstörst.«

Lee spürte, dass es mir ernst war. »Vielleicht sollten wir das tun«, meinte er. »Ich habe mich nicht unter Kontrolle. Ich muss ins Loch.«

Als Lee sich etwas beruhigte, machte ich ihm klar, dass er sich jede Aussicht auf Urlaub verscherzen und vielleicht sogar in ein strenger bewachtes Gefängnis verlegt würde, wenn er sich freiwillig ins Loch einsperren ließ. Schon unser Gespräch brachte ihn wieder zur Vernunft. Wir beteten ein paar Minuten still miteinander; dann ging Lee und versuchte seine Frau anzurufen.

Später berichtete er, dass er mit seiner Frau gesprochen und sie aufgefordert habe, mit ihm am Telefon zu beten. »Sie sagte, ich solle diesen ganzen religiösen Kram aus dem Spiel lassen. Aber es war mir, als ob Gott an ihr arbeitete. Sie sagte, sie liebe mich noch und wolle nichts Unüberlegtes tun, bis ich nach Hause komme. Wenn ich doch nur bald käme!« Damit war der Druck für eine Weile von Lees Schultern genommen, wenn auch seine schmerzliche Anspannung weiterhin bestehen blieb.

An jenem Abend hielt ich mich gerade im Büro auf und musste miterleben, wie ein junger Mann mit pockennarbigem Gesicht und eingefallenen Wangen sich Peyton, dem Dienst habenden Beamten, näherte. »Mein Bruder ist gestorben. Ich muss nach Hause zur Beerdigung.« Die kummervollen Augen des jungen Mannes baten um Hilfe.

»Was erwartest du von mir?«, knurrte Peyton. »Füll erst mal die Formulare aus, dann kannst du wiederkommen. Ohne ordnungsgemäß gestellten Antrag kann ich nichts tun. Das solltest du eigentlich wissen.« Kein »Tut mir Leid«, nicht einmal der geringste Ausdruck des Mitgefühls. Als der junge Gefangene niedergeschlagen davonging, rief Peyton ihm nach: »Und mach es gleich beim ersten Mal richtig. Nichts regt mich mehr auf, als diese Anträge noch mal schreiben zu müssen.« Peyton, lang aufgeschossen wie er war, hing mit ausgestreckten Beinen auf seinem Stuhl und schüttelte den Kopf, voller Widerwillen über die Rücksichtslosigkeit dieses jungen Burschen.

Wütend biss ich mir auf die Zunge und drehte mich um. Ich konnte Peyton nicht ins Gesicht sehen. Christus sagt, wir sollen lieben, die uns unterdrücken, aber ich konnte für diesen Mann und seine Arroganz nur äußerste Verachtung empfinden – für ihn und für das ganze Gefängnis und die ganze scheußliche Woche, die hinter uns lag.

Wie gern hätte ich das alles aus meinem Gedächtnis verbannt: Welshs kranken, gequälten Körper, wie er zum Krankenhaus abtransportiert wurde; den blutigen, sinnlosen Kampf, der das Leben zweier Häftlinge und ihrer Familien noch mehr zerstörte; den armen Kerl, der ausgebrochen war; die gefühllose Behandlung von Rodriguez; der Schmerz in Pauls Augen, als seine Bewährung abgelehnt wurde; Corbins verängstigtes, gequältes Gesicht, weil er fürchtete, seine Frau zu verlieren. Und jetzt machte der widerwärtige Dialog zwischen Peyton und dem jungen Häftling das Maß dieser elenden, niederdrückenden Woche wirklich voll.

In der großen Bedrängnis, die von allen Seiten an mich herankam, rief ich den Herrn an, mich vor unbedachten Handlungen zu bewahren, mir zu helfen, standhaft zu bleiben und andere zu ermutigen. Unsere Vierergruppe traf sich weiterhin jeden Abend im Schulraum. Wenigstens das hatte man uns nicht verboten. Es wurde uns ganz klar, dass Gefängnisse ein für Satan hervorragend geeignetes Schlachtfeld bieten. So wie Gott Liebe ist, ist Satan Hass. Und Hass gibt es in jedem Gefängnis im Überfluss, wie Schimmelpilze, deren Sporen in Misstrauen, Neid, Wut und Unterdrückung reiche Nahrung finden. Hass vergiftete in Maxwell während dieser bösen Woche die ganze Atmosphäre und drohte uns alle zu verschlingen. Wir beteten, der Sonnenschein unseres Glaubens möge dieses hässliche, um sich fressende Gewächs vertilgen.

Und unsere Gebete wurden erhört. Es begann mit Paul. Eine Zeit lang war er wegen der Ablehnung seiner Bewährung so niedergeschlagen, dass er sich nur noch in Schweigen und Selbstmitleid erging. Gegen Ende der Woche durchstieß er die Dunstglocke, die über ihm schwebte. »Chuck, ich weiß, dass dies eine Zeit der Prüfung für mich ist. Ich werde mir aber meinen Glauben nicht nehmen lassen.«

Etwas in mir sang vor Freude. Zu viele Menschen glauben, dass sie einfach dadurch, dass sie Christus annehmen, fortan vor allem Unglück und aller Gefahr des Lebens bewahrt werden und dass er sie mit allen guten Gaben versorgt, angefangen mit guten

Golfergebnissen bis hin zur Haftbefreiung. Die unvermeidlichen Enttäuschungen und Niederlagen machen uns dann nur noch verletzlicher gegenüber Satans Angriffen. Paul lernte es, mit Gottes Hilfe durchzuhalten. Von neuem teilte er in seiner ruhigen Art anderen seine Kraft mit und sah, wo Hilfe nötig war. Ein junger Mann, der eine Zeit schwerer Ängste durchzustehen hatte, fand in der folgenden Woche durch ihn den Weg zu Gott.

Lee Corbin spürte auch, wie Gottes Liebe in ihm wirkte. Er sah, dass er das Gefängnis nicht mit Groll im Herzen gegen seine Frau verlassen konnte. Jetzt wollte er nach der Entlassung seine Liebe und seinen Glauben mit ihr teilen. Lees ganzes Wesen verwandelte sich. Sein Lächeln wurde strahlender. Andere Häftlinge suchten bei ihm Hilfe. Am folgenden Dienstag hielt er spontan eine gewandte Rede und bekannte mit erfrischender Freimütigkeit, früher ein »falscher Fuffziger« gewesen zu sein. Er war gefallen, aber nun kämpfte er sich den Weg zurück. Dass die Beamten ihm auch weiterhin Urlaub verweigerten, konnte Gottes Geist in ihm nicht dämpfen.

In der Marinegrundausbildung lernt man die Standard-Kampftaktik, dem Feind die Nachschubwege abzuschneiden. Genau das hatte Satan eine Zeit lang bei uns getan; tagelang beschäftigten wir uns so mit den vielen Ereignissen, dass wir uns nicht der Kraft des Geistes bedienten, um seinen Angriffen zu begegnen. Als wir das aber nachholten, teilten sich die Wolken über uns und die Sonne schien wieder. Die Bande der Gemeinschaft wurden enger. Die Kraft strömte zurück.

Homer Welshs Zustand besserte sich nicht. Er lag nach wie vor auf der Krankenstation, seine Kraft ließ immer mehr nach, und auch sein Fieber brachte man noch nicht unter Kontrolle. Paul und ich wechselten uns ab; wir setzten uns zu ihm und brachten ihm kalte Getränke, die wir uns vom Proviantmeister besorgten. Homer zwang sich zu einem Lächeln, wenn wir ihn besuchten, aber sein kläglicher, furchterfüllter Blick versetzte uns jedes Mal einen Stich.

Am ersten Samstag im November erkannten wir Homers wirklich kritischen Zustand. Amos, der Apotheker, erklärte uns, dass ein schweres, zehn Tage dauerndes Fieber bei einem älteren Mann bleibende Schäden verursachen kann. Homer reagierte allergisch auf Antibiotika; ein roter Ausschlag hatte sich über seinen ganzen Körper ausgebreitet. Seine Aussichten auf anständige ärztliche Behandlung standen schlecht. Es konnte noch eine Woche dauern, bis er ins Krankenhaus gebracht wurde.

»Glaubt ihr alle, dass Christus die Macht hat, Kranke zu heilen?«, fragte ich meine drei ernst blickenden Brüder.

Lee antwortete als Erster: »Ich glaube fest daran.«

Paul dachte einen Augenblick nach und nickte dann. Amos war nicht ganz so zuversichtlich. »Ich bin mir über diese Glaubensheilungen nicht so ganz im Klaren. Aber ich gebe zu, dass uns keine andere Wahl bleibt.«

Ich erzählte ihnen von Harold Hughes, dem durch völlige Hingabe im Gebet und totale Übergabe seiner Krankheit an Gott eine schwere Operation erspart wurde. »Aber jeder von uns muss glauben«, beharrte ich; »wenn jemand von uns Zweifel hat, dass Homer geheilt werden kann, dann sprechen wir jetzt darüber. Wir müssen in unseren Herzen ganz übereinstimmen und völlig davon überzeugt sein, dass Jesus heute genauso heilen kann wie vor 2000 Jahren.«

Zwar glaubte ich an jedes Wort, das ich sagte, aber innerlich war ich doch genauso erschreckt wie meine Brüder. Die Wahrheit in abstrakten Begriffen zu kennen und der Wahrheit mit aller Entschlossenheit zu vertrauen, sind zwei ganz verschiedene Dinge. Im Hintergrund lauert immer die Furcht, zu versagen und bloßgestellt zu werden vor den anderen. Diesmal entschied ich mich, lieber ein Narr zu sein, wenn es nicht anders ginge, als irgendeinen Versuch zu unterlassen, dem freundlichen, weißhaarigen alten Mann zu helfen, der so hilflos auf seinem schweißnassen Bett lag.

Wir nahmen uns ein paar Stunden Zeit, um darüber nachzudenken. Zweifler, die Vorbehalte hatten, sollten nicht teilnehmen. Ansonsten wollten wir uns um 21.00 Uhr in Welshs Zimmer treffen, um für seine Heilung zu beten. Ich führte eine letzte Besprechung mit einem der Krankenpfleger, der etwas von seiner Arbeit zu verstehen schien. »Sein Fieber ist ungebrochen, und alle Untersuchungen sind negativ verlaufen. Sag es ihm nicht, aber der Arzt ist besorgt. Komplikationen sind möglich. Vielleicht irgendetwas Bösartiges. Es wird von Begnadigung gesprochen, damit er zu Hause sterben kann.«

Um 21.00 Uhr versammelten wir vier uns in Welshs Zimmer. Homer war glücklich, uns zu sehen, aber so erschöpft, dass er sogar während unseres Gespräches einnickte. Wir sagten ihm, dass wir Christi Kraft, zu heilen, völlig vertrauen wollten und dass wir, wenn er dieses Vertrauen teile und mit uns bete, von tiefstem Herzen an seine Heilung glaubten. Wir brauchten Homer nichts von den ärztlichen Krankenberichten zu sagen, er wusste ohnehin, dass er ein sehr kranker Mann war. Er sah mir in die Augen und dann jedem Einzelnen der Brüder, die um das Bett herumstanden. Niemand sprach. Dann nickte er und sagte leise: »Danke.«

Wir knieten alle vier neben dem Bett nieder. Homer drehte sich zu uns herum und vergrub sein Gesicht in seinen Händen. Jeder von uns betete laut. Corbin machte den Anfang und flehte im Namen

Jesu um Homers Genesung.

»Herr«, betete ich dann, »ich danke dir im Voraus für diese Heilung.«

Paul, der immer mit leiser, beherrschter Stimme betete, verkündigte an jenem Abend entschlossen seinen unbedingten Glauben an die Macht Jesu Christi, den menschlichen Körper ebenso zu heilen, wie er unsere Herzen geheilt hatte. Amos dankte Gott für das Wunder dieses Augenblicks und beugte sich tief vor seinem Gott.

Wir boten ein seltsames Bild an jenem Abend: der frühere »Henker« des Weißen Hauses auf den Knien neben einem alten Bergmann aus den Kohlengruben von Tennessee; Corbin, ein großer, ungeschlachter ehemaliger Betrüger, der laut den Namen Jesu anrief; Kramer, der junge ehemalige Drogenhändler, der in völliger Unterwerfung Gott pries – alle drei ehemalige harte, nüchterne Marinesoldaten. Schließlich Amos, der bescheidene, wissenschaftlich denkende Apotheker, der in seiner ihm eigenen, stillen Art Freundlichkeit ausstrahlte.

Wir beteten über eine halbe Stunde. Als wir aufhörten, empfand ich die gleiche Freude, die ich zum ersten Mal vor einer Woche bei der Bibelstunde empfunden hatte. Ich sprang auf die Füße und rief »Halleluja«! Das hatte ich vorher noch nie getan. Sonst war ich nach dem Gebet meist sehr nachdenklich.

Corbin lächelte fröhlich. Dann beugte er sich über das Bett und umarmte den verblüfften Homer, der ihn mit großen Augen ansah.

Einen Augenblick lang befürchtete ich, er würde ihn aus dem Bett reißen. Corbin hörte gar nicht auf mit seiner Umarmung, und Homers schweißtriefender Körper störte ihn überhaupt nicht. Wir alle standen da und lächelten wie bei einer Siegesfeier. Keiner von uns bezweifelte, dass Gott eine Heilung schenken würde.

Am nächsten Morgen stand ich wie immer zeitig auf, um nach unserem Patienten zu sehen. Ich öffnete die Tür zu dem kleinen Zimmer nur einen Spalt weit, weil ich Homer nicht aufwecken wollte, und spähte hinein. Homer saß aufrecht im Bett, hellwach. Er sah zur Tür, entdeckte mich und rief: »Gelobt sei Gott! Ich liebe euch Brüder!«

Ich stand wie vom Donner gerührt in der Tür. Selbst wenn es ihm gut ging, war Homer schüchtern und zurückhaltend, und er sprach so leise, dass ich mich anstrengen musste, um ihn zu verstehen. Und auf einmal war seine Stimme stark und fest und dröhnte durchs Zimmer. Er schien völlig verändert, nicht nur körperlich, sondern auch in seiner Persönlichkeit. Zu meiner Erleichterung sagte er nicht mehr »Sir« zu mir. Obwohl er immer noch blass und mitgenommen aussah, lag ein strahlendes Lächeln auf seinem Gesicht.

»Das Fieber ist weg«, rief er. »Weg! Es verließ mich gestern Abend, kurz nachdem ihr weggegangen seid. Ich habe zum ersten Mal seit einer Woche wie ein kleines Kind geschlafen. Ich könnte jetzt ohne weiteres aufstehen. Gott hat mich geheilt.«

Ich war so aufgeregt und beeindruckt, dass ich zum Schlafsaal zurückrannte und die anderen aufweckte. Sie zogen sich an und folgten mir in Homers Zimmer. Dann dankte ich Gott, dass er mich in dieses Gefängnis gesteckt hatte. »Herr, dieser Ort braucht deinen Diener nötiger als einen Arzt. Ich danke dir, dass ich hier sein darf. Dieser Augenblick wiegt alles auf.«

Am Abend besuchten wir Homer wieder und beteten mit ihm. Er saß im Bett und strahlte uns an. Am Dienstag wurde er im Krankenhaus untersucht. Alle Ergebnisse waren zufrieden stellend – Blut, Urin, Röntgenbild –, und am nächsten Tag wurde er entlassen und kehrte zurück in den Schlafsaal. »Den Ruhm lassen wir den Pflegern und Ärzten«, lachte Lee, »aber wir wissen 's besser.«

Und dann bemerkte ich die Veränderung im Gefängnis. Die böse, bedrückende Stimmung hatte sich aufgelöst. Die Atmosphäre war entspannter, freier. Die Lautstärke nahm ab. Auch die trübsinnigsten Männer schienen heiterer, lebendiger zu sein. Die unsichtbare Schlacht zwischen den stärksten Mächten der Welt war für diesmal geschlagen.

Kapitel 27

Wirklich frei

■   Meine Rückverlegung ins Holabird-Gefängnis in Baltimore Mitte November kam völlig unerwartet. Noch einmal musste ich in den Zeugenstand treten, dieses Mal im Watergate-Prozess gegen Bob Haldeman, John Ehrlichman und John Mitchell.

Ich verließ Maxwell mit gemischten Gefühlen. Einerseits hasste ich dieses Gefängnis, aber ich liebte so viele seiner Insassen. Der Abschied von Paul, Lee, Amos, Homer und den anderen ging mir sehr nahe. Wie die vier im *Fellowship House* waren diese Männer nun meine Brüder in Christus; in nur wenigen Monaten war zwischen uns eine enge Verbindung gewachsen. Wir hatten vieles gemeinsam durchgemacht und wir standen füreinander ein.

Homer Welsh ging mit mir zum Kontrollraum. Da war nichts mehr von der früheren Unterwürfigkeit übrig geblieben. »Ich werde für dich beten, Chuck«, sagte er und lächelte.

»Das werde ich in den nächsten Monaten mehr als je zuvor brauchen«, antwortete ich – und ahnte nicht, wie sehr das stimmte.

Homer verfolgte mich an der Straße mit seinem Blick, während ich zum Polizeiwagen ging. Als ich noch einmal zurückschaute und winkte, sah ich die Augen des alten Mannes in der späten Herbstsonne funkeln.

In Holabird hatte sich wenig geändert. Ein paar bekannte Gesichter waren gegangen, ein paar unbekannte hinzugekommen. Herb Kalmbach und John Dean begrüßten mich herzlich. Jeb Magruder wusste nicht, wie er sich mir gegenüber verhalten sollte. Die Feindschaft, die uns früher in gegnerische Lager gedrängt hatte, war zwar etwas abgeklungen, aber unser Verhältnis bedurfte der Heilung.

Meine Zeugenaussage im Watergate-Prozess in Washington wurde hitzig angegriffen – zuerst von der Anklage, dann von der Verteidigung. Obwohl ich als Zeuge der Verteidigung auftrat, unterzog mich Mitchells Anwalt einem äußerst zermürbenden Kreuzverhör.

Die schlichte Wahrheit passte weder in die Strategie der einen noch der anderen Seite.

Mary McGrory stellte mich mit ihrer Zeitungsspalte an den Pranger; sie konnte nicht begreifen, dass es mir jetzt weder um die Staatsanwaltschaft noch um meine früheren Kollegen ging, sondern ausschließlich um die Wahrheit. Manche Zeitungen schrieben, ich habe überraschenderweise meine früheren Kollegen belastet; andere vermuteten, ich unterstützte Ehrlichman. Die meisten gerieten völlig in Verwirrung und verloren das Konzept, wenn sie nach meinen Motiven forschten. Das störte mich wenig. Die Anklage spielte den Geschworenen und den Zuschauern zu deren nicht enden wollendem Entzücken kilometerlange Tonbänder des Präsidenten vor. Die Angeklagten versuchten ihre eigenen, oft unverständlichen Worte zu widerrufen. Das Ende war abzusehen: Meine früheren Gefolgsleute gingen ihrem Urteil mit ebensolcher Sicherheit entgegen wie vor 200 Jahren die französische Aristokratie der Guillotine.

Als der Schuldspruch am Neujahrstag bekannt gegeben wurde, stürmte Dean in mein Zimmer und rieb sich die Hände. »Ich bin gerechtfertigt.«

Ich starrte John wortlos an. Von Sieg, so viel war klar, konnte für keinen, der in Watergate verwickelt war, die Rede sein. Reporter mochten Preise gewinnen, einige von uns schrieben nach der Haft vielleicht Bücher, unbekannte Politiker würden ins Rampenlicht der Nation katapultiert und andere in der Versenkung verschwinden – aber zu welchem Preis? Die Lektion musste erst gelernt werden, natürlich, aber wie sehr sehnte ich doch die Gesundung meines Landes herbei, wie bitter nötig brauchten die Verwundeten Heilung und Wiederherstellung ihres Lebens!

Obwohl John Dean und ich in der Prozessschlacht nicht gerade als Verbündete galten, kamen wir uns doch sehr nahe. Wir verbrachten lange Abende im Gespräch, planten unsere Zukunft, sprachen manchmal über die Bibel und unterhielten uns über die Bücher, die zu schreiben wir beide vorhatten. Ich schätzte Deans scharfen Intellekt. Watergate hatte ihn reifer gemacht und seine Wertvorstellungen verändert. Ich entdeckte einen stärkeren Kern innerer Rechtschaffenheit in ihm als damals, bevor Watergate über uns hereingebrochen war.

Herb Kalmbach und mich verband nun eine enge Freundschaft. Verwundert beobachtete ich, wie Herb, der anfänglich unsicher und manchmal verzagt war, im Laufe der langen, schweren Prüfung immer mehr Kraft gewann.

Auch Jeb Magruder wurde durch Watergate innerlich gefestigt. Er hatte Christus angenommen. Christen der presbyterianischen Kirche von Washington und Louis Evans, ihr unermüdlicher Pastor, der ihn allwöchentlich besuchte, konnten ihm den Weg zu Jesus zeigen. Manchmal beteten Jeb und ich miteinander.

Auch andere Wunden konnten verbunden werden. Senator Lowell Weicker leitete eine unabhängige Untersuchung von CIA-Übergriffen in die Wege. Über die Polizeibehörde ersuchte er mich, ob ich mich durch einige Interviews beteiligen würde. Und noch vor wenigen Monaten wäre es beinahe zwischen uns zu Handgreiflichkeiten gekommen! Aber das lag nun weit zurück. Überzeugt, dass seine Nachforschungen notwendig waren, versprach ich, ihm zu helfen. In den Stunden, die wir miteinander verbrachten, lösten sich die alten Meinungsverschiedenheiten auf, und ich sah den Senator von einer ganz anderen Warte aus; ich lernte seine Sorgfalt und Gewissenhaftigkeit in seinem Verantwortungsbereich und seine tiefe Sorge für das Land schätzen.

Al, Graham, Doug und Harold kamen nach Baltimore, sooft die Behörden ihnen Besuchserlaubnis gaben. Gegen Jahresende besuchten sie mich jeden Samstagmorgen. Nach drei Stunden der Gemeinschaft und des Gebets gingen sie dann durch das Sicherheitstor wieder hinaus in die Freiheit, stiegen in den gleichen blauen Buick, mit dem ich vor sechs Monaten eingeliefert wurde, und fuhren davon. In gewisser Hinsicht war der Abschied für sie noch schwerer als für mich, denn sie mussten einen der Ihren hinter dem Tor zurücklassen, der durch den Maschendraht spähte und zum Abschied winkte.

Die Anklage beschloss, die vier verurteilten Männer Nixons für die gesamte Prozessdauer in Holabird zu belassen. Diese Nachricht machte mich froh. Es war mir gar nicht bewusst geworden, wie anstrengend die Monate in Maxwell waren, wo ich tagsüber nie geschlafen und nachts noch lange aufgeblieben war, um den Männern in ihrer Not beizustehen. In

Holabird schlief ich jede Nacht zwölf Stunden lang, bis mir Bonhoeffers Warnung wieder einfiel und mich zu einem disziplinierteren Tagesablauf veranlasste.

Auch Patty konnte sich nun nach den ständigen, strapaziösen Reisen etwas erholen. Selbst meine Mutter konnte mich jetzt besuchen. Trotz ihres Alters und ihrer angegriffenen Gesundheit fuhr sie oft allein von Boston herüber und verbrachte lange Stunden mit verschiedenen Gefangenen, wobei ihr lebendiger Humor uns alle aufheiterte.

Aber trotz der etwas leichteren Lebensbedingungen in Holabird vermisste ich die Brüder in Alabama. Paul Kramers erster Brief brachte mich den Tränen nahe:

»Chuck, alle fragen, wann du wiederkommst ... Unsere Gruppe ist gewachsen, an Zahl und auch geistlich ... Chuck, du sollst wissen, dass wir jeden Abend für dich beten. Wir sehen dich noch vor uns, wie du hier mit uns gesessen hast ... Shorts, T-Shirt, Pfeife ... Auch jetzt noch sind wir eng verbunden. Unsere Gemeinschaft ist sehr persönlich, genau so, wie du es immer wolltest. Wir tragen einer des anderen Last ... Wir lieben und vermissen dich mehr, als du weißt. Gott segne dich, Chuck, und Patty.

Paul«

Am Heiligen Abend hatte ich so große Sehnsucht nach den Männern, die auf einsamem Posten im

Maxwell-Gefängnis lagen, dass ich einen großen Teil des Abends damit verbrachte, Paul und den anderen zu schreiben. Nachdem uns die Erlaubnis, an den Mitternachtsgottesdiensten einer Kirche in Baltimore teilzunehmen, entzogen worden war, versammelten sich die vier Watergate-Häftlinge in Deans Zelle. Jeb und ich lasen aus der Bibel über die Geburt Christi vor. Wir beteten leise füreinander und für unsere Familien, und in der Stille betete ich um einen besonderen Segen für die Männer in Maxwell.

Nach Weihnachten, die Geschworenen steckten noch mitten im Watergate-Prozess, kamen ernsthafte Gerüchte über unsere bevorstehende Entlassung auf. Entsprechend den üblichen Gepflogenheiten hatte jeder von uns Strafminderung beantragt; im Allgemeinen wird diese routinemäßig abgelehnt. Aber die Richter hatten in unserem Falle noch keinen Beschluss gefasst. Sie warteten noch auf etwas. Vielleicht wollten sie das Ende des Prozesses abwarten. Unsere Hoffnung wuchs, als immer wildere Spekulationen umliefen. Jeb und ich übernahmen die Initiative und schlugen vor, eine Eingabe beim Justizministerium zu machen, Präsident Ford mit Briefen zu überschwemmen und an die Richter neue Gesuche zu richten. Auch Dean plante seinen Feldzug. Kalmbach kam als Erster von uns für eine Begnadigung infrage, aber sein Antrag war in den Zahnrädern der Bürokratie stehen geblieben. Er hätte vor allen anderen genügend Grund gehabt, ungeduldig zu werden. Aber er zeigte am meisten Geduld.

»Hört mal, Freunde«, sagte er eines Abends kurz nach Neujahr, »ich habe getan, was ich kann; und auch meine Anwälte tun, was sie können. Ich vertraue jetzt einfach den Anwälten« – er hielt inne und sah mich direkt an – »und dem Herrn.«

Herb hatte Recht; seine Worte waren für mich wie ein kalter Guss. Ich war unmerklich wieder in den Versuch zurückgeglitten, die Dinge auf *meine* Weise zu regeln. Wie leicht ist es doch, auf dem Weg der Nachfolge zu stolpern. Harold hatte mir das schon im Dezember mit aller Deutlichkeit gezeigt. »Schau, Chuck, wenn du das nicht ganz dem Herrn überlässt und ihm wirklich ganz und gar vertraust, fügst du dir selbst nur Schaden zu. Danke ihm einfach für alles. Überlass doch alles ihm, vertraue ihm ganz, und du wirst frei werden.«

»Klar«, hatte ich bissig erwidert, »du hast gut reden. Du bist heute Abend zu Hause. Aber für mich geht das Tag für Tag so weiter – das endlose, öde Einerlei, das Gefühl des Eingeschlossen- und Gefangenseins. Das ist die Hölle.« Harold hatte Recht, das stand fest. Aber ich war so auf meine Freiheit versessen, dass ich wieder eigenständig zu kämpfen begonnen hatte.

In einem Punkt waren wir – die Prozessbeobachter, die Anwälte, Herb, John, Jeb und ich – uns alle einig: Wir würden entweder alle vier gemeinsam entlassen oder gar keiner. Dean und Magruder waren Zeugen der Regierung, das hatte ihnen Wohlwollen eingebracht, aber ihre Vergehen waren schwerer eingestuft worden als bei Herb und mir. Unsere Urteile waren in etwa vergleichbar und Kalmbachs Entlassung war längst fällig. Wenn einer rauskäme, dann kämen alle raus.

Am 8. Januar befand ich mich zur Vernehmung über andere Fälle im Büro des Staatsanwalts in Washington. Gegen 10 Uhr wurden wir durch einen Eilanruf unterbrochen; Deans Anwalt wollte mich sprechen. Er erklärte mir, John sei in Holabird und könne deshalb nicht selbst telefonieren. Darum hätte er ihn dringlich gebeten, mich anzurufen, damit ich es von John zuerst höre.

»Was denn?«, fragte ich ungeduldig.

»Richter Sirica hat heute Johns Freilassung beschlossen«, sagte der Anwalt. Mein Herz begann zu jagen, wie damals, als Ford angekündigt hatte, dass unsere Begnadigung geprüft werde. Ich wartete spannungsgeladen, dass er endlich die so heiß ersehnte Nachricht aussprächte. »John wollte sicher gehen, dass Sie die Nachricht von ihm und nicht durch das Radio hören«, fuhr er fort.

»Warum?«, fragte ich, »das ist doch eine großartige Nachricht!«

»Nun ja – für John schon«, antwortete er, »und

für Jeb und Herb auch ... aber für Sie ist es eher hart.«

Zuerst konnte ich den Worten, die in meinen Ohren dröhnten, keinen Glauben schenken. Magruder, Kalmbach und Dean – alle von Richter Sirica verurteilt – waren frei. Und ich nicht! Ich war von einem anderen Richter – Gerhard Gesell – verurteilt worden, und meine Zukunft lag noch immer im Dunkeln.

Als ich nach Holabird zurückkehrte, waren John, Herb und Jeb schon entlassen worden. An diesem Abend hing eine schwere Wolke über den verfallenen Gebäuden. Ich ging den Gang hinunter zu Deans Zelle, wo wir vier uns jeden Abend getroffen hatten. Da standen nur noch das Bett mit der nackten, schmutzigen Matratze, zwei Stühle und der kleine Schreibtisch. Es war still – unheimlich still. Auf meinem Schreibtisch fand ich einen Zettel mit der hingekritzelten Notiz:

»Lieber Chuck, es ist schwer, die richtigen Worte zu finden – aber ich weiß, dass auch Sie bald frei sein werden. Seien Sie versichert, dass ich gleich bei meinem ersten Gespräch mit der Presse Ihre Freiheit verlangen werde.

Ich werde Sie bald besuchen, um alles zu besprechen.

Ich bete für Sie und tue alles, um Ihnen zu helfen.

Ihr Freund

John«

Die Freilassung der drei Männer beherrschte die Abendnachrichten im Fernsehen. Szenen von Magruders glücklicher Heimkehr wurden gezeigt, die Begrüßungsparty der Nachbarn im Garten vor seinem Haus und Interviews mit den Familien. Für Patty war es fast unerträglich, zuzusehen. Jedes Wochenende hatte sie sich mit den anderen Familien getroffen. Patty, Gail Magruder und Mo Dean hatten Freundschaft geschlossen und erfreuten sich einer zweifelhaften Verbundenheit als Gefängniswitwen.

Am nächsten Morgen blieb ich in meinem Zimmer, las in der Bibel und lauschte auf das Telefon im Büro des Verwalters. Ich erwartete die Nachricht, von der ich überzeugt war, dass sie jeden Augenblick kommen musste. Auch der Abschnitt in meinem Andachtsbuch passte zu diesem düsteren Tag. Er sprach von Geduld. Die Bibelstelle dazu war Psalm 37, 7: »Sei stille dem Herrn und warte auf ihn ...«

Der einzige Anruf an diesem Tag kam von Shapiro. »Nichts Neues«, klagte er, »und die Anzeichen im Gericht stehen auch nicht gut. Gesell will nicht, dass irgendjemand auf die Idee kommt, er sähe sich gezwungen, Siricas Beispiel zu folgen. Halten Sie sich wacker, Junge.«

Die kurzen Tage und langen Nächte hatten weder Anfang noch Ende. Von meinem kleinen Zimmer starrte ich hinaus in die feindliche Stacheldrahtlandschaft und versuchte, zu lesen und zu schreiben; aber es gelang mir nicht. Meine Gedanken wanderten. Die Beamten meinten es gut mit mir und behandelten mich fast wie ihresgleichen. Ein magerer, grobknochiger Mann aus dem Süden, er hieß Jack und hatte sein Leben ganz Christus übereignet, war der Hilfsbereiteste von allen. »Gott wird Ihre Sache in die Hand nehmen«, sagte er vertrauensvoll.

Die Besuchszeiten waren jetzt besonders kostbar – aber auch schwer. Ich musste mit ansehen, wie Patty unter dem ohnmächtigen Warten litt. Unsere Hoffnungen schwanden von Tag zu Tag, als die Freiheit – und meine Heimkehr – in immer weitere Ferne rückten. Unsere gemeinsamen Gebete waren jetzt noch brennender geworden und stärkten uns.

Am 20. Januar verkündete das Oberste Gericht in Virginia den Entzug meiner Anwaltslizenz. Darauf hätte ich gefasst sein müssen. Die meisten in Watergate verwickelten Rechtsanwälte waren Zielscheibe nicht endender Schreie nach Reform: »Säubert die Anwaltschaft – werft die Schurken raus!« Das Ervin-Komitee hatte an die Anwaltskammern aller Staaten Computerdrucke der Anschuldigungen gegen uns – ob bewiesen oder nicht – versandt. Und doch hatte ich mir Hoffnungen gemacht.

Obwohl ich der Verhandlung vor dem Obersten Gerichtshof in Virginia nicht hatte beiwohnen können, schien man mir dort wohlgesonnen zu sein, wenigstens war das der Eindruck von Morin und Mason, die meine Sache vertraten. Wir hatten um Vertagung gebeten, bis ich selbst kommen könnte, aber das war abgelehnt worden.

Zwei Tage später wurde ich ins Gefängnisbüro bestellt. »Ihr Anwalt«, sagte der Beamte und gab mir den Telefonhörer. *Jetzt endlich ist es so weit*, dachte ich. »Chuck, haben Sie einen Stuhl bei der Hand? Ich habe da eine schwere Sache für Sie.« *Wie viele schwere Sachen kann es wohl noch geben?*, fragte ich mich. »Schießen Sie los, Ken.«

»Ihr Sohn Christian ist wegen Drogenbesitzes verhaftet worden. Er befindet sich momentan im Gefängnis, aber wir werden ihn in ein paar Stunden gegen Kaution herausholen.« Ich konnte nicht antworten; vor meinen Augen verschwamm alles. Chris, der gerade im ersten Semester an der Universität von Süd-Carolina studierte, hatte uns nie irgendwelche Schwierigkeiten und kaum jemals Sorgen gemacht. Er war ein Mensch, den jeder gern mochte. Wir hatten auch schon miteinander über Drogen gesprochen, und ich konnte nicht glauben, dass er welche genommen hatte. Und nun dies. Chris hatte das Geld für die Schulverpflegung, das wir ihm in den Weihnachtsferien im Voraus gegeben hatten, genommen und für 150 Dollar etwa 500 g Marihuana gekauft. Damit erhoffte er, schnell zu viel Geld zu kommen, um sein altes Auto gegen ein besseres einzutauschen.

Und ich hatte geglaubt, nun alles erlitten zu haben, was ein Mensch ertragen kann. Aber dass mein Sohn im Gefängnis saß, schien der schwerste Schlag von allem. Ich wusste, dass Chris wegen meiner Situation verbittert war, aber solche Folgen hätte ich mir niemals träumen lassen.

»Jetzt habt ihr uns beide«, hatte Chris zu dem Beamten gesagt, der ihn verhaftete, und diese Bemerkung machte Schlagzeilen. Es war der enttäuschte Aufschrei eines 18-jährigen verbitterten Jungen. Dass ich meinem Sohn nicht zur Seite stehen konnte, steigerte noch meinen Schmerz.

Dennoch dachte ich keinen Augenblick, Gott habe mich verlassen. Er stellte mich weiterhin auf die Probe und nahm mich in seine Schule. Ich kannte die Bibelstellen, die uns auffordern, ihm zu danken, ganz gleich in welcher Lage – aber als ich in jener öden, frostkalten Januarnacht auf meiner Pritsche lag, konnte ich mich einfach nicht dazu überwinden. Auf keinen Fall konnte Gott Dank für das ruinierte Leben meines Sohnes von mir erwarten!

Und wie lange sollte mein Leiden noch andauern? Meine Anwaltslizenz war dahin, mein Sohn saß im Gefängnis, mein Vater war gestorben, meine Mitgefangenen freigelassen – und über zwei Jahre meiner Strafe lagen noch vor mir und starrten mir ins Gesicht. Obwohl ich wusste, dass ich nicht aufgeben durfte, waren die nächsten Tage die schwersten meiner ganzen Gefängniszeit und vielleicht sogar meines ganzen Lebens.

Dann sickerte die Nachricht durch, ich würde in der ersten Februarwoche wieder nach Maxwell verlegt; Holabird werde geschlossen. Ich freute mich, wieder meinen Brüdern zu begegnen, aber ich machte mir jetzt auch große Sorgen um Patty, die in den vergangenen zwei Jahren so viel hatte durchmachen müssen. Würde sie es verkraften, viele Monate lang nach Alabama zu reisen? Ihr zartes, sanftes Wesen konnte sicher kaum noch mehr ertragen.

Charlie Morin hatte fast seine Anwaltspraxis aufgegeben, um mich einige Male in der Woche zu besuchen und einen Feldzug für meine Begnadigung durch Präsident Ford zu organisieren. Ken Adams war vollzeitlich damit beschäftigt, Anträge zu stellen und Schritte für meine frühzeitige Entlassung auf Bewährung in die Wege zu leiten. Auch er besuchte mich häufig. Vom ganzen Land sandten mir freundliche Menschen teilnahmsvolle Briefe und ließen mich wissen, wie sehr sie es bedauerten, dass ich noch immer im Gefängnis saß, wo doch die anderen schon frei waren. Ihre Ermutigungen halfen mir und gaben mir Kraft.

Gemeinsam mit Charlie und Ken eilten mir auch die anderen Brüder vom *Fellowship House* zu Hilfe. Am Dienstag, dem 28. Januar, rief Al Quie an: »Chuck, ich habe darüber nachgedacht, was wir noch tun können, um dir zu helfen. Wir alle haben heute ein Gnadengesuch an den Präsidenten unterzeichnet. Aber gibt es sonst noch eine Möglichkeit?« Die Stimme am anderen Ende klang gar nicht wie Al; die Worte kamen langsam und schienen voller Traurigkeit.

»Al, ihr tut alles, was nur menschenmöglich ist, und ich liebe euch dafür«, antwortete ich. »Ich wüsste nicht, was ihr sonst noch tun könntet.«

»Es muss doch noch etwas geben, Chuck; ich habe mir überlegt ...« Er machte eine lange Pause. »Jemand hat mir von einer alten Verordnung erzählt. Ich werde Präsident Ford bitten, den Rest deiner Strafe für dich abbüßen zu dürfen.«

Vor Überraschung konnte ich meinen Protest nur stammeln. Al Quie hatte 20 Jahre im Kongress hinter sich, stand in der Rangordnung der Republikaner im Haus an 6. Stelle, war dienstältestes Mitglied der Ausschüsse für Bildungs- und Arbeitsfragen und eine der angesehensten Persönlichkeiten in Washington. Das konnte nicht sein Ernst sein!

»Es ist mir völlig ernst, Chuck«, sagte er. »Die Entscheidung ist mir nicht leicht gefallen.«

»Ich lasse es aber auf keinen Fall zu«, protestierte ich.

»Deine Familie braucht dich, und ich kann nicht mehr schlafen, solange du im Gefängnis sitzt; ich glaube, ich wäre viel glücklicher, wenn ich selbst drin wäre.« Der Kloß in meiner Kehle hinderte mich, Al zu sagen, wie viel sein Angebot mir bedeutete, dass ich es aber trotzdem nicht annehmen konnte.

Am gleichen Tag sandte mir Doug Coe eine handschriftliche Notiz. Alle Brüder hätten sich bereit erklärt, so schrieb er, die Strafe für mich abzubüßen. Er fuhr fort:

»In den letzten drei Wochen habe ich unablässig an dich gedacht, Chuck; Gott beruft sich rund um die Welt eine Schar gleich gesinnter Männer. Was du für unser Land und für die Menschen erträumt hast und erreichen wolltest – Frieden und ein besseres Leben –, das kann noch immer verwirklicht werden, aber jetzt gebührt die Ehre dafür Gott. Gott braucht Männer, die sich ihm ganz hingeben – dann kann sein Reichtum für das Wohl aller Menschen mobilisiert werden ...

Wenn ich könnte, wie gerne gäbe ich mein Leben, damit du die wunderbaren Gaben, die Gott dir anvertraut hat, zu Gottes Ehre einsetzen kannst.

Ich liebe dich, mein Freund – alle deine Kameraden lieben dich!!

Wie immer,

Doug«

Das war fast mehr, als ich je für möglich gehalten hatte, diese Liebe des Bruders für den Bruder – Christi Liebe. Al Quie wollte seine ganze Laufbahn aufgeben, Doug Coe sein Leben hingeben, Graham und Harold ebenfalls. War das nicht die Antwort? Lag nicht darin der Reichtum der Erkenntnis Christi, der überströmende Reichtum, der alles andere verblassen lässt? An diesem Tag erkannte ich IHN wie nie zuvor. Ich hatte zwar seine Gegenwart erfahren, aber jetzt erlebte ich seine Kraft und seine Liebe durch die tiefe Anteilnahme meiner Brüder. Aller Schmerz und die Ohnmacht des Leibes und der Seele nahmen sich dagegen winzig aus.

In jener Nacht, in der Stille meines Zimmers, vollzog ich die völlige Übergabe an Christus und vollendete, was vor 18 langen Monaten bei Tom Phillips begonnen hatte: »Herr, wenn es dir darum ging«, sagte ich, »dann danke ich dir. Ich preise dich, dass du mich im Gefängnis gelassen und mir meine Anwaltslizenz genommen hast, ja – sogar für die Festnahme meines Sohnes danke ich dir. Ich preise dich, weil du mir deine Liebe durch diese Männer geschenkt hast, weil du Gott bist und weil du mich meinen Weg mit Jesus gehen lässt.«

Mit diesen Worten kam die größte aller Freuden über mich – die endgültige Befreiung, »Gott alles anheim zu stellen«, wie mein Bruder Harold es genannt hatte. Und in den folgenden Stunden fand ich mehr Kraft, als ich je zuvor erfahren hatte. Es war der eigentliche Höhepunkt meiner Erfahrungen. Über mir und um mich her war die Welt mit Freude erfüllt, mit Liebe und Schönheit. Zum ersten Mal fühlte ich mich wirklich frei – frei trotz drohender Wolken über meinem weiteren Weg.

48 Stunden später, um 5 Uhr am Freitagnachmittag, rief Richter Gerhard Gesell bei Dave Shapiro an: Wegen Familienproblemen – die Sache mit Chris – werde die Entlassung von Charles Colson sofort in die Wege geleitet.

Stunden später kam Jack, der mitfühlende Wärter, zu Patty und mir herübergerannt, als wir vor dem Haupttor von Holabird standen und uns von der kleinen Gruppe der Häftlinge verabschiedeten.

»Gott kümmert sich wirklich um die Menschen, die ihm gehören«, sagte Jack. »Ich wusste irgendwie, dass er dich heute befreien würde.«

»Ich danke dir, Bruder«, sagte ich, »aber eigentlich hat er das schon vorgestern Nacht getan.«

Was dann geschah ...

Fünf Tage nach seiner Entlassung aus dem Gefängnis fuhr Charles Colson wieder nach Maxwell, um Paul Kramer zu besuchen und den Männern, denen er während seiner Haftzeit dort so nahe gestanden hatte, Mut zu machen. Das war aber nur der Anfang von zahlreichen Besuchen in Gefängnissen überall im Lande, die Chuck Colson nun in einen vollzeitlichen Dienst an Strafgefangenen geführt haben.

Im Juni 1975 nahm die oberste Gefängnisbehörde einen Antrag von Senator Harold Hughes an, Männern und Frauen aus den verschiedenen Bundesstrafanstalten Sonderurlaub zu gewähren, um für die Dauer von 14 Tagen an einer Rüstzeit in der Nähe von Washington teilzunehmen. Diese Häftlinge werden nicht von den Beamten der Anstalten ausgesucht, sondern nach eingehenden Gesprächen und Untersuchungen von Mitgliedern der *Fellowship Foundation*. Die Ausbildung wird von der *Fellowship* geleitet und konzentriert sich auf die Entwicklung von Führungseigenschaften und Bibelstudium.

Die erste Gruppe – zwölf Häftlinge aus sechs Bundesstrafanstalten im Osten – kamen Anfang November 1975 in Washington zusammen. Der Grundakkord hieß Vertrauen. Die beurlaubten Häftlinge – zehn Männer und zwei Frauen (sechs Weiße und sechs Schwarze) – wurden in Privatwagen nach Washington gefahren und im Haus der *Good News Mission* untergebracht. Es gab keine Wärter, jeder konnte kommen und gehen, wann er wollte.

Die Ergebnisse verblüfften sogar die Skeptiker. Die Unterrichtsfächer stellten einige Anforderungen, und es gab einen regen Austausch. Die Häftlinge stellten sich freiwillig zur Verfügung, um in einem nahe gelegenen Gefängnis und in einer Erziehungsanstalt Besuche zu machen und den Insassen von Jesus Christus zu erzählen. Einer von dieser Gruppe komponierte ein Lied speziell für die jungen Leute in der Erziehungsanstalt. In der freien Zeit wurde viel gesungen und dem Herrn gedankt. Nach einer Stadtrundfahrt kamen zwei der Gefangenen, die von den anderen getrennt worden waren, allein zur *Good News Mission* zurück – eine Rechtfertigung des in sie gesetzten Vertrauens.

Nach der zweiwöchigen Rüstzeit gingen die Häftlinge als Jünger Jesu in die Gefängnisse zurück, um dort Gott und ihren Mitmenschen zu dienen. Ihre eigentliche Aufgabe: eine Gemeinschaft von Christen im Gefängnis zu gründen. Während ihrer Haftzeit werden sie auch weiterhin durch Freundschaft und Anleitung begleitet. Wenn sie entlassen werden, warten Arbeitsplätze auf sie. Für 1976 sind bereits sechs weitere Rüstzeiten in der Nähe von Washington geplant.

Um diesen Dienst an den Gefangenen auszubauen, investiert Charles Colson die Honorare für seine Vorträge und einen Teil der Tantiemen für dieses Buch in die Arbeit. Sein langjähriger Freund Fred Rhodes trat frühzeitig von seinem Regierungsposten zurück, um Charles Colson in dieser Aufgabe vollzeitlich zur Seite zu stehen.

Paul Kramer sitzt immer noch in Maxwell – und dient dem Herrn dort als Leiter der Gemeinschaft im Gefängnis (bei Drucklegung der deutschen Übersetzung war Paul Kramer bereits entlassen und stand ebenfalls vollzeitlich im Dienst an den Strafgefangenen). Homer Welsh und Lee Corbin sind wieder auf freiem Fuß. Homer ist gesund, hat einen Arbeitsplatz gefunden und berichtet voll Freude bei jeder sich ihm bietenden Gelegenheit von seiner Heilung. Nach seiner erneuten Übergabe an Jesus Christus ist Lee Corbin jetzt wieder als Evangelist unterwegs.

Der Herr heilt die Wunden von Watergate auch in Colsons Familie. Christian wurde aus dem Gefängnis entlassen und hat sich bei einem Ausbildungsprogramm für Jugendseelsorge eingeschrieben. Nach vier Monaten ließ der Staat Süd-Carolina alle Anklagen gegen ihn fallen, und Chris studiert wieder an der Universität – und seine Leistungen werden immer besser. Der Zwischenfall – für den Colson zunächst Gott überhaupt nicht danken konnte – brachte Vater und Sohn sehr viel enger zusammen.

Richard von Weizsäcker bei der Verleihung des Romano Guardini-Preises in München am 6. November 1987:

Gedanken über
Wahrheit und Freiheit
in der Politik

I.

Es gibt Werke, die den Menschen immer wieder zur Prüfung rufen, ob er seines Namens würdig ist. Mit diesen Worten hat Romano Guardini den Dialog gekennzeichnet, den Sokrates in den letzten Stunden seines Lebens geführt und den Platon im »Phaidon« überliefert hat.

Ähnlich geht es mir mit den Zeugnissen des Lebens und Denkens von Guardini. Ich meine damit nicht ein bestimmtes seiner vielen Werke oder die Summe seiner Einsichten, nicht seine Lehre von der Wahrheit – die es wohl auch gar nicht gibt –, sondern seinen ständig suchenden Weg zu ihr. Es ist ein ergreifender Weg.

Der Preis, der den Namen Guardinis trägt und für den ich Ihnen aufrichtig danke, gewinnt seinen Rang durch den verpflichtenden Anspruch zur eigenen Prüfung auf dem Weg, den jeder von uns geht.

Guardini sah sich weder als Kleriker noch als Fachwissenschaftler. Er war offen für den Zweifel und den Skrupel, ungeschützt vor dem Schmerz, voller Einsicht in die Wirrnis und ihre Versuchungen. Umso unbedingter ging es ihm darum, Wahrheit zu erkennen, sich von ihr anrufen zu lassen, sie zum Leuchten zu bringen. Von einem seiner Lehrer, Wilhelm Koch, hat er gesagt: »Die Wahrheit war ihm in einer Weise ernst, dass man fühlte, sie wurde bei ihm zum Charakter.« Auch an Guardini selbst ist das Prägende der Ernst, der die Wahrheit will.

Sie soll nach seinen Worten helfen, Wirklichkeit zu erkennen und zu deuten, wirklichkeitsgemäß zu sein. Jeder von uns lebt in dieser Wirklichkeit. Jeder entscheidet sich und handelt in ihr. Jeder ist auf seine Weise an den Aufgaben beteiligt, die sie stellt. Dazu ermahnt und ermuntert uns Guardini.

II.

Deshalb möchte ich mit Ihrer Erlaubnis einige Gedanken über Wahrheit und Freiheit in der Politik vortragen. Sie wurzeln in meinem Lebensbereich und sind auch durch ihn begrenzt. Theologe bin ich so wenig wie Philosoph. Platons Forderung, dass Politiker Philosophen sein oder Philosophen Könige werden sollten, ist in der Geschichte nur ganz selten erprobt worden und noch seltener mit überzeugenden Ergebnissen.

Aber das ist natürlich kein Freibrief und widerlegt auch nicht den Kern dessen, was Platon meint. In der Politik geht es wirklichkeitsgemäß um Erkenntnis und Handeln. Oft genug stellt diese Wirklichkeit uns Politiker vor Situationen und Entscheidungen, in denen wir noch nicht erprobt sind, die wir noch nicht durchdacht und verstanden haben.

Umso notwendiger ist es für uns, nach Klarheit zu suchen und vor uns selbst Rechenschaft abzulegen. Dies sollte in einer Weise geschehen, wie ich sie bei Guardini wahrzunehmen meine: mit einem moralisch sehr behutsamen Ernst und mit jener für ihn charakteristischen Haltung, wonach weder die geistig-ethischen Instanzen es sich mit den praktischen Konflikten zu leicht machen dürfen noch die pragmatischen Empiriker glauben sollen, ohne den Bezug zur Wahrheit auszukommen.

III.

In meinem Amt lebe ich als Teil eines politischen Gefüges, das hierzulande nach freiheitlichen Grundsätzen verfasst ist. Wir haben uns an diese Freiheit mit nahezu gedankenloser Selbstverständlichkeit gewöhnt. Dabei ist sie eine ebenso unermesslich große Gabe wie eine ungeheure tägliche Aufgabe.

Für die Entscheidungen, die wir zu treffen haben, gibt sie uns wenig vor. Unser Volk beruft sich in der Präambel zum Grundgesetz auf seine Verantwortung vor Gott und den Menschen. Von Wahrheit aber handelt die Verfassung verständlicherweise nicht. Es ist schon zweifelhaft, ob sie überhaupt einen allgemein gültigen Freiheitsbegriff hat.

Wir leben in einem pluralistischen, weltanschaulich neutralen Staat. Pluralismus bedeutet nicht Gleichgültigkeit. Der Staat ist der Menschenwürde und damit der Freiheit verpflichtet. Es ist keine staatlich programmierte Freiheit – sonst wäre es ja auch keine Freiheit mehr. Jeder hat das Recht auf sein eigenes Welt- und Menschenbild. Es gibt nur prinzipielle Grenzen, damit die Freiheit des einen nicht auf Kosten der Freiheit des anderen gehe. Was jeder in diesem Rahmen mit seiner Freiheit anfängt, ist seinem Wollen, seinem Wissen und Gewissen überlassen.

Dass unser Grundgesetz in diesem Sinne gute Voraussetzungen für einen vernünftigen politischen Ablauf bietet, dafür sollten wir Dankbarkeit empfinden und sie möglichst täglich praktizieren. Wir sollten also gemäß der Erkenntnis handeln, dass das demokratische Gemeinwesen seine innere Kraft nicht allein aus dem Verfassungstext gewinnt, sondern erst durch den lebendigen Willen des Einzelnen für die Beteiligung am Ganzen.

Es kommt auf sein Bemühen an, den Rahmen der Verfassung mit der geistlichen und sittlichen Substanz zu füllen, die ihre Schöpfer im Sinne hatten. In dieser Weise sollte der Begriff der Verfassungstreue einer noch tieferen Bedeutung fähig sein als nur der

Einhaltung der Regeln des Grundgesetzes.

Denn die gelebte Qualität unserer Verfassung wird auf die Dauer nicht besser sein können als die moralische Kraft der Gesellschaft.

IV.

Auf Mitwirkung kommt es in der politischen Demokratie an und damit auf Stellungnahme, sei sie auch parteilich. Freiheit ist auch Freiheit zur Gegenrede. Immer wieder müssen Entscheidungen getroffen werden. Dazu wird, falls nötig, abgestimmt. Auf diese Weise wird eine Mehrheit gebildet, nicht die Wahrheit zutage gefördert. Das wissen wir alle.

Mit politischen Entscheidungen wird verfügt, aber nicht über die Wahrheit. Sie ist nicht verfügbar. Das bedeutet keinen Verzicht auf sie. Aber wir dürfen die eigene Wahrheit nicht für die absolute und allein verbindliche halten und sie den anderen nicht aufnötigen.

Auch der Kompromiss führt uns nicht zwingenderweise an Wahrheit heran. Sich auf ihn einzulassen, beruht auf der Einsicht in die Notwendigkeit, Frieden zu wahren, auch wenn man dabei einen Teil der eigenen Überzeugung preisgeben muss.

Beherrscht uns also in der Politik doch nur ein empirischer Freiheitsgedanke, der keinen gemeinsamen Rekurs auf Wahrheit erlaubt? Bleibt die Suche nach Wahrheit, politisch gesprochen, Privatsache?

Ist Freiheit als Strukturprinzip unserer politischen Ordnung ohne Bezug zu Wahrheit?

Ganz gewiss nicht. Das Leben von Menschen hat immer mit Fragen nach der Wahrheit zu tun. Leben ist stets auch Zusammenleben und um dieses Zusammenleben geht es in der Politik, um Chancen und Interessen freier Menschen, um ihre Konflikte und Kämpfe, um Ausgleich und Frieden.

Bezeichnenderweise hat Guardini, als er zum Frieden das Wort ergriff, nämlich bei der Verleihung des Friedenspreises des Deutschen Buchhandels, über Wahrheit und Freiheit gesprochen: Alle Menschen haben es mit der gleichen Wirklichkeit zu tun und denken über sie nach. Sie tun es mit den gleichen Mitteln der Reflexion, die sie befähigen Gegensätze wahrzunehmen, Probleme auf den Begriff zu bringen, im Wort auszudrücken. In ihrer Freiheit denken und sagen sie nicht dasselbe, aber sie tauschen sich aus. Sie können ins Gespräch treten. Das Gespräch kann im Konflikt Brücken schlagen, wenn es ein freier Austausch ist, wenn er im Reden und Hören die eigenen Gedanken weiterführt, wenn er offen ist, sie zu bekräftigen oder zu korrigieren.

Konflikte, mit denen wir es in der Politik zu tun haben, können wir in humaner Weise austragen, wenn es eine gemeinsame Überzeugung, einen übereinstimmenden Bezug aufs Ganze gibt: dass es nämlich um eine Wahrheit geht, die uns allen voraus ist und auf die wir alle bezogen sind. Sie kann nie nur meine Wahrheit sein. Aber im Austausch mit anderen kann ich mehr von ihr begreifen als allein. »Ich kann mich irren, du magst Recht haben, aber gemeinsam werden wir vielleicht der Wahrheit auf die Spur kommen.« (K. Popper)

Der Austausch kann der Wahrheit näher führen, wenn er frei ist. So ist es in der Wissenschaft, deren Fortschritt auf der gegenseitigen freien und öffentlichen Überprüfung beruht. Und wann immer es uns gelingt, das Gespräch zum Dialog werden zu lassen, bietet auch Politik die Chance zur Annäherung an das Fällige und Gebotene, an das Ganze, an Wahrheit.

V.

So also ist es gedacht und so ist es möglich. Und wie ist es tatsächlich? Der öffentliche Austausch dient gemäß der Idee der freiheitlichen Verfassung ja auch dem Kampf um Mehrheiten und Mandate. Welchen Bezug zur Wahrheit hat er? Wer kennt sie? Wäre sie verständlich aussprechbar? Wäre sie annehmbar oder gar willkommen? Fände man mit ihr die Zustimmung, die man im Wettbewerb sucht? Ist bei diesem Kampf die Annäherung an Wahrheit überhaupt ein bewusstes und gewolltes Ziel?

Jeder zögert mit der Antwort. Immer wieder gibt es Grund zum Zweifel – die letzten Monate haben uns wahrlich genug Anlass dafür geboten. Wir empfinden die Zweifel nur allzu deutlich, und zum Glück wird allseits offen darüber diskutiert. Das ist dringend geboten. Denn letzten Endes entscheidet sich hier unsere Fähigkeit, mit den Aufgaben unserer Zeit fertig zu werden.

Wir brauchen den Bezug von freiem politischen Wettbewerb und Wahrheit. Wir brauchen eine Freiheit, die uns nicht nur die Kontrolle über den Machtkampf sichert, sondern die offen ist für den Anruf der Wahrheit. Nur mit ihrer Hilfe lassen sich Einsicht vertiefen und Verantwortungsbewusstsein schärfen.

Nur eine solche Offenheit kann uns hindern, harte Tatsachen opportunistisch zu verschweigen, uns einer verbreiteten Stimmungslage der Problemverweigerung hinzugeben und es uns in unserer eigenen Gegenwart bequem zu machen, aber auf Kosten nachfolgender Generationen.

VI.

Um Probleme einzusehen und Tatsachen zu respektieren, müssen wir uns zunächst der Frage nach falsch und richtig stellen. Das ist eine Aufgabe der Wahrhaftigkeit.

Gewiss ist Vorsicht mit dem Urteil darüber geboten, was das Richtige ist. Guardini hat einmal seine Zurückhaltung beim Mitreden in der Politik damit begründet, dass er an das »Richtige« nicht glaube:

»Was es gibt, ist das Richtigste«, so meint er, »manchmal sogar nur das am wenigsten Falsche.«

Besonders eindringlich warnen uns hier kritische Rationalisten. Sie gehen so weit, die höheren Werte dem Laissez-faire anzuempfehlen. »Statt der größten Glückseligkeit für die größte Zahl sollte man – etwas bescheidener – das kleinste Maß an vermeidbarem Leid für alle fordern.« (K. Popper)

Auf vergleichbaren skeptischen Erfahrungen beruht das angelsächsische Strafprozessrecht. Während bei uns der Richter selbst die Verhandlung mit dem erklärten Ziele führt, die Wahrheit an den Tag zu bringen, überlässt der angelsächsische Strafrichter die Prozessführung den beiden Seiten, also der Anklage, die keine Staatsanwaltschaft ist, und der Verteidigung. Gleichberechtigt strengen sich beide an, die Zeugen, Beweisstücke und Argumente der anderen Seite als unglaubwürdig zu entlarven. Das Gericht hört lediglich zu und entscheidet erst am Ende, welche der beiden Seiten sich nach menschlichem Ermessen weniger weit entfernt habe von der mutmaßlichen Wahrheit, von der wir doch so wenig wissen.

Dieses Verfahren hat durchaus auch schwer wiegende Mängel, vor allem deshalb, weil die Prozessparteien quasi auftragsgemäß von der Unglaubwürdigkeit der Zeugen ausgehen und ihnen damit oft von vornherein zu nahe treten. Der Vorteil dieser

Praxis aber ist die Behutsamkeit mit unserem Wissen, das nur allzu oft unzulänglich bleibt.

So ist es auch in der Politik. Immer wieder erweist sie sich als die Aufgabe einer vernünftigen und verantwortlichen Verwaltung unseres Nicht-genau-Wissens. Dennoch gibt es aller Skepsis zum Trotz klare Gebote der Wahrhaftigkeit im ganzen Leben und so auch in der Politik. Zahlen, Daten und Sachverhalte aller Art sind verfügbar, die keinen Bezug zu den letzten Dingen haben und doch erwiesene Tatsachen sind. Meine Einsicht in diese Sachverhalte und meine Worte über sie dürfen sich nicht widersprechen.

In denselben Zusammenhang gehören politische Vorhersagen und Versprechungen. Anfänglich ist es für den Bürger oft schwierig zu entscheiden, ob sie wohl begründet und aufrichtig sind oder ob es sich um unwahrhaftige politische Werbung handelt. Im Ganzen und am Ende gewinnt er aber meistens doch ein recht zuverlässiges Urteil über die Stichhaltigkeit solcher Aussagen. Daran misst er die Glaubwürdigkeit in der Politik.

Auch die großen Worte und Leerformeln erzeugen nicht nur Langeweile, sondern Misstrauen, das auf die Dauer gefährlich werden kann. Das Wort hat seinen Inhalt und Sinn. Es ist laut Guardini »Verleiblichung und Geist«. In ihm wird »die Wahrheit menschlich«. Auf diese ihm eigene Weise spricht

Guardini damit über Letztes und Vorletztes zugleich, bezieht er Wahrheit auf Wirklichkeit, verweist er auf die Verantwortlichkeit einer Aussage.

Dies hat überall sein Gewicht. Dass wir in der Politik unsere Gegner nicht als Feinde bezeichnen sollen, ist allgemein bekannt. Inwieweit stehen unsere Taten mit unseren Worten in Übereinstimmung? Wenn ich in der Politik jemanden meinen Freund nenne, dann sollte dies auch so gelten. Oder ist es nur berechnende Zweckmäßigkeit?

Freundschaft bewährt sich in der Politik nicht anders als im privaten Leben, besonders dann, wenn der andere in eine Krise gerät. Sie erfordert Mut vor dem Freund und Zuneigung, wenn er in Not ist. Wir wollen doch nicht Schopenhauer bestätigen, wenn er sagt: »Die Freunde nennen sich aufrichtig, die Feinde sind es.«

VII.

Eine lebendige Demokratie hält Glaubwürdigkeit in hohem Kurs und bestraft früher oder später ihre Vernachlässigung. Das gehört zu ihrer Fähigkeit, den Machtkampf zu kontrollieren und Macht zu legitimieren.

Mit der Wahl wird ein Regierungsauftrag auf Zeit und Kredit gegeben. Im Bankgewerbe geht es um die Bonität des Schuldners, in der Politik um die Glaubwürdigkeit von Person und Programm des Bewerbers. Ob sich das Zutrauen lohnt, wird in der Politik nicht der Geschichte überlassen, sondern dem Urteil der beteiligten Öffentlichkeit.

Machtgebrauch in der Demokratie ist Machtgebrauch auf Bewährung. Bewährung hat sprachlich und sachlich mit Wahrheit zu tun. Zu bewähren hat sich ein Verfahren, das uns den guten Entscheidungen so nahe wie möglich bringt und das jede Entscheidung korrigierbar macht. Es ist eine wechselseitige Kontrolle von Macht.

Für den Sieger in einem demokratischen Kampf ist die Einsicht maßgeblich, dass mit seinem Sieg nicht seine »Wahrheit« besiegelt wird, sondern dass er den Auftrag hat, sie dem Test der praktischen Bewährung zu stellen. Dem muss die Einsicht des Verlierers entsprechen, dass nicht seine »Wahrheit« widerlegt ist, sondern zunächst einmal die Demokratie gesiegt hat. Er behält die Chance, für seine Vorstellung aufs Neue zu kämpfen. Wie das Mandat zur Macht nur auf Zeit gegeben ist, so wird es prinzipiell auch nur auf Zeit entzogen.

Das sind die Spielregeln. Sie sollten uns davor bewahren, den Kampf um die Macht bis aufs Messer zu führen. Es geht nicht um Glaubenskriege im Namen ewiger Wahrheiten – die freilich auch nie durch Gewaltanwendung überzeugender geworden sind.

Wenn wir die Spielregeln beachten, bekräftigen wir die Glaubhaftigkeit des demokratischen Systems.

Wir werden sie umso eher einhalten, als keine zu große Kluft entsteht zwischen der Glaubwürdigkeit, die vom Politiker verlangt wird, und den Wertvorstellungen, die die ganze Gesellschaft von Anstand, Moral und Sitte hat.

Ganz gewiss ist es notwendig und richtig, dass Politiker unter besonderer öffentlicher Aufmerksamkeit und Kontrolle stehen. Sie haben sich ja selbst exponiert und sie tragen Verantwortung für alle. Aber letzten Endes sind sie natürlich auch Menschen wie alle anderen. Sie verhalten sich ähnlich wie die anderen. Deshalb ist es so wichtig, dass die Gewissheit der Maßstäbe allseits intakt ist.

Und wie steht es damit? Jedenfalls ist das Bild vielseitig. Immer wieder bin ich beeindruckt von Hilfsbereitschaft und Opfersinn in der Bevölkerung, von Mut und Bescheidenheit, von einem sicheren Instinkt für Anstand und Respekt. Aber wir dürfen auch die Augen vor ganz anderem nicht verschließen.

Es gibt Gleichgültigkeit und Ellenbogen, es gibt Unsicherheiten, Brüche und Verwirrungen. Solche Erscheinungen mögen nicht lebensgefährlich sein. Dennoch reichen sie aus, um ein System mehr zu schwächen, als wir uns leisten können. Wir alle spüren dies. Und wir haben alle damit zu tun, privat und öffentlich.

VIII.

Der öffentliche Anteil an diesen Aufgaben fällt nicht nur dem Politiker zu, sondern auch den Medien. Ihre Freiheit und Unabhängigkeit ist die Grundbedingung ihrer Arbeit. Die Wahrheit ans Licht zu bringen, ist ihr erklärtes Ziel, ja ihr Ethos. Ihre Aufgabe der öffentlichen Kritik ist für uns alle unentbehrlich. Sie stehen in ganz besonderer Weise am Schnittpunkt von Wahrheit und Freiheit.

Wie gut es uns gelingt, beides aufeinander zu beziehen, entscheidet sich in hohem Maße an der Arbeit der Medien. Sie nehmen unser aller Interesse wahr.

Auch die Medien sind Kontrollen ausgesetzt, aber anderen als die Politiker, und zwar unter anderem dadurch, dass sie an einem Markt teilnehmen. Sie müssen nicht nur informieren und kritisch kommentieren, sondern auch kurzweilig sein.

Ob gedruckt oder elektronisch, ob öffentlich-rechtlich oder privat – die Medien haben ein Interesse am Absatz, an der Höhe von Auflage und Einschaltquote. Es nötigt sie, ihre Aufmerksamkeit der Spannung und Unterhaltung zuzuwenden. Der amerikanische Kritiker Neil Postman sagt über das Fernsehen: »Problematisch ist nicht, dass es uns unterhaltsame Themen präsentiert, problematisch ist, dass es jedes Thema als Unterhaltung präsentiert.«

Der Vorwurf ist übertrieben, aber der Hinweis ist

bedeutsam. Wirklichkeit ohne Neuigkeitsschlagzeile ist oft nicht unterhaltend genug. Das Wesentliche verliert leicht gegenüber dem Spektakulären an Boden. Wenn alles spannend sein soll, ist Nachdenklichkeit nicht gefragt. Es wird wichtiger, dass die Äußerungen »live«, als dass sie durchdacht sind.

Am Fernsehen werden Politiker daher vorzugsweise einem Spontaneitätstest ausgesetzt. Das mag unterhaltend sein, erlaubt jedoch nur selten ein Urteil über ihre Verantwortlichkeit. Immer wieder werden sie aufgefordert, aus dem Stand mit Ja oder Nein zu antworten. Dabei kommt eine differenzierende Antwort der Wahrheit oft näher als ein Ja oder Nein.

Jeder Politiker macht doch die persönliche Erfahrung, dass es wichtiger ist, zunächst mit sich selbst zurate zu gehen, bevor er sich zur Sache äußert. Ist denn überhaupt die schnelle Fertigkeit des Wortes von vornherein glaubhaft und überzeugend? Der Bürger spürt sehr wohl die Schwierigkeit vieler Probleme. Es kann ihn auf die Dauer kaum beruhigen, wenn ihm vorgeführt wird, dass zwar er die Sache nicht durchschaue, dass aber der professionelle Politiker über sie gar nicht mehr nachzudenken brauche.

Medien bewegen sich oft auf einem schmalen Grat. Sie haben ein Wächteramt, und wir sind alle darauf angewiesen, dass sie es wahrnehmen. Das geht nur mit einem nachforschenden, aufhellenden, untersuchenden Journalismus.

Sei der Eifer aber noch so groß, so muss er doch die Würde des Menschen achten. Die guten Gründe, die wir zum Schutz der Persönlichkeit und ihrer Daten gehört haben, sprechen auch dafür, nicht hemmungslos in die innerste Sphäre der Menschen einzudringen.

Die Medien sind hier nicht weniger als die Politiker auf die Maßstäbe angewiesen, die ihnen die ganze Gesellschaft bietet. Wir alle gehen auf einem schmalen Grat. Wir alle sind Kunden der Medien. Sie richten sich in hohem Umfang nach unserer Neugier, unseren Sitten, nach dem Maß unseres menschlichen Respekts.

Deshalb haben wir die Medien und uns selbst zu fragen, wie es kommt, dass manches Titelblatt zum Abbild einer Wirklichkeit wird, hinter der Würde und Wahrheit verblassen.

IX.

Wer die freien Demokratien im Spiegel der Medien verfolgt, könnte glauben, ihre Geschichte der letzten Jahrzehnte sei eine einzige Kette von Skandalen. Keiner dieser Skandale darf geleugnet oder leicht genommen werden. Aus jeder Affäre müssen und können wir lernen. Aber dass die Demokratie sie erzeuge oder begünstige, das sollte niemand glauben. In der Demokratie fördern Öffentlichkeit und Freiheit zutage, was unter anderen Systemen verborgen bleibt.

Der Watergate-Skandal war wahrlich abstoßend. Erstaunlich war aber nicht, dass es ihn gegeben hat, sondern wie Amerika damit ehrlich umgegangen und fertig geworden ist.

Die Demokratie idealisiert uns Menschen nicht. Sie nimmt uns, wie wir sind. Sie geht von den Interessen, Konflikten und Fehlern aus, die uns kennzeichnen. Auf dieser Grundlage regelt sie unser politisches Zusammenleben. Die Disziplinierung von Macht ist der Konkurrenz von Parteien und den Kontrollen von Gewaltenteilung und Medien anvertraut.

Es gibt keine absolute Garantie dafür, dass die Demokratie der Wahrheit am nächsten kommt. Ein Salomon kann gerechter sein als drei Instanzen der Gerichtsbarkeit, ein aufgeklärter, absolutistischer Fridericus Rex weiser als ein gewählter und kontrollierter Premierminister.

Aber täuschen wollen wir uns nicht. So wie wir Menschen nun einmal sind, gerät jedes System früher oder später in die Enge und wird reformbedürftig. Die einzigartige Chance, die die Freiheit als Verfassungsprinzip bietet, ist die Fähigkeit zur Selbstkorrektur, zum friedlichen Wandel. Deshalb ist sie jedem anderen System vorzuziehen. Es liegt an uns, die Chance zu nutzen.

X.

Persönliche Überzeugungen zu äußern ist in einem pluralistischen Staat nicht untersagt, sondern geschützt. Unter diesen Schutz begebe ich mich mit einer abschließenden Bemerkung.

Als Christen unterscheiden wir zwischen dem Letzten und dem Vorletzten. Unsere Existenz haben wir vom Letzten her, vom Reich Gottes. Wir leben aber nicht in diesem Letzten, sondern im Vorletzten, in der noch unerlösten Welt. Die Spannung zwischen beidem bestimmt unaufhörlich unsere Existenz. Auch als Christen sind wir eingeordnet in die weltliche Ordnung. Wir sind staatsangehörig, also mitverantwortlich.

Diese Spannung fordert den Christen auch in der Politik täglich von neuem heraus. Sie führt Freiheit und Wahrheit nicht gegeneinander ins Feld. Sondern sie zeigt uns, dass in einem tieferen Sinn Wahrheit nicht ohne Freiheit, Freiheit nicht ohne Wahrheit gegeben ist.

Wahrheit ist nicht einfach da, ohne Rücksicht auf den Menschen. Wahrheit ist Anruf, der dem Menschen gilt, der ihn unmittelbar angeht und existenzbestimmende Gültigkeit für ihn gewinnt.

Diese Beziehung, dieser Vorgang schließt die Freiheit ein, den Anruf wahrzunehmen und anzunehmen oder nicht. Guardini spricht von der Wahrheit, die sich ereignet. Er warnt vor einem gefährlichen Bestreben der Menschen, durch Dogma, Verdienstlehre und Autorität eine systematische Sicherheit zu suchen; dies sei Anmaßung der Menschen und eben dadurch Unfreiheit.

Diese Äußerung Guardinis klingt geradezu protestantisch. Wenn ich sie hier wiedergebe, dann im vollen Bewusstsein dessen, dass Guardini ein tiefes Verständnis für evangelische Einsichten mit sehr harter Kritik an den Folgen verband, die die Reformation für die Kirchengemeinschaft zog. Gerade um eines aufrichtigen ökumenischen Dialoges willen habe ich für diese Position Guardinis immer hohen Respekt gehabt. Und ich bin dankbar, dass die Einladung der Katholischen Akademie an mich, einen evangelischen Christen, im Zeichen des Namens Guardini erfolgte.

Lassen Sie mich ihn zuletzt noch einmal zitieren: »Die Wahrheit ist selbst auf die Freiheit bezogen. Wahrheit gibt es nur in dem Raum, den die Freiheit schafft.«

Das ist ein großes Wort, einfach und klar gesagt. Es ist, wie stets bei Guardini, über die Wirklichkeit gesagt, in der wir leben. Wir sollten es wörtlich begreifen. Wir würden es falsch verstehen, wenn wir es nur an alle anderen weitergäben.

Jeder ist irgendwie beteiligt und betroffen und beginnt am besten bei sich selbst. Anfangen müssen wir immer von neuem. Darin liegen unsere Aufgabe und Chance, gemeinsam der Wahrheit näher zu kommen – in und durch Freiheit.

- Super-Sonic-Transportation
- *Anmerkung:* Alle Fragen und Antworten sind dem offiziellen Protokoll der Jury entnommen.
- *Anmerkung:* Alle Aussagen sind den Sitzungsprotokollen des Ervin-Ausschusses entnommen.
- *Anmerkung:* Diese Akten wurden auch im Abschlussbericht des Ervin-Untersuchungsausschusses aufgeführt.
- *Anmerkung:* Alle Zitate sind dem Gerichtsprotokoll entnommen.
- *Anmerkung:* Um die betroffenen Personen zu schützen, sind die Namen von Sträflingen geändert worden, falls keine ausdrückliche Genehmigung erteilt wurde.
- IRS = Internal Revenue Service

hänssler

Ein weiteres Buch aus der spannenden Erzählreihe im handlichen Taschenformat:

Carole Carlson
Corrie ten Boom
Gottes fröhliche Dienerin
Gb., 11 x 17 cm, 352 S., Nr. 393.296, ISBN 3-7751-3296-1

Corrie – fasziniert-liebevoll nennen sie Ruth und Billy Graham *Gottes fröhliche Dienerin.*
Denn *ihr Humor konnte jedes Herz erreichen, egal wie verbittert oder traurig es auch war.*
Die umfassendste Biografie über Corrie ten Boom – jetzt auch in der deutschen Übersetzung erhältlich! Lassen Sie sich mitnehmen in das Leben dieser ungewöhnlichen Frau: ihre Kindheit, die schwere Zeit während des Dritten Reiches und schließlich ihr unermüdlicher Einsatz für Versöhnung. Das bewegende Zeugnis einer Frau, die viele(s) bewegt hat! Ein Buch, das zum Miterleben einlädt.

Bitte fragen Sie in Ihrer Buchhandlung nach diesem Buch!
Oder schreiben Sie an den Hänssler Verlag, D-71087 Holzgerlingen.